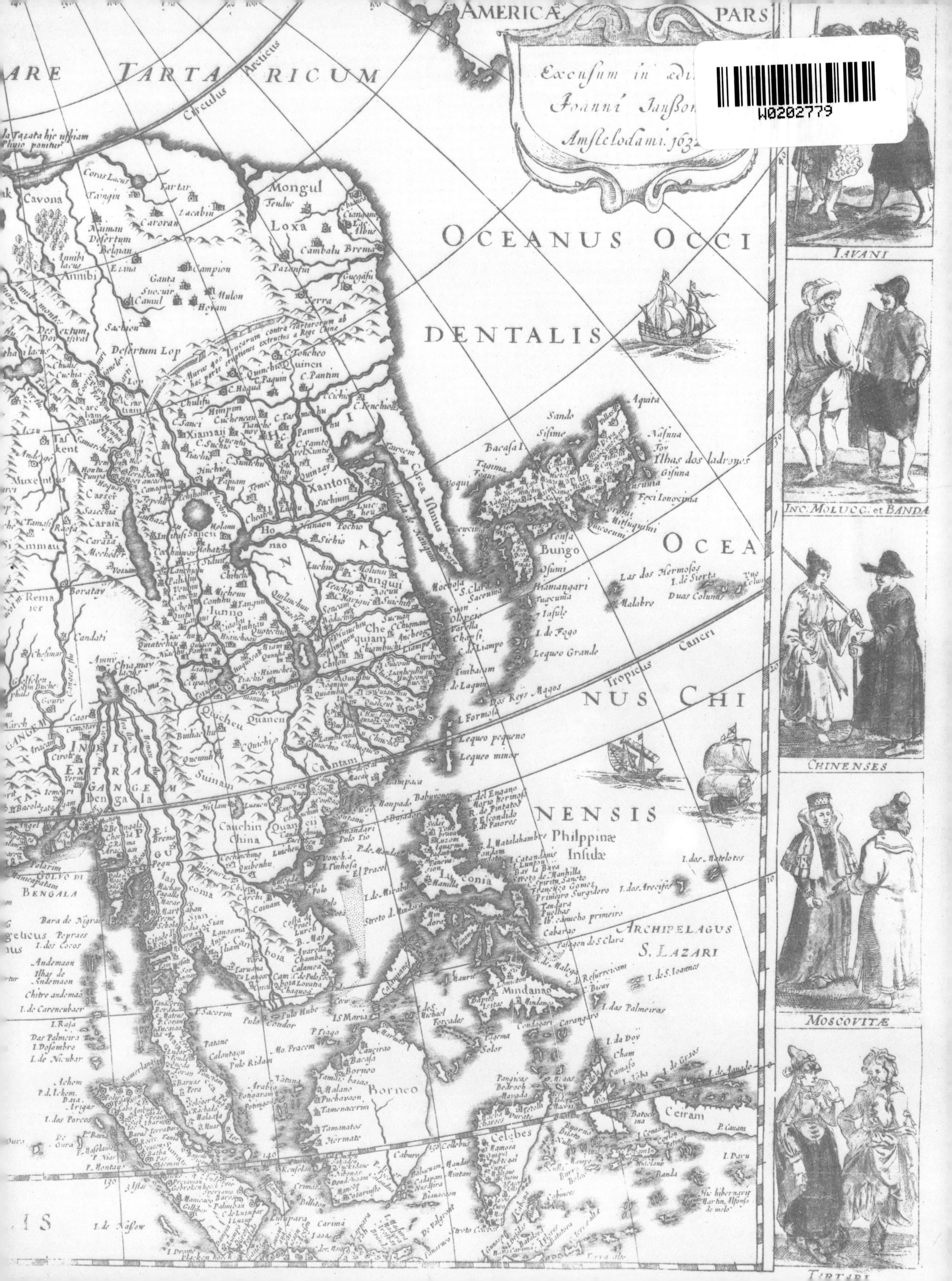
AMERICÆ PARS
Excusum in ædi
Joanni Janßon
Amstelodami. 1632
MARE TARTARICUM
Circulus Arcticus
OCEANUS OCCIDENTALIS
OCEANUS CHINENSIS
Tropicus Cancri
Philippinæ Insulæ
ARCHIPELAGUS S. LAZARI
INDIA EXTRA GANGEM
GOLFO DI BENGALA
Mongul
Loxa
Cambalu
Xanton
Borneo
Celebes
Mindanao
Ceiram
I. Formosa
Ilhas dos ladrones
Leqeuo Grande
Las dos Hermosos
IAVANI
INC. MOLUCC. et BANDA
CHINENSES
MOSCOVITÆ
TARTARI

ATLAS
DU
MONDE ISLAMIQUE

Frontispice Illustration d'une *raka* de prière, suite de mouvements que le musulman, tourné vers La Mecque, est tenu d'effectuer pendant ses dévotions. Cette double page et la suivante reproduisent les positions du fidèle lors de la prière. La répétition des mouvements a été volontairement omise.

Nº d'éditeur : K 39 361
ISBN 2-09-294107-0

Imprimé en Espagne
par Heraclio Fournier SA, Vitoria

ATLAS DU MONDE ISLAMIQUE depuis 1500

Francis Robinson

traduit de l'anglais
par Claude Carme

Éditions du Fanal

TABLE DES MATIÈRES

Table des cartes

TABLE CHRONOLOGIQUE

	SAFAVIDE/IRAN	MOGOL/ASIE MÉRIDIONALE	OTTOMAN/ASIE OCCIDENTALE ET AFRIQUE DU NORD
1500	1501-1510 Shah Ismaïl conquiert l'Iran et fonde un État shiite 1514 L'Iran est battu à Tchaldiran : perte de Diyarbakir et de l'Irak 1524-1533, 1579-1588 Les Kizilbach au pouvoir Les Uzbeks envahissent le Khorassan Les Ottomans envahissent l'Azerbaïdjan 1588-1629 La Perse bat les Uzbeks et les Ottomans, reconquiert les territoires perdus et établit un pouvoir central fort Épanouissement de l'art iranien Fondation d'une nouvelle capitale : Ispahan	1526 Baber est victorieux à Panipat et fonde un empire mogol aux Indes 1556-1605 Akbar étend l'empire à tout le nord de l'Inde Politique de tolérance religieuse Épanouissement des arts sous la protection impériale 1569-1585 Fatehpur Sikri nouvelle capitale. 1598 Agra devient la capitale	1500-1570 L'empire s'agrandit à l'est et au sud : Azerbaïdjan (1514), Syrie et Palestine (1516), Égypte (1517), Hedjaz, Yémen et Irak (1534) 1520-1566 Soliman le Magnifique progresse en Europe : Belgrade (1521), Mohacs (1526), Vienne (1529), Grèce (1540 et suiv.), Afrique du Nord jusqu'au Maroc (1551) et Malte (1565) 1571 Défaite des Turcs à Lépante Les arts sont en plein essor, en particulier la céramique et l'architecture 1491-1588 Sinan, architecte des mosquées Shehzadé (1544-1548), Suleymaniyé (1550-1557) et Selimiyé (1569-1575)

Jeune homme. Art safavide, 1630.

Taj Mahal. Art mogol, 1648.

Soliman le Magnifique, 1520-1566.

	SAFAVIDE/IRAN	MOGOL/ASIE MÉRIDIONALE	OTTOMAN/ASIE OCCIDENTALE ET AFRIQUE DU NORD
1600	Affaiblissement de la dynastie et de la légitimité religieuse	1624 Mort de Sirhindi 1632-1654 Shah Jahan fait édifier le Taj Mahal à Agra 1638 Construction d'une nouvelle capitale à Delhi (Shahjahanabad) 1658-1707 Aurangzeb s'empare de Bijapur (1686) et de Golconde (1687) : l'empire atteint alors sa plus grande expansion, mais les arts sont en déclin, et les Mahrattes fondent un État au Deccan	Les Turcs occupent la Crète (1669) et attaquent l'Ukraine (1670 et suiv.) et Vienne (1683) 1699 Les Ottomans évacuent la Hongrie, la Transylvanie et la Podolie
1700	1722 Mahmud de Kandahar s'empare d'Ispahan et met fin à l'empire 1736-1748 Nadir Shah rétablit le pouvoir safavide et met à sac Delhi en 1739 Retour au pouvoir tribal après sa mort	Affaiblissement du pouvoir musulman dans les régions d'ancienne tradition hindoue 1761 Delhi mise à sac par Ahmad Abdali d'Afghanistan 1800 Les Mahrattes sont maîtres du sous-continent du Rajasthan au Deccan, les Sikhs contrôlent le Pendjab, et la plaine du Gange est aux mains des Anglais	1718 Les Ottomans perdent la Serbie et la Valachie mais sont victorieux lors de la guerre contre l'Autriche de 1735-1739 1740 Muhammad al-Wahhab fonde un mouvement réformiste en Arabie 1774-1812 Les Ottomans perdent la côte septentrionale de la mer Noire, la Crimée et la Bessarabie au profit de la Russie 1798 Campagne d'Égypte dirigée par Bonaparte
1800	Pression constante de l'Angleterre et de la Russie Progrès de la culture occidentale	1803 Les Anglais s'emparent de Delhi Essor des mouvements réformistes Mujahidiya et Faraidiya 1818 Les Anglais établissent leur domination sur toute l'Inde 1857 Révolte indienne ; proclamation de la guerre sainte contre les Anglais 1877 Fondation de l'Aligarh College, qui dispense une éducation européenne	1802-1805 Révolte wahhabite en Irak, en Syrie et en Arabie 1818 Méhémet-Ali, sultan d'Égypte, bat les wahhabites, mais ceux-ci conservent leur influence en Arabie 1830 Conquête de l'Algérie par les Français ; en 1881, conquête de la Tunisie 1869 Ouverture du canal de Suez 1882 Occupation de l'Égypte par les Anglais
1900	1908 L'Anglo-Iranian Oil Company exploite le pétrole 1921 L'État instaure la scolarité obligatoire 1935 Création de l'université de Téhéran Européanisation et laïcisation progressives de la société 1953 Un coup d'État, fomenté par les pays occidentaux, dépose Mossadegh 1978-1979 La révolution dirigée par l'ayatollah Khomeini instaure une république islamique	1906 Fondation de la Ligue musulmane panindienne 1947 Fondation de l'État musulman du Pakistan ; indépendance de l'Inde 1971 La guerre civile du Pakistan prend fin par la sécession du Bangladesh	1908 Les Jeunes-Turcs accèdent au pouvoir 1920 Les Ottomans sont confinés en Anatolie. Le Liban et la Syrie passent sous mandat français ; l'Irak, la Transjordanie et la Palestine passent sous mandat britannique 1922 Ataturk expulse les Grecs 1923 Établissement d'un gouvernement de type europé 1925 Abd al-Aziz Ibn-Saoud conquiert le Hedjaz et fonde en 1938 l'Arabie Séoudite 1951 Indépendance de la Libye 1956 Indépendance de la Tunisie Nasser nationalise le canal de Suez 1962 Indépendance de l'Algérie 1981 Assassinat du président Sadate

AFRIQUE	ASIE DU SUD-EST	ASIE CENTRALE ET CHINE
1506-1543 Ahmed Gran s'attaque à l'Éthiopie En haute Égypte, les Arabes musulmans conquièrent la Nubie Du milieu du xvie siècle au xviiie siècle : sultanat musulman des Foundjis 1570-1619 Le roi Idris Aloma fait du Kanem-Bornou un puissant État du Sahara central L'empire songhaï de Gao est affaibli par les querelles entre les musulmans et les adeptes des religions traditionnelles Le Maroc est fortement islamisé mais affaibli par les querelles de succession ; la vie spirituelle est dominée par les marabouts adeptes du soufisme  La mosquée du Vendredi de Mopti, Mali.	Des sultanats musulmans remplacent les régimes hindous à Sumatra et à Java  Danseuse javanaise.	Menace expansionniste des Uzbeks depuis Boukhara La puissance islamique décline à mesure que le commerce le long de l'ancienne route de la soie passe aux mains des Européens Les khanats tatars limitrophes de l'Europe et de l'Asie sont soumis par la Russie Tapis de prière yomud (détail). 
1680 La première guerre des Peulhs aboutit à la fondation d'un État islamique au Bondou	1608-1637 Le sultan Iskander Muda fait d'Aceh (Atjeh) un important centre commercial des mers du Sud, ainsi qu'un foyer culturel rayonnant dans toute l'Asie du Sud-Est 1613-1646 Le sultan Agung règne sur presque toute l'île de Java depuis Mataram, sa capitale L'islamisation est marquée par les progrès de la langue malaise 1631-1670 Hasan al-Din étend l'empire de Macassar, qu'il cède aux Hollandais en 1667 1641 Les Hollandais s'emparent de Malacca	1644 La dynastie mandchoue aliène les biens des musulmans chinois Déclin des arts, excepté la frappe de la monnaie et le tissage des tapis
Les États du Niger passent aux mains des Bambaras païens Les Peulhs étendent l'influence de l'Islam vers l'ouest 1725 La seconde guerre des Peulhs aboutit à l'établissement d'une dynastie musulmane au Fouta-Djalon 1776 La troisième guerre des Peulhs permet l'introduction de l'Islam au Fouta-Toro	1800 Les sultanats islamiques de Java et Sumatra passent sous le contrôle des Hollandais	Les Russes soumettent les populations nomades Tentative de conversion des musulmans chinois au confucianisme 1758-1760 Domination chinoise sur le bassin du Tarim
La khalwatiya et l'idrisiya inspirent les mouvements réformistes 1804 Usuman dan Fodio, avec l'appui des Peulhs et des Haoussas, fonde le sultanat de Sokoto 1863-1893 L'empire Tidjani s'étend du Niger au Sénégal 1885-1898 Création d'un État mahdiste au Soudan	1803-1837 Le mouvement Padri étend l'influence de l'Islam à Sumatra 1825-1830 A Java le mouvement réformiste prône l'islamisation 1873-1910 A Aceh, un conflit armé empêche l'expansion des Hollandais dans le nord de Sumatra Les autorités néerlandaises étendent leur domination sur tout l'archipel	Des soufis naqshabandiya proclament la guerre sainte contre la Russie et les Mandchous de Chine et prônent des réformes La « Nouvelle Secte » encourage le réveil de l'Islam dans toute la Chine La Russie étend sa domination sur l'Asie centrale
1900 Les Anglais colonisent le Nigeria (y compris le Sokoto) 1912 Les Français occupent le Maroc et le Sahara 1912 Les Italiens s'emparent de la Libye La domination européenne stimule le développement des institutions islamiques 1956 Indépendance du Maroc	1912 Fondation de la Ligue islamique 1938 Fondation du *Partai Islam Indonesia* 1942-1945 L'occupation japonaise profite à l'Islam 1949 Indépendance de l'Indonésie	1917 La révolution russe est un désastre pour la culture islamique

SOUVERAINS ET CHEFS D'ÉTAT

MAROC

Saadiens

1511 Muhammad al-Mahdi (à Sous)
1517 Ahmad al-Araj (à Marrakech jusqu'en 1540)
1517 Muhammad al-Shaikh al-Mahdi (d'abord à Sous, puis à Fez)
1557 Abd Allah al-Ghalib
1574 Muhammad al-Mutawakkil al-Maslukh
1576 Abd al-Malik
1578 Ahmad al-Mansur
1603-1608 Muhammad al-Shaikh al-Mamun
1603-1608 Abd Allah al-Wathiq (à Marrakech)
1603-1628 Zaidan an-Nasir (d'abord à Fez) *fils d'Ahmad se disputant le pouvoir*
1623 Abd al-Malik
1631 al-Walid
1636 Muhammad al-Asghar
1654-1659 Ahmad al-Abbas *à Marrakech seulement*

Filalis

1631 Muhammad Ier al-Sharif (au Tafilalet)
1635 Muhammad II
1664 al-Rashid
1672 Ismaïl al-Samin
1727 Ahmad al-Dhahabi
1729 Abd Allah (1735-1745 ; autorité contestée par divers prétendants et usurpateurs)
1757 Muhammad III
1790 Yazid
1792 Hisham
1793 Sulaiman
1822 Abd al-Rahman
1859 Muhammad IV
1873 al-Hasan Ier
1895 Abd al-Aziz
1907 al-Hafiz
1912 Yusuf
1927 Muhammad (Mohammed) V (premier règne)
1953 Muhammad
1955 Muhammad V (second règne)
1962 Hassan II

NIGERIA

Califat de Sokoto

1754 Usuman dan Fodio
1817 Muhammad Bello
1837 Abu Bakr Atiku
1842 Ali
1859 Ahmad
1866 Ali
1867 Ahmad Rufai
1873 Abu Bakr
1877 Muadh
1881 Umar
1891 Abd al-Rahman
1902 Muhammad Attahiru Ier
1903 Muhammad Attahiru II
1915 Muhammad Maiturare
1924 Muhammad
1931 Hassan
1938 Abu Bakr

ÉGYPTE

Lignée de Muhammad Ali

1805 Muhammad (Méhémet-) Ali Pacha
1848 Ibrahim Pacha
1848 Abbas Ier Pacha
1854 Saïd Pacha
1863 Ismaïl (khédive à partir de 1867)
1879 Tawfiq
1892 Abbas II Hilmi
1914 Husain Kamil (sultan)
1917 Ahmad Fuad Ier (roi en 1922)
1936 Faruq (Farouk)
1952 Fuad II
1953 république

Présidents

1953-1954 Neguib
1956 Nasser
1970 Sadate
1981 Mubarak

EMPIRE OTTOMAN

Ottomans

1481 Bayazid II
1512 Selim I Yaviz («le Cruel»)
1520 Sulaiman (Soliman) II Qanuni (le Législateur ou le Magnifique)
1566 Selim II
1574 Murad III
1594 Muhammad III
1603 Ahmad (Ahmet) Ier
1617 Mustafa (premier règne)
1618 Uthman II (Osman)
1622 Mustafa Ier (second règne)
1623 Murad IV
1640 Ibrahim
1648 Muhammad (Mahomet) IV
1687 Sulaiman III
1691 Ahmad II
1695 Mustafa II
1703 Ahmad III
1730 Mahmud Ier
1754 Uthman ou Othman III
1757 Mustafa III
1774 Abd al-Hamid Ier
1789 Selim III
1807 Mustafa IV
1808 Mahmud II
1839 Abd al-Majid Ier
1861 Abd al-Aziz
1876 Murad V
1876 Abd al-Hamid II
1909 Muhammad V Rashad
1918 Muhammad VI Wahid al-Din
1922-1924 Abd al-Majid II (comme calife seulement)

TURQUIE

1923 Mustafa Kemal (Ataturk)
1923 Ismet Inonü
1950 Celal Bayar
1961 Général Gursel
1966 Sénateur Cevdet Sunay
1973 Sénateur Fahri Koroturk
1980 Général Kenan Evren

LIBAN

1920 Mandat français
1926 République

Présidents

1926 Charles Dabbas
1934 Habib Saad
1936 Émile Edde
1941 Indépendance
1941 Alfred Naccache
1943 al-Khuri
1952 Camille Chamoun
1958 Faud Chehab
1964 Charles Helou
1970 Sulaiman Franjiya
1976 Elias Sarkis

SYRIE

1918 Fayçal, fils de l'émir Hussein, dirige le gouvernement autonome de Damas
1920 Mandat français
1941 Indépendance
1943 République

Présidents

1943 Shukri al-Quwatli
1949 Hashim al-Atassi
1951 Général Fawsi Selo
1953-1954 Général Shishakli
1955 Shukri al-Quwatli
1958 Nasser (République Arabe Unie)
1961 Nazim Qudsi
1963 Major général Amin al-Hafiz
1966 Nur al-Din Atassi
1970 Ahmad Khatib
1971 Général Assad

HEDJAZ

Hachémites

1908 Emir Hussein (chérif de La Mecque)
1916 Il prend le titre de roi
1924 Ali
1925 Le Hedjaz est conquis par les Séoudiens

TRANSJORDANIE

1920 Mandat britannique

Hachémites

1921 Emir Abd Allah
1946 Abd Allah prend le titre de roi (de Jordanie en 1949)
1951 Talal
1952 Hussein

IRAK

1920 Mandat britannique

Hachémites

1921 Faisal Ier Ibn Husain
1933 Ghazi
1939 Faisal II
1958 République

Présidents

1958 Général Najib al-Rubai
1963 Maréchal Abd al-Salam Muhammad Arif
1966 Lt général Abd al-Rahman Muhammad Arif
1968 Major général Ahmad Hassan Bakr
1979 Saddam Hussein al-Takriti

YÉMEN

Imans zaidites : lignée Qasimide

v. 1592 al-Qasim al-Mansur
1620 Muhammad al-Muayyad Ier
1654 Ismaïl al-Mutawakkil
1676 Muhammad al-Muayyad II
1681 Muhammad al-Hadi
1686 Muhammad al-Mahdi
1716 al-Qasim al-Mutawakkil
1726 al-Husain al-Mansur (premier règne)
1726 Muhammad al-Hadi al-Majid (?)
1728 al-Husain al-Mansur (second règne)
1747 al-Abbas al-Mahdi (?)
v. 1776 Ali al-Mansur
1806 Ahmad al-Mahdi (?)
? Ali al-Mansur (second règne)
1841 al-Qasim al-Mahdi
1845 Muhammad Yahya
1872 Occupation ottomane
1890 Hamid al-Din Yahya
1904 Yahya Mahmud al-Mutawakkil
1948 Saïf al-Islam Ahmad
1962 Muhammad Badr
1962 République

Présidents

1962 Colonel Abd Allah Sallal
1968 Abd al-Rahman al-Iriani
1974 Constitution suspendue
1977 Lt-col. Ahmad Ibn Husain al-Ghasmi
1978 Lt-col. Ali Abd Allah Saleh
1980 Ali Nasser Muhammad

ARABIE

Séoudites

1746 Muhammad b. Saud
1765 Abd al-Aziz
1803 Saud b. Abd al-Aziz
1814 Abd Allah Ier b. Saud
1818-1822 Occupation ottomane
1823 Turki
1834 Faisal Ier (premier règne)
1837 Khalid b. Saud
1841 Abd Allah II (comme vassal de Muhammad Ali d'Égypte)
1843 Faisal Ier (second règne)
1865 Abd Allah III b. Faisal (premier règne)
1871 Saud b. Faisal
1874 Abd Allah III (second règne)
1887 Conquête par les Rashidis de Haïl, Abd Allah reste gouverneur de Riyadh jusqu'en 1889
1889 Abd al-Rahman b. Faisal, gouverneur vassal
1891 Muhammad b. Faisal, gouverneur vassal
1902 Abd al-Aziz II
1953 Saud
1964 Faisal II
1975 Khalid
1982 Fahd

OMAN ET ZANZIBAR

Sultanat uni

1741 Ahmad b. Said
1783 Said b. Ahmad
?1786 Hamid b. Said
1792 Sultan b. Ahmad
1806 Salim b. Sultan
1806 Said b. Sultan (partage du sultanat à la mort de Said)

Zanzibar

1856 Majid b. Said
1870 Barghash b. Said
1888 Khalifa b. Barghash
1890 Ali b. Said
1893 Hamid
1896 Hammud
1902 Ali b. Hammud
1911 Khalifa
1960 Abd Allah b. Khalifa
1963 Jamshid
1964 Révolution et annexion à la république de Tanzanie

Oman

1856 Thuwaini b. Said
1866 Salim b. Thuwaini
1868 Azzan b. Qais
1870 Turki b. Said
1888 Faisal b. Turki
1913 Taimur b. Faisal
1932 Said b. Taimur
1970 Qabus b. Said

IRAN

Safavides

1501 Ismaïl Ier
1524 Tahmasp Ier
1576 Ismaïl II
1578 Muhammad Khudabanda
1588 Abbas Ier
1629 Safi Ier
1642 Abbas II
1666 Sulaiman Ier (Safi II)
1694 Sultan Husain Ier
1722 Tahmasp II
1732 Abbas III
1749 Sulaiman II
1750 Ismaïl III
1753 Husain II
1786 Muhammad *Souverains de nom*

Afsharides

1736 Nadir Shah
1747 Adil Shah
1748 Ibrahim
1748-1795 Shah Rukh (au Khorassan)

Zands

1750 Muhammad Karim Khan
1779 Abul Fath/Muhammad Ali *conjointement*
1779-1781 Sadiq (à Chiraz)
1779-1785 Ali Murad (à Ispahan)
1785 Jafar
1789-1794 Lutf Ali

Qajars

1779 Agha Muhammad
1797 Fath Ali Shah
1834 Muhammad
1848 Nasir al-Din
1896 Muzaffar al-Din
1907 Muhammad Ali
1909-1924 Ahmad

Pahlavis

1925 Reza Shah
1941 Muhammad Reza Shah
1979 République islamique

Présidents

1980 Abol Hassan Bani Sadr
1981 Ayatollah Sayad Ali Khomeini

INDE

Empereurs mogols

1526 Baber
1530 Humayun (premier règne)
1540-1555 Sultans surites de Delhi
1555 Humayun (second règne)
1556 Akbar Ier
1605 Jahangir
1627 Dawar Baksh
1628 Shah Jahan Ier
1657 Murad Bakhsh (au Goudgerat)
1657 Shah Shuja (au Bengale jusqu'en 1660)
1658 Aurangzeb Alamgir Ier
1707 Azam Shah

1707 Kam Bakhsh (au Deccan)
1707 Shah Alam Ier
1712 Azim al-Shan
1712 Muiz al-Din Jahandar
1713 Farrukh-siyar
1719 Shams al-Din Rafi al-Darajat
1719 Rafi al-Dawla Shah Jahan II
1719 Niku-siyar
1719 Nasir al-Din Muhammad
1748 Ahmad Shah Bahadur
1754 Aziz al-Din Alamgir II
1760 Shah Jahan III
1760 Shah Alam II (premier règne)
1788 Bidar-bakht
1788 Shah Alam II (second règne)
1806 Muin al-Din Akbar II
1837 Siraj al-Din Bahadur Shah II
1858 Relève de la couronne britannique
1947 Dominion

Gouverneurs généraux

1947 Comte Mountbatten de Birmanie
1948 Chakravarti Rajagopala-chari
1950 République

Présidents

1950 Rajendra Prasad
1962 Savepalli Radhakrishnan
1967 Zakir Husain
1969 Varanagrii Vankata Giri
1974 Fakhruddin Ali Ahmed
1977 Neelam Sanjiva Reddy

PAKISTAN

Gouverneurs généraux

1947 Muhammad Ali Jinnah
1948 Khwaja Nazimuddin
1951 Ghulam Muhammad
1955 Iskander Mirza
1956 République islamique

Présidents

1956 Iskander Mirza
1958 Maréchal Ayub Khan
1969 Major général Yahya Khan
1971 Zulfiqar Ali Bhutto
1973 Fazl Elahi Chaudhry
1978 Général Zia ul-Haq

BANGLADESH

1971 République

Présidents

1972 Abu Sayeed Chowdhury
1973 Mohammadullah
1975 Shaikh Mujibur Rahman
1975 Mushtaq Ahmad
1975 Abusadat Muhammad Sayem
1977 Ziaour Rahman
1981 Abdus Sattar
1982 Général Muhammad Hossain Ershad

AFGHANISTAN

Douranis

1747 Ahmad Shah Dourani
1773 Timur Shah
1793 Zaman Shah
1800 Mahmud Shah (premier règne)
1803 Shah Shuja (premier règne à Kaboul ; en 1800 règne à Peshawar)
1809 Mahmud (second règne à Kaboul jusqu'en 1818, à Hérat jusqu'en 1829)
1818 Ali Shah
1839 Shuja (second règne)
1842 Fath Jang

Barakzaïs

1819 Dost Muhammad
1863 Shir Ali (premier règne)
1866 Afzal
1867 Shir Ali (second règne)
1879 Muhammad Yaqub Khan
1880 Abd al-Rahman Khan
1901 Habib Allah
1919 Aman Allah (Amanullah)
1929 Nadir Shah
1933 Muhammad Zahir Shah
1973 République

Présidents

1973 Sardar Muhammad Daud
1978 Nur Muhammad Taraqqi
1979 Hafiz Allah Amin
1979 Babrak Karmal

CRIMÉE

Khans Giraïdes

1478 Mengli (troisième règne)
1514 Muhammad Ier
1523 Ghazi Ier
1524 Saadat Ier
1532 Islam Ier
1532 Sahib Ier
1551 Dawlat Ier
1577 Muhammad II
1584 Islam II
1588 Ghazi II (premier règne)
1596 Fath Ier
1606 Ghazi II (second règne)
1608 Toqtamish
1608 Salamat Ier
1610 Muhammad III (premier règne)
1610 Janbeg (premier règne)
1623 Muhammad III (second règne)
1627 Janbeg (second règne)
1635 Inayat
1637 Bahadur Ier
1641 Muhammad IV (premier règne)
1644 Islam III
1654 Muhammad IV (second règne)
1666 Adil
1671 Selim Ier (premier règne)
1678 Murad
1683 Hajji II
1684 Selim Ier (second règne)
1691 Saadat II
1691 Safa
1692 Selim Ier (troisième règne)
1699 Dawlat II (premier règne)
1702 Selim Ier (quatrième règne)
1704 Ghazi III
1707 Qaplan Ier (premier règne)
1708 Dawlat II (second règne)
1713 Qaplan Ier (second règne)
1716 Dawlat III
1717 Saadat III
1724 Mengli II (premier règne)
1730 Qaplan Ier (troisième règne)
1736 Fath II
1737 Mengli II (second règne)
1740 Salamat II
1743 Selim II
1748 Arslan (premier règne)
1756 Halim
1758 Qirim (premier règne)
1764 Selim III (premier règne)
1767 Arslan (second règne)
1767 Maqsud (premier règne)
1768 Qirim (second règne)
1769 Dawlat IV (premier règne)
1770 Qaplan II
1770 Selim III (second règne)
1771 Maqsud (second règne)
1772 Sahib II
1775 Dawlat IV (second règne)
1777 Shahin (premier règne)
1783 Annexion de la Crimée par la Russie
1784 Bahadur II
1785 Shahin (second règne)
comme vassaux de la Russie

ASIE CENTRALE

Samarkand (Shaïbanides)

1500 Muhammad Shaibani
1510 Kochkunji
1530 Abu Saïd
1533 Ubaïd Allah
1539 Abd Allah Ier
1540 Abd al-Latif
1551 Nuruz Ahmad
1555 Pir Muhammad Ier
1560 Iskandar

Boukhara (Shaïbanides)

1583 Abd Allah II
1598 Abd al-Mumin
1599 Pir Muhammad II

(Janides)

1599 Baqi Muhammad
1605 Wali Muhammad
1608 Imam Quli
1640 Nazir Muhammad
1647 Abd al-Aziz
1680 Subhan Quli
1702 Ubaïd Allah
1705 Abul Faiz
1747 Abd al-Mumin
1751 Ubaïd Allah II
1753 Muhammad Rahim (Manghite)
1758 Abul Ghazi

(Manghites)

1785 Mir Masum Shah Murad
1800 Haidar Tora
1826 Husain
1826 Umar
1827 Nasr-Allah
1860 Muzaffar al-Din
1868 Protectorat russe

Khiva

v. 1515 Ilbars Ier
v. 1525 Sultan Hajji
Hasan Quli
Sufyan
Bujugha
Avanak
Kal
v. 1540 Akatai
1546 Dost
1558 Hajji Muhammad Ier
1602 Arab Muhammad Ier
1623 Isfandiyar
1643 Abu Ghazi Ier
1663 Anusha
v. 1674 Muhammad Arank
1687 Ishaq Aqa Shah Niyaz
1702 Arab Muhammad II
Hajji Muhammad II
1714 Yadighar
1714 Arank
1715 Shir Ghazi
v. 1730 Ilbars II
1740 Annexion par Nadir Shah
1741 Tagir, gouverneur persan
1741 Abu Muhammad
1741 Abul Ghazi II
1745 Kaip
v. 1770 Abul Ghazi III
1804 Iltazar
1806 Muhammad Rahim
1825 Allah Quli
1842 Rahim Quli
1845 Muhammad Amin
1855 Abd Allah
1855 Qutlugh Muhammad
?1856 Saiyid Muhammad
1865 Saiyid Muhammad Rahim
1873 Protectorat russe

Kokand

v. 1700 Shah Rukh Beg
Rahim
Abd al-Qarim
Erdeni
1770 Sulaiman
1770 Shah Rukh II
?1770 Narbuta
1800 Alim
1809 Muhammad Umar
1822 Muhammad Ali
1840 Shir Ali
1841 Murad
1845 Khudayar (premier règne)
1857 Malla
1859 Shah Murad
1861 Khudayar (second règne)
1864 Saiyid Sultan
1871 Khudayar (troisième règne)
1875 Nasir al-Din
1876 Annexion par la Russie

INDONÉSIE

Sultans de Mataram

1575 Mas Ngabehi Suta Wijaya (Senapati)
1601 Panembahan Seda Krapyak (Raden Jolang)
1613 Sultan Agung (Mas Rangsang)
1649 Mangkurat Ier (Seda Tegal Arum)
1677 Mangkurat II (Kartasura)
1703 Mangkurat III
1708 Pakubuwana Ier (Puger)
1719 Mangkurat IV (Jawa)
1727 Pakubuwana II (Kombul)
1749 Pakabuwana III (Swarga)

Surakarta

1788 Pakubuwana IV (Bagus)
1820 Pakubuwana V (Sugih)
1823 Pakubuwana VI (Bangun)
1830 Pakubuwana VII (Purbaya)
1858 Pakubuwana VIII (Angabehi)
1861 Pakubuwana IX (Bangun Kadaton)
1893 Pakubuwana X (Wicaksana)
1939 Pakubuwana XI
1944 Pakubuwana XII

Jogjakarta

1755 Mangkubuwana Ier (Swarga)
1792-1810 Mangkubuwana II (Sepuh) (premier règne)
1810-1811 Mangkubuwana III (Raja) (premier règne)
1811-1812 Mangkubuwana II (second règne)
1812-1814 Mangkubuwana III (second règne)
1814-1822 Mangkubuwana IV (Seda Pesiyar)
1822-1826 Mangkubuwana V (Menol) (premier règne)
1826-1828 Mangkubuwana II (troisième règne)
1828-1855 Mangkubuwana V (second règne)
1855 Mangkubuwana VI
1877 Mangkubuwana VII (Angabehi)
1921 Mangkubuwana VIII
1939 Mangkubuwana IX

Aceh (Atjeh)

1496 Ali Maghayat Shah
1528 Salah al-Din Ibn Ali
1537 Ala al-Din al-Zahar Ibn Ali
1568 Husain
1575 Sultan Muda
1575 Sultan Sri Alam
1576 Zainal Abidin
1577 Ala al-Din de Perak (Mansur Shah)
?1589 Sultan Boyong
1596 Ala al-Din Riayat Shah
1604 Ali Riayat Shah
1607 Iskandar Muda (Meukuta Alam)
1636 Iskandar Thani
1641 Safiyat al-Din Taj al-Alam bint Iskandar Muda (veuve d'Iskandar Thani)
1675 Naqiyat al-Din Nur al-Alam
1678 Zaqiyat al-Din Inayat Shah
1688 Kamalat Shah Zinat al-Din
1699 Badr al-Alam Sharif Haslim Jamal al-Din
1702 Perkara Alam Sharif Lamtui
1703 Jamal al-Alam Badr al-Munir
1726 Jauhan al-Alam Amir al-Din
1726 Shams al-Alam
1727 Ala al-Din Ahmad Shah
1735 Ala al-Din Johan Shah
1760 Mahmud Shah (1er règne)
1764 Badr al-Din Johan Shah
1765 Mahmud Shah (second règne)
1773 Sulaiman Shah (Udahna Lela)
1773 Mahmud Shah (troisième règne)
1781 Ala al-Din Muhammad Shah
1795 Ala al-Din Jauhar al-Alam (1815-1823 ; contesté par Sharif Saif al-Alam)
1823 Muhammad Shah
1838 Sulaiman (1850-1857 ; contesté par Ali Ala al-Din Mansur Shah)
1857 Ali Ala al-Din Mansur Shah (Ibrahim)
1870 Mahmud Shah
1874 Muhammad Daud Shah
1874 Occupation hollandaise
1945-1949 Guerre d'indépendance
1949 République

Présidents

1950 Muhammad Ahmad Sukarno
1966 Presidium
1968 Général Suharto

PRÉFACE

L'avènement de l'Islam et les relations qui se sont établies entre les musulmans et les autres peuples au cours des quatorze derniers siècles constituent l'une des pages les plus importantes de l'histoire du monde. Le modèle existentiel proposé par l'Islam est l'un des principaux systèmes — à la fois vision du monde et éthique associant le politique et le religieux — conçus par l'homme pour donner un sens à sa vie. Aujourd'hui, les musulmans représentent un cinquième de la population du globe et vivent pour la plupart dans des régions en voie de développement. En raison de l'interdépendance planétaire, les mutations des pays islamiques se répercutent dans le monde entier ; qui plus est, de nombreuses communautés musulmanes ont émigré dans les principaux pays occidentaux. Il est donc plus que jamais nécessaire d'accorder une large audience à la dynamique de l'histoire de l'Islam et aux valeurs morales des peuples musulmans.

Un des objectifs du présent atlas est de tracer le cadre dans lequel s'inscrit le dernier demi-millénaire de l'histoire de l'Islam. Aussi s'est-on attaché tout particulièrement à montrer comment la société islamique a pu se maintenir, se perpétuer de génération en génération et se répandre à travers le monde. Le chapitre 1er offre un bref panorama des neuf premiers siècles de l'histoire de l'Islam, ainsi qu'un exposé des institutions mises en place tout au long de cette période afin de structurer la société islamique, d'assurer la transmission de ses formes et de ses valeurs dans le temps et leur diffusion à travers de nouveaux territoires. Les chapitres 2 et 3 traitent de six grandes aires du monde musulman entre le XVIe et le XVIIIe siècle : les empires safavide, mogol et ottoman, l'Asie du Sud-Est, l'Afrique, l'Asie centrale et la Chine. L'accent a été mis sur les empires qui ont répandu la culture islamique, et notamment sur le jeu des influences qui s'exercèrent entre eux et les détenteurs du pouvoir politique, et les peuples païens, ou partiellement islamisés, au contact desquels ils vivaient. Le chapitre 4 montre le déclin de l'Islam à partir du XVIIIe siècle, et les mouvements de réforme et de réveil religieux qui apparurent alors à travers le monde islamique. Le chapitre 5 porte sur la façon dont, au XIXe et au XXe siècle, nombre d'élites musulmanes réagirent devant la menace d'absorption par les puissances européennes en s'efforçant de restructurer leurs sociétés d'après le modèle occidental. Dans le chapitre 6, on verra pourquoi l'attrait de ce modèle semble avoir diminué au cours des dernières années, et comment les musulmans ont commencé, avec une confiance accrue, à donner forme à leur propre conception du progrès.

Le second propos de ce livre a été de rendre sensibles les préoccupations constituant pour les pays musulmans le fondement même de l'existence. On écoutera les tenants de l'Islam et l'on apprendra ainsi comment ils s'adressent à Dieu, ce que le pèlerinage représente pour eux, et comment ils s'opposent à l'Occident tout en subissant son influence. La deuxième partie porte sur les aspects de la vie religieuse, l'expression artistique des valeurs de l'Islam, et sur les différents types de société musulmane dans leurs interactions avec le monde moderne. Les première et deuxième parties permettent de se faire une idée claire des croyances des musulmans et des diverses façons dont leur foi conditionne leur vie.

En troisième lieu, nous avons proposé une vision plus large du monde islamique. L'idée que l'on se fait habituellement de l'Islam est fondée presque exclusivement sur une connaissance des pays musulmans de culture arabe. Notre intention a été de présenter, en outre, un exposé de la diversité des pays islamisés de l'Asie du Sud-Est, de l'Afrique, de l'Asie centrale et de la Chine, là où l'Islam a dû affronter de fortes cultures et s'est parfois trouvé en position d'infériorité. Ces régions du monde musulman, où vivent presque autant de mahométans que dans les pays de langue arabe, ont été relativement peu étudiées. Les connaître permet de mieux apprécier les réalisations de l'Islam et de comprendre qu'il y a de nombreuses façons d'être musulman.

D'importants aspects de l'histoire ont été illustrés par des cartes, dont beaucoup ont un caractère inédit. La plupart ont été établies d'après une projection Mercator, sauf mention contraire, afin de conserver un maximum d'exactitude, malgré l'exagération des surfaces qui augmente à mesure qu'on s'éloigne de l'équateur et qu'on se déplace d'ouest en est. Ce type de projection convient particulièrement pour représenter de vastes régions du monde.

La transcription des sons des langues islamiques dans l'alphabet latin est une question épineuse et toujours débattue. La solution adoptée par l'*Encyclopédie de l'Islam* ramène tous les sons de ces langues à un seul système qui favorise l'arabe. Il a l'inconvénient de rendre méconnaissables de nombreux mots que des lecteurs non arabes ont l'habitude de voir transcrits sous d'autres formes. La solution adoptée par Marshall Hodgson consiste à utiliser des systèmes différents selon les langues considérées, ce qui a pour conséquence inverse de rendre moins sensibles les relations apparentes entre les mots des différentes langues. Par souci de clarté, nous avons adopté la solution suivante. Le système de l'*Encyclopédie de l'Islam* a été pris pour base, à ceci près que tous les signes diacritiques ont été omis, *j* a été mis pour *dj* et *q* pour *k*. Mais chaque fois qu'un nom propre ou un nom commun ont été entérinés par l'usage en français, même sous une forme fautive, ils ont été ou conservés ou cités entre parenthèses après la forme correcte — ce qui introduit obligatoirement quelques formes contradictoires, par exemple Mahomet au lieu de Muhammad ou Mohammed, Méhémet-Ali au lieu de Muhammad Ali, ou encore Rashid Rida pour désigner le penseur arabe, et Reza Shah pour nommer l'empereur d'Iran de la dynastie Pahlavi.

La traduction du Coran — livre généralement considéré comme intraduisible — présente elle aussi des difficultés. Les traductions peuvent différer, de même que la numérotation des versets. Pour la version française du présent ouvrage, nous avons utilisé la traduction de D. Masson (Bibliothèque de la Pléiade, 1967), qui a judicieusement traduit « Allah » par « Dieu », terme qui parle plus directement à la sensibilité du lecteur non musulman.

Au cours des quinze ans de travail que m'a demandés cet atlas, j'ai, à l'instar de tout spécialiste, contracté de nombreuses dettes tant personnelles qu'intellectuelles. Je suis particulièrement redevable au livre de Marshall G.S. Hodgson, *Venture of Islam: Conscience and History in a World Civilization.* Quiconque a l'audace de vouloir embrasser dans toute son ampleur l'histoire de l'Islam ne saurait ignorer ses aperçus pénétrants et sa hauteur de vue. Amis et collègues ont été, comme à l'ordinaire, prodigues de leur temps et de leur savoir. Je remercie Anthony Atmore, Peter Carey, Michael Crowder, Anthony Stockwell et Rita Townsend. J'exprime toute ma gratitude envers Ralph Leigh et Peter Brown pour leurs vifs encouragements et leurs sages conseils. Ma plus grande dette reste cependant envers les savants et saints hommes de la famille de Tirangi Mahal à Lucknow, Inde, qui pendant plus de dix ans, et en particulier durant les six dernières années, ont été pour moi des hôtes généreux, des guides patients et des critiques à la fois rigoureux et bienveillants. Tout ce que j'ai écrit n'engage que ma responsabilité, mais si j'ai pu mener à bien une telle entreprise, c'est à eux que je le dois pour une bonne part.

Les lecteurs qui souhaitent connaître l'histoire de l'Islam dans son développement des origines à nos jours suivront l'ordre proposé, mais chacune des parties peut aussi être abordée pour elle-même. Quelle que soit l'approche choisie, j'espère que le lecteur éprouvera un plaisir au moins aussi vif que celui que j'ai pris à évoquer pour lui l'histoire et la civilisation islamiques.

15°
0°
15°
30°
45°
Ben Nevis 1343
SUÈDE
DANEMARK
MER DU NORD
Copenhague
Moscou
Oka
Volga
Dublin
RÉPUBLIQUE D'IRLANDE
ROYAUME-UNI
Londres
PAYS-BAS
Amsterdam
ALLEMAGNE DE L'OUEST
Berlin
ALLEMAGNE DE L'EST
POLOGNE
Varsovie
Vistule
Elbe
Oder
UNION DES RÉPUBLIQUES SOCIALISTES SOVIÉTIQUES
STEPPE KIRG
Oural
Bruxelles
BELGIQUE
Bonn
Rhin
LUXEMBOURG
Luxembourg
Prague
TCHÉCOSLOVAQUIE
Don
Dniepr
Dniestr
Paris
FRANCE
Loire
Danube
Vienne
AUTRICHE
MTS CARPATES
Budapest
HONGRIE
Berne
SUISSE
ALPES
Gross Glockner 3797
OCÉAN ATLANTIQUE
Mt Blanc 4810
Puy de Sancy 1886
Rhône
Pô
Save
ROUMANIE
Moldoveanul 2544
Bucarest
45°
Belgrade
YOUGOSLAVIE
Durmitor 2522
Sofia
BULGARIE
MER NOIRE
Elbrouz 5633
CAUCASE
MER CASPIENNE
PYRÉNÉES
Mt Cinto 2710
Corse
ITALIE
Rome
ALBANIE
Tirana
PORTUGAL
Madrid
ESPAGNE
Sardaigne
Olympe 2917
GRÈCE
Ankara
TURQUIE
Ararat 5165
Lisbonne
Mulhacen 3478
Iles Baléares
Sicile
Mt Etna 3390
Athènes
ELBOURZ
Téhéran
Alger
Tunis
TUNISIE
ATLAS SAHARIEN
MTS TAURUS
Crète
Chypre
SYRIE
Tigre
Rabat
MER MÉDITERRANÉE
Beyrouth
Damas
LIBAN
IRAK
Bagdad
Euphrate
HAUT ATLAS
Tripoli
ISRAËL
Jérusalem
Amman
DÉSERT DE SYRIE
JORDANIE
MTS ZAGROS
30°
Iles Canaries
MAROC
Le Caire
DÉPRESSION DE QATTARA
NEFOUD
Koweit
KOWEIT
ALGÉRIE
El Aioun
ERG IGUIDI
LIBYE
ÉGYPTE
Nil
GOLFE PERSIQUE
ARABIE SAOUDITE
Bahreïn
Riyad
SAHARA OCCIDENTAL
ERG CHECH
HOGGAR
DÉSERT DE LIBYE
SAHARA
L. Nasser
TIBESTI
MAURITANIE
RUB AL-KHALI
Nouakchott
MALI
AÏR
MER ROUGE
NIGER
YÉMEN
Sana
SUD-YÉMEN
TCHAD
SOUDAN
Khartoum
Dakar
SÉNÉGAMBIE
L. Tchad
Banjul
Bamako
HAUTE-VOLTA
Niamey
Nil Bleu
Nil Blanc
Aden
Golfe d'Aden
Socotra (S. Yémen)
Bissau
GUINÉE-BISSAU
Ouagadougou
N'Djamena
DJIBOUTI
Djibouti
GUINÉE
Volta Noire
BÉNIN
Niger
NIGERIA
Addis Abeba
Conakry
TOGO
Benoué
SOMALIE
Freetown
SIERRA LEONE
CÔTE-D'IVOIRE
GHANA
ÉTHIOPIE
Monrovia
LIBERIA
Abidjan
Accra
Lomé
Lagos
Porto Novo
CAMEROUN
Cameroun 4069
RÉPUBLIQUE DE CENTRAFRIQUE
Malabo
Yaoundé
Bangui
Oubangui
L. Rudolf
OUGANDA
KENYA
GUINÉE ÉQUATORIALE
L. Albert
Marguerita 5127
Mogadiscio
Libreville
CONGO
Kampala
L. Victoria
Kenya 5199
GABON
RWANDA
Nairobi
Zaïre
Kigali
ZAÏRE
Brazzaville
Bujumbura
BURUNDI
Kilimandjaro 5895
Iles Seychelles
CABINDA
Kinshasa
Kasaï
L. Tanganyika
Dodoma
TANZANIE
OCÉAN ATLANTIQUE
Luanda
L. Moero
L. Malawi
Iles Comores
ANGOLA
MALAWI
ZAMBIE
Lilongwe
MOZAMBIQUE
Madagascar
Lusaka
Zambèze
frontière internationale
frontière administrative
frontière internationale non fixée ou incertaine
ligne de cessez-le-feu
capitale
sommet montagneux (en mètres)
4000 m
1000 m
200 m
0
au-dessous du niveau de la mer
marais
Échelle 1:36 000 000 à l'équateur

60°
75°
90°
105°
120°
45°
30°
15°
0°
MTS OURAL
MER D'ARAL
KYZYLKOUM
Syr Daria
Amou Daria
Ichim
Irtych
Ob
PLAINE DE SIBÉRIE OCCIDENTALE
L. Balkach
Angara
L. Baïkal
Vitim
Amour
Selenge Mörön
Oulan-Bator
MONGOLIE
Nonni
DÉSERT DE GOBI
TIEN-CHAN
Pic Lénine 7134
K2 (Godwin Austen) 8611
KARAKORUM
HINDOU KOUCH
Kaboul
AFGHANISTAN
Islamabad
KUNLUN SHAN
QILIAN SHAN
NAN SHAN
PLATEAU DU TIBET
HIMALAYA
Sutlej
Indus
MTS SULAIMAN
PAKISTAN
DÉSERT DE THAR
New Delhi
NÉPAL
Katmandou
Mt Everest 8848
Thimbu
BHOUTAN
Pékin
Houang-Ho
CHINE
Pyongyang
Séoul
Mer Jaune
Yang-tsé-kiang
Poyang Hu
MER DE CHINE ORIENTALE
Mékong
Gange
INDE
Mascate
GRAND MARAIS DE KUTCH
MONTS VINDHYA
DECCAN
BANGLADESH
Dacca
BIRMANIE
Salouen
Irawaddy
Si-Kiang
Tai-pei
Tropique du Cancer
Taïwan
Victoria
Hong Kong (R.U.)
Hanoi
LAOS
Haï-nan
Vientiane
MER D'OMAN
GOLFE DU BENGALE
Krishna
Rangoon
THAÏLANDE
VIÊT-NAM
Quezon City
GHÂTS OCCIDENTAUX
GHÂTS ORIENTAUX
Bangkok
CAMBODGE
Phnom-Penh
MER DE CHINE MÉRIDIONALE
Iles Andaman (Inde)
PHILIPPINES
SRI LANKA
Colombo
Iles Maldives
Gunung Bandahara 3012
MALAISIE
Bandar Seri Begawan
Brunei
Sabah
Mer des Célèbes
Kuala Lumpur
Sarawak
Singapour
Sumatra
Bornéo
Equateur
Célèbes
OCÉAN INDIEN
PENUNGUNGAN BARISAN
INDONÉSIE
Djakarta
Java
Timor

INTRODUCTION
L'OCCIDENT FACE À L'ISLAM

Pendant une grande partie des treize derniers siècles, l'Occident a vu dans l'Islam une menace. Les chrétiens ont considéré comme un défi une religion qui croyait en un dieu unique créateur de l'univers, mais qui refusait le dogme de la Trinité; qui tenait le Christ pour un prophète; qui croyait au Jugement dernier, au ciel et à l'enfer, mais qui faisait du plaisir sexuel la récompense céleste; qui considérait la Bible des chrétiens comme la parole de Dieu, mais qui s'en référait à l'autorité d'un livre paraissant contredire la plupart de ses enseignements. Les pays chrétiens avaient parfaitement perçu la menace, car, après s'être avancés jusqu'au cœur de la France au VIIIe siècle, les cavaliers d'Allah avaient pénétré en Europe centrale au XVIe et au XVIIe siècle, et pendant près d'un millénaire s'étaient pressés aux frontières méridionale et orientale de la chrétienté. Au XVIIIe et au XIXe siècle encore, alors que le vent de l'histoire avait tourné et que l'Europe avait étendu sa domination au monde entier, on était persuadé que l'Islam constituait un danger, cette fois pour la sécurité des intérêts occidentaux. Tout cela avait conditionné l'attitude de l'Europe à l'égard du monde musulman, et entretenu chez beaucoup une hostilité de principe et le refus d'admettre la vision du monde et les règles de conduite prônées par l'Islam. Par ailleurs, la civilisation originale procédant de cette vision avait été moins appréhendée et jugée pour elle-même, que comme un repoussoir mettant en relief l'identité européenne et l'acquis de l'Occident.

Dès le début, l'Europe adopta une attitude foncièrement hostile. Les pays occidentaux, séparés des principaux foyers de civilisation musulmane par l'empire chrétien d'Orient, se firent de l'Islam une image vague et fantaisiste d'après les sources byzantines: c'était une hérésie dérivée des enseignements du Christ, qu'un moine nommé Bahira avait été forcé de révéler à Mahomet; le Coran avait été apporté au peuple sur les cornes d'un taureau blanc; le Prophète était un sorcier dont le succès était dû pour une bonne part au fait qu'il prônait la licence sexuelle avec la prétendue approbation de Dieu.

Cependant, à l'époque de la première croisade (au début du XIIe siècle), on en vint à une appréciation un peu plus sérieuse, et dès 1143 le Coran fut traduit en latin par le clerc anglais Robert de Ketton. Au XIIIe et au XIVe siècle, les Européens, mieux informés sur l'Islam, s'attachèrent à deux points essentiels. Ils tentèrent d'établir dans quelle mesure le Coran corroborait les Évangiles, tout en s'élevant — ce qui, par rapport au premier point, était d'une logique discutable — contre la qualité de prophète attribuée à Mahomet. Comment un homme qui n'accomplissait pas de miracles et qui, au dire des chrétiens, pratiquait le mensonge et s'adonnait à la débauche pouvait-il être un prophète de Dieu? Deux aspects de son message furent particulièrement pris pour cible par la polémique chrétienne: l'importance que l'Islam était supposé accorder à l'usage de la force (bien que les chrétiens eussent recours eux aussi à la guerre sainte) et la liberté sexuelle dont les musulmans étaient censés jouir dans cette vie, prémices de l'extase amoureuse qui leur était promise dans l'autre monde. Dante imagine un horrible sort pour Mahomet, le faux prophète. Dans l'*Enfer,* quelques musulmans — les philosophes Avicenne et Averroès, et Saladin, le grand héros de la chevalerie médiévale — sont mis au rang des païens vertueux qui, comme Hector, Socrate et Aristote, ne sont condamnés qu'à un châtiment léger dans le premier cercle de la géhenne. Mais le Prophète de l'Islam est relégué dans la neuvième des dix fosses ténébreuses qui entourent la citadelle de Satan. Là, stigmatisé comme un brandon de discorde et de scandale, il est condamné à être déchiré sans cesse et pour l'éternité du menton au fondement, comme les douves d'un tonneau qu'on fend de haut en bas.

Tout l'arsenal de la polémique médiévale continua d'être déployé contre l'Islam pendant la Renaissance et la Réforme, et même au XVIIIe siècle. Polydore Virgile, le parfait représentant de la science historique de la Renaissance, se contenta de répéter les accusations du Moyen Age: Mahomet était un magicien, il avait reçu l'enseignement d'un moine chrétien, son hérésie avait été répandue par la violence et par la promesse de l'indulgence divine pour tous les débordements sensuels, etc. Mais la principale accusation lancée contre Mahomet était d'être un imposteur. Une biographie célèbre du XVIIe siècle, écrite par un doyen de la cathédrale de Norwich (Angleterre), avait pour sous-titre *La véritable nature de l'imposture pleinement démontrée,* et dans sa *Bibliothèque orientale,* encyclopédie publiée en 1697 et encore consultée, Barthélemy d'Herbelot qualifie Mahomet «d'imposteur notoire, auteur et fondateur d'une hérésie qui a pris le nom de religion». Edward Gibbon lui-même, qui fait un usage magistral et judicieux des lumières de la raison et qui parle admirablement de Mahomet dans *Le déclin et la chute de l'empire romain,* ne peut décider s'il était un illuminé ou un simple charlatan. L'image qu'on se faisait du Prophète était si détestable qu'elle constituait une métaphore de choix dans la polémique européenne. Ainsi Luther associait l'Église catholique romaine à l'hérésie musulmane et voyait dans l'une et l'autre l'œuvre du diable. Et Voltaire, attaquant toute religion révélée à travers l'exemple de l'Islam, concluait sa tragédie sur *Mahomet, ou le fanatisme* en montrant le Prophète sur son lit de mort, qui ordonne à son successeur de taire son mal aux fidèles de peur qu'ils ne perdent la foi.

A partir du XVIIIe siècle, cependant, sont jetées les bases d'une plus large compréhension de l'Islam. En Europe, la révélation chrétienne perd peu à peu de son emprise sur les esprits dans une société de plus en plus laïcisée, et bien que leurs vieux préjugés persistent toujours, les Occidentaux deviennent plus tolérants à l'égard des autres conceptions du monde. Parallèlement, l'attitude des puissances européennes évolue face au monde musulman, traité désormais sur un pied d'égalité, tandis que s'estompe la crainte de la menace turque, au moment même où s'amorce le déclin non seulement de l'empire ottoman, mais aussi des empires safavide et mogol. A la fin du XVIIIe siècle, les Européens se montrent beaucoup plus sûrs d'eux-mêmes dans leurs relations avec les pays islamiques — changement symbolisé en 1798 par la campagne française d'Égypte, et en

En 1798, l'expédition française en Égypte constitua un changement radical dans l'attitude des Européens à l'égard du monde musulman. Pour la première fois depuis les croisades, des Européens pénétraient en conquérants dans les territoires de la Méditerranée orientale. Bien que les vieux préjugés chrétiens aient eu de tout temps la vie dure, les Européens commencèrent à adopter de nouvelles attitudes allant d'un sentiment de supériorité affirmé à un désir sincère de comprendre les motivations profondes et les réalisations de la civilisation islamique. Dans le tableau *ci-contre,* on voit Bonaparte à la tête de ses troupes, triomphant au milieu des ennemis abattus, lors de la bataille des Pyramides en juillet 1798.

1799 par la campagne anglaise au Mysore, dernier bastion musulman de l'Inde violemment hostile aux Européens. Cette confiance en soi ne fait que croître tout au long du XIXe siècle, tandis qu'à l'instar des Anglais et des Français, les Russes et les Allemands étendent leur domination sur les peuples musulmans. De sorte qu'en 1920, au traité de San Remo, plus des trois quarts du monde islamique sont sous le contrôle des puissances européennes. Mais, à mesure que les Occidentaux s'affranchissent de la vision chrétienne médiévale, qu'ils ont des contacts plus fréquents avec les musulmans et se familiarisent avec leur civilisation, une meilleure compréhension s'avère possible.

Toutefois, parmi les positions qui se dessinent à partir du XVIIIe siècle, l'approche intransigeante héritée du christianisme reste la plus caractéristique. Saisissant l'occasion offerte par la constitution des empires coloniaux, les missionnaires déployèrent une activité intense auprès des populations musulmanes. Et bien que certains, comme l'évêque Heber et le Dr Livingstone, aient éprouvé pour celles-ci une certaine sympathie, beaucoup étaient très vite retombés dans les préjugés de la tradition chrétienne. La polémique médiévale se retrouve en grande partie dans une *Vie de Mahomet* publiée en 1851 par la Bombay Tract and Book Society, cependant que Sir William Muir, haut fonctionnaire en poste aux Indes, traduisait de l'arabe à l'usage des missionnaires la *Risalah,* ouvrage auquel s'étaient maintes fois référés les clercs du Moyen Age pour stigmatiser la vie sexuelle du Prophète, accusé en outre de meurtres et de conversions forcées. Mais les missionnaires ne furent pas les seuls à brandir le vieux poncif associant l'Islam au sexe et à la violence. Deux esprits aussi différents l'un de l'autre que l'orientaliste Edward Lane et l'écrivain Gustave Flaubert, qui visitèrent l'Égypte au milieu du XIXe siècle, furent impressionnés par l'importance de la sexualité dans la vie des musulmans. Le premier évoqua pudiquement l'excessive « liberté des rapports sexuels », tandis que le voyage du second fut avant tout une expérience érotique qui laissa une empreinte distincte dans son œuvre.

Les fonctionnaires coloniaux étaient frappés par les aspects violents de l'Islam, ce qui n'a rien d'étonnant car leur préoccupation majeure était la guerre sainte que les musulmans étaient toujours sur le point de prêcher contre la domination européenne. Les termes « musulman » et « fanatique » devinrent à peu près synonymes pour les Occidentaux en poste dans des pays aussi éloignés les uns des autres que l'Algérie, l'Inde et l'Indonésie. Et durant la grande expansion européenne du XIXe siècle, l'image de l'Islam comme religion de violence fut renforcée par la résistance que les musulmans opposèrent à la politique d'hégémonie universelle menée par les Européens : « Le glaive de Mahomet et le Coran », déclarait Sir William Muir, « sont les ennemis les plus obstinés de la civilisation, de la liberté et de la vérité, que le monde ait jamais connus. »

Par ailleurs, il n'est rien de plus contraire à l'hostilité de principe du christianisme que la manière dont Bonaparte, héritier de la philosophie des Lumières, se montre favorable à l'Islam et aux institutions musulmanes quand en Égypte il rêve de l'empire d'Orient. « Je respecte Dieu, son Prophète et le Coran », déclare-t-il lorsqu'il débarque en 1798. Et il se comporte d'emblée en souverain musulman, honorant publiquement le Prophète, commençant ses lettres aux potentats de la région par le *basmala* islamique et se conciliant les chefs religieux et politiques locaux. Ainsi Bonaparte, qui, selon Victor Hugo, « apparut aux tribus éblouies comme un Mahomet de l'Occident », faisait preuve face à l'Islam d'un pragmatisme dont jusque-là les Européens avaient été quasiment incapables. Dans leurs tentatives pour dominer les peuples musulmans, d'autres l'imitèrent, mais plus timidement.

Il y avait bien une pointe de romantisme dans l'attitude de Bonaparte envers l'Islam, bien qu'il fût le symbole d'un âge classique brillant de ses derniers feux. Dans sa recherche d'une identité islamique, il s'efforçait, comme le firent les romantiques, de franchir les limites de la civilisation du XVIIIe siècle, de même que son aventure en Égypte fut un défi aux règles du jeu politique européen. Il explorait ainsi les possibilités d'un des aspects (dont l'importance allait croissant) du comportement de l'Occident envers le monde islamique — celui-ci s'offrant comme une table somptueusement garnie aux Européens qui rêvaient d'y faire bombance. Depuis près d'un siècle, leur appétit avait été excité par les récits des voyageurs de plus en plus nombreux, et en particulier par les *Contes des Mille et Une Nuits,* traduits pour la première fois en français par Galland en 1704. On y trouvait un chatoyant déploiement de califes, de vizirs, d'esclaves, de génies, de lampes et d'aventures extraordinaires, et les Européens ont puisé là une bonne partie des termes et des images qu'ils ont appliqués ensuite au monde islamique. Aussi celui-ci apparut-il à certains tel un royaume exotique aux richesses nouvelles à explorer, ce que firent Montesquieu dans les *Lettres persanes,* Mozart dans *L'enlèvement au sérail* ou Goethe dans son *Divan oriental et occidental.* Mais l'Islam attira aussi des Européens à la recherche d'eux-mêmes, qui s'habillèrent à l'orientale pour parfaire le dépaysement — les robes flottantes et les manières d'être des Arabes ont toujours séduit les Anglais, depuis Lady Hester Stanhope, qui fit dans Palmyre une entrée remarquée en passant sous un arc de triomphe et dressa sa tente parmi des milliers de Bédouins, jusqu'à T.E. Lawrence, pour qui les Arabes, les chameaux, le sable et la guerre dans le désert semblent avoir été une source constante d'exaltation. Mais que ces Européens aient payé de leurs personnes ou qu'ils aient voyagé seulement en imagination, ils se souciaient davantage d'imposer à ce monde leur propre vision que d'en percevoir la réalité, de l'asservir à leurs desseins que de l'apprécier pour ce qu'il était vraiment. Il est certain toutefois que leur attitude romantique fit progresser la connaissance qu'on en avait et accrut la sympathie qu'il inspirait; mais cette vision imaginaire finit par élever une nouvelle barrière à la place de celles qu'avaient édifiées les anciens préjugés.

Un troisième aspect qui procède de ces deux attitudes tout en les renforçant tient dans le profond sentiment de supériorité que favorisait la domination européenne. Abu Taleb Khan, un Indien musulman qui se rendit à Londres en 1800, dut entendre une critique sévère des mœurs islamiques, aussi bien sur les cérémonies pratiquées lors du pèlerinage de La Mecque que sur l'habitude de manger avec les doigts. L'idée que le mode de vie des Européens était le meilleur fut largement répandue par ceux-là même qui vivaient au contact des sociétés islamiques. Des diplomates français en poste à Téhéran peu après 1800, persuadés de comprendre les mœurs locales, se plaignaient que les Persans n'aient aucun sens de l'honneur et qu'ils soient portés à l'exagération. Aux Indes, près d'un tiers de siècle plus tard, Macaulay, dans son célèbre essai sur l'éducation, déclarait que « de notoriété publique aucun livre » d'enseignement musulman ou même hindou « ne peut se comparer aux nôtres ». Une assertion aussi présomptueuse convainquit d'ailleurs, pour un temps, le gouvernement des Indes d'oublier la base fragile de la domination britannique, et d'apporter sa caution morale aux efforts faits pour convertir la population au christianisme : les Européens étaient persuadés qu'ils étaient différents des musulmans et supérieurs à eux. En fait, ils étaient persuadés de régner sur eux par droit divin, tandis que les musulmans, selon le Premier ministre britannique Gladstone, étaient « radicalement incapables d'établir un bon gou-

Sexe, violence et fanatisme ont traditionnellement joué un grand rôle dans l'image que l'Europe s'est faite du monde islamique. *Ci-dessus,* il émane une sensualité alanguie de cette odalisque algérienne peinte par Renoir. Le harem, avec ses délices, a fréquemment inspiré les peintres et les écrivains du XIXe siècle. Ce tableau de Renoir date de 1870, neuf ans après son voyage à Alger. *A gauche* Quant à la violence, cette toile brillante et sanglante d'Henri Regnault, intitulée *Exécution sommaire sous les rois maures de Grenade,* est suffisamment éloquente. *A droite,* les termes « musulman » et « fanatique » ont souvent été synonymes dans l'esprit des Européens. Par ailleurs, les *dhikr* ou techniques développées par les mystiques dans leur quête et leur glorification du divin ont toujours semblé bizarres. Cette lithographie satirique de 1880, qui représente une séance de *dhikr* au Caire, évoque davantage le fanatisme religieux que l'extase mystique.

vernement, ou un gouvernement tolérable, sur les races civilisées et chrétiennes».

Parallèlement à ces diverses attitudes, on assiste au développement de recherches savantes sur la religion et la société islamiques. Cela commença par des traductions plus exactes du Coran: celle de Maracci en latin (1698), celle d'André de Ryer en français (1647) et celle de Sale en anglais (1734). Dans sa préface, celui-ci parle en termes élogieux des réalisations de l'Islam, dont il retrace l'histoire à partir de sources musulmanes. Il ne faisait d'ailleurs que suivre la voie ouverte peu de temps auparavant par deux arabisants professant à Oxford, Edward Pococke et son disciple Simon Ockley qui, après avoir recueilli et étudié divers manuscrits, écrivirent sur l'Islam un ouvrage proprement historique et non plus uniquement polémique.

Vers la fin du XVIIIe siècle, on se mit à traduire dans plusieurs langues européennes un grand nombre de textes, tant littéraires que religieux. Dans cette tâche s'illustrèrent Sir William Jones, qui fonda en 1783 l'*Asiatic Society of Bengal,* et Silvestre de Sacy, premier président de la *Société asiatique de Paris* en 1822.

Au cours du XIXe siècle les travaux se multiplièrent, car l'Islam et les langues parlées par les musulmans entrèrent dans le cadre des préoccupations chères aux milieux scientifiques de l'époque: l'histoire des religions, l'exégèse biblique et la philologie comparée. Au début du XXe siècle, l'étude de l'Islam se dégagea de cet ensemble confus pour devenir une discipline indépendante. Des hommes comme le juif hongrois Ignaz Goldziher, l'universitaire hollandais Snouck Hurgronje, l'Américain d'origine écossaise D.B. MacDonald et le Russe V.V. Barthold prirent conscience qu'en tant que spécialistes de l'Islam ils se devaient de mener leurs recherches avec le maximum de rigueur et d'objectivité. Ils frayèrent ainsi la voie à une tradition savante qui a culminé dans l'œuvre du Français Louis Massignon, à qui l'on doit une plus juste appréciation des dimensions spirituelles de l'Islam, et dans celle de l'Anglais Hamilton Gibb, qui s'efforça de dégager les lignes de force permettant de mieux comprendre le développement historique de l'Islam.

Depuis la Deuxième Guerre mondiale, les études islamiques ont continué de progresser, grâce à l'apport des Américains et aussi parce qu'on a entrepris de leur appliquer les méthodes des sciences sociales, en particulier de l'anthropologie. Ces recherches en ont acquis une dimension nouvelle, en partie parce que l'anthropologie a permis d'étendre le champ d'investigation et de passer de l'étude des communautés urbaines des pays islamiques traditionnels à celle des tribus et des villages d'Afrique, de l'Asie méridionale et de l'Asie du Sud-Est — et en partie parce que, en étant à même de voir les nombreux compromis qu'a faits et que continue de faire l'Islam avec les cultures locales, on a compris qu'il existe de nombreuses et différentes manières d'être musulman.

Bien évidemment, l'étude de l'Islam a toujours reflété l'état d'esprit de la société qui s'y consacrait. Simon Ockley, par exemple, bien qu'il eût soin de présenter les faits relatifs au développement de la civilisation islamique et à ses rapports avec l'Europe, partageait néanmoins l'opinion commune en Occident au début du XVIIIe siècle, selon laquelle l'Islam était une scandaleuse hérésie. Ernest Renan, spécialiste de philologie comparée et d'exégèse biblique, voyait dans la soumission absolue de l'Islam à la parole de Dieu un trait proprement sémitique, contraire à l'esprit scientifique, et un obstacle au progrès; aussi sa civilisation était-elle inférieure à la civilisation aryenne, qui avait produit la science et la philosophie. La confiance dans la supériorité de la civilisation occidentale et du regard que celle-ci projetait sur l'Islam est d'ailleurs un penchant instinctif dans la plupart des milieux savants européens. Les études entreprises semblent souvent destinées à alimenter des débats entre spécialistes bien plus qu'à parvenir à une véritable compréhension des sociétés musulmanes. Qui plus est, des intellectuels formés dans un environnement agnostique et matérialiste paraissent avoir beaucoup de mal à comprendre le pouvoir de la foi. Ainsi s'explique le fait que les recherches les plus pertinentes et les plus proches de leur objectif aient été faites par des chrétiens fervents: à une époque où ils doivent subir des pressions croissantes dans un monde désacralisé, ils ont une plus grande affinité avec ceux qui croient également en un seul Dieu.

Massignon était réputé pour l'austérité de ses mœurs, et Gibb déclarait: «Les métaphores dont est habituellement parée la doctrine chrétienne me satisfont intellectuellement, car elles sont la plus parfaite expression de la vérité spirituelle.»

Nous sommes là devant un singulier paradoxe, car, bien que les arguments traditionnels de l'hostilité envers l'Islam dérivés de la polémique chrétienne médiévale soient encore utilisés sous une forme non apologétique, ce sont les chrétiens qui ont une meilleure perception des réalités islamiques. La vieille objection relative à une sensualité débridée sert aujourd'hui d'argument pour dénoncer la condition féminine. Le problème de la violence aboutit à la condamnation des châtiments barbares et de la politique sanguinaire pratiqués par certains pays musulmans. La crainte de voir l'Islam devenir trop puissant, qui après l'expansion de l'Occident avait fait place à un sentiment de supériorité, resurgit depuis que le pétrole donne aux musulmans la possibilité d'influer sur les pays occidentaux, et la conscience de leur force la volonté de le faire. En outre, si ce que les Occidentaux considéraient comme l'imposture de Mahomet a cessé de les préoccuper, ils s'inquiètent à présent devant ce qui leur paraît une hérésie: le désir de nombreux musulmans de subordonner la vie sociale et les entreprises d'un État moderne à la loi religieuse. En fait, une réprobation séculaire à l'égard de l'Islam, qui va parfois jusqu'à une animosité déclarée, semble enracinée dans la culture occidentale. Et cependant, les chefs d'État chrétiens ne se montrent plus hostiles et ne mettent plus l'accent sur ce qui les sépare de la grande religion monothéiste rivale. Et le concile Vatican II — sans se prononcer sur un point fondamental: le Coran est-il ou non la parole de Dieu — recommande aux chrétiens de faire preuve de compréhension à l'égard de l'Islam et déclare:

> «Quant aux musulmans, l'Église les tient en estime. Ils adorent un seul Dieu, vivant et éternel, miséricordieux et tout-puissant, créateur du ciel et de la terre, qui a fait entendre sa parole aux hommes. Ils s'efforcent de se soumettre d'un cœur sincère à ses lois impénétrables, tout comme l'a fait Abraham, qu'ils associent de bonne grâce à la foi islamique. Bien qu'ils ne reconnaissent pas Jésus pour Dieu, ils le révèrent comme prophète. Ils honorent aussi la Vierge Marie, Sa mère, et ils l'invoquent parfois avec dévotion. De plus, ils attendent le jour du Jugement, où Dieu donnera à chaque homme son dû après l'avoir ressuscité. Ils prisent donc la vie morale et rendent un culte à Dieu, en particulier par la prière, par l'aumône et par le jeûne.»

PREMIÈRE PARTIE

NAISSANCE ET HISTOIRE DE L'ISLAM

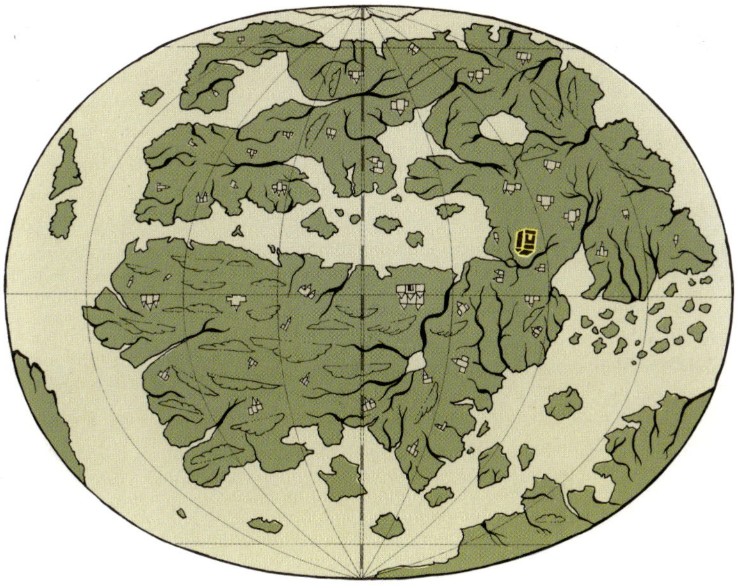

LES NEUF PREMIERS SIÈCLES DE 622 À 1500

L'expansion de l'Islam, 622-1000

En 1500, les musulmans étaient établis dans la plupart des régions du monde où de brillantes cultures s'épanouissaient depuis l'Antiquité. Bagdad et Le Caire avaient été de grands centres de civilisation islamique, Athènes et Bénarès subissaient son influence, mais les limites de l'expansion musulmane s'étendaient bien au-delà. A l'ouest, les fidèles d'Allah régnant sur le Maroc touchaient à l'Atlantique et contrôlaient les pays de savane s'étendant entre le Sahara et les forêts vierges de l'Afrique tropicale. A l'est, ils prospéraient en communautés dispersées dans la Chine des Ming, et ils avaient trouvé un terrain favorable à la propagation de leur foi dans la presqu'île malaise, sur la côte occidentale de Java et de Sumatra, et à Mindanao, dans l'archipel des Philippines. Au nord, l'Islam fut adopté par les hordes de Mongols nomades depuis le bassin du Tarim jusqu'au grand coude de la Volga à Kazan. Au sud, les musulmans tinrent tête à l'empire hindou traditionaliste de Vijayanagar en bordure du plateau du Deccan, et ils s'infiltrèrent sur la côte orientale de l'Afrique jusqu'à Kilwa et la pointe nord de Madagascar. En outre, la civilisation islamique gagna du terrain, supplanta l'influence chinoise dans les steppes du nord-est, menaçant l'hindouisme en Asie méridionale et dans le Sud-Est asiatique, et marquant des points contre le christianisme en Occident. Ce n'est cependant qu'en Sicile et dans la péninsule Ibérique que les musulmans s'implantèrent, et en 1492 la chute du royaume de Grenade mit fin à huit siècles de domination islamique. Mais cet échec fut largement compensé par les succès des Turcs ottomans dans le sud-est de l'Europe, où ils se répandirent dans le centre des Balkans et sur le littoral occidental de la mer Noire jusqu'en Crimée. En 1453 ils s'emparèrent de Constantinople, capitale de l'empire chrétien d'Orient. Bien qu'il n'y eût pas alors un grand centre politique à même de drainer et de gérer la puissance représentée par tous les peuples répartis dans l'aire musulmane, si l'on se place dans la perspective de l'histoire du monde on constate qu'à cette époque leur pression contre leurs rivaux fut la plus forte.

L'Islam prit naissance vers l'an 610 de notre ère, quand Muhammad (dont nous avons fait Mahomet), né en 570, fils d'Abdallah et marchand de La Mecque porté à la contemplation religieuse, eut une vision. Alors qu'il était endormi dans une grotte du mont Hira, à quelques kilomètres de la ville, l'ange Gabriel lui apparut et lui dit: «Lis!» Mahomet resta interdit; l'ange le saisit et le secoua vivement jusqu'à ce que Mahomet demande: «Que dois-je lire?» Et l'ange répondit: «Lis au nom de ton Seigneur qui a créé. Il a créé l'homme d'un caillot de sang. Lis, car ton Seigneur est le Très-Généreux, qui a instruit l'homme au moyen du calame, et lui a enseigné ce qu'il ignorait.» Ce fut le premier des nombreux messages de Dieu à Mahomet. L'ensemble constitue le Coran, qui signifie «lecture» et «récitation». Mahomet commença de prêcher devant les habitants de La Mecque, les exhortant à abandonner le culte des idoles et à se soumettre au Dieu un et indivisible. Il réunit quelques disciples mais se heurta à une hostilité grandissante. Aussi, en 622, il dut quitter La Mecque avec ses partisans et trouva refuge à Médine, dans une oasis située à 340 kilomètres au nord-est.

La fuite à Médine constitue une étape décisive dans la mission de Mahomet, et la première génération de musulmans fit de l'année 622 après J.-C. l'an premier de l'ère islamique. A La Mecque, Mahomet avait prêché la nouvelle foi en tant que simple particulier. A Médine, il devint un chef politique et militaire autant qu'un chef spirituel. Le changement est manifeste dans les révélations reçues alors; les sourates mecquoises du Coran portaient essentiellement sur la doctrine et l'éthique, mais celles de la période médinoise ont trait aux problèmes politiques et juridiques apparus lorsque la communauté religieuse se transforma en un État musulman. Quand il mourut, le 8 juin 632, Mahomet avait accompli une œuvre extraordinaire: il avait donné aux nomades et aux sédentaires de ce coin perdu de l'Arabie une religion monothéiste, un livre sacré qui traçait la voie vers une vie plus haute que celle offerte par le paganisme, auquel il se substituait. Il avait aussi, par les armes et par de sages alliances, permis l'expansion de sa communauté de Médine, devenue un État dominant l'Arabie occidentale.

Les musulmans voyaient dans Mahomet le dernier des prophètes de Dieu, qui avait pour mission d'achever l'œuvre commencée par les grands prophètes hébreux, Abraham, Moïse et le Christ, en montrant la voie d'un véritable monothéisme. Il

A droite Les Arabes furent les premiers à porter le message de l'Islam jusqu'en Espagne à l'ouest et jusqu'à l'Inde et la Chine à l'est. Ce dessin à la plume du xe siècle représente un cavalier arabe, et bien qu'il ait été fait deux siècles après que les musulmans eurent réarrangé la géographie politique du monde méditerranéen et du Moyen-Orient, il évoque encore l'élan, et aussi la menace, des premiers cavaliers d'Allah.

A gauche «Lis», dit l'ange Gabriel; cette illustration du xive siècle tirée de l'*Histoire du monde* de Rashid al-Din montre l'ange qui donne le message de Dieu au Prophète dans la grotte du mont Hira, à quelques kilomètres au nord-est de La Mecque. Comme les ascètes juifs et chrétiens de l'époque, Mahomet avait coutume de faire retraite dans le désert pour se livrer à la méditation.

nomma finalement la religion qu'il prêchait *Islam,* c'est-à-dire «soumission» à Dieu; les musulmans étaient ceux qui se soumettaient, et l'assemblée des croyants acceptait la révélation finale de Dieu faite à l'humanité par l'entremise de Mahomet. Pour eux, la souveraineté appartenait à Dieu seul, et rien ne séparait le spirituel du temporel, le divin du pouvoir politique; toutes choses étaient soumises à la volonté de Dieu, révélée dans le Coran. La fonction du chef de la communauté — le «calife», lieutenant ou successeur de Mahomet — était d'appliquer la volonté de Dieu, aidé dans cette tâche par la communauté des fidèles, dont le devoir était de faire observer la volonté divine et d'en étendre le bienfait au reste de l'humanité.

Enflammés par leur nouvelle foi, les musulmans transformèrent en quelques années la géographie politique du monde méditerranéen et de l'Asie occidentale. En 634, ils avaient conquis le reste de l'Arabie et entraient en Palestine. Huit ans plus tard, ils battaient les grands empires byzantin et sassanide et soumettaient la Syrie, l'Irak, la Perse occidentale et l'Égypte. En 656, à la mort du troisième calife, Uthman, les armées musulmanes s'étaient avancées en Cyrénaïque à l'ouest, jusqu'au Caucase au nord, à l'Oxus et à l'Hindou Kouch à l'est. Par la suite, l'expansion se ralentit quelque peu, mais en 711 les musulmans avaient entrepris l'occupation du Sind à l'est; en 712 ils avaient atteint Tachkent et s'apprêtaient à gagner à l'Islam l'Asie centrale. En 751, ils consolidèrent leurs positions en battant les forces chinoises à Talas. A l'ouest, ils achevèrent la conquête de l'Afrique du Nord en 709, débarquèrent en Espagne et pénétrèrent en France, où leur avance fut stoppée à Poitiers en 732. Au milieu du VIIIe siècle, les califes musulmans régnaient depuis Damas, leur capitale, sur un vaste empire s'étendant de la vallée de l'Indus et de Tachkent à l'est jusqu'aux monts Atlas et aux Pyrénées à l'ouest. L'expansion de l'Islam avait été fulgurante. Mahomet apparaissait véritablement comme le sceau des prophètes, et ce triomphe a laissé une empreinte durable sur la pensée islamique à travers les siècles. Les musulmans furent persuadés qu'ils tenaient en main les rênes de l'Histoire.

Mais, en dépit de ses victoires, l'Islam fut déchiré par trois graves conflits internes durant les 120 premières années. Les partisans d'Ali, cousin et gendre du Prophète, les *shiites* (de *shia,* «parti»), s'opposèrent aux premiers califes et devinrent un perpétuel élément de troubles. Selon eux, le califat revenait de droit aux descendants du Prophète. Ils durcirent leurs positions sous le règne du troisième calife, Uthman, et la guerre éclata quand celui-ci fut assassiné et qu'Ali lui succéda dans des circonstances douteuses. Elle prit fin après qu'Ali lui-même eut été tué à son quartier général de Kufa en 661, et que son fils aîné eut officiellement renoncé à sa succession. Mais l'opposition shiite reprit de plus belle du fait que le califat, charge élective à l'origine et qui théoriquement l'était toujours, échut aux Omeyyades, clan aristocratique de La Mecque. En 680, la guerre civile se ralluma quand Husain (Hussein), le plus jeune fils d'Ali, s'opposa au calife omeyyade Yazid et fut massacré avec ses partisans à Karbala. Le petit-fils et les plus proches parents du Prophète furent ainsi éliminés, et la toute nouvelle communauté musulmane en fut horrifiée. «Doucement!» cria une voix dans l'assistance lorsque le calife omeyyade retourna la tête d'Husain du bout de son bâton. «Sur ce visage, j'ai vu les lèvres de l'apôtre de Dieu.» Il y eut aussitôt après une nouvelle flambée de la résistance shiite qui ne fut réprimée qu'en 692. Entre-temps, le mouvement devint une secte religieuse dont le trait distinctif fut de remplacer le calife par un imam, de qui chaque génération devait recevoir la lumière originelle de la révélation de Mahomet — et de commémorer par des rites d'affliction le massacre de Karbala, où les plus pures sources de cette lumière s'étaient éteintes. Les shiites continuèrent donc de s'opposer à la dynastie omeyyade, et ils se joignirent à d'autres groupes d'insoumis pour déclencher une troisième guerre civile, qui aboutit à la chute de la dynastie en 750 et à l'accession au pouvoir des descendants d'al-Abbas, oncle du Prophète.

L'établissement du califat abbasside marqua la fin de la première phase de l'expansion musulmane: pendant plusieurs siècles, l'Islam ne s'étendit guère au-delà des frontières atteintes sous les Omeyyades. Il y eut par contre une période d'expansion et de consolidation internes. Une civilisation originale vit le jour, basée sur la révélation de Mahomet et sur les principes de son application dans la vie courante: l'étude des traditions relatives à la vie du Prophète, la philologie et le droit. Il y eut ensuite influence réciproque entre cet apport de l'Islam et les civilisations et cultures des pays sous la domination arabe. C'est ainsi que s'élabora peu à peu un mode de vie proprement islamique. Par ailleurs, les peuples conquis se rencontrèrent et se mêlèrent comme jamais auparavant dans la grande *Pax islamica* forgée par les armes, et une brillante civilisation s'épanouit. La circulation des biens et des personnes entraîna le développement des échanges de la Chine à l'Égypte, de l'Espagne à l'Inde occidentale. Les villes prospérèrent et Bagdad, la capitale abbasside fondée en 762, fut bientôt un comptoir plus actif que Séleucie et Ctésiphon, centres prospères sous les Grecs et les Sassanides. Persans, Irakiens, Syriens et Égyptiens contribuèrent à un extraordinaire essor artistique et architectural. Les grandes mosquées de Samarra en Irak, de Kairouan en Tunisie et d'Ahmad Ibn Tulun au Caire témoignent du rayonnement de la nouvelle civilisation musulmane. Les contes des *Mille et Une Nuits,* qui tirent leur origine de l'Égypte, de l'Inde, de la Chine, de la Grèce et d'ailleurs, témoignent de l'attrait des horizons lointains dans le Bagdad du calife Haroun al-Rashid (786-809) ainsi que de l'éclat de son règne.

Ce fut aussi une époque d'intense floraison intellectuelle. De Samarkand à l'Espagne, les centres d'études religieuses se multiplièrent et la soif de connaissance s'étendit à l'Histoire, à la littérature, à la médecine et aux mathématiques grecques auxquelles s'ajoutèrent l'algèbre et la trigonométrie, et à la géographie, dont la diversité et l'ampleur reflètent une vision plus large du monde. C'est durant cette période que la logique et la philosophie grecques, basées sur la seule raison et donnant l'esprit de l'homme comme supérieur à l'intelligence divine, constituèrent un sérieux défi à une culture religieuse. A la même époque, la science du droit fut codifiée dans quatre grands systèmes de caractère exhaustif, fondés sur le Coran et sur la tradition, et qui ne différaient les uns des autres sur aucun point important. En fait, tous les aspects de l'existence humaine s'y trouvaient consignés. C'est pourquoi le droit islamique est un élément fondamental qui conditionne et modèle toute la vie du croyant. Bien entendu, l'arabe était la langue du droit et de la religion et devait le rester partout où s'établirent des communautés musulmanes.

Le choix d'une autre capitale, Bagdad au lieu de Damas, ne correspondait pas seulement à un changement de dynastie, mais aussi à un déplacement du centre de la civilisation islamique de la Méditerranée orientale vers les confins de l'Asie. Bagdad, à 56 kilomètres seulement de l'ancienne capitale sassanide de Ctésiphon, était ouvert aussi bien à l'influence de la Chine et de l'Inde qu'à celle de l'Espagne et de l'Afrique du Nord. Mais la puissance politique arabe se mit à décliner rapidement à mesure que les peuples de l'empire, en particulier les Persans, s'affirmaient. L'autorité du califat en vint à être représentée moins par l'ardeur belliqueuse des forces bédouines que par une bureaucratie impériale tatillonne, héritée en grande partie des Sassanides.

Dès lors, bien que la culture arabe continuât de briller et de constituer un facteur d'unification dans tout le monde islamique, le califat fut ébranlé. D'ailleurs, le règne des Abbassides ne fut jamais comparable à celui des Omeyyades ; lors même de leur

L'expansion du monde islamique en 1500
Cette carte montre que les neuf premiers siècles de l'histoire islamique furent une période d'expansion presque continue, exception faite de la perte de l'Espagne, du Portugal et de la Sicile, et du sanglant épisode des croisades en Méditerranée orientale. La principale menace pour l'Islam vint des invasions mongoles. Mais, en convertissant

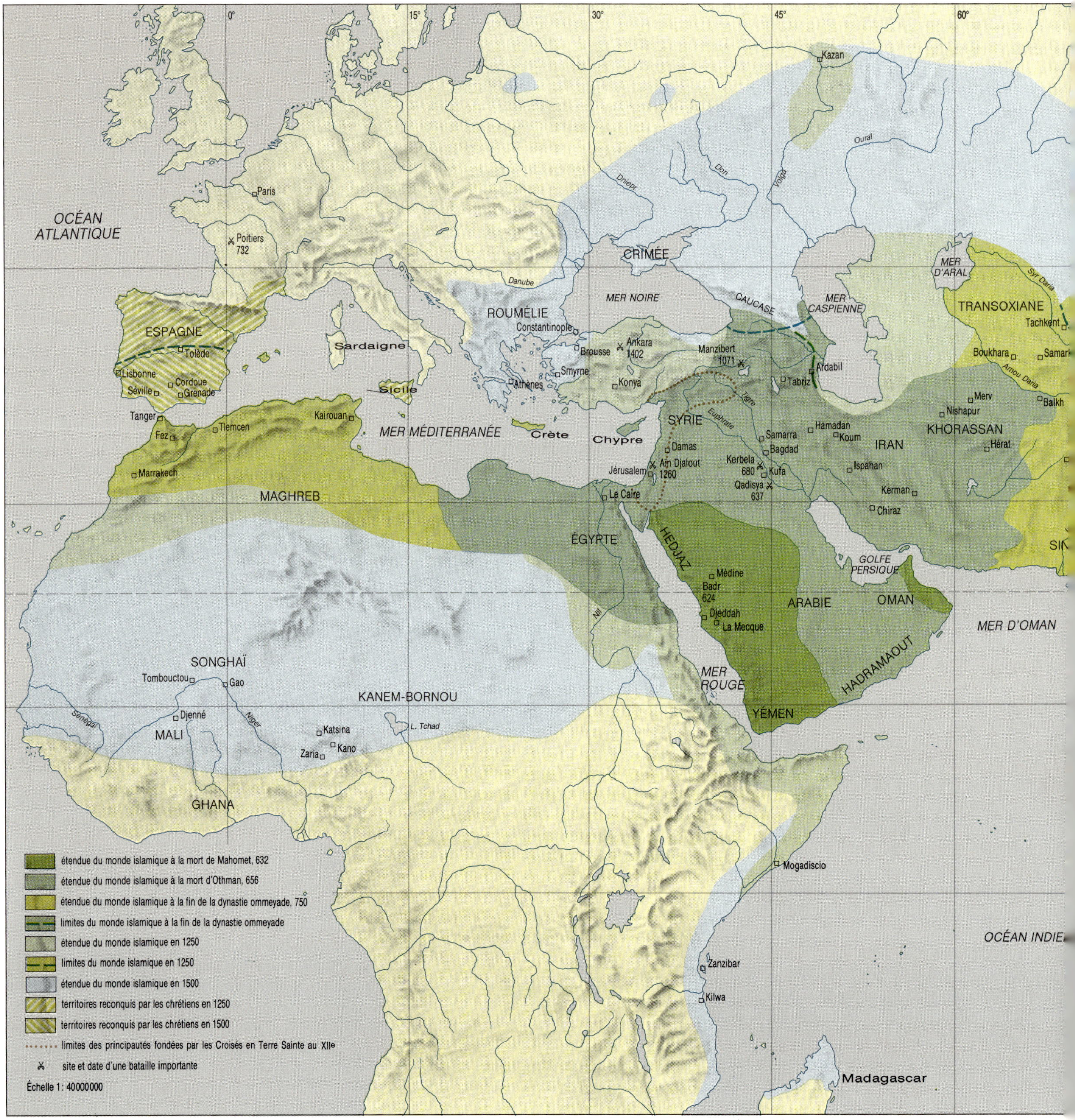

les Mongols à l'Islam, les musulmans retournèrent la situation et purent ainsi pénétrer en Russie, en Asie centrale et en Chine. Au sud du Sahara, en Afrique, et du littoral de l'océan Indien jusqu'à l'Asie du Sud-Est, l'Islam se propagea parmi les populations païennes le long des routes commerciales. La diffusion de la nouvelle foi fut le plus souvent le fait des mystiques soufis.

avènement en 756, un prince omeyyade en fuite avait fondé un émirat indépendant en Espagne. A la fin du VIIIe siècle et au IXe, d'autres régimes indépendants furent établis: les Idrissides, les Aghlabides et les Toulounides au Maghreb et en Égypte, les Tâhirides, les Sâffarides et les Samanides dans les pays d'Orient. Ces dynasties, bien qu'indépendantes, reconnaissaient le califat abbasside à la tête de l'Islam. Au Xe siècle, cependant, cette souveraineté nominale fut contestée par les Fatimides shiites, qui se soulevèrent d'abord en Tunisie puis en Égypte, où ils établirent en 969 leur propre califat, qui, à son apogée, régnait sur une grande partie de l'Afrique du Nord, de la Syrie et de l'Arabie méridionale et occidentale. Par mesure de protection, les Omeyyades d'Espagne s'empressèrent de proclamer leur propre califat à Cordoue, et pendant un moment l'Islam eut trois califes. La légitimité des Abbassides fut la plus largement reconnue, bien que vers le milieu du Xe siècle ils ne fussent plus guère que des fantoches entre les mains des Bouyides, une famille de brigands shiites qui s'était taillé un État en Mésopotamie et sur les hauts plateaux d'Iran.

Les IXe et Xe siècles virent se manifester au sein du monde musulman une identité perse qui alla en s'affirmant. Les royaumes indépendants qui se formèrent dans les marches orientales du califat abbasside étaient persans, et ce peuple, qui avait été entièrement asservi quand les Arabes s'étaient emparés de l'empire sassanide, commença à s'exprimer de nouveau politiquement. Les cours de ces princes, notamment celle des Samanides (819-1005), encouragèrent la renaissance de la culture persane et jouèrent un rôle notable dans le brillant essor de la littérature du monde islamique de langue arabe. Mais les Persans conservèrent aussi leur propre langue préislamique qui, bien que truffée de mots empruntés à l'arabe et transcrite à l'aide de caractères arabes, reparut et s'imposa comme moyen d'expression culturelle autonome. Cette langue devint le support le plus efficace de l'identité ethnique persane, surtout après que Firdousi (935-1020) eut composé son *Shah-nameh,* qui puise dans le riche patrimoine traditionnel de la Perse et exprime si parfaitement l'idéal d'héroïsme de celle-ci. Le persan finit donc par devenir la deuxième langue de l'Islam, prédominant dans les territoires asiatiques, le mode d'expression d'une culture raffinée, et par sa richesse littéraire un modèle linguistique à finalité pédagogique.

Les invasions nomades

A la fin du Xe siècle, le monde islamique se distinguait par sa prospérité commerciale, par l'originalité de sa démarche intellectuelle et par la diversité de ses réalisations artistiques; mais il avait perdu l'unité politique et la puissance militaire qui avaient marqué ses débuts. Pendant les cinq siècles suivants, des invasions de nomades s'avancèrent jusqu'au cœur de l'Islam, venant principalement d'Asie centrale, cependant que d'autres peuples pénétraient en Russie méridionale et en Europe orientale. Les premiers étaient des Turcs, qui commencèrent à s'infiltrer au IXe siècle, soit comme esclaves capturés, soit comme soldats de fortune. En 977, un de ceux-ci établit son autorité à Ghazna, qui relevait alors des Samanides, et fonda une dynastie qui, grâce à dix-sept grandes campagnes de l'an 1000 à 1030, conquit le nord de l'Inde. Puis, au milieu du XIe siècle, les Turcs se mirent à affluer. Déjà convertis à l'Islam par les Samanides un siècle plus tôt, ces Turcs seldjoukides ne tardèrent pas à s'emparer de presque toute l'Asie occidentale et à faire flotter l'étendard du Prophète en Asie Mineure, ce dont aucun Arabe n'avait été capable. En Afrique aussi, les nomades s'agitaient: des tribus arabes razziaient des centres prospères établis par leurs propres ancêtres sur le littoral méditerranéen, tandis que dans la partie occidentale du continent des Berbères nomades diffusaient l'Islam dans les bassins du Sénégal et du Niger. Cependant, occupons-nous pour l'instant du cœur même du monde islamique, où vers 1100 les Turcs contrôlaient le califat mais partageaient le pouvoir effectif sur la communauté musulmane avec les Fatimides d'Égypte.

L'arrivée des Turcs fut un événement capital pour l'Islam. Un troisième peuple venait ainsi s'ajouter aux peuples dominants, leur infusant un sang neuf et un regain d'énergie. Le califat fut rétabli dans son autorité, car les Turcs libérèrent les Abbassides de la tutelle bouyide et créèrent une nouvelle institution, le sultanat universel. Désormais, le calife conféra la légitimité à ceux qui détenaient effectivement le pouvoir, ainsi qu'il le fit en intronisant le premier sultan seldjoukide en 1058. Mais celui-ci devait imposer son autorité à la communauté islamique et la défendre contre les attaques de l'étranger et contre les reniements de la parole de Dieu. A l'est, les Turcs ghaznévides établirent fermement leur pouvoir en Inde septentrionale et commencèrent leur expansion dans le sous-continent, où la civilisation islamique allait briller d'un vif éclat. A l'ouest, l'invasion seldjoukide en Asie Mineure déclencha le processus d'où surgit l'Anatolie turque, bastion du plus grand empire islamique qui, au cours des six siècles suivants, devait s'étendre en Europe méridionale.

En 1071, la grande victoire seldjoukide sur l'empire chrétien d'Orient (Byzance) à Mantzikert, au nord-ouest du lac de Van, entraîna la prédication de la première croisade quelque 25 ans plus tard, prélude à l'afflux de croisés francs durant les deux siècles suivants. Les activités des croisés en Palestine, malgré la place qu'elles occupent dans la mémoire de l'Occident, n'étaient guère qu'une cause mineure d'irritation pour les musulmans. Leur importance tient au fait qu'elles entraînèrent une relance du commerce chrétien et musulman en Méditerranée, ainsi qu'une nette détérioration du sort des chrétiens sous la domination islamique. En dehors de la Palestine, cependant, les musulmans subirent quelques graves défaites. En 1091, les Normands achevèrent la conquête de la Sicile; en 1147, Lisbonne fut reprise lors de la deuxième croisade, et en 1212 les chrétiens avaient reconquis la plus grande partie de l'Espagne, ne laissant qu'une petite enclave dans le sud, le royaume de Grenade.

Plus importante encore que l'arrivée des Turcs fut celle des Mongols, la dernière grande invasion nomade dans un monde à peu près stable. La première vague, conduite par Gengis Khan, soumit entre 1220 et 1225 la Transoxiane, le Khorassan et le Caucase. La seconde vague partit d'Asie centrale sous le commandement de son petit-fils Hulagu en 1255. En 1258, Bagdad fut mis à sac, et le dernier calife abbasside et sa famille furent roulés dans des tapis et piétinés à mort. En 1260, une grande partie du monde islamique, à l'exception de l'Égypte, de l'Arabie, de la Syrie et des territoires occidentaux, reconnaissait la suprématie des Mongols païens. Et c'est seulement parce que le grand khan Mongké eut le bon goût de mourir en 1259 qu'Hulagu tourna ses regards vers l'est et se fit battre par les Mamluks égyptiens à Aïn-Djalout, près de Nazareth, en 1260. Cette bataille, gagnée par les milices turque et kipchak, permit cependant aux Mamluks de rétablir le califat au Caire, et de faire de la vallée du Nil un bastion de la vieille civilisation islamique arabe jusqu'à la conquête ottomane de 1517. Les musulmans sous tutelle furent gouvernés pendant quelque temps depuis la capitale mongole de Pékin, bien qu'à partir de 1258 ils aient relevé de trois grands États mongols, celui des Djaghataïdes en Asie centrale, la Horde d'Or dans le bassin de la Volga, et les Il-Khans, descendants de Hulagu, en Irak et en Perse. Et quand le prestige mongol déclina — en même temps que ces États — il fut restauré par Timur Leng (le «boiteux»), plus connu sous le nom de Tamerlan, qui commandait la dernière grande vague d'envahisseurs venus des steppes d'Asie centrale. Entre 1370 et 1405, il conquit un empire qui s'étendait de Tachkent à la Méditerranée, et il fit mieux que ses ancêtres mongols (encore qu'il eût plus de sang turc que mongol) en s'emparant de Delhi et en obligeant Le Caire à se soumettre.

Les conséquences de l'invasion mongole furent considérables, mais pas aussi désastreuses qu'avaient coutume jadis de le prétendre les historiens musulmans et occidentaux. Ce fut certes la première fois que des païens s'installèrent en maîtres au cœur même du monde islamique, mais dès le début du XIVe siècle ils s'étaient convertis à l'Islam, ce qui représente une des plus grandes victoires de celui-ci, car jusqu'aux monts Altaï l'Asie centrale restait ainsi musulmane. Les conquérants mongols semèrent cependant la mort et la ruine parmi les communautés urbaines prospères de Samarkand à Bagdad et à Delhi. Ils s'acharnèrent à ravager les terres et les trésors de culture des populations sédentaires, sans paraître se rendre compte que l'économie allait en pâtir, et que les impôts ne rentreraient plus si les systèmes d'irrigation étaient détruits, les habitants des villes massacrés et des pyramides de crânes édifiées, dont la phosphorescence macabre due à la décomposition avertissait les peuples soumis des terribles représailles encourues par ceux qui oseraient se rebeller. Par ailleurs, les khans mongols et leurs successeurs encouragèrent au plus haut point la culture islamique, les arts et les sciences. A Tabriz vivait l'historien Rashid al-Din; dans la Samarkand de Tamerlan, Saad al-Din Taftazani écrivait des ouvrages qui aujourd'hui encore sont des classiques de l'érudition islamique; Nasir al-Din Tusi et Ulugh Beg cultivaient l'astronomie; jamais la poésie persane ne brilla d'un plus vif éclat qu'avec Saadi, Hafiz et Jami (Dschami); l'art de la miniature, enrichi par l'influence chinoise, fut amené à un rare degré de perfection dans l'œuvre de Bihzad, à la cour d'Hérat; l'architecture atteignit de nouveaux sommets dans la reconstruction par les Mongols de quelques-unes des villes qu'ils avaient détruites. En fin de compte, la culture persane était si développée et si largement répandue qu'elle devint dominante dans le monde islamique oriental. Les Mongols finirent par être turquisés après avoir été islamisés. Bien qu'ils aient accédé au pouvoir en écrasant les régimes turcs, ils constituaient eux-mêmes une élite qui se mit à la tête des tribus turques, et leur conquête permit de consolider la domination politique des populations turques de l'Asie Mineure à l'Inde du Nord. Là, devaient naître les fondateurs des trois grands empires qui dominèrent les débuts des temps modernes.

L'expansion du monde islamique

Tandis que l'Islam luttait contre les Mongols pour la suprématie, il reculait en même temps ses frontières. Le développement du commerce joua un rôle déterminant dans son expansion le long des côtes de l'océan Indien et de l'Afrique subsaharienne. Des communautés musulmanes s'installèrent alors sur la côte orientale de l'Afrique, la côte sud-ouest de l'Inde et dans les ports de la Chine. En 1200, il y en avait aussi au Goudjerat et au Bengale, et on en vit

Ci-dessus Le mausolée de Halim Hatun (XIVe siècle) à Gevas, lac de Van, en Turquie. La diffusion de ce type de tombeau est souvent associée à la venue des Turcs; il constitue une construction caractéristique de ce peuple nomade, encore qu'une tradition perse de ce genre de monument y fût bien établie. On pense que les Turcs avaient conservé les coutumes funéraires de leurs ancêtres d'Asie centrale, en se basant sur le fait que leurs tombes ressemblent beaucoup à leurs tentes de cérémonie ou *yourtes*.

Le guerrier mongol, dont les dons de cavalier sont uniques dans l'histoire militaire, permit aux khans de conquérir le plus grand empire de l'histoire du monde, qui allait de Java et de la Corée à l'est à la Pologne à l'ouest, et des terres arctiques au nord à la Turquie et à l'Iran au sud. Les armées mongoles se distinguaient par leur stratégie, leur mobilité, leur endurance, leur discipline et leur tactique coordonnée. Elles avaient même une organisation ressemblant à un état-major moderne.

s'implanter peu après dans l'Arakan, sur le littoral de la Birmanie. Puis, au XIIIe, il y eut l'islamisation des comptoirs établis de part et d'autre des détroits de Malaisie — événement capital qui frayait la voie à la diffusion massive de l'Islam dans les îles de l'Asie du Sud-Est. En 1500, l'Islam était implanté sur le littoral de la presqu'île malaise et sur les côtes septentrionales de Sumatra et de Java, prêt à pénétrer aux Moluques et au sud des Philippines. En Afrique, il se propagea au sud du Sahara par les caravanes qui, du nord, apportaient du sel et des produits finis pour les échanger contre l'or et les esclaves de la côte de Guinée. De grands États se formèrent à l'ouest du Soudan: le Ghana, soumis par le Sénégal, et le Niger, qu'au XIe siècle les Almoravides musulmans annexèrent à leur empire berbère; le Mali, qui du XIIe au XIVe siècle s'étendait de l'Atlantique à la grande boucle du Niger et qui en Europe passait pour une contrée d'une richesse fabuleuse; le Songhaï, qui régna sur le centre du Soudan du XIVe au XVIe siècle. Des cités prospères, où se côtoyaient savants et poètes, attiraient des voyageurs venus de nombreux pays: Gao, la capitale de l'empire songhaï; Djenné, centre culturel au sud du Mali; Tombouctou, capitale intellectuelle, culturelle et économique du Soudan.

Ailleurs, la propagation de l'Islam se fit davantage par les armes que par le commerce. En Inde, les Turcs khaljis et tughluqs étendirent vers le sud la domination du sultanat de Delhi et, quand ils furent contraints de reculer, on vit se former des États dont la plupart étaient musulmans et régnaient sur des populations hindoues. En Asie Mineure, les Turcs ottomans établirent un petit État *ghazi* (littéralement «combattant de la foi») à la frontière entre la chrétienté et l'Islam. Fondé au milieu du XIIIe siècle, cent ans plus tard il avait conquis le nord-ouest de l'Anatolie et envahi la Roumélie. Ayant regroupé leurs forces après avoir été écrasés à Ankara par Tamerlan, les Turcs s'emparèrent en 1453 de Constantinople, le bastion oriental de la chrétienté, annexèrent la Grèce et l'Herzégovine et établirent leur domination sur la Bosnie et les États riverains du nord de la mer Noire. En Chine, la dynastie mongole des Yuan (1279-1368) fit venir d'Occident des serviteurs musulmans, d'où la formation de communautés musulmanes dans tout le pays, comme celle du Kan-sou, à l'extrémité orientale du bassin du Tarim, et celle du Yunnan, sur la frontière du sud-ouest.

En 1500, tout espoir d'unification politique du monde islamique était depuis longtemps révolu. Le califat universel était un sujet qui n'intéressait plus que les philosophes et les utopistes. Les deux pôles du pouvoir étaient l'Égypte, qui sous le sultanat mamluk des Turcs et des Circassiens était encore un foyer de haute culture arabe, et l'empire ottoman qui s'étendait au-delà du Bosphore et prétendait à l'empire islamique universel. Ailleurs, le pouvoir était partagé entre de nombreux sultans. Qui plus est, à la dispersion du pouvoir politique allait s'ajouter la diversification culturelle. Au sein de l'Islam s'épanouissaient deux grandes cultures: l'arabe en Égypte, en Afrique et dans les comptoirs des mers du Sud, et la persane dans les territoires islamisés par les Turcs. Ainsi, à mesure que l'Islam gagnait du terrain, il entraînait le ralliement d'un nombre croissant de fidèles, en Afrique, en Inde et dans le Sud-Est asiatique, où avant cela les moyens d'expression culturels et religieux ne devaient pratiquement rien aux formes arabes ou persanes. Néanmoins, dans les

A droite Une page du Coran rédigée en écriture koufique orientale, en Iran ou en Irak dans la deuxième moitié du XIe siècle. L'écriture koufique, ainsi nommée d'après l'ancien centre de culture islamique de Kufa, en Irak, est caractérisée par la forme statique des lettres, qui semble mettre en relief le ton de commandement propre à chaque phrase du livre saint. Les premiers Corans étaient souvent rédigés en écriture koufique, qui était aussi très utilisée pour les inscriptions monumentales. Calligraphier le texte du Coran a toujours été un acte de dévotion très apprécié chez les musulmans.

domaines particulièrement importants — le Coran, les traditions, le droit, ainsi que l'art et la manière d'en faire socialement une force — une parfaite maîtrise de la langue arabe restait indispensable. A telle enseigne qu'entre 1324 et 1354 le savant marocain Ibn Battuta put parcourir un périple de 120 000 kilomètres à travers le monde islamique, de Tanger et Tombouctou jusqu'en Chine et Sumatra, en étant bien accueilli presque partout, et en faisant fonction de juge là où il décidait de séjourner quelque temps.

Le fondement de la vie islamique: le droit

Les deux principaux éléments qui se trouvaient à la base des croyances et du comportement de la communauté musulmane étaient le droit religieux, qui dictait au croyant sa conduite envers Dieu et envers ses coreligionnaires, et le mysticisme soufi qui lui enseignait à connaître Dieu dans son cœur. L'un et l'autre procédaient du Coran et des traditions.

Le Coran est le premier guide, et le plus important, de la vie du croyant. Du format d'un livre ordinaire, il est divisé en 114 chapitres appelés *sourates,* mais dans un ordre qui ne correspond pas à la date à laquelle ils furent révélés. Le chapitre liminaire mis à part, ils se suivent en gros selon un ordre de longueur décroissante: le chapitre II a 286 versets et le chapitre CXIV six courts versets. Les premiers ont souvent trait aux problèmes politiques et juridiques de la communauté musulmane à Médine, tandis que les derniers contiennent le message spirituel de Mahomet dans le style poétique et mystique des premières révélations. On ignore si le Coran fut rédigé en entier du vivant de Mahomet, mais on pense généralement qu'il a été compilé quelques années après sa mort «sur des morceaux de cuir et de parchemin, des tablettes de pierre, des branches de palmier, des omoplates et des côtes de chameau, des bouts de bois et des poitrines d'hommes». Pendant un certain

temps, il y eut plusieurs versions différentes, mais à la fin du califat omeyyade le texte définitif, à quelques détails près, était établi.

Pour les musulmans, le Coran est la parole de Dieu. En fait, il s'adresse aux hommes en des termes qui contrastent fortement avec le Nouveau Testament des chrétiens. Il est le Livre par excellence ; il explique tout ce qu'un homme doit savoir pour mener une vie exemplaire, et développe une éthique d'une impressionnante rigueur. Dieu est un et indivisible. Il n'y a rien entre lui et l'homme ; nul n'intercède pour celui-ci. Dieu est tout-puissant. Il a créé l'homme, qui risque à tout instant de susciter son courroux. Le pardon n'est pas obtenu par le mérite ; il procède seulement de la grâce divine, bien que l'homme puisse se rendre digne de pardon par une vie consacrée au service de Dieu. Il a le choix entre deux attitudes. Il y a la voie droite, qu'il doit suivre en se soumettant à Dieu s'il veut « être l'hôte du paradis ». Mais s'il se détourne de cette voie, il devra en répondre au Jour du Jugement, car « Dieu connaît toute chose », ainsi qu'il est dit dans la seconde sourate du Coran :

> Voici le Livre !
> Il ne renferme aucun doute ; il est une direction
> pour ceux qui craignent Dieu ;
> Ceux qui croient au Mystère, qui s'acquittent de
> la prière et font l'aumône avec ce qui leur a
> été accordé ;
> Ceux qui croient à ce qui t'a été révélé et à ce
> qui a été révélé avant toi ;
> Ceux qui croient fermement à la vie future.
> Ceux-là suivent la voie indiquée par leur Seigneur,
> et ceux-là arriveront à bon port !
> Quant aux incrédules, il est indifférent pour eux
> que tu les avertisses ou que tu ne les avertisses
> pas ; ils ne croient pas.
> Dieu a mis un sceau sur leurs cœurs et sur leurs
> oreilles ; un voile est sur leurs yeux,
> et un terrible châtiment les attend.

Les Occidentaux trouvent généralement le Coran confus, obscur et d'une lecture ennuyeuse, en partie parce qu'ils le lisent en traduction, privée par là même du rythme et des assonances propres à l'arabe, dont les beautés brillent dans la bouche du Prophète d'un éclat incomparable, et en partie parce qu'ils ont tendance à y voir une simple source de renseignements sur les croyances et les règles de conduite des musulmans. Mais pour ces derniers il est bien plus que cela. Il doit être récité comme un acte de foi. Coran signifie « récitation », et les croyants prient en le récitant ; ils renouvellent par ce culte rendu à Dieu l'acte même de la révélation. Il est la source insondable de la communauté. « Il n'est pas de fin à son miracle », écrit al-Ghazali, un des plus grands mystiques du Moyen Age islamique, « le récitant y trouve sans cesse un réconfort inépuisable. » A mesure que l'Islam se propageait, cette vertu lustrale du saint livre allait rafraîchir des peuples qui ne connaissaient pas l'arabe. Or il n'existait pas de traductions, ni dans les langues de l'Asie du Sud-Est ou d'Afrique occidentale, ni même en persan. Il était considéré comme intraduisible, et bien qu'on ait tenté de le traduire au cours des derniers siècles, les musulmans n'ont pas changé d'avis. Aussi beaucoup d'entre eux proclament-ils leur foi dans une langue qu'ils ne comprennent pas, éprouvant seulement l'ineffable extase de prononcer les mots mêmes de Dieu. Bien entendu, il en est qui comprennent. Ils ont appris l'arabe, qui est resté la langue privilégiée de la culture islamique, et le Coran a sans cesse contribué à l'unité de la communauté.

Carrelage ottoman du XVIe siècle représentant les stations de prière des quatre principales écoles de droit islamique entourant la Kaaba, le sanctuaire de la grande mosquée de La Mecque qui d'après les musulmans aurait été bâti à l'origine par Abraham. A droite, celle des hamafites, en haut celle des malikites, à gauche celle des hambalites, et en bas, avec le puits de Zamzam à gauche et la chaire à droite, celle des shafiites. Pour la prière, les musulmans se tiennent derrière leurs imams respectifs dans la partie de la mosquée qui leur est réservée.

Le second guide de la vie morale est constitué par les *hadîths* ou traditions relatives à la vie de Mahomet, lequel est censé avoir été inspiré par Dieu dans tout ce qu'il faisait et disait. Dans les premiers temps, l'écriture étant peu connue de ses disciples, il n'existait qu'une transmission orale. Mais lorsque des sectes se formèrent, on se mit à transcrire les *hadîths* pour servir des intérêts partisans. Les lettrés se mirent à les étudier pour distinguer les authentiques des apocryphes. Car ils entendaient ne donner leur caution qu'aux traditions dont il était possible de vérifier la transmission en remontant jusqu'à celle ou celui qui avait été témoin des faits et gestes ou des propos du Prophète. Un *hadîth* bien connu dit : « Anas a rapporté que le messager de Dieu a dit : Je serai le

premier des prophètes parmi les croyants au Jour de la Résurrection, et je serai le premier de ceux qui frapperont à la porte du paradis.» A la fin du troisième siècle de l'Hégire, six grands recueils critiques avaient été compilés dont deux, ceux de Moslim et de Bokhari, ont acquis une autorité particulière. Bokhari, par exemple, cite 2 762 traditions authentifiées qui sont classées en 97 livres sous des rubriques ayant trait à de nombreux aspects de la foi et des œuvres s'en inspirant, et qui auraient été choisies, dit-on, parmi plus de 200 000. La compilation de Bokhari vient tout de suite après le Coran dans la vénération des croyants.

Le droit est désigné habituellement par le terme *sharia,* qui signifie en arabe «le sentier menant vers l'eau», d'où le sens de «chemin menant à la source de vie». Il s'est développé à partir des tentatives des premiers fidèles, vite confrontés à des problèmes sociaux et politiques, pour élaborer des règles de conduite spécifiques à partir du Coran et des *hadîths.* Au cours des deux premiers siècles se sont constituées quatre écoles principales d'interprétation de la Loi: l'école *hanafite,* établie dans la capitale abbasside de Bagdad et qui aurait été fondée par Abu Hanifa (mort en 767); l'école *malikite,* dérivée des règles pratiques du *qadi* (juge) médinois Malik bin Anas (mort en 795); l'école *shafiite,* fondée par un disciple de Malik al-Shafii (mort en 820), et l'école *hanbalite,* fondée par Ahmad Ibn Hanbal (mort en 855) à Bagdad. Les trois premières présentent des différences formelles et pratiques. Les hanafites, par exemple, accordaient plus d'importance au raisonnement personnel, tandis que les shafiites établissaient une distinction entre leur utilisation des *hadîths* et celle, plus limitée, qu'en faisaient les malikites. Toutes s'accordent cependant sur les questions importantes, chacune reconnaissant aux autres une égale orthodoxie. D'autre part, l'école hanbalite évolua dans le sens d'une réaction traditionaliste contre ce qu'elle estimait être les innovations spéculatives des écoles établies avant elle. Bien qu'elle fût reconnue comme la quatrième école orthodoxe par les trois autres, le hanbalisme se montrait quelque peu réticent à leur égard. Au début de la période considérée, il était sur le déclin en Irak et en Syrie. Par contre, les hanafites étaient bien établis en Asie, les shafiites florissaient en basse Égypte, au Hedjaz, dans l'Asie du Sud-Est et en Afrique orientale, et les malikites dominaient le reste de l'Afrique musulmane.

Les docteurs de la loi développèrent approximativement ces systèmes de la manière suivante: ils partirent de l'idée que le Coran contenait les principes généraux permettant de fixer des règles pour toutes choses, et quand le Coran n'était pas assez explicite ils cherchèrent les éclaircissements dans les *hadîths.* Les fondements de la *sharia* étaient donc les préceptes et les interdits formulés clairement et sans ambiguïté dans ces sources. Quand le Coran ou les *hadîths* ne pouvaient servir de guides sur certains points de droit, les juristes avaient recours au *qiyas* ou raisonnement analogique, et ils appliquaient au problème nouveau les principes ou les règles ayant conduit à une décision dans un cas comparable. Au fil des ans, les docteurs en vinrent à s'accorder sur de nombreux points, et le principe de l'*ijma* ou consensus de la communauté finit par prévaloir. «Ma communauté», dit un *hadîth* capital, «ne tombera pas d'accord sur une erreur», de sorte que si la communauté représentée par ses docteurs de la loi s'accordait sur un point, cet accord acquérait l'autorité irréfutable de la révélation elle-même. Le corpus du droit fut ainsi de plus en plus étayé et complété par l'*ijma,* et le droit d'*ijtihad,* ou interprétation personnelle, fut limité au domaine de plus en plus restreint dans lequel on n'était parvenu à aucun accord général. Au milieu du xe siècle, la plupart des docteurs de la loi avaient finalement déclaré la «porte de l'*ijtihad*» fermée. Désormais, si un homme s'interrogeait sur le sens d'un texte en allant à l'encontre de l'interprétation retenue par l'*ijma,* il commettait une innovation ou *bida,* qui dans l'Islam correspond à peu près à l'idée chrétienne d'hérésie.

Pendant les trois premiers siècles de l'Hégire, la *sharia* se constitua peu à peu en un système unifié,

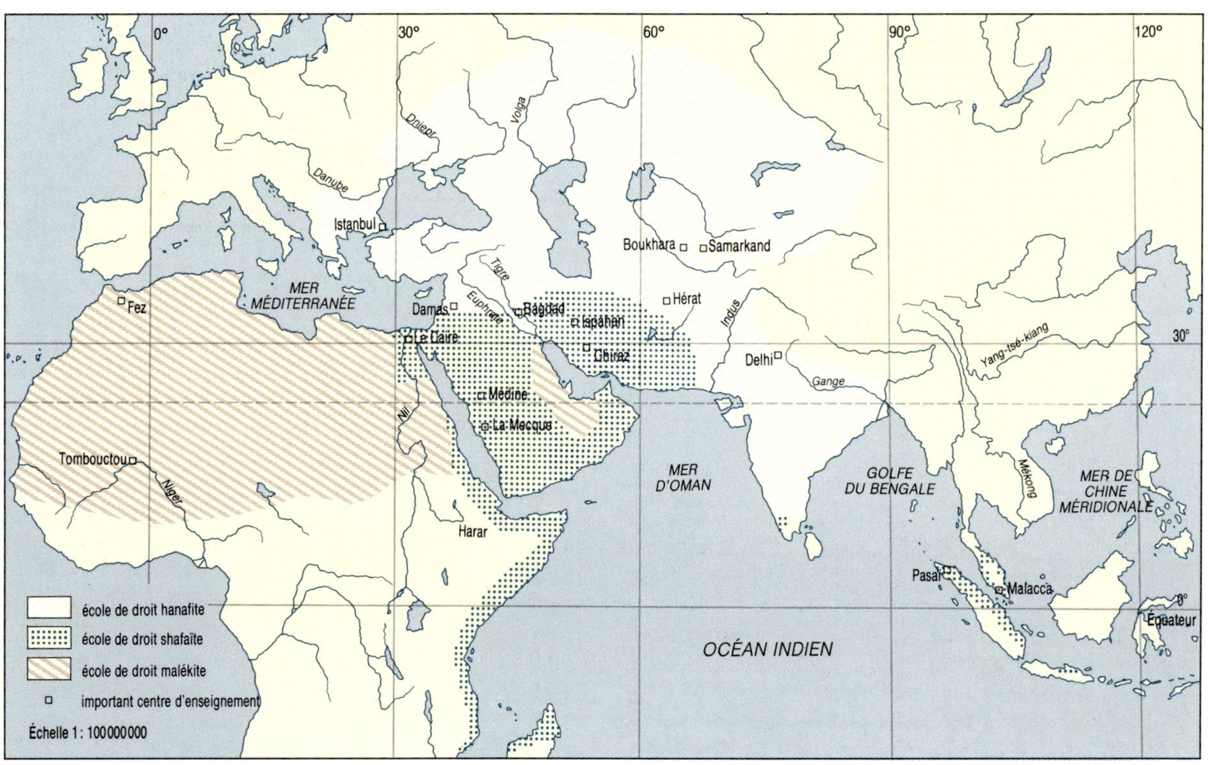

Régions dans lesquelles les écoles de droit sunnites étaient prédominantes vers 1500
A cette époque, l'école hambalite avait peu de partisans, bien qu'elle ait connu un nouvel essor à la suite du réveil religieux wahhabite du XVIIIe siècle. Les diverses aires d'influence recouvrent, mais en partie seulement, des mondes culturels distincts: celle de l'école malikite en Afrique, dont le centre de rayonnement était Le Caire; celle de l'école shafiite en Asie du Sud-Est, dont les centres d'enseignement se trouvaient en Arabie; celles de domination turco-mongole et de culture perse qui s'étendaient des territoires ottomans à l'Asie centrale et à l'Inde. Toutes ces écoles, excepté celles des hanbalites, se considéraient mutuellement comme parfaitement orthodoxes.

et au cours de ce processus, comme l'ont établi les historiens occidentaux, elle s'inspira du droit coutumier dont les *hadîths* étaient les dépositaires. Mais la plupart des musulmans avaient cru jusque-là qu'elle avait été élaborée indépendamment de toute influence historique ou sociale. Procédant de la Révélation, elle était l'expression de la volonté divine: ceux qui s'en écartaient péchaient, et ils devaient s'attendre au châtiment de Dieu. Comme c'était l'occasion ultime où Il s'était adressé à l'homme, la loi ne pouvait être modifiée, et l'homme ne pouvait agir qu'à l'intérieur du cadre ainsi tracé. Les Occidentaux savent que leur droit est le produit de la société, mais pour les musulmans, ainsi que le souligne un éminent historien du droit, «la loi précède et modèle la société»; elle est l'élaboration pratique des normes que Dieu a fixées pour l'homme de toute éternité.

La *sharia* a un caractère exhaustif; elle englobe toutes les activités humaines et définit les relations de l'homme tant avec Dieu qu'avec ses semblables. Dans le premier cas, elle prescrit ce que l'homme doit croire et comment, par des actes rituels, il peut exprimer sa croyance (cf. *infra,* pp. 40-43); dans le second, elle traite des domaines qui dans les codes occidentaux seraient classés sous les rubriques des droits privé, pénal, commercial, civil, etc. Il n'existe pas de code de droit formel, la *sharia* étant plutôt une discussion sur la façon dont les musulmans doivent se conduire. En fait, comme on pouvait s'y attendre dans un système qui entend fixer les normes absolues du bien et du mal, les actions humaines sont cataloguées en cinq catégories: obligatoire, méritoire, indifférente, répréhensible, interdite. L'objet de la *sharia* était d'établir le chemin le plus sûr, de montrer à l'homme ce qu'il doit faire pour mener une vie vertueuse en ce monde et se préparer pour l'autre.

Ce serait une erreur de penser qu'après 1500 ou même à n'importe quel moment de l'histoire de l'Islam, ce système englobant tous les aspects de la vie humaine ait été appliqué intégralement. Il était impossible de faire observer un corpus comportant des obligations morales et des règles inviolables. Il fallait en outre tenir compte des réalités du pouvoir. Théoriquement, c'était le rôle des *qadis* ou juges d'interpréter la loi, cependant que les détenteurs du pouvoir politique étaient tenus de la faire appliquer. Mais il est bien peu de dirigeants qui ont pu se permettre de laisser toute latitude aux interprètes de la loi de Dieu. Même les Abbassides, qui ont présidé à l'élaboration de la *sharia* et se déclaraient ses serviteurs, ne pouvaient admettre l'indépendance des tribunaux. Tout comme il n'était pas possible aux souverains musulmans de mécontenter les populations partiellement islamisées en essayant d'abolir d'un coup des traditions sociales et juridiques entièrement étrangères à l'Islam. Quand le voyageur Ibn Battuta, nommé *qadi* aux Maldives, fit «de son mieux pour faire appliquer les prescriptions de la loi révélée», recourant à la bastonnade pour ceux qui ne priaient pas et s'efforçant d'obliger les femmes à porter des vêtements, il se trouva en conflit avec le sultan et dut s'enfuir en toute hâte. La *sharia* a donc coexisté avec d'autres codes juridiques, comme le *yasa* ou droit dynastique des Mongols, le *adah* ou droit coutumier en vigueur chez de nombreux peuples musulmans. Quelques parties de la *sharia* n'ont jamais pu être mises en pratique, par exemple celles relatives à la constitution de l'État musulman, aux relations internationales et à la guerre. D'autres, comme celles concernant les relations personnelles telles que le mariage, le divorce et les problèmes de succession, furent considérablement développées. Mais même là, il y avait de nombreuses exceptions, et l'on vit notamment les Berbères d'Afrique refuser de reconnaître la *sharia* lorsqu'elle allait à l'encontre de leurs coutumes tribales, qui entre autres choses ne permettaient pas aux femmes de posséder des biens.

La *sharia* est restée cependant un idéal puissant. Tous ceux qui adhéraient à l'Islam acceptaient en principe son autorité et admettaient qu'elle devait se substituer aux autres codes de droit. Quelques juristes, comme Ibn Battuta, s'efforcèrent obstinément de conformer les usages locaux au modèle musulman. Dans la mesure où ils y réussirent, ils contribuèrent à l'unification du monde islamique.

Le mysticisme, élément fondamental de l'Islam

C'est la démarche mystique ou soufisme qui a exercé en second lieu une influence capitale sur le développement de la civilisation islamique. Alors que la *sharia* codifie les rapports formels du musulman avec Dieu et avec ses coreligionnaires, le soufisme porte sur l'attitude intérieure du croyant. Le Coran et les *hadîths* l'exhortent à vivre comme s'il était en permanence sous le regard de Dieu. Cela n'implique pas seulement qu'il doit prier régulièrement en élevant son âme vers Dieu, mais aussi qu'il doit penser à Dieu dans tous les aspects de ses actes quotidiens. Parmi les «sept sortes de personnes que Dieu protégera de Son ombre le jour où il n'y aura plus d'autre ombre que la Sienne», aurait dit Mahomet, il y aura «celui qui, sollicité par une femme de haut rang et belle, lui répond [avant de s'unir à elle dans l'amour]: "Je crains Dieu".»

Bien que présent dans le Coran et les *hadîths,* le soufisme se développa en un courant distinct de la piété musulmane, en partie lorsque les Arabes entrèrent en contact avec le christianisme et avec d'autres traditions mystiques dans les territoires qu'ils avaient conquis, et en partie par réaction contre le relâchement moral et les mœurs dissolues de la cour omeyyade de Damas. Le terme «soufi» vient probablement de l'arabe *çûf,* «laine», par référence à la simple robe de laine portée par les mystiques, qui contrastait avec les riches vêtements des hommes engagés dans le siècle. La démarche soufie fut basée d'abord sur la crainte de Dieu et de Son jugement, mais dès le second siècle de l'Hégire l'accent fut mis sur la doctrine de l'amour. «Je me suis tellement pénétrée de l'amour de Dieu», déclarait la mystique Rabia (morte en 801), «qu'il ne reste ni amour ni haine ni rien d'autre en mon cœur.» Et elle évoque en ces termes son approche de Dieu:

Je T'aime de deux amours, l'amour de ma félicité
Et le parfait amour, afin de T'aimer de l'amour qui
  T'est dû.
Dans mon amour égoïste, je ne fais
Que penser à Toi, oubliant tout le reste;
Mais ce pur amour, qui T'est dû,
Est tel que les voiles qui dissimulent Ta face
Tombent, et je suis en contemplation devant Toi;
En ceci comme en cela, je ne mérite certes nul éloge;
A Toi la louange pour l'un et l'autre amour.

Les soufis ne s'estimèrent cependant pas satisfaits par ce fervent «évangile» d'amour. Au IIIe siècle de l'Hégire ils se mirent à développer la doctrine de la

Le soufisme, courant mystique islamique, fut le second grand facteur ayant contribué à modeler la civilisation musulmane. Les soufis s'efforçaient d'atteindre à l'attitude intérieure propice à l'accomplissement de leurs devoirs de piété. Leur quête du divin passait par la connaissance du cœur. Ils cherchaient Dieu dans une vie ascétique et par le retrait du monde. Certains se faisaient mendiants, comme ce *qalendar*, dont les possessions terrestres, bâton, peau d'animal et sébile, sont représentées autour de lui.

«voie intérieure» ou itinéraire spirituel vers Dieu. Il y avait plusieurs stades correspondant aux différents niveaux de l'expérience soufie. Le disciple en quête du divin entreprend le pèlerinage de l'âme et accède à l'initiation. Il progresse sur la voie dans le dépouillement total et s'élève à la conscience de Dieu. Plus il se rapproche de Lui, plus Dieu parle par sa bouche, fait mouvoir ses membres et inspire les désirs de son cœur, jusqu'à ce qu'il parvienne au stade ultime où le moi s'annihile et s'abîme en Dieu.

Les soufis prétendaient être à même de parvenir à la pleine connaissance de Dieu par une expérience personnelle directe. Aussi entrèrent-ils en conflit avec les *ulama* (pluriel de l'arabe *alim,* homme instruit). Selon ces derniers, la connaissance de Dieu procédait de l'étude du Coran, des *hadîths,* de la *sharia* et de la théologie, avec l'aide des solides outils de la science islamique qu'ils avaient élaborée.

La conception que les soufis s'en faisaient constituait pour l'Islam une provocation et un danger. De plus, devant l'engouement populaire pour la démarche soufie, les *ulama* craignirent de voir mettre en cause leur rôle de protecteurs de la foi et de seuls arbitres en matière de doctrine islamique. Ils essayèrent de réduire les soufis au silence, mais la brutalité de la répression — notamment l'exécution en 922 d'al-Hallaj de Bagdad qui, poussant la démarche soufie à son terme, avait déclaré «Je suis la vérité» — ne put empêcher l'extension d'un mouvement qui était profondément enraciné dans le Coran, et répondait aux aspirations religieuses d'un grand nombre d'hommes et de femmes. Aux IIIe et IVe siècles de l'Hégire (soit Xe et XIe siècles de notre ère), les deux courants continuèrent à se développer chacun de son côté.

Si le fossé entre les deux ne devint pas infranchissable, cela est dû en grande partie à la plus grande figure de l'Islam médiéval, à l'homme qui a exercé le plus d'influence après Mahomet, al-Ghazali (mort en 1111). Ainsi qu'il l'explique fort clairement dans son autobiographie, *Erreur et délivrance,* il erra longtemps en quête de Dieu. Ne pouvant se satisfaire, à l'instar des lettrés de son temps, de l'hyperrationalisme des théologiens, il se tourna «finalement, de propos délibéré, vers la voie du mysticisme... Je savais que la démarche mystique intégrale comprend à la fois l'adhésion intellectuelle et l'activité pratique; celle-ci consiste à éliminer les obstacles au-dedans de soi et à mettre à nu ses caractéristiques essentielles et ses défauts moraux, afin de libérer son cœur de tout ce qui n'est pas Dieu et la constante oraison vers Lui.» Ghazali trouva Dieu. De cette expérience portée à son comble naquit une œuvre dans laquelle il réussit à concilier la pensée savante et la démarche mystique et à faire une place, répondant ainsi au vœu profond de la communauté, à l'émotion religieuse telle que la ressent le croyant au sein de l'Islam. Cela ne signifie pas que la démarche des *ulama* et celle des soufis finirent par se confondre, mais que tout en restant distinctes il existait désormais un lien entre ce qui avait été auparavant des voies divergentes. Il était dès lors possible pour un même individu de suivre les deux voies.

Après la mort d'al-Ghazali, le soufisme se répandit rapidement dans tout le monde islamique. Il fit de nombreux adeptes, notamment parmi les shiites, en Asie occidentale et en Afrique du Nord, qui jusque-là n'avaient pas été touchées. Dans les pays d'Afrique et d'Asie où l'Islam ne cessait de gagner du terrain, la diffusion parmi les païens était assurée principalement par des missionnaires soufis, qui prêchaient d'exemple pour montrer l'excellence de leur foi et amener de nouveaux convertis à l'Islam. Dans maintes régions, la plupart des musulmans adhéraient au soufisme, et ils bénéficiaient d'un appui tel de la part des pouvoirs publics que les *ulama* ne pouvaient guère limiter leur influence.

En même temps, de nouveaux éléments, étrangers à l'idéologie musulmane, vinrent s'intégrer à la pensée soufie. L'un des plus importants était la vénération du maître *(shaikh)* soufi (*pir* en persan) par ses disciples de son vivant, ce qui aboutit à la vénération du *shaikh* après sa mort. De telles pratiques étaient un défi au principe fondamental de l'Islam, l'adoration du Dieu unique. Elles eurent néanmoins une large audience, de même qu'une autre doctrine virtuellement dangereuse, la croyance au *qutb,* le pôle du monde, qui avec ses saints disciples gouverne la terre. Le plus connu de tous les *qutb* soufis fut Mawlana Jalal al-Din Rumi (mort en 1273), dont le long poème mystique, *Mathnawi,* est l'œuvre maîtresse du soufisme persan, parfois prisé à l'instar du Coran et considéré comme un guide spirituel depuis des siècles, partout où le persan est parlé.

Un second élément nouveau fut la diffusion de la doctrine panthéiste. Elle fut élaborée pour l'essentiel par le savant soufi Ibn'Arabi (né en Andalousie et mort à Damas en 1240), qui dans son maître livre *Les révélations mecquoises* entend concilier l'unité de l'Être et du divin à travers la pluralité des phénomènes qui en sont la manifestation, et qui donne une interprétation mystique de la doctrine islamique — laquelle lui aurait été révélée au titre de «sceau des saints». Ces prétentions qui attentaient au statut du Prophète étaient trop extravagantes pour être prises au sérieux, mais il en allait tout autrement de la théorie de «l'unité de Dieu»; elle devint si populaire

qu'elle constitua une menace pour la *sharia*. Les soufis qui proclamaient que «Dieu est dans tout», pour pieux qu'ils fussent, ne pouvaient manquer de trouver les normes absolues de comportement humain édictées dans la *sharia* trop rigoureuses pour être prises à la lettre. Certains prétendaient même que ceux qui parvenaient au terme de la démarche mystique et découvraient la *haqiqa*, «l'interprétation intérieure», n'avaient plus besoin de la *sharia*. La pensée d'Ibn'Arabi en arrivait ainsi à saper les fondements mêmes de l'Islam.

Pour beaucoup d'*ulama*, c'est à peine s'il pouvait être tenu pour musulman, et jusqu'à nos jours ses ouvrages furent interdits à plusieurs reprises. Mais ils n'en exercèrent pas moins une influence considérable, en particulier dans les régions du monde islamique dépendant de la Turquie et de la Perse. La doctrine de l'unité de l'Être présentait des avantages évidents lors de l'implantation de l'Islam parmi des populations shamanistes, animistes et hindouistes, car elle rendait possibles des compromis éthiques facilitant la propagation de la nouvelle foi dans les régions étrangères au monothéisme. Et le fait qu'elle ait été véhiculée par la poésie persane, qui entre 1200 et 1500 brilla d'un vif éclat, joua en sa faveur. On voit ainsi Ibn'Arabi rendre hommage à Hafiz, qui dans ses odes utilise le langage de l'amour humain pour exprimer la communion spirituelle avec Dieu. Mais cette doctrine est énoncée plus précisément dans le *Mathnawi* de Rumi et la poésie mystique de Jami (ou Dschami), lesquels firent connaître la pensée ésotérique d'Ibn'Arabi à tous ceux qui parlaient la deuxième langue du monde islamique. Dans son poème allégorique *El-Mesnevi*, Rumi invoque ainsi la divinité:

Ô Toi l'Unique, le seul vivant et le seul sage,
Seigneur Dieu, nous avons péché grandement envers
Toi...
Ô Toi l'Unique, ouvre Ta main bienfaisante,
Toi qui es vénéré et saint sans limites,
aie pitié de nous,
Car la miséricorde est Ton privilège...
Comme le chant du rossignol au matin, Ta voix
Se fait entendre au milieu de nos plaintes,
Nous réconforte dans nos douleurs et nos angoisses...
Écoute, ô Tout-Puissant, Djelal
Qui dans sa peine T'adresse son ardent amour.

En 1500, la plupart des mystiques de l'Islam se réclamaient du soufisme. La *sharia* avait été prise de court par l'extension rapide de l'influence soufie. En fait, étant souvent associée à l'État et à l'éducation des élites, la *sharia* était désavantagée dans son effort

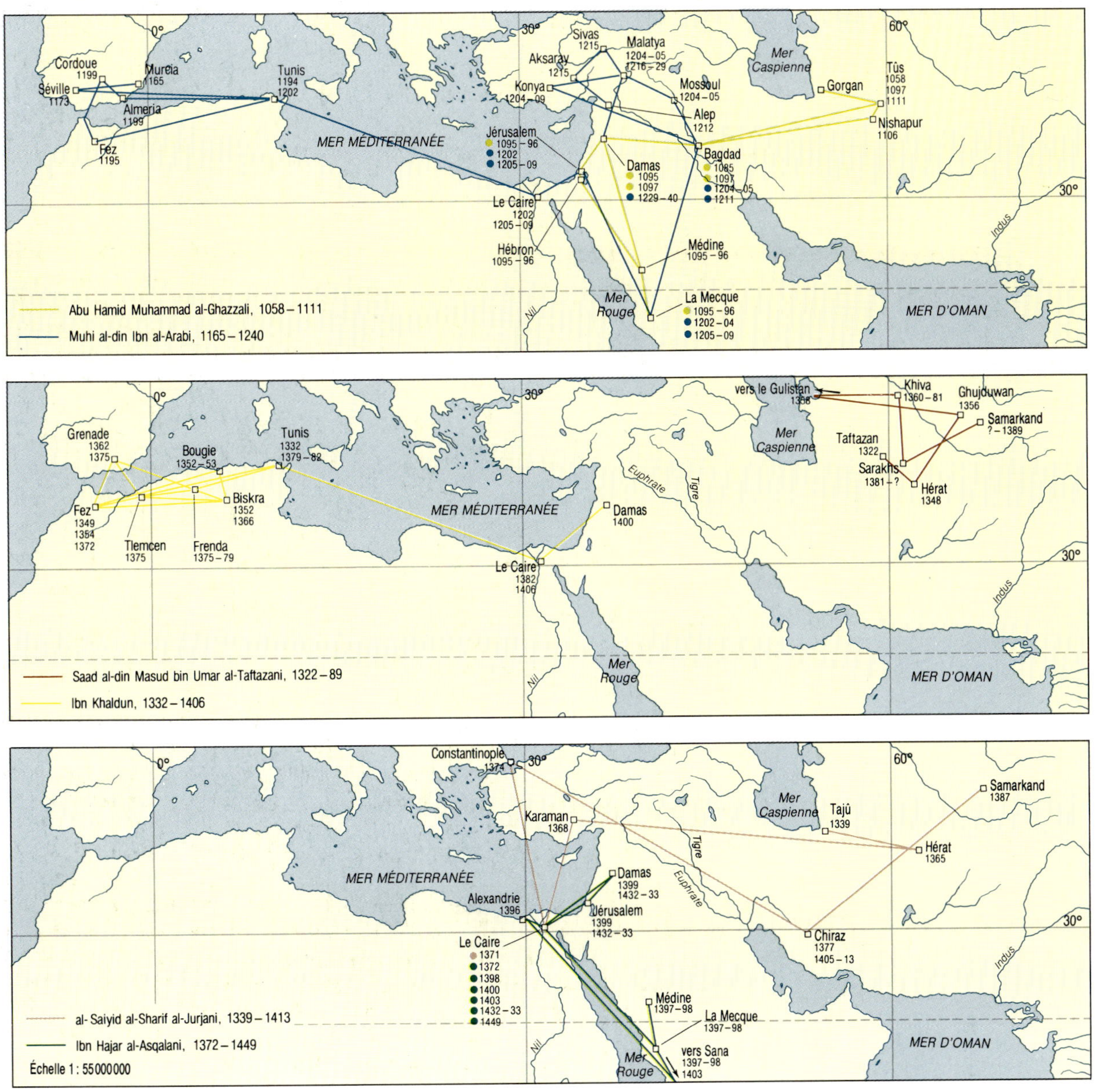

Les grands centres de la culture islamique de 1200 à 1500
«Cherchez à vous instruire», disait le Prophète, «fût-ce en Chine»; c'est pourquoi les *ulama* étaient toujours prêts à parcourir le monde en quête de savoir. Ainsi, au Moyen Age, Damas était un lieu de passage très fréquenté, et la moitié des *ulama* de la ville venaient d'ailleurs: durant les neuf premiers siècles, une communauté d'hommes de savoir assurait la cohésion du monde islamique. Les cartes *ci-contre* représentent les voyages de six figures de proue parmi les *ulama*: al-Ghazali, le plus grand érudit de l'Islam médiéval; Ibn'Arabi, dont l'influence sur le développement du soufisme fut déterminante; al-Taftazani, de la cour de Tamerlan à Samarkand, dont les ouvrages figurent encore au programme des madrasas; Ibn Khaldun, sociologue, philosophe et brillant historien; al-Asqalani, qui amena à leur point de perfection l'étude des *hadîths;* al-Jurjani, dont les œuvres sont toujours étudiées. Après s'être emparé de Chiraz, Tamerlan emmena al-Jurjani à Samarkand où il entra en controverse avec al-Taftazani: les opinions diffèrent sur celui qui l'emporta.

La vie de Jalal al-Din Rumi, longtemps tenu pour le plus grand poète mystique de l'Islam, fut transformée lorsqu'il rencontra un soufi errant du nom de Shams al-Din, chez qui il trouva «l'image parfaite du croyant embrasé par l'amour divin». Dès lors, sa dévotion se changea en piété ardente qui s'exprima par un lyrisme débordant. Après la mort de Shams al-Din, il inventa la danse tournoyante de l'ordre mawlawiya qu'il avait fondé — danse à caractère mystique censée mettre en communion avec le divin. *Ci-dessus* Un épisode de la vie de Rumi: comme il passait près d'une échoppe d'orfèvre, le bruit rythmique des outils martelant l'or le fit entrer en transe et il se mit à danser. Un autre soufi, qui avait étudié à ses côtés mais que la pauvreté avait contraint à se faire orfèvre, aperçut le saint homme et se précipita hors de la boutique pour lui baiser les pieds. Par la suite il devint son disciple.

pour conditionner la vie des masses selon le modèle islamique classique. Le soufisme avait introduit dans l'Islam bien des pratiques religieuses populaires — notamment des danses et des chants rituels et la marche sur le feu. La croyance aux pouvoirs miraculeux des saints était largement répandue, et leurs tombeaux étaient des lieux de pèlerinage dans tout l'Islam. Le soufisme se prêtait à de nombreux compromis avec les superstitions et les rites locaux, et de même que la pensée soufie en vint à être dominée par la croyance à l'immanence de Dieu plutôt qu'à sa transcendance, de même le monde musulman finit par refléter davantage les croyances et la structure des sociétés qu'il englobait plutôt que celles incluses dans la *sharia.* Cela présentait de graves dangers. Il fallait décider si les soufis, en acceptant des compromis leur permettant d'attirer des millions d'âmes que les *ulama* n'avaient jamais été capables de toucher, avaient attenté irrémédiablement à la pureté de l'Islam, ou s'ils avaient simplement créé les circonstances devant permettre au fil des siècles aux convertis, encore attachés à leurs superstitions ancestrales, de se pénétrer lentement des préceptes du Coran.

Les lettrés, les mystiques et la transmission de la culture islamique

Le développement historique de l'Islam fut en grande partie assuré par les *ulama* et les soufis, qui préservèrent et transmirent tout au long des siècles les vertus actives de la loi et de la pensée mystique. Ils n'étaient pas des prêtres au sens chrétien du terme. L'Islam n'a ni prêtres ni sacrements, et en théorie nul ne peut s'ériger en intercesseur entre Dieu et l'homme. Cependant, ces dépositaires et administrateurs du savoir, qui modelèrent la société islamique tout en lui apportant sa nourriture spirituelle, n'en jouèrent pas moins un rôle capital.

Les premiers *ulama* furent les commentateurs religieux du commencement de l'Hégire, qui assuraient la récitation du Coran et la transmission orale des *hadîths.* Quand, sous le califat abbasside, l'essentiel de cet enseignement originel fut transcrit dans la *sharia,* les *ulama* eurent pour tâche l'application de celle-ci et la formation de leurs successeurs. Au XIIe et au XIIIe siècle, ils constituaient un corps de spécialistes hautement qualifiés que le pouvoir politique nommait à de nombreuses charges, notamment à Damas. En 1500, bien que leur situation variât selon les régions — leur prestige était plus grand en Égypte, par exemple, que dans les territoires nouvellement islamisés de l'Asie du Sud-Est — ils étaient des hommes influents et respectés. Certains recevaient de l'État des rémunérations ou des terres, mais la plupart vivaient sur les revenus de fondations pieuses ou sur les bénéfices de l'artisanat ou du négoce dont ils s'occupaient. Ils étaient chargés entre autres de l'administration des mosquées, des écoles, des hôpitaux et des orphelinats, ce qui les amenait à gérer des fonds considérables. Toutefois, leur tâche principale restait la préservation et la transmission de la *sharia,* capitale pour la formation de tout bon musulman. En tant que juristes, ils étaient les garants d'une interprétation orthodoxe de la *sharia,* comme *qadis* ils l'appliquaient au nom de l'État, comme *muftis* ils l'expliquaient au nom de la communauté, émettaient gratuitement des *fatwa* (décisions légales, décrets), par leurs sermons informaient le peuple de ses obligations, et dans leurs écoles l'enseignaient aux musulmans de tous âges.

Nous nous occuperons tout d'abord du processus de transmission, autrement dit de la formation de leurs successeurs par les *ulama.* Ils enseignaient généralement chez eux, dans l'enceinte des mosquées ou des mausolées. Ils professaient aussi dans les *madrasa* ou écoles coraniques, qui se multiplièrent dans le monde islamique au XIe siècle, et les autorités civiles s'efforcèrent d'établir leur contrôle sur ces institutions religieuses: les principales étaient la *madrasa* Nizamiya à Bagdad, où enseigna Ghazali, et celle d'al-Azhar, fondée au Caire en 972, qui devint la plus importante université musulmane.

On y enseignait la grammaire et la littérature arabes — dont la connaissance était nécessaire dans tout l'Islam parce que l'arabe classique du Coran et des *hadîths* paraissait aussi bizarre à ceux qui parlaient l'arabe dialectal qu'à ceux qui utilisaient d'autres langues. On y enseignait aussi les *hadîths,* les commentaires du Coran, le droit et la jurisprudence, et la théologie, bien que celle-ci fût souvent négligée car elle recelait trop de dangers pour la foi du musulman ordinaire. A l'occasion, on y faisait également un peu d'arithmétique, car les *ulama* en avaient besoin pour rendre un *fatwa* à propos d'un héritage. A cela s'ajoutaient la médecine et les œuvres de quelques soufis, mais les sciences religieuses constituaient la matière principale, cependant que la philosophie et les sciences, dans lesquelles les musulmans l'emportaient alors de beaucoup sur les Européens, étaient absentes des madrasas et de l'enseignement habituel des *ulama.* Des textes relatifs aux différentes matières, comme l'*Hidaya* de Shaikh Burhan al-Din, ouvrage de base sur le canon hanafite, ou le commentaire du Coran dû à Baizawi, furent rédigés au fil des siècles. En 1500, il existait, sur la plupart des sujets, des livres fondamentaux qui sont restés en usage jusqu'à nos jours dans tout le monde islamique.

Le système éducatif élaboré par les *ulama* pour former leurs successeurs était de tendance conservatrice et dépourvu de toute ambiguïté. Ils savaient qu'ils avaient reçu de Dieu, dans le Coran et la personne de Mahomet, le don le plus précieux. Ils savaient aussi que jusqu'au Jour du Jugement l'humanité ne connaîtrait pas d'autre guide spirituel. Leur premier devoir était de transmettre ce don sous une forme aussi pure que possible, ainsi que les moyens de l'interpréter, dans l'intérêt de la communauté. Plus on s'éloignait de l'époque du Prophète, plus grand était le danger qu'une partie de ce précieux don de Dieu fût altérée ou perdue. Les musulmans risquaient de voir s'amoindrir et non s'accroître la part de vérité qu'ils détenaient. L'éducation consistait dans l'enseignement d'un aussi grand nombre que possible de principes immuables sous une forme appropriée, sans nécessairement les comprendre. Elle était aussi normative et enseignait comment les choses devaient être à la lumière de la révélation divine, plutôt qu'à tirer les conclusions de ce qui se passait dans un présent toujours précaire. Nombre de textes étaient appris par cœur, et certains étaient écrits en vers afin d'être mémorisés plus facilement. Le temps aidant, les textes classiques faisaient de plus en plus autorité, et on en écrivait fort peu de nouveaux, les *ulama* se contentant de commenter à l'infini la version classique jusqu'à ce qu'elle soit littéralement submergée sous les annotations.

Quand un *alim* (pluriel *ulama*) avait fini d'enseigner un livre, il donnait à son élève un *ijaza* ou certificat lui permettant de l'enseigner à son tour ; la transmission assurée depuis l'auteur du texte original et son premier commentateur se trouvait ainsi perpétuée. C'était un système très personnalisé, conçu en termes de maîtres et de livres plutôt que d'écoles et de matières. L'élève savait qu'il recevait quelque chose d'infiniment précieux et qu'il se trouvait désormais porteur d'une partie du corps de traditions relatif à sa foi. Il vouait à son maître un respect et une gratitude sans bornes. « Sache que [ton] maître est le père de ton âme », est-il dit dans un manuel du XIIIe siècle, « et la cause de sa création et l'essence de sa vie, tout comme ton père est la cause [première] de ton corps et de ton existence. »

Toutefois, chaque maître n'avait pas qu'un seul disciple. La plupart des *ulama* en avaient plusieurs en différents endroits. Dès le début, lorsque des croyants s'étaient mis en quête du meilleur enseignement sur la vie du Prophète, les *ulama* avaient accompli de longs périples pour s'asseoir aux pieds de maîtres renommés. Ghazali avait étudié à Tûs, à Jurjan et à Nishapur, et il avait enseigné à Bagdad, La Mecque, Damas, Jérusalem et en Égypte, avant de retourner à Tûs, sa ville natale. Ibn'Arabi avait étudié à Séville, Ceuta et Tunis, puis il s'était rendu à La Mecque, Bagdad, Mossoul, en Asie Mineure et finalement à Damas. Ibn Battuta avait voyagé un peu partout. Le monde islamique était couvert d'un réseau de centres d'enseignement de maître à disciple, à la base d'une communauté de sentiment et de culture plus profondément enracinée et constituant un lien beaucoup plus fort que les conquêtes éphémères et les conflits politiques qui secouaient l'Islam. Rien n'illustre mieux ce phénomène que les dictionnaires biographiques qui donnent maints détails sur l'enseignement des *ulama*, leurs voyages, leurs maîtres, leurs disciples, et révèlent ainsi leur contribution à la transmission du droit et des valeurs islamiques.

Les soufis développèrent un système aussi efficace pour transmettre leur enseignement mystique. Dès le IXe siècle, des disciples se rassemblaient autour de maîtres spirituels réputés, afin d'en apprendre un peu plus sur leur *tariqa* ou « voie » d'approche du divin. Ils l'accompagnaient dans ses voyages, ou s'installaient avec lui dans les premières communautés religieuses entretenues par les fidèles. Le *shaikh* ou maître initiait ses élèves aux pratiques mystiques en fonction de leurs dispositions. Chaque *shaikh* avait sa propre prière invocatoire ou *dhikr*. A l'origine, c'était une façon de garder présente à l'esprit la notion même de Dieu en récitant une oraison jaculatoire et peut-être en y ajoutant le contrôle du souffle pour faciliter la concentration. Puis le *dhikr* devint un rite collectif, au cours duquel les adeptes s'efforçaient d'atteindre à l'extase religieuse en chantant, en dansant et en écoutant de la musique. Quand un disciple s'était mis entre les mains d'un *shaikh*, il devait lui obéir aveuglément ; selon la formule consacrée, il se devait d'être « comme un cadavre entre les mains du laveur de morts ».

Les rites collectifs par lesquels les soufis atteignent un état d'extase les mettant en communion avec le divin ont toujours été pour les étrangers la plus spectaculaire de leurs activités. La peinture de droite, due à Sultan Muhammad, peintre officiel de la cour safavide au début du XVIe siècle, illustre l'œuvre de Hafiz, un des plus célèbres poètes persans. Cette composition pleine de drôlerie offre un exemple du passage constant de l'épicurisme au mysticisme dans la poésie de Hafiz. Est-ce sous l'influence de l'extase mystique ou de l'alcool que les soufis dansaient et chantaient ? Le sage qui tend au tavernier un livre et une bouteille demande-t-il seulement du vin ou l'incite-t-il à s'engager dans la voie de Dieu ? Rien même ne permet de dire si le poète au regard extasié qui préside à toute cette liesse est dans un état de ravissement mystique ou d'ébriété.

A gauche Dans cette charmante peinture mogole du XVIe siècle, un lettré enseigne soit dans le jardin de sa maison, soit auprès d'un sanctuaire. Des livres sont dispersés un peu partout ; un élève, dont l'attention s'est détournée du maître, est plongé dans la méditation et égrène un chapelet. La prière s'insère au milieu de l'étude comme une activité toute naturelle. Au premier plan, un croyant se livre aux ablutions rituelles avant la prière. Au fond, un autre croyant se prosterne, le front contre le sol, au cours d'un *rakat* d'une prière.

گرفته ساغر عشرت فرشتهٔ رحمت
ز جرعه بر رخ حور و پری گلاب زده

La vénération du disciple pour son *shaikh* était la clef de la transmission de la connaissance mystique tout au long des siècles. Les *shaikh* avaient habituellement deux sortes de disciples : les *khalifa* ou successeurs, que leurs dispositions pour la vie mystique rendaient aptes à transmettre l'enseignement d'un *shaikh* et à former à leur tour des disciples, et ceux, moins doués, qui étaient destinés à rester des disciples. Les *khalifa* répandaient l'enseignement de leur *shaikh* et devenaient généralement des saints eux-mêmes. La suite des successeurs d'un saint était la *silsila* ou chaîne initiatique, dont les soufis gardaient soigneusement la mémoire, tout comme les *ulama* consignaient la transmission des sciences religieuses. A partir du XIIe siècle, la plupart des soufis se réclamèrent d'un saint fondateur dont leur démarche mystique prit le nom, et à travers lui ils remontaient, par l'intermédiaire d'un ou plusieurs grands mystiques du début de la période abbasside, jusqu'à un compagnon du Prophète, généralement Ali. Ainsi, la méthode spirituelle léguée par Mahomet à ses disciples était censée avoir été transmise sans interruption par une succession de saints hommes.

Le lieu de sépulture d'un saint fondateur était le « siège » de l'ordre ou de la confrérie de ses disciples. C'était souvent ses descendants par le sang qui en avaient la charge, sans être pour autant ses successeurs spirituels. Ils géraient les dons parfois considérables des fidèles, et, tout en en bénéficiant rarement eux-mêmes, l'usage charitable qu'ils en faisaient au profit de la communauté leur valait une grande influence. Si le mausolée renfermait la dépouille du fondateur d'un ordre important, il devenait centre de pèlerinage international et des milliers de sanctuaires secondaires dépendaient de lui. A leur tour, ceux-ci étaient l'objet d'un culte local ou régional. Mais, quels qu'en fussent le renom et l'influence, les pierres d'une église chrétienne peut-être ou d'un temple hindou, ou les rites pratiqués par les fidèles permettent de comprendre que les dévotions en un lieu considéré depuis longtemps par le peuple comme sacré se soient perpétuées avec l'accord de l'Islam.

Des centaines de confréries soufies prospérèrent. La carte indique la localisation des plus importantes, solidement implantées en 1500. Elles se différenciaient en partie par leur degré d'organisation, mais surtout par des divergences dans le rituel et dans la prière invocatoire, ainsi que par l'observance plus ou

Les principaux ordres soufis vers 1500
Le phénomène le plus important de l'Islam à partir du XIIe siècle fut le développement du soufisme institutionnel. La carte montre l'extension des grands courants de l'enseignement soufi, l'emplacement des sanctuaires des saints fondateurs des principales confréries et les centres les plus influents vers les années 1500.

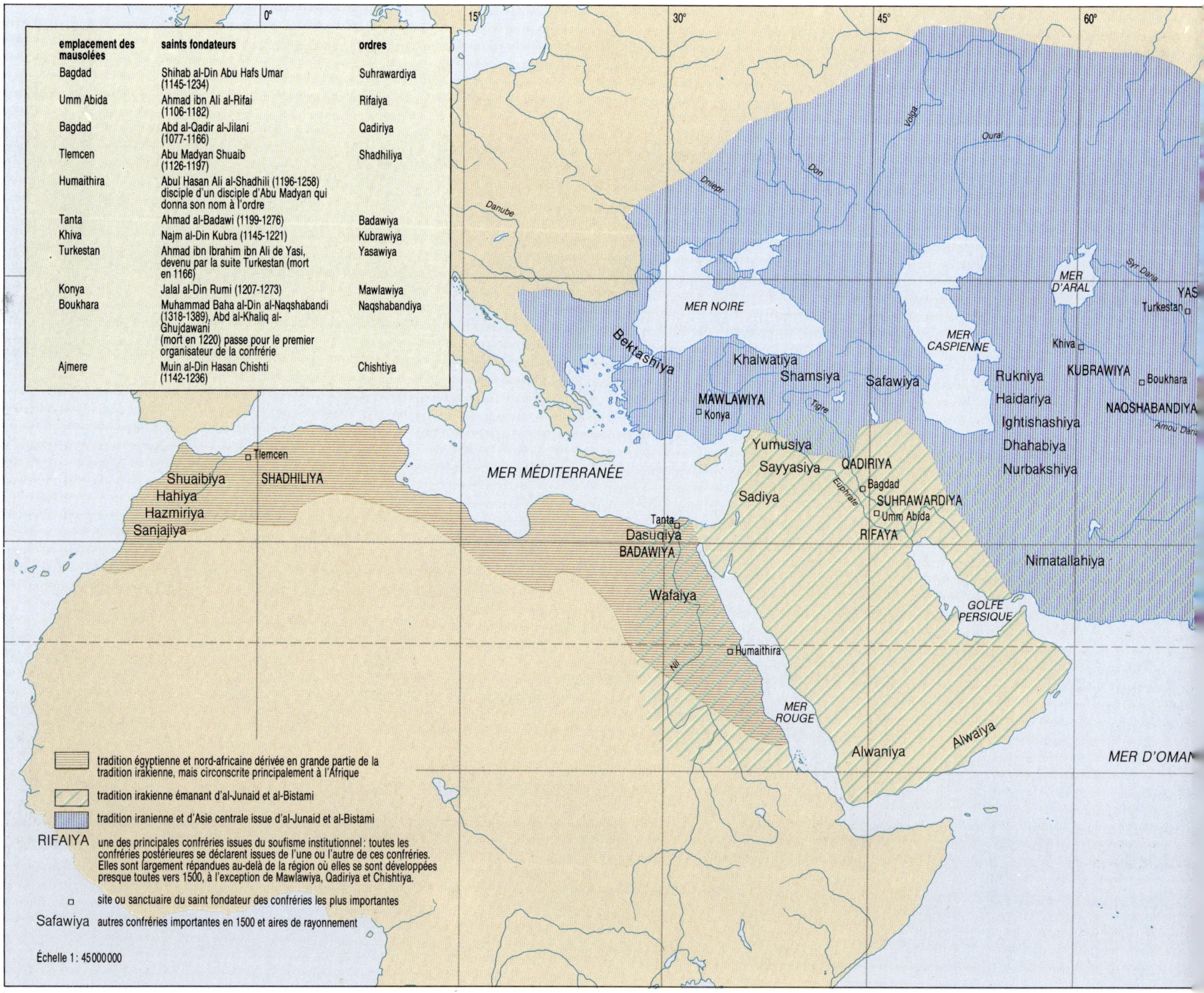

emplacement des mausolées	saints fondateurs	ordres
Bagdad	Shihab al-Din Abu Hafs Umar (1145-1234)	Suhrawardiya
Umm Abida	Ahmad ibn Ali al-Rifai (1106-1182)	Rifaiya
Bagdad	Abd al-Qadir al-Jilani (1077-1166)	Qadiriya
Tlemcen	Abu Madyan Shuaib (1126-1197)	Shadhiliya
Humaithira	Abul Hasan Ali al-Shadhili (1196-1258) disciple d'un disciple d'Abu Madyan qui donna son nom à l'ordre	
Tanta	Ahmad al-Badawi (1199-1276)	Badawiya
Khiva	Najm al-Din Kubra (1145-1221)	Kubrawiya
Turkestan	Ahmad ibn Ibrahim ibn Ali de Yasi, devenu par la suite Turkestan (mort en 1166)	Yasawiya
Konya	Jalal al-Din Rumi (1207-1273)	Mawlawiya
Boukhara	Muhammad Baha al-Din al-Naqshabandi (1318-1389), Abd al-Khaliq al-Ghujdawani (mort en 1220) passe pour le premier organisateur de la confrérie	Naqshabandiya
Ajmere	Muin al-Din Hasan Chishti (1142-1236)	Chishtiya

moins rigoureuse de la *sharia.* C'était d'ailleurs la différence essentielle entre les confréries des centres urbains, dont les membres côtoyaient les *ulama* et les milieux lettrés, et les confréries des régions rurales, où il en allait tout autrement. Certaines confréries avaient une importance sociale et politique très grande, notamment en Afrique.

Le plus renommé et le plus largement répandu de tous les ordres soufis était la *qadiriya,* ainsi appelée d'après Abd al-Qadir de Gilan (1077-1166), sur le littoral de la Caspienne. La prédication d'al-Qadir, hanbalite de stricte observance, mais aussi mystique, après vingt-cinq années d'errance et de vie ascétique dans le désert d'Irak, fit une telle impression sur la population de Bagdad qu'on lui bâtit un couvent en dehors de la ville.

Son enseignement était orthodoxe, ainsi qu'en témoigne le *dhikr* en usage dans l'ordre: «J'implore Ton pardon, Dieu puissant. Que Dieu soit glorifié. Que Dieu bénisse notre maître Mahomet et sa famille et ses compagnons. Il n'est de Dieu que Dieu.» Bien que rien ne prouve qu'Abd al-Qadir ait souhaité voir se perpétuer sa «voie» mystique, une puissante confrérie se développa en se réclamant de son enseignement, et de nombreux miracles, qu'il eût certainement désavoués, furent attribués à ses pouvoirs spirituels. Ce qui ne faisait que confirmer le vieil adage persan selon lequel «ce ne sont pas les maîtres qui lévitent, mais leurs disciples qui les font léviter».

Parmi les autres grandes confréries, la *chishtiya* devint la plus influente de l'Inde, bien que ce pays se distingue aussi par un nombre élevé d'ordres irréguliers; le plus connu est celui des *qalandariya,* dont les pratiques étaient fortement marquées par les croyances indigènes et ne relevaient pas de la *sharia.* Les *bektashis* d'Anatolie se conduisaient avec la même liberté, ignorant nombre de rites extérieurs de l'Islam, observant ce qui ressemblait curieusement au rite chrétien de la communion avec pain, vin et fromage, se confessant à leur *shaikh,* et croyant en une quasi-trinité Dieu-Mahomet-Ali.

La transmission de l'enseignement mystique

Il n'y a pas, pour la transmission de l'enseignement mystique, de chaîne aussi sûre et digne de foi que pour la transmission des *hadîths.* La chaîne classique, que les principales confréries religieuses finirent par adopter, ne fut établie qu'au XIIIe siècle, et depuis les érudits musulmans ont montré que certains maillons étaient douteux. Le tableau ci-dessous énumère quelques-uns des principaux mystiques assurant la transition entre le Prophète et l'apparition des premières traditions mystiques. Noter que nous n'entendons pas indiquer une quelconque ligne directe du Prophète à Maruf al-Karkhi et Abu Ali al-Sindi.

Muhammad Ibn Abd Allah (mort en 632, premier maillon de la chaîne spirituelle)
Abu Dharr al-Ghifari (mort en 653)
Ali Ibn Abu Talib (mort en 661)
al-Husain (mort en 680)
Hasan de Bassora (mort en 728)
Jafar al-Sadiq (mort en 756)
Abd al-Wahid Ibn Zaid (mort en 793)
Rabia al-Adawiya, de Bassora (morte en 801), la plus célèbre des premières mystiques de l'Islam

Maruf al-Karkhi (mort en 815)	
Sari al-Saqati (mort en 867)	Abu Ali al-Sindi (?)
Abul Qasim Ibn Muhammad Ibn al-Junaid (mort en 910)	Bayezid Bistami (mort en 874)
Tradition irakienne (qui met l'accent sur la paix de l'âme)	Tradition du Khorassan (qui met l'accent sur l'ivresse mystique)

Traditions égyptienne et nord-africaine — Tradition irakienne — Tradition d'Asie centrale et d'Iran

A droite La transmission de la pensée religieuse depuis le Prophète jusqu'à l'apparition des premières traditions mystiques.

En bas à droite De nombreux soufis se retiraient dans la solitude pour méditer; ce saint homme assis sur une peau d'ours au pied d'un arbre est entouré de ses disciples. De tels groupes, comme celui-ci dessiné à Ispahan au XVIIe siècle, étaient un motif d'inspiration populaire chez les artistes.

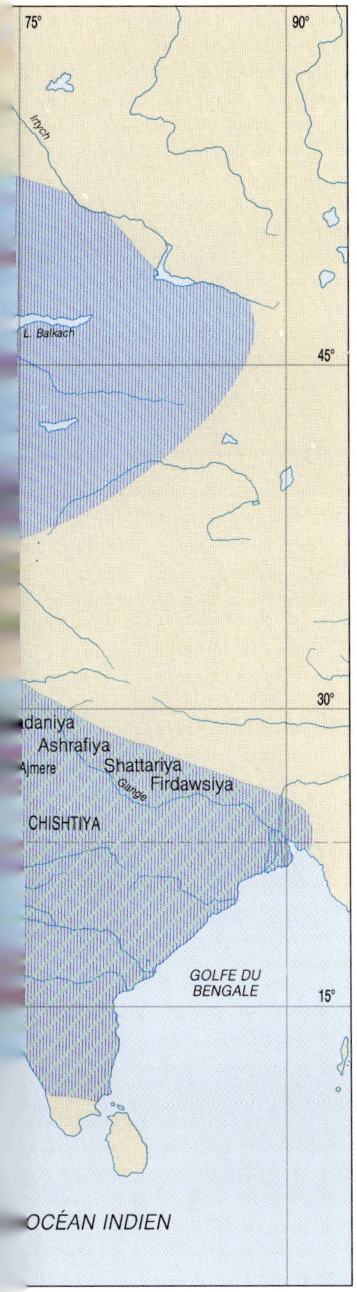

چست ازین طعمه دین منزلگاه پنجه کسب خلایق کوتاه
پر خندید که ای پاک نهاد نامت از لوح بقا پاک مباد

La maison mère de l'ordre mawlawiya à Konya. Le fondateur, Jalal al-Din Rumi, repose dans le mausolée seldjoukide recouvert de carreaux de faïence bleue, sur lequel figure l'exhortation célèbre : « Revenez, revenez, même si vous vous êtes repentis un millier de fois. » Au tout premier plan, près du saule pleureur, on voit une partie du cloître de 18 cellules où résident les soufis célibataires. Derrière le minaret, apparaît le grand dôme de la mosquée, au-delà duquel surgit le dôme recouvrant la salle de la danse rituelle.

A gauche Idéalement, lettrés et saints hommes n'étaient soumis qu'à Dieu. Par principe, nombre d'entre eux mettaient un point d'honneur à ne jamais se rendre auprès des princes, lesquels se trouvaient dans l'obligation de se déplacer. Leurs visites étaient un sujet souvent exploité dans la peinture persane et indienne (comme le groupe de soufis de la page 35). Dans cette peinture safavide du milieu du XVIe siècle illustrant le *Haft Awrang* de Jami, un roi rend visite à un saint homme dont il est devenu le disciple. Il était déjà venu souvent avec de riches présents qui avaient été refusés. Cette fois, il offre simplement une paire de canards : nouveau refus. Le saint homme voulait signifier que le seul cadeau ayant du prix à ses yeux était que le roi adoptât son propre renoncement ascétique sa vie durant, la seule voie du salut.

Autres ordres turcs importants : celui des *mawlawiya,* fondé par le poète Jalal al-Din Rumi et célèbre par sa danse tournoyante, celui des *naqshbandiya* qui prospéra en Asie centrale, et celui des *safaviya* qui adopta le shiisme et dont se réclamait la dynastie qui fonda l'Iran moderne.

Le développement du soufisme en Afrique du Nord fut étroitement lié à l'avènement de la dynastie almohade qui supplanta celle des Almoravides. L'un des soufis qui embrassèrent la cause almohade fut Abu Madyan (mort en 1197), de qui sont issues la plupart des confréries de la région, notamment les *shadhiliya,* qui devinrent très influents dans toute l'Afrique du Nord et très au-delà.

Vers la fin du XVe siècle, l'élément caractéristique de l'Islam berbère, le maraboutisme ou culte d'un saint homme vivant doté de pouvoirs magiques, commença de prendre forme.

Quand un disciple était accepté par un *shaikh,* il recevait un certificat où étaient énumérées les étapes par lesquelles la doctrine du fondateur de l'ordre était parvenue jusqu'à son nouveau guide spirituel. Et lors de la commémoration de la mort du saint local, le rituel retraçait les divers stades ayant permis la transmission du savoir depuis le Prophète jusqu'au défunt. Les soufis étaient aussi attachés que les *ulama* au processus de transmission depuis la source première de la révélation. Qui plus est, leurs « chaînes initiatiques », comme celles des *ulama,* concouraient à créer au sein du monde islamique une vision unitaire aussi bien dans l'espace que dans le temps. Dès 1500, l'ordre des *shadhiliya* avait des adeptes du Maroc à l'Asie du Sud-Ouest. Par la suite, d'autres confréries, comme les *qadiriya* et les *naqshbandiya,* connurent une aussi grande expansion. Mais il convient de ne pas attacher trop d'importance à la manière dont ces courants mystiques ont franchi les mers et les déserts. Bien que beaucoup aient eu leurs propres circuits de diffusion et que leurs adeptes fussent tout naturellement attirés par le tombeau du saint, il va de soi que le mode de penser et de sentir élaboré et propagé peu à peu par le soufisme n'est pas moins important. En se pliant à mille compromis, les confréries accueillirent une grande diversité de croyants, allant des lettrés aux ascètes et aux paysans superstitieux. En prenant place au bas d'une hiérarchie de saints qui remontait jusqu'au Prophète, tous y trouvaient la notion d'unité spirituelle. Ils adhéraient au second principe unitaire de l'Islam, qui paradoxalement sacrifiait l'unité tout extérieure de la *sharia* pour permettre à des millions de croyants de connaître la même expérience mystique.

Il serait cependant erroné de croire que ceux qui assuraient la transmission des deux grands courants normatifs du monde islamique occupaient des positions nettement opposées. De nombreux soufis avaient une connaissance approfondie de la *sharia,* et beaucoup d'*ulama* étaient aussi des soufis. Aussi disait-on souvent que les meilleurs soufis et les meilleurs *ulama* étaient ceux qui, comme Ghazali, puisaient leur enseignement dans les deux traditions. Il existait cependant un grave motif de tension : les *ulama* et les ordres soufis ne pouvaient faire cause commune, étant donné que beaucoup de soufis ignoraient la *sharia.* Les *ulama* devaient donc s'efforcer de persuader les croyants qui étaient allés se recueillir sur les tombeaux des saints de renoncer à leurs coutumes locales au profit de la *sharia* et des traditions orthodoxes de l'Islam. Il leur fallait tenter de suivre la voie que les soufis avaient frayée.

Il existait une seconde source de conflit, plus grave cette fois, entre les tenants des deux grandes traditions islamiques et les détenteurs du pouvoir politique. En théorie, le calife ou son représentant étaient tenus d'appliquer la *sharia.* Les nécessités du pouvoir rendaient bien entendu la chose rarement possible. Toutefois, les dirigeants se sont toujours montrés soucieux de se concilier les hommes de Dieu, dont l'influence était considérable, sans parler du soutien populaire qu'ils représentaient ; c'est pourquoi les autorités cherchaient à les contrôler en leur confiant des charges gouvernementales et en leur offrant des terres. Les *ulama* et les soufis ne pouvaient pas, en principe, accepter une situation qui les mettait sous la dépendance du pouvoir civil. Ils devaient témoigner dans leur vie même de leur fonction religieuse, c'est-à-dire se soumettre à Dieu seul. « Ma chambre a deux portes », disait Nizam al-Din Awliya, le grand saint chishti, dont la secte tenait à éviter tout compromis avec le prince ; « si le sultan entre par l'une, je sors par l'autre. » D'ailleurs, la seule façon pour celui-ci de rencontrer un *shaikh* soufi était de se présenter à lui en toute humilité.

Idéalement, il en allait de même pour les *ulama.* « Le plus mauvais des docteurs de la loi est celui qui rend visite aux princes », disait un *hadîth* souvent cité, « et le meilleur des princes est celui qui rend visite aux docteurs de la loi. » Les biographies des *ulama* devaient énumérer, en témoignage de leurs vertus, le nombre de fois où ils avaient refusé des biens matériels ou des charges officielles.

En fait, autorités civiles et hommes de Dieu trouvèrent souvent un *modus vivendi,* et de nombreux *ulama* servirent leur prince. Mais l'idéal des relations entre les détenteurs du pouvoir et les dépositaires de la science islamique était toujours prêt à resurgir, quand le compromis tournait court ou que l'Islam paraissait confronté à de nouveaux dangers.

Croyance et pratique

Dans le Coran, on ne trouve pas exposé systématiquement ce que tout bon musulman doit croire et faire. Pris dans son ensemble, il constitue cependant un corps de doctrine cohérent assorti de règles de conduite. Celles-ci sont contenues dans les «cinq piliers» ou obligations fondamentales de l'Islam: (1) la profession de foi, basée sur la croyance en Dieu et en ses anges, en sa parole, en ses prophètes et au Jour du Jugement; (2) la prière; (3) l'aumône; (4) le jeûne; (5) le pèlerinage. Il y avait en quelque sorte un sixième «pilier», le *jihad* ou «effort sur le chemin de Dieu». En maints passages, le Coran exhorte les musulmans à combattre «dans le chemin de Dieu ceux qui luttent contre vous... Combattez-les jusqu'à ce qu'il n'y ait plus de sédition et que le culte de Dieu soit rétabli» (Coran, II, 190 et 193). Ainsi, les croyants ont toujours présente à l'esprit la nécessité de mener le combat «dans la voie de Dieu», quoiqu'il ne s'agisse pas seulement d'une guerre sainte contre les infidèles, mais aussi d'un combat spirituel contre l'ennemi intérieur, les bas instincts de l'homme.

«Dieu a quatre-vingt-dix-neuf noms», dit un *hadīth,* «et quiconque les récite entrera au paradis.» Chacun de ces noms est un qualificatif: «l'Unique», «le Créateur», «l'Omniscient», «le Clément», «le Protecteur», «le Puissant», «le Compatissant», «le Miséricordieux». Les musulmans pieux les apprennent par cœur et les récitent dans leurs moments de loisir ou sous forme de *dhikr.* Les chapelets sont formés de 33 ou 99 grains, et beaucoup de musulmans les égrènent en récitant la liste des attributs de Dieu.

Dieu

Le nom donné en arabe au Dieu unique, *Allah,* est une forme condensée d'*al-ilah,* «le Dieu», qui n'a pas de partenaire, qui est parfaitement transcendant, créateur de toutes choses, juge de tous les hommes, omniscient et omnipotent. Il existe de toute éternité et à jamais, au-delà de l'entendement des esprits humains. Il est la réalité ultime à laquelle les musulmans doivent une totale allégeance.

Les anges

Dieu étant au-delà de toute perception physique, les anges sont des intercesseurs nécessaires entre lui et les humains. C'est Gabriel qui a transmis le Coran à Mahomet, tout comme il avait annoncé à la Vierge Marie la naissance de Jésus. Outre les anges, il y a aussi les démons, les mauvais esprits ou *djinn* dont le chef est désigné sous le nom de Eblis.

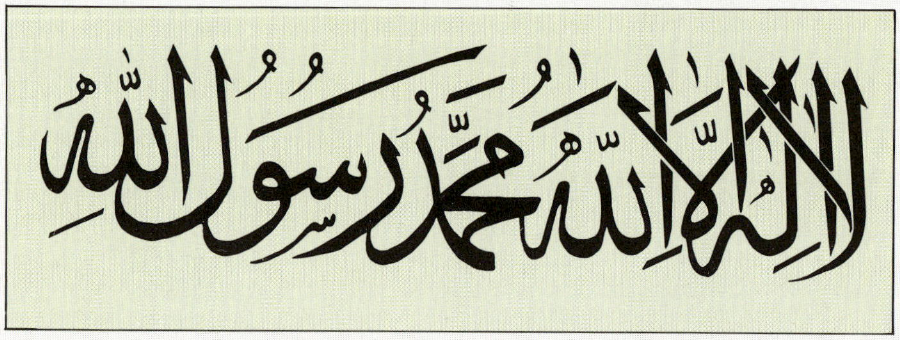

La profession de foi

Il est admis que quiconque prononce la *shahada* ou témoignage, «il n'y a de Dieu que Dieu, et Mahomet est le Prophète de Dieu», peut être considéré comme un musulman. Cette formule constitue la déclaration de principe de la foi islamique. Mais nombre de musulmans préfèrent probablement se référer à ce passage du Coran (sourate IV, verset 136), où se trouve brièvement exposé ce qu'ils doivent croire: «O vous qui croyez, croyez en Dieu et en son Prophète, au Livre qu'il a révélé à son Prophète et au Livre qu'il a révélé auparavant. Quiconque ne croit pas en Dieu, à ses anges, à ses livres, à ses prophètes et au Jour dernier se trouve dans un profond égarement.»

Ci-contre Anges tenant les registres des actions humaines, d'après un manuscrit d'al-Qazwini, *Les merveilles de la création et leurs singularités,* enluminé à Wasit, Irak, en 1280. Selon la croyance musulmane, deux anges sont préposés aux faits et gestes des hommes, l'un prenant note des bonnes actions et l'autre des mauvaises. Chaque homme a un ange gardien, tandis que huit anges soutiennent le trône de Dieu et dix-neuf autres sont les vigiles des enfers. Les anges sont dits inférieurs aux prophètes, parce que tous devaient se prosterner devant Adam (Coran, II, 34).

Ci-contre Nombre de prophètes reconnus par les juifs et les chrétiens le sont également par les musulmans. Dans cette miniature tirée de l'*Histoire* d'Hafiz-i Abru (Hérat, v. 1425), on voit Moïse et les Hébreux qui regardent Pharaon et son armée se noyer dans la traversée de la mer Rouge.

Les prophètes
Les hommes qui ont reçu le message de Dieu par l'intermédiaire des anges sont les prophètes, hommes pieux et modèles de bonne conduite. Ils ne faisaient pas de miracles sauf quand Dieu leur en donnait pouvoir, afin que les hommes y voient un signe. Le Coran cite 28 prophètes dont 21 sont mentionnés dans la Bible — et parmi ceux-ci Adam, Noé, Abraham, David, Jacob, Joseph, Job, Moïse et Jésus sont particulièrement vénérés. L'Immaculée Conception de Jésus et ses miracles sont l'objet d'une attention toute spéciale, bien que sa divinité ne soit pas reconnue. Mahomet est bien entendu le Sceau des prophètes, et son message s'adresse à tous les hommes.

Les livres
Les messages transmis par les prophètes sont inattaquables dans leurs principes fondamentaux, et ils préparent en quelque sorte les voies à la révélation accomplie de Mahomet. Le Coran reconnaît les écritures d'Abraham, la Thora de Moïse, les Psaumes de David et les Évangiles de Jésus, dans lesquels il voit des livres révélés contenant la parole de Dieu.

L'archange Azrafil sonnera de la trompette au Jour du Jugement. Les musulmans vénèrent trois autres archanges : Gabriel l'annonciateur, Mikaël, patron des Israélites, et Azraël, ange de la mort. Cette vivante miniature fut probablement exécutée en Irak vers 1370-1380.

Le Jugement dernier
La trompette retentira au Jour du Jugement, quand les hommes seront ressuscités d'entre les morts et appelés à comparaître devant le tribunal de Dieu. Ceux qui auront cru au message des prophètes et qui se seront efforcés de suivre la voie de Dieu entreront au paradis, où ils vivront à jamais dans des jardins embaumés, parmi des femmes d'une beauté merveilleuse et éternellement vierges, disposant de couches somptueuses et de fruits délicieux. Mais tout cela n'est rien comparé à la récompense suprême, la contemplation de Dieu. Ceux qui auront ignoré sa parole et qui auront adoré d'autres dieux seront précipités en enfer, où ils brûleront dans les flammes, boiront de l'eau bouillante, mangeront des mets immondes et endureront d'autres tourments sans pouvoir espérer y échapper par la mort. Dieu seul peut épargner aux hommes, croyants ou incroyants, les châtiments à venir, et dans le Coran il les assure à plusieurs reprises de son infinie miséricorde.

La prière

La prière doit être dite cinq fois par jour, afin que le croyant se pénètre de l'absolue souveraineté de Dieu sur terre : le matin de bonne heure, car le musulman doit se lever tôt ; au début de l'après-midi ; dans la soirée ; au coucher du soleil et la nuit avant de dormir. Des prières spontanées sont recommandées en supplément ; par exemple celle dite vers la fin de la nuit, ainsi que le Prophète avait coutume de le faire, est jugée particulièrement méritoire. Il en va de même de la prière rituelle dite en compagnie d'autres croyants ; il est d'ailleurs prescrit que tous les vendredis la prière du début de l'après-midi ait lieu en commun sous la direction de la plus haute autorité locale, qui doit également prononcer le sermon.

Le rite de la prière symbolise l'humilité de l'homme devant Dieu. Le croyant se purifie d'abord par les ablutions rituelles, puis il se tourne vers La Mecque, dont la direction est indiquée dans une mosquée par le *mihrab,* sorte de niche murale. Puis il accomplit le nombre de *raka* ou prosternations prescrites pour la durée de la prière, chaque *raka* consistant en sept mouvements accompagnés de la récitation des paroles consacrées. Il commence en portant les mains de chaque côté du visage sans le toucher, en disant « Dieu est le plus grand » ; puis il se redresse en récitant le premier verset du Coran, qui peut être suivi par d'autres citations. Toujours debout, il incline le buste et se redresse. Il s'agenouille et se prosterne le visage contre le sol, dont le contact finit au fil des ans par former un cal distinctif, la « marque de la prière », sur le front de certains fidèles. Il se redresse, assis sur les talons, et termine par une seconde prosternation. Ainsi le musulman, par les paroles, les postures et les gestes rituels, mime la signification du mot *Islam,* « soumission » (à la volonté toute-puissante de Dieu).

Ci-dessous à droite Une vision du ciel toute « champêtre », qui montre les élus dans les jardins d'Allah, en train de converser et d'échanger des bouquets de fleurs. Cette illustration est tirée d'un manuscrit du *Miraj-Nameh,* le Voyage mystique de Mahomet (Hérat, XVe siècle).

Ci-dessous au centre Les feux de l'enfer ne brûlent pas avec moins d'ardeur pour les musulmans que pour les chrétiens. Cette miniature qui provient elle aussi du *Miraj-Nameh* dépeint le châtiment par le feu des femmes adultères.

Ci-dessous à droite Les caravanes de pèlerins formaient de joyeux cortèges ; les croyants allaient se présenter devant Dieu. Cette scène tirée du *Maqamat* d'al-Hariri et exécutée à Bagdad en 1327 montre une troupe de pèlerins accompagnés de trompettes et de cymbales.

Le jeûne

Le musulman est tenu d'observer un jeûne rituel pendant le *ramadan* ou neuvième mois de l'année lunaire. Durant cette période, de l'aube au coucher du soleil, il doit s'abstenir de nourriture, de boisson, de tabac et de relations sexuelles, afin de soumettre le corps à l'esprit. En s'imposant ces contraintes, le croyant fortifie sa volonté et se rapproche de Dieu, qu'il honorera encore par d'autres prières et par la récitation du Coran. Chaque année, privations physiques et discipline spirituelle renforcent chez le croyant son sentiment d'appartenance à la communauté et resserrent ses liens avec celle-ci.

L'aumône

« Acquittez-vous de la prière et faites l'aumône » (LVIII, 13). C'est là un des nombreux préceptes du Coran présentant la générosité comme une des principales vertus du croyant. La prière et l'aumône *(zakat)* sont d'ailleurs souvent liées. La somme que le musulman devait payer était fixée au quarantième de ses revenus annuels, en espèces ou en nature. L'aumône avait un double but : d'une part purifier ou légitimer la propriété privée en consacrant une partie des gains personnels aux besoins d'autrui (le mot *zakat* est dérivé de la racine *zaka,* être pur) ; d'autre part montrer que le fidèle est conscient de sa responsabilité sociale, et désire contribuer à la cohésion de la communauté. Les revenus provenant des aumônes sont destinés aux pauvres, aux indigents, aux collecteurs d'aumônes, aux nouveaux convertis à la religion musulmane, à la libération des prisonniers de guerre, aux croyants endettés, aux voyageurs et à ceux qui peinent dans la « voie de Dieu ».

Le pèlerinage

Le cinquième « pilier » est le pèlerinage à La Mecque, d'après la tradition lieu du sacrifice d'Abraham et du pardon accordé par Dieu à Adam. Il a lieu tous les ans, et tout bon musulman doit l'accomplir au moins une fois dans sa vie s'il en a les moyens. Avant d'entrer dans La Mecque, le pèlerin ôte ses vêtements ordinaires et met deux tuniques blanches sans couture, qui symbolisent son renoncement à la vie ordinaire et sa volonté de s'abîmer en Dieu dans l'oubli complet de soi. Puis, avec des milliers d'autres pèlerins, il fait sept fois le tour du sanctuaire de la Kaaba, au centre de la grande mosquée, parcourt sept fois en courant la distance entre celle-ci et Marwa, en souvenir de l'épreuve d'Agar, la concubine d'Abraham, à la recherche d'eau pour son fils Ismaël. Il se rend ensuite près de la colline d'Arafat, lieu des retrouvailles d'Adam et Eve, lapide les piliers de Mina, où Satan aurait vainement tenté Abraham, Agar et Ismaël. Finalement il sacrifie un animal et se rase la tête. Ce rite, décrit plus en détail ci-après (pp. 192-197), a contribué plus que tout autre à renforcer les liens de la communauté musulmane.

LES GRANDS EMPIRES ISLAMIQUES AU XVIe ET AU XVIIe SIÈCLE

Au cours du xvie siècle, le monde islamique parvint au faîte de sa puissance. De l'Afrique occidentale, où de nouveaux empires apparurent au Maroc et dans le bassin du Niger, à l'Asie centrale, où une dynastie uzbek entreprenante était en passe d'établir sa domination depuis Boukhara, et à l'Asie du Sud-Est, où les premiers sultanats musulmans se substituaient aux régimes hindous à Java et à Sumatra, l'Islam régnait sans partage. Il n'était pas conscient de la grave menace que représentaient les activités croissantes des Européens, celles des Russes en Asie et des Portugais dans les mers du Sud. Les empires safavide, mogol et ottoman, établis au cœur même du monde islamique, étaient de beaucoup les plus puissants. Des institutions politiques fortes et des systèmes administratifs centralisés, dont on trouve encore des traces au xxe siècle, avaient remplacé les confédérations tribales, les sultanats éphémères et les régimes généralement faibles qui étaient apparus lorsque le raz de marée mongol s'était retiré. Il y eut alors un extraordinaire épanouissement des arts, en faveur desquels des princes mécènes dépensaient les richesses recueillies grâce à une administration efficace. Mais il y avait aussi une nouvelle menace contre le cosmopolitisme du mode de vie et de la culture islamiques, qui venait d'une part du vif essor donné par les Safavides au shiisme en en faisant la doctrine officielle de leur empire, mais surtout de l'autorité même des nouveaux régimes, dont ils usaient pour favoriser le développement de mondes culturels de plus en plus distincts.

On ne connaît pas avec certitude les nouvelles sources de puissance qui rendirent possible la formation de ces trois grands empires. Il est certain que leurs dynasties étaient solidement implantées dès le xive siècle: les Ottomans régnaient déjà sur un vaste territoire, les Safavides étaient à la tête d'un ordre soufi très influent, et le sang redoutable de Tamerlan coulait dans les veines des Mongols. Il se peut qu'ils aient aussi tiré avantage du nouvel intérêt pour l'agriculture: on apportait alors beaucoup de soins aux travaux d'irrigation en Iran safavide. Mais, comme en Europe, l'apparition des armes à feu fut déterminante. Dès 1450, l'artillerie constituait un facteur décisif dans la guerre de siège, puis dans la guerre de mouvement; un demi-siècle plus tard, le fusil joua un rôle analogue. Seul un gouvernement fort pouvait suivre les innovations techniques des armes à feu. Il en tirait un avantage décisif à la fois contre ceux de ses sujets qui revendiquaient leur indépendance retranchés dans des villes fortifiées, et contre les nomades des steppes qui avaient déferlé au cours des siècles précédents.

Les trois empires procédaient en partie de la notion d'empire universel élaborée par les Mongols, et des institutions politiques qu'ils avaient développées. En fait, ils étaient l'aboutissement de ce qu'on a appelé «l'État sous contrôle militaire», dans lequel le gouvernement, organisé selon une structure militaire, faisait de son mieux pour protéger et encourager la culture urbaine. Une caractéristique de cette forme de gouvernement était la prise en charge de toutes les fonctions de l'État par une maison militaire royale dans laquelle les fonctionnaires, et parfois des *ulama* responsables en tant que *qadis* de l'application du droit islamique, occupaient un rang et recevaient un salaire analogues à ceux de l'élite de l'armée. La maison royale considérait comme siennes toutes les ressources économiques et culturelles, et s'arrogeait avec la même désinvolture le droit de contrôler les dotations privées dont vivaient les *ulama,* ou de déplacer d'importantes fractions de la population pour servir ses desseins. Le droit dynastique, qui représentait la somme des décrets royaux promulgués sous chaque règne, allait de pair avec le droit religieux et le droit coutumier. Dans la pratique, on avait soigneusement délimité le domaine du droit religieux lorsqu'il ne se heurtait pas à d'autres traditions juridiques plus souples, et on en était venu à considérer comme légitime tout calife qui maintenait le droit religieux dans ces limites. Néanmoins, si des dynasties, même parvenues au sommet de leur puissance, ne se montraient pas assez respectueuses de la loi révélée, ou si elles déclinaient et perdaient de la légitimité qu'elles paraissaient ne tenir que de l'exercice du pouvoir, il se trouvait toujours quelque croyant pour se montrer plus exigeant et plus pointilleux que le pouvoir politique dans l'application des préceptes divins.

La poudre à canon joua un rôle primordial dans la formation d'un pouvoir central fort qui rendit possibles les empires ottoman, safavide ou mogol. Au milieu du xve siècle, l'artillerie était devenue, dans la guerre de siège, le facteur décisif que seront au xvie et au xviie siècle l'artillerie de campagne et le fusil sur les champs de bataille. *Ci-dessous,* l'artillerie ottomane au siège de la ville hongroise de Szigetvar.

L'empire safavide

L'avènement des Safavides

Les premiers Safavides étaient des shaikhs soufis dont les disciples furent les premiers sujets avant qu'ils établissent leur autorité sur l'Iran. L'ordre safavide fut fondé par Safi al-Din (1252-1334), dont les ancêtres avaient acquis au cours des trois siècles précédents une grande réputation de piété dans la ville d'Ardabil, au cœur de la région montagneuse de l'Azerbaïdjan oriental. Safi al-Din était le successeur spirituel de Shaikh Zahid, de Gilan, et sa plus éclatante réussite fut de faire d'une confrérie soufie d'importance locale un ordre qui essaima dans toute l'Anatolie orientale, en Syrie, qui pénétra au Caucase, en Iran, et même au sein de la noblesse mongole. Au XVe siècle, il se transforma en un mouvement révolutionnaire par l'adoption progressive des croyances shiites, et acquit une dimension politique lorsque les shaikhs safavides exhortèrent leurs disciples à combattre pour cette doctrine. Les guerriers safavides furent appelés *Kizil Bash* (« têtes rouges ») par les Turcs à cause de leurs turbans écarlates à douze côtes par référence aux 12 imams shiites. Entre 1459 et 1494, trois chefs de l'ordre périrent de mort violente, mais l'organisation était si efficace et la loyauté des adeptes si grande qu'en 1501 Shah Ismaïl, âgé de 14 ans, put battre les princes turcomans de l'Iran septentrional à Sharur et se fit proclamer Shah Ismaïl Ier (1501-1524) à Tabriz.

En 1501, Ismaïl régnait seulement sur l'Afghanistan ; en 1510, il conquit le reste de l'Iran et la partie orientale du Croissant fertile, et atteignit les futures frontières de l'empire safavide. Pour l'heure il se trouvait confronté au lourd handicap dont eut à pâtir la dynastie durant tout le XVIe siècle : combattre sur deux fronts. A l'est, il avait dressé contre lui les Uzbeks en attaquant Samarkand et en faisant cercler d'or le crâne de leur chef, Muhammad Shaibani Khan, pour s'en servir comme d'une coupe. A peine avait-il fait face à cette menace, qu'à l'ouest les Ottomans s'apprêtaient à marcher contre lui. Le conflit était inévitable, parce que l'avènement même de l'État shiite safavide et les activités de ses partisans en Anatolie orientale menaçaient l'empire ottoman. Il s'ensuivit la sanglante défaite à Tchaldiran (1514) des Safavides qui se refusaient à utiliser des armes à feu, et la perte de Diyarbakir et des villes saintes des shiites en Irak.

A la suite du désastre de Tchaldiran, les Kizilbash, désireux d'accéder au pouvoir, ne cessèrent de harceler les Safavides jusqu'à la fin du siècle. Avant Tchaldiran, les Kizilbash voyaient dans Shah Ismaïl non seulement le chef de leur ordre et leur guide spirituel, mais aussi la manifestation même de Dieu. Désormais, le charme était rompu ; cessant d'être des disciples obéissant jusqu'à la mort, ils redevinrent des guerriers turbulents et indisciplinés. A deux reprises (1524-1533, 1579-1588), ils furent parfaitement tenus en main. Entre ces deux périodes, le fils d'Ismaïl, Shah Tahmasp (1524-1576), ne dut de conserver quelque autorité qu'en ménageant à la fois les Kizilbash turcomans et les Perses, les deux principales factions de l'État. Tahmasp a été sévèrement jugé, probablement parce que son caractère débonnaire et ses mœurs d'ascète n'inspirèrent pas confiance aux Occidentaux qui l'ont approché. Il eut toutefois le mérite, malgré une amputation de territoire, de sauver l'État safavide en repoussant cinq invasions des Uzbeks du Khorassan et quatre invasions des Ottomans de l'Azerbaïdjan.

Les Safavides furent rétablis dans leur puissance et leur prestige par le petit-fils de Tahmasp, Shah Abbas le Grand (1588-1629). Agé de 17 ans lors de son accession au trône, il s'attacha en priorité à

Ci-dessous : L'empire safavide au XVIe et au XVIIe siècle
Neuf ans de conquêtes suffirent à Shah Ismaïl pour donner à l'empire safavide sa plus grande extension. Après lui, ses héritiers combattirent pendant plus d'un siècle pour défendre les territoires acquis contre les Ottomans à l'ouest et les Uzbeks au nord-est ; plus tard, ils durent aussi se battre contre les Mogols à l'est.

- empire de Shah Ismaïl vers 1512
- région contestée aux Mogols au XVIIe siècle
- empire ottoman
- 1516 région conquise (et date) par les Ottomans
- (1603) date de reconquête par les Safavides
- territoires uzbeks
- région contestée par les Uzbeks au XVIe siècle
- empire mogol
- khanat de Jaghatai
- ■ capitale safavide
- ○ sanctuaire shiite

Ci-contre Cette fresque du Chichil Sutun d'Ispahan représente Shah Ismaïl en train de tuer un cavalier ottoman à Tchaldiran (1514) ; son épée était renommée pour fendre un homme jusqu'à la selle. Les exploits du shah mis à part, la bataille fut un désastre pour les Safavides, qui furent battus par l'artillerie et les fusils ottomans. A la suite de cette défaite, ils durent restituer de nombreux territoires et restèrent sur la défensive à l'ouest pendant près de trois quarts de siècle.

juguler les Kizilbash et à gouverner sur de nouvelles bases. Reprenant un projet dont l'initiative revenait à Tahmasp, il se tourna vers les nombreux prisonniers de guerre géorgiens, circassiens, arméniens et leurs descendants, qui s'étaient convertis à l'Islam et s'étaient persianisés. Il en fit sa garde personnelle, appelée les « esclaves de la maison royale », et les paya directement sur sa cassette personnelle. Ils remplacèrent ensuite les Kizilbash dans la perception des impôts tribaux et les supplantèrent dans les principales charges gouvernementales, faisant office de contrepoids au sein même de l'État. La clef de la réussite personnelle n'était plus l'appartenance à l'élite des Kizilbash mais la fidélité envers le shah. En 1598, Abbas comprit que son entreprise de restauration de l'État safavide était suffisamment avancée pour qu'il puisse prendre l'offensive contre les anciens ennemis de l'empire, à qui il avait été contraint de céder une portion de territoire au début de son règne afin de se maintenir sur le trône. En 1606, il avait infligé des défaites décisives aux Uzbeks et aux Turcs, reconquis une grande partie du territoire perdu, et écarté la menace d'une attaque venant de l'est ou de l'ouest.

L'œuvre de redressement de Shah Abbas ne se limita pas aux domaines politique et militaire. Il pacifia les campagnes, encouragea l'industrie, en particulier la production de la soie et des tapis, incita les marchands et les ambassadeurs de nombreux pays d'Europe et d'Asie à venir à sa cour, et sous son règne le génie artistique perse connut une des périodes les plus brillantes de son histoire. Il ne le céda en rien à ses grands contemporains, l'empereur mogol Akbar et Elisabeth d'Angleterre. Mais son principal mérite fut d'avoir donné à l'État des bases suffisamment solides pour lui assurer près d'un siècle de survie malgré la faiblesse de son gouvernement. Certes, le prix en fut une rapide augmentation du nombre des terres de la couronne distribuées afin de payer l'énorme extension de la maison royale. L'empire en fut affaibli, mais pendant quelque temps le pouvoir central, dans une société en grande partie tribale, se trouva renforcé.

Le shiisme et l'État safavide

L'acte de gouvernement le plus important accompli par Shah Ismaïl fut de déclarer le shiisme duodécimain *(ithna ashari)* religion officielle de l'État. Rappelons que le shiisme fut tout d'abord un mouvement d'opposition politique contre les premiers califes, qui se justifiait sur le plan doctrinal, en proclamant que les seuls successeurs légitimes de Mahomet étaient les descendants de son cousin et gendre Ali. Il soutenait en outre que, parallèlement à l'interprétation commune du Coran, il y avait une interprétation secrète transmise par Mahomet à Ali et par celui-ci à son fils et héritier. Aussi les seuls guides spirituels faisant autorité étaient-ils les successeurs d'Ali auxquels cette connaissance secrète avait été transmise, et qui avaient reçu le titre d'*imam* ou chef de la communauté. Les imams acquirent peu à peu un statut surhumain, lié à la croyance qu'ils étaient les incarnations de la Lumière divine qui était descendue sur eux par l'intermédiaire des prophètes depuis Adam. De ce fait, ils étaient infaillibles et sans péché. Les duodécimains, la plus importante des différentes sectes shiite, reconnaissaient douze imams, le dernier étant Muhammad al-Muntazar, qui disparut dans un puits, dit-on, vers l'année 873 et dont le retour est attendu. Les Zaïdites, secte dominante au Yémen, ne reconnaissaient que les quatre premiers imams et ne leur attribuaient aucune

Shah Abbas Ier peint par Bishn Das, que l'empereur mogol Jahangir envoya à la cour safavide en 1613 avec l'ambassade de Khan Alam pour faire le portrait du shah, qui fut le plus grand des souverains safavides. Il renforça le pouvoir central, ramena la sécurité aux frontières, et sous son règne l'art persan atteignit son apogée. Malgré son rayonnement personnel à la tête de ses troupes, il était capable de se promener incognito dans les bazars d'Ispahan et de bavarder avec ses sujets dans les maisons de thé. « Quand ce grand prince cessa de vivre », écrivit un voyageur européen quelque 80 ans après sa mort, « la Perse cessa de prospérer ».

Le shiisme fut le fondement même de l'État safavide : chaque shah prétendait être l'incarnation du douzième imam. Les shiites voyaient comme seuls successeurs légitimes de Mahomet les descendants de son cousin et gendre Ali, sur qui la lumière originelle, qui s'était transmise à travers les prophètes depuis Adam, brillait encore. Ces hommes étaient aux yeux des musulmans les seuls guides autorisés, d'où leur titre d'*imam* ou chef de la communauté. Les shiites iraniens reconnaissaient 12 imams. Leurs tombeaux, et les tombeaux de ceux qui leur sont associés, sont devenus d'importants lieux de pèlerinage. La plupart sont en Irak ; il y en a seulement deux en Iran, qui furent restaurés par Shah Abbas Ier. *Ci-dessus,* le tombeau de Fatima, sœur du huitième imam, à Koum. *Page suivante,* le tombeau du huitième imam lui-même, Imam Riza, à Mechhed.

vertu surnaturelle. Les ismaéliens vénéraient les sept premiers imams et étaient représentés par le mouvement révolutionnaire quarmate (lequel florissait en Arabie orientale au xe siècle), les califes fatimides (qui régnèrent sur l'Égypte de 969 à 1171) et le redoutable et très secret ordre des Assassins.

Les shiites se distinguent essentiellement de la communauté orthodoxe sunnite par leur conception de l'autorité religieuse. Pour les sunnites, celle-ci réside dans l'accord de la communauté, qui renforce la loi révélée ; pour les shiites, elle réside dans l'infaillibilité des imams, croyance qui est le troisième article du credo shiite après Dieu et son Prophète. Les sunnites puisent toute leur « nourriture spirituelle » dans le Coran, les Traditions et la Loi révélée : ils doivent s'efforcer de vivre selon le modèle idéal élaboré définitivement au milieu du xe siècle. De leur côté, les shiites disposent d'une source spirituelle renouvelée au fil des générations grâce à leurs imams et à leurs représentants. Shah Ismaïl et ses successeurs déclaraient être des incarnations du douzième imam. Quand l'État safavide eut établi son autorité, les *ulama* shiites se prétendirent *mujtahids,* terme désignant ceux qui ont le droit, en l'absence de l'imam, de faire acte d'autorité en matière de loi révélée, chose que les *ulama* sunnites ne considéraient plus comme possible. Le shiisme offrait ainsi une possibilité beaucoup plus grande de développement du droit et d'adaptation en fonction des circonstances. On relève également des différences marquées dans les rites élaborés par les shiites. Si la méditation sunnite conduit à se perdre en Dieu, la ferveur shiite accorde une place privilégiée au souvenir du martyre d'Husain en particulier et des imams en général, censés avoir été tués par des sunnites. *Muharram* est le mois de la désolation, et le 10 on commémore *al-ashura,* l'anniversaire du meurtre d'Husain à Karbala, qui est la date la plus importante de l'année religieuse. On porte en procession une représentation du tombeau d'Husain, on se flagelle en souvenir de Karbala, pour se punir de la déloyauté des premiers croyants envers la lignée d'Ali, dans une atmosphère d'intense ferveur religieuse et de haine farouche à l'égard des sunnites. Le pèlerinage à Karbala et sur les tombeaux des autres imams est ainsi devenu aussi important que le pèlerinage à La Mecque.

Le shiisme duodécimain est le fondement sur lequel fut établi l'État safavide, théocratique par essence. Shah Ismaïl était le douzième imam incarné. Ses descendants fondent leurs prétentions au respect en affirmant à tort descendre du septième imam, Musa al-Kazim. Certains aspects du shiisme et de la pensée iranienne contribuèrent d'ailleurs à ce processus. Dès le xiiie siècle au moins, des soufis iraniens avaient exprimé une fidélité indéfectible au souvenir d'Ali, alors que les shiites avaient déclaré depuis longtemps que Husain avait épousé la fille de Yazdigird III, le dernier souverain sassanide, rattachant ainsi la lignée d'Ali à une tradition monarchique iranienne profondément enracinée. En accédant au pouvoir, Ismaïl s'employa à imposer le shiisme à une population qui manifestement était en grande majorité sunnite. Il menaça de faire usage de la force, et le peuple céda ; mais les *ulama* sunnites résistèrent et ils durent choisir entre la fuite ou la mort. L'adhésion au shiisme devint donc une preuve de loyauté envers l'État. De la même manière, la fidélité de la confrérie soufie safavide cimenta les fondements de l'appareil gouvernemental. Shah Ismaïl était le maître soufi par excellence, et les Kizilbash, qui occupaient les principales charges de l'État, étaient ses disciples. Le peuple et le gouvernement éprouvaient donc une même dévotion religieuse envers le prince.

Au xvie et au xviie siècle, les shahs safavides se prétendirent les réincarnations du douzième imam, mais la valeur de cette assertion commença d'être mise en doute durant le règne même de Shah Ismaïl. On a vu que les Kizilbash perdirent leur foi dans l'autorité spirituelle d'Ismaïl après la défaite de Tchaldiran. Vers la même période, le caractère théocratique du régime subit une nouvelle atteinte lors même de la séparation des deux pouvoirs, politique et religieux, consécutive à la distinction que l'on fit alors entre l'administration gouvernementale et la religion en tant qu'institution d'État. Ce fut le tout premier signe du changement radical qui devait survenir dans les relations entre les *ulama* et l'État au cours des deux siècles suivants. Les *ulama* furent tout d'abord un instrument du pouvoir politique. On avait dû en faire venir un grand nombre de Syrie et de Bahreïn, car il y avait peu d'*ulama* shiites en Iran, aussi devaient-ils tout — pensions, fonctions, titres — à l'État. De plus, bien qu'il soit peu vraisemblable

qu'ils aient appuyé les prétentions des Safavides d'être des imams incarnés, ils semblent avoir accepté volontiers la théorie du droit divin des princes, basée sur le concept selon lequel le shah était « l'ombre de Dieu » *(zill-allah)* sur terre.

Par ailleurs, les *ulama* ne commencèrent à discuter ouvertement cette théorie que sous le règne de Shah Abbas, lorsque Ahmad ben Muhammad, le saint d'Ardabil, dit à celui-ci qu'il ne gouvernait pas par droit divin, mais que le pouvoir lui avait été confié au nom de l'imam et que c'était aux *ulama* de décider si cette confiance était méritée ou non. Après la mort de Shah Abbas, les *ulama* contestèrent la légitimité du pouvoir royal encore plus vigoureusement et allèrent jusqu'à soutenir que le seul représentant véritable de l'imam était un *mujtahid* compétent ayant reçu l'éducation appropriée. Ils demandaient à prendre le contrôle de la population shiite qui était une création des Safavides.

Les Safavides jetèrent alors les bases de l'État iranien moderne, traçant approximativement ses frontières, établissant un idéal monarchique, et lui donnant une identité nettement définie en s'appuyant sur le shiisme duodécimain. D'autre part, l'extension de celui-ci se trouva grandement facilitée en étant associé à la structure étatique la plus puissante de l'époque. Alors qu'il ne touchait jusque-là qu'une minorité, il en vint désormais à revêtir des formes qui lui permirent de s'étendre à tout un peuple. Sa puissance s'accrut grâce aux revenus des terres et des impôts ; la théologie et la jurisprudence reçurent de nouveaux développements, et ses rapports avec l'État safavide donnèrent naissance à des doctrines constituant une menace pour la légitimité de tout gouvernement iranien qui dans l'avenir ne serait pas aux mains des *mujtahids*. Il en résulta une structure shiite complexe établie au cœur même de la communauté sunnite internationale. Il devait y avoir encore des rapports réciproques nombreux et fructueux, mais des barrières politiques et culturelles étaient apparues qui n'avaient jamais existé auparavant.

L'épanouissement de l'art iranien

L'art iranien connut son apogée sous les Safavides. Shah Ismaïl était poète et Shah Tahmasp peintre, mais ils furent avant tout de grands mécènes qui surent mettre en valeur les dons d'artistes de talent et entretinrent avec eux d'étroites relations. Shah Abbas se plaisait à tenir le luminaire quand Ali Riza, son calligraphe préféré, était au travail. C'est d'abord dans l'art de la miniature que les protégés de la cour s'illustrèrent avec un rare bonheur. Après avoir battu les Uzbeks, Shah Ismaïl ramena avec lui Bihzad, le peintre qui sut combiner l'extrême raffinement de l'école d'Hérat avec le style de celle de Tabriz. Il fut nommé ensuite responsable de la bibliothèque royale, qui était moins ce que nous désignons par ce termes qu'un atelier où tous les arts concourant à la fabrication d'un livre étaient pratiqués. Là, sous la direction éclairée de Shah Tahmasp, la peinture safavide brilla d'un lustre inégalé et produisit de purs joyaux, l'harmonie des couleurs le disputant à la délicatesse du trait, qui servirent à illustrer les grandes œuvres de la littérature iranienne, comme le *Shah-nameh* de Firdousi et le *Haft Awrang* de Jami. A l'époque de Shah Abbas, les miniatures de manuscrits firent place à des illustrations en pleine page, et la représentation d'un passé légendaire aux portraits de personnages d'une beauté idéalisée. Au milieu du XVIIe siècle se dégagèrent de cette sensualité raffinée de nouvelles tendances reflétant une réalité plus brutale. Il y eut une transition marquée qui apporta du dehors une bouffée d'air frais à une société longtemps dominée par une théocratie triomphante. Cela s'accompagna d'une décadence incontestable lorsqu'on passa des chefs-d'œuvre tout d'élégance et de force des débuts de l'art safavide à des tableaux où de sveltes jeunes gens à la grâce équivoque respirent des fleurs d'un air alangui, et d'une technique parfaitement maîtrisée à une facture rudimentaire. Mais, en se mettant à peindre la réalité, les artistes s'ouvrirent à une autre vision du monde.

Quant aux autres arts, la poésie savante et alambiquée des Safavides est loin d'égaler celle de Saadi, de Hafiz ou de Jami, bien qu'on porte à présent sur elle un jugement moins sévère que jadis. Bien qu'il ne se hausse pas au niveau des périodes mongole et seldjoukide, le travail des métaux a tout de même produit quelques chefs-d'œuvre. Mais les tapis, les textiles et la céramique atteignirent un degré de perfection inégalé. Dans ces domaines, les peintres de la cour avaient souvent leur mot à dire, et le prince prodiguait à tous ses encouragements, en particulier Shah Abbas, désireux d'utiliser les talents artistiques de ses sujets pour développer le commerce extérieur. Il fit de la fabrication des tapis une industrie nationale en créant des fabriques dans diverses régions du pays. Les ateliers de textile, qui rien qu'à Ispahan employaient 25 000 personnes, produisaient une grande variété de soies, de brocarts et de velours.

En céramique aussi, couleurs, styles, glaçures sont d'une étonnante diversité, et pour augmenter les chances de la Perse sur le marché européen on fit venir trois cents potiers chinois pour se mettre à leur école. Les artistes safavides excellèrent dans la fabrication des carreaux de faïence dont ils décorèrent les grands édifices de l'époque. En matière de glaçure et d'emploi des pigments minéraux, ils avaient acquis une telle maîtrise que ces carreaux, malgré les intempéries, ont gardé la fraîcheur et l'éclat qu'ils avaient voici quatre siècles.

C'est à Ispahan que se manifestèrent la diversité et l'originalité des arts pendant la période safavide. Shah Abbas choisit pour capitale cette ville qui se dresse à 1 600 mètres d'altitude au cœur du plateau central iranien, et il en fit une des plus belles cités du monde et une des plus grandes de l'époque : elle abritait un million d'habitants et comptait 162 mosquées, 48 madrasas, 1 801 caravansérails, 273 bains publics, avec des pièces d'eau et des parcs verdoyants à profusion. Il y avait le Chahar Bagh, magnifique avenue longue de 4 kilomètres, bordée de jardins et de somptueuses résidences. Le bazar principal avait 30 kilomètres carrés de superficie et constituait, selon un visiteur, « le plus étonnant et le plus grandiose monument en l'honneur du commerce dont le monde puisse s'enorgueillir ». Il s'étendait sur une vaste esplanade *(maïdan)* jusqu'au cœur de la nouvelle cité royale où il apportait ainsi le négoce. Cet espace rectangulaire à ciel ouvert était bordé par deux rangées de boutiques interrompues seulement par les édifices principaux : le palais d'Ali Qapu, d'un style sans prétention (les shahs ne construisaient pas dans le but de se couper de leurs peuples), la superbe mosquée Luft Allah et la majestueuse mosquée royale. Ces lieux de prière étaient de pures merveilles de l'architecture iranienne, mais le plus grand de ces chefs-d'œuvre était la vision d'ensemble qu'offrait la cité.

Le monde safavide

La peinture : Du formalisme à la sensualité

C'est en regardant leur peinture que l'on peut pénétrer le plus facilement dans le monde des Safavides. A l'origine, les œuvres peintes étaient destinées à illustrer les manuscrits ou à composer des albums recherchés par les amateurs d'art. Les premiers Safavides étaient bibliophiles. Héritiers d'un monde dans lequel les hommes vivaient principalement sous des tentes, ils dédaignaient les objets encombrants. D'où la popularité des livres faciles à transporter et l'attrait exercé par l'art de la miniature, dont la finesse du trait et le chatoiement des couleurs ont si souvent mis en valeur des jardins fleuris traversés par de frais ruisseaux : vision paradisiaque pour des hommes livrés à l'âpre solitude du désert.

Les Safavides continuèrent la brillante tradition artistique inaugurée avec éclat par les descendants de Tamerlan à Hérat. Quand Shah Ismaïl s'empara de la ville en 1510, il ramena à Tabriz le célèbre peintre Bihzad. Son fils, Shah Tahmasp, passa dans sa jeunesse plusieurs années à Hérat, où il étudia la peinture au point qu'il était capable de suivre dans le détail ses artistes en train de peindre comme s'il s'agissait de son œuvre personnelle. Il comptait les meilleurs peintres parmi ses intimes, mais cela ne l'empêcha pas de couper le nez à l'un d'eux qui s'était enfui avec son page favori.

Les jeunes peintres devaient apprendre à briller en société par leurs connaissances — de la littérature à l'étiquette — ainsi que par la fabrication des instruments de leur art, tels que les brosses en poil de chaton ou de jeune écureuil, et la façon de broyer et de préparer les couleurs. Ils s'exerçaient assidûment à dessiner des arbres et des dragons, des chevaux et des guerriers, et à percevoir par un long apprentissage les propriétés de chaque couleur, prise séparément ou mélangée à d'autres. On permettait parfois à un élève de peindre une petite partie du tableau d'un maître. S'il révélait un talent hors du commun, il avait quelque chance d'être employé dans la bibliothèque royale. Il ne s'agissait pas seulement de ce que nous appelons de ce nom, mais aussi d'un atelier où l'on procédait à la confection complète d'un livre, depuis la fabrication du papier et le brochage des feuilles jusqu'à la calligraphie du texte et aux enluminures. L'art du livre a été porté à son point de perfection dans la bibliothèque de Tabriz, ainsi qu'en témoignent les illustrations suivantes : *La cour de Gayumarth* (p. 51), *Les ivresses charnelles et spirituelles* (p. 35) et *Un autre présent sans valeur* (p. 38).

La peinture safavide ne s'est pas contentée d'illustrer les grandes œuvres littéraires. Au XVIIe siècle, la peinture en pleine page a remplacé l'illustration de manuscrits. Les sujets préférés sont désormais des visions idéalisées de personnages tout de grâce et de beauté, traités avec un mélange de sensualité, d'érotisme et de réalisme. Les artistes, protégés par la noblesse et par le shah lui-même, abandonnent le style noble pour explorer le monde des émotions et de l'humanité ordinaire, et leurs œuvres acquièrent une dimension beaucoup plus humaine.

La représentation idéalisée de la personne humaine est un des traits de la peinture safavide tardive : certains jeunes gens auraient pu être des modèles pour homosexuels. *Ci-dessous,* jeune homme vêtu de soieries, peint par Riza Abbasi. Les œuvres d'un artiste en renom étaient souvent reproduites sur des tissus.

Le plus grand ouvrage sorti de la bibliothèque de Tabriz est un *Shah-nameh* de Firdousi, commandé par Shah Ismaïl pour son fils Tahmasp. La plupart des meilleurs peintres de l'époque y contribuèrent. Ses 250 miniatures donnent une idée de l'ampleur de la tâche, car aucun manuscrit contemporain encore existant n'en contient plus de 14. A droite, détail de *La cour de Gayumarth,* le légendaire premier shah d'Iran, tenu pour le plus pur chef-d'œuvre du *Shahnameh,* voire de toute la peinture iranienne. Bien qu'il ne soit pas signé, on l'attribue à Sultan Muhammad ; les personnages et les animaux se cachant dans les rochers sont bien dans la manière de cet artiste.

A gauche Une autre peinture de Riza Abbasi illustrant le courant réaliste du XVIIe siècle. On voit ici Muhammad Ali, un doreur de Chiraz originaire de l'Inde, peint au naturel sous les traits d'un gros homme âgé au nez crochu.

Ci-dessous La sensualité envahit la peinture safavide tardive, cédant parfois le pas à un érotisme débridé. Ces deux amants enlacés furent peints par Afzal al-Husaini à Ispahan (1646).

Ispahan, la ville de Shah Abbas

Ispahan est situé dans une oasis, sur une plaine aride entourée de montagnes. *Ci-dessous* Le dôme de la mosquée Lutf Allah, une partie du Maïdan et la mosquée du Roi; devant elle, les anciens poteaux de but en marbre du jeu de polo; au fond, la «bosse de Polichinelle» du Kuh-i-Sufi.

Ci-contre L'entrée majestueuse, haute de 27 mètres, de la mosquée royale. On remarquera la cascade de stalactites, un procédé typiquement islamique pour assurer la transition entre une base carrée et une voûte en coupole; la frise calligraphique proclame la gloire de Dieu et de Shah Abbas.

Si la peinture nous introduit d'emblée dans le monde safavide, la ville d'Ispahan nous offre un parfait exemple de sa richesse et de son épanouissement artistique. En 1597-1598, Shah Abbas Ier en fit sa capitale et dressa les plans d'une grande cité digne de devenir le cœur de son empire. Il fut assisté par un véritable Léonard de Vinci iranien, Shaikh Baba al-Din Muhammad Amili, éminent théologien, philosophe, commentateur du Coran, juriste, astronome, professeur, poète et ingénieur, le plus brillant représentant de son époque. Ils conçurent une des plus vastes cités d'alors, de 38 kilomètres de circonférence, capable d'abriter un million de personnes. C'était aussi une des plus belles de tous les temps, avec de «spacieux caravansérails; de très beaux bazars et canaux, et des rues bordées de platanes», selon un voyageur français; «d'où que l'on regarde vers la ville, on dirait un bois».

Les deux particularités les plus remarquables étaient le Chahar Bagh, magnifique avenue de 4 kilomètres, bordée de jardins et de somptueuses résidences, et le Maïdan, rectangle de 507 mètres sur 158, autour duquel Shah Abbas fit édifier deux rangées de boutiques interrompues seulement par les imposants bâtiments du palais d'Ali Qapu et des mosquées Lutf Allah et royale. Le Maïdan était le centre de la vie urbaine, à la fois quartier du négoce et lieu de promenade et de loisirs.

«La beauté d'Ispahan vous séduit à votre insu», notait en 1934 le savant anglais Robert Byron:

> «Vous empruntez des avenues bordées de blancs troncs d'arbres et de dais de clair feuillage, vous passez devant des dômes turquoise ou jaune vif se profilant sur un ciel d'un bleu-violet liquide; vous longez la rivière parsemée de hauts-fonds mouvants, reflétant ce bleu dans son argent limoneux et bordée de bosquets aérés d'un vert vif; vous traversez des ponts en briques d'un ocre pâle dont les arches cèdent la place à des pavillons bâtis sur pilotis; vous êtes entouré par des montagnes lilas, par le Kuh-i-Sufi ressemblant à la bosse de Polichinelle, et par d'autres chaînes formant dans le lointain une ligne de brisants neigeux. Et comme par enchantement, Ispahan s'insinue en vous, devient une merveilleuse et indélébile image dans votre musée secret.»

Ispahan : Le bazar

Ispahan était plus qu'une ville d'art où se déployait la magnificence royale. C'était aussi un centre industriel et commercial. Shah Abbas voulait un royaume prospère, et il encourageait partout le développement urbain et la production de tapis, de tissus, de céramique et d'objets en métal. Ispahan était le centre de cette activité. Des marchands du monde entier y affluaient, et le bazar, qui commençait au Maïdan, face à la mosquée royale, et s'étendait à travers la ville, se composait d'une multitude d'échoppes, d'ateliers, de mosquées, de madrasas (ou medersas), de bains, de caravansérails et d'entrepôts.

Page précédente Le commerce et l'artisanat étaient la source de la prospérité d'Ispahan ; le bazar était le centre actif de la ville. La rangée de petits dômes qui serpente sur 2,5 kilomètres à travers la cité, entre le Maïdan et la mosquée du Vendredi, forme la principale artère du bazar.

25 000 personnes travaillaient à Ispahan dans l'industrie textile, et les visiteurs s'émerveillaient de la variété des motifs et des couleurs de ces étoffes très recherchées en Europe. *En bas à gauche* Coupon de velours polychrome, du début du XVIIe siècle.

Le travail des métaux atteignit un haut niveau sous les Safavides. *Ci-dessous* Casque de Shah Abbas Ier, datant de 1625-1626. Il est finement décoré de versets tirés du *Bustan* (Verger) de Saadi.

Shah Abbas fit appel à des potiers chinois afin que les Persans s'initient à des techniques leur permettant de profiter de la vogue européenne pour la porcelaine chinoise. *Ci-dessous à gauche* Vase d'un houkah de fabrication persane imitant la porcelaine bleue et blanche de l'époque Ming.

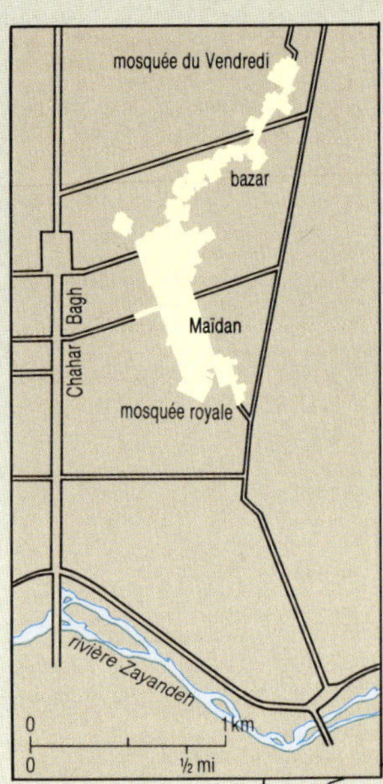

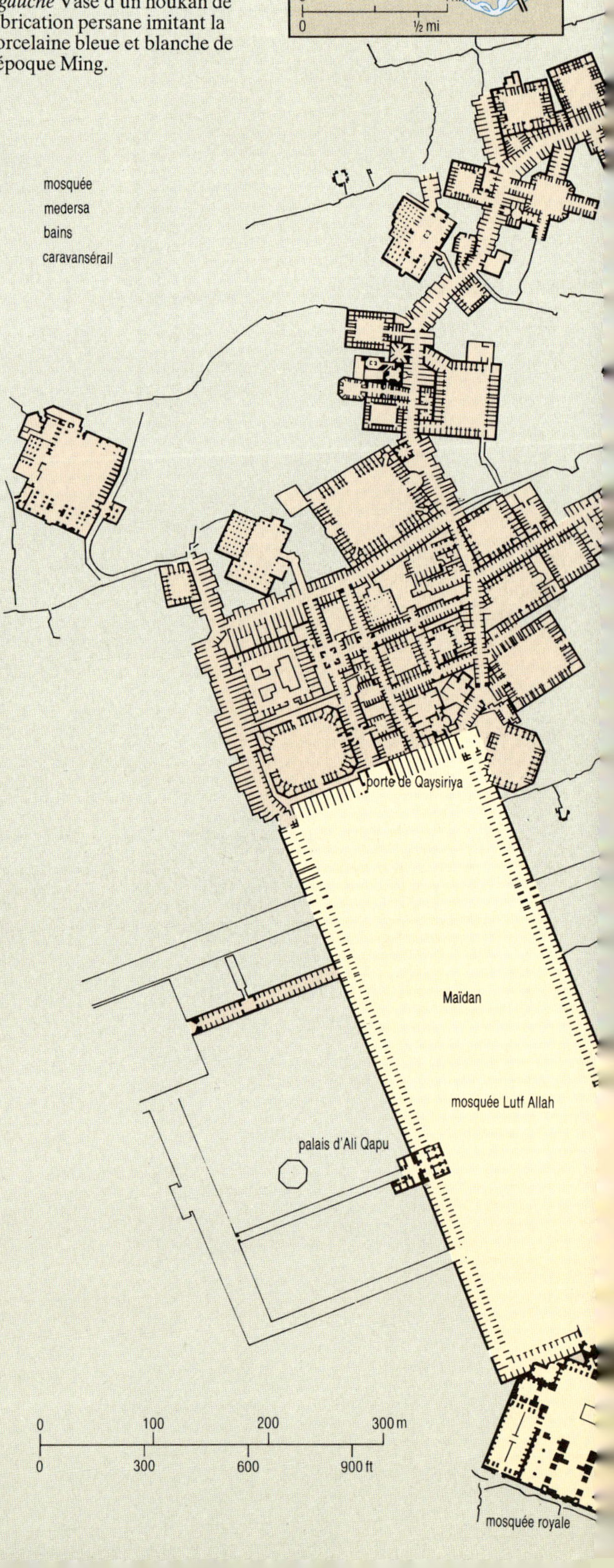

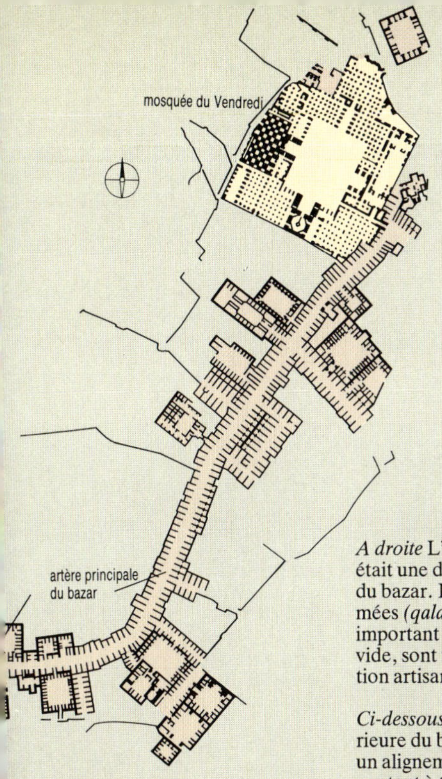

A droite L'industrie textile était une des grandes activités du bazar. Les cotonnades imprimées *(qalamkar)*, élément important du commerce safavide, sont toujours de fabrication artisanale.

Ci-dessous à droite Vue intérieure du bazar, recouvert par un alignement de dômes serpentant à travers la ville. Éclairage et ventilation proviennent d'ouvertures pratiquées au centre de chaque dôme.

Ce plan montre comment le bazar relie le Maïdan, centre de la ville nouvelle de Shah Abbas, à la mosquée du Vendredi, cœur de la vieille ville. Noter que toutes les mosquées sont orientées dans la même direction, vers La Mecque.

Ci-dessus Potiers exerçant encore leur art dans le bazar d'Ispahan, bien que le résultat n'ait pas grand-chose à voir avec la porcelaine bleue et blanche destinée au marché européen ou avec les magnifiques carreaux de céramique qui revêtent les édifices de la ville. Ici, des vases et des carreaux sont peints avant cuisson.

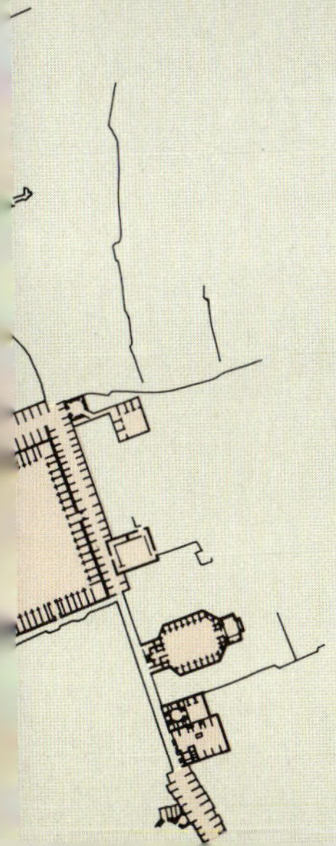

L'empire mogol

Un gouvernement musulman dans une société hindoue

L'empire des Mogols, à la différence de celui des Safavides, était établi dans une société où l'Islam était moins profondément enraciné ; en fait, la majorité de la population était hindoue. Qui plus est, les Mogols avaient étendu leur domination non seulement dans le nord, sur les centres traditionnels de la civilisation hindoue comme Bénarès et Ajudhia, mais aussi sur presque tout le sous-continent indien. Appelés à régner sur une civilisation brillante et toujours vivante élaborée par des incroyants, ils relevèrent le défi en y laissant leur empreinte.

Baber (1483-1530), le fondateur de l'empire mogol, avait les qualités requises pour une pareille entreprise, d'autant que par son père il descendait de Tamerlan, et de Gengis Khan par sa mère. Il s'efforça des années durant de reconquérir Samarkand, en guise de prélude à la reconstitution du vaste empire de son ancêtre. Mais à l'âge de 30 ans il n'avait encore réussi qu'à établir un royaume en Afghanistan, autour des trois villes de Kaboul, Kandahar et Badakshan. Désespérant du succès dans sa patrie, il tourna ses regards vers l'Inde, qui était divisée en nombreux États. Au sud, il y avait l'empire hindou de Vijayanagar, sur la côte occidentale plusieurs principautés marchandes musulmanes, et au centre de petits sultanats musulmans. Au nord, on trouvait deux États puissants, l'un aux mains des belliqueux princes radjpoutes du Rajasthan, et l'autre relevant des Afghans Lodi qui régnaient sur la région indo-gangétique depuis les rives de l'Indus jusqu'à la frontière du Bengale. Conscient du peu de stabilité de ces États et de leurs nombreuses dissensions, Baber en profita pour battre l'armée Lodi en 1526 à la bataille âprement disputée de Panipat, où l'intervention de son artillerie turque fut décisive.

Homme de goût et écrivain de talent qui rédigea des Mémoires pleins d'esprit, Baber donna corps au rêve mongol de l'empire des Indes. Mais il n'en jouit pas longtemps, car il mourut en 1530. Son fils Humayun, capable malgré un caractère difficile, lui succéda et se maintint avec peine au pouvoir pendant dix ans. Mais vaincu par son vassal Sher Khan Sur, qui régnait au Bihar, il fut contraint de se réfugier à la cour du shah safavide Tahmasp. Les Sourides gouvernèrent d'une main ferme, réformèrent les impôts fonciers et leur répartition et créèrent une administration centralisée efficace. Il semblait qu'à peine commencée l'ère mogole était close, ne laissant guère que le rêve inassouvi de l'empire des Indes.

Humayun se révéla cependant capable de rétablir la fortune des Mogols. La dynastie souride succomba sous les dissensions internes, et Humayun, aidé par Shah Tahmasp, reconquit son patrimoine en 1555. Il mourut six mois plus tard d'une chute dans l'escalier de sa bibliothèque, ce qui était une fin appropriée pour un homme de culture. Néanmoins la période de la grandeur mogole commençait à peine. En 1556, Akbar, fils d'Humayun, le plus doué de la brillante lignée des souverains mogols, succéda à son père à l'âge de 14 ans. Au cours des dix années qui suivirent, il annexa peu à peu les petits États établis à ses frontières. En 1569, il avait soumis tout le Radjpoutana, à l'exception de Mewar dont le prince, refusant de se rendre, s'était réfugié dans la jungle, dit-on, lorsque Akbar mourut. En 1572, il avait annexé le fertile Goudgerat, et en 1576 le Bengale, la plus riche province du nord. Ce fut ensuite le tour du Cachemire (1586), de l'Orissa (1592), du Béloutchistan (1595) et un peu plus tard des royaumes de Behar et du Kandesh dans le Deccan. En 1605, à la mort d'Akbar, son empire s'étendait de l'Hindou Kouch au golfe du Bengale et de l'Himalaya à la mer d'Oman et au centre du plateau du Deccan. Il restait deux frontières instables : celle du Nord-Ouest que Jahangir (1605-1627) et Shah Jahan (1627-1658) disputèrent aux Safavides et qui fut conservé lors de la perte de Kandahar (1649) jusqu'au XVIIIe siècle, et celle du Sud où les Mogols progressèrent lentement aux dépens des sultanats musulmans du Deccan. Quand Aurangzeb (1658-1707) s'empara de Bijapur (1686) et de Golconde (1687), il donna à l'empire sa plus grande extension, bien qu'il fût alors affaibli par des soulèvements internes.

Akbar créa le système administratif et politique auquel l'empire dut sa puissance et sa stabilité. S'inspirant d'un projet esquissé par les Sourides, il mit sur pied une structure gouvernementale qui amenait le pouvoir royal jusque dans les villages, où des fonctionnaires collectaient les impôts. La prospérité des Mogols reposait sur le système simple et rigoureux de la répartition de ceux-ci, lesquels étaient élevés — le tiers du revenu annuel — ce qui n'avait rien d'inhabituel dans les pays agricoles. Mais, en cas de mauvaise récolte, les paysans étaient exemptés d'impôts, on leur permettait de garder leurs bénéfices quand l'année était bonne, et on les incitait à mettre de nouvelles terres en culture. Nombre de ces dispositions étaient dues à l'hindou Todor Mal, ministre des Finances d'Akbar. Elles permirent de remplir les caisses de l'État, de financer d'ambitieux projets architecturaux ainsi que l'administration impériale, pivot de l'action du gouvernement. Ces services administratifs, ancêtres de ceux de l'Inde anglaise (le *British Indian Civil Service*), étaient organisés en un vaste corps militaire responsable seulement devant l'empereur. Il existait pour les officiers ou *mansabdars* une hiérarchie de 33 grades, depuis celui

A gauche L'empereur Baber, fondateur de la dynastie mogole qui se battit pendant plus de 30 ans pour se tailler un empire digne de ses ancêtres Tamerlan et Gengis Khan. Ses Mémoires évoquent une existence hors du commun et révèlent un esprit d'une qualité rare. Il n'avait pas une haute opinion de ses sujets indiens : « Ils n'ont aucune idée des charmes d'une société choisie, des rapports de franche et courtoise amitié. Ils n'ont pas de génie, ni un esprit délié, ni politesse de manières, ni bienveillance, ni cordialité... Ils n'ont pas de bons chevaux, ni de bonnes viandes, ni de bons raisins, ni de bons melons, ni de bons fruits, ni de glace, ni d'eau fraîche, ni de bonne cuisine, ni de bon pain... »

A droite : L'empire mogol, 1526-1707
La carte illustre l'expansion de la domination mogole de 1526 au début du XVIIIe siècle, quand il atteignit sa plus grande extension. A cette époque cependant, des signes de déclin étaient déjà perceptibles. Dans l'Inde occidentale, la puissance marathe grandissait.

Ci-dessous Le Koh-i-Nor (Montagne de Lumière), diamant offert par Humayun à Baber après la prise d'Agra. Baber le remit à son fils après avoir calculé qu'il équivalait à « deux jours et demi de nourriture pour le monde entier ». Humayun le donna à Shah Tahmasp d'Iran, qui l'envoya à Nizam Shah au Deccan, et de là il revint au Trésor mogol au XVIIe siècle. Nadir Shah d'Iran s'en empara en 1739 lors du sac de Delhi ; il passa ensuite entre les mains des rois d'Afghanistan, puis à Ranjit Singh du Pendjab. Après l'annexion par les Anglais du royaume sikh en 1849, il fut le clou de l'Exposition universelle de 1851 en Angleterre avant de figurer parmi les joyaux de la couronne de la reine Victoria.

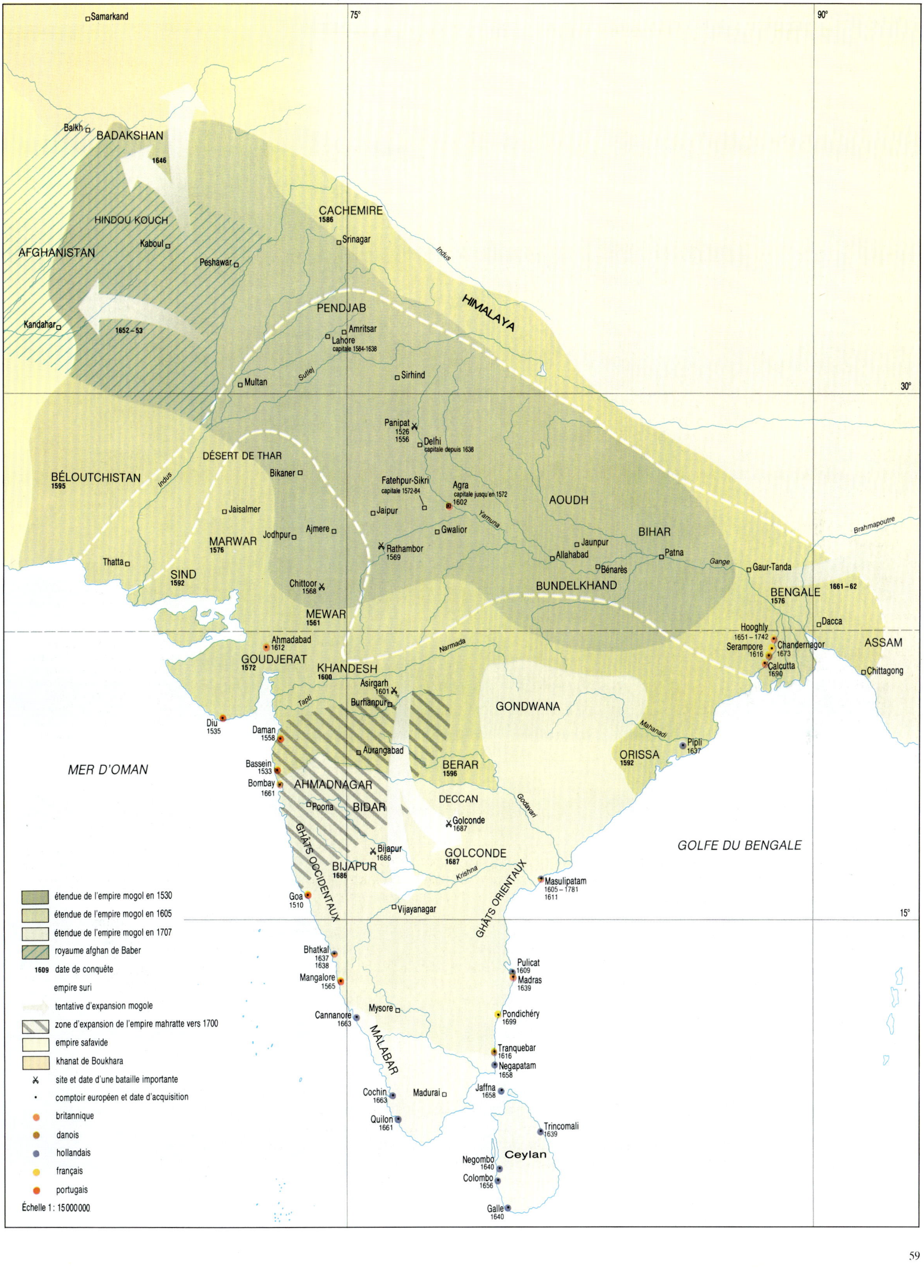
Samarkand
75°
90°
Balkh
BADAKSHAN
1646
HINDOU KOUCH
AFGHANISTAN
Kaboul
Peshawar
CACHEMIRE
1586
Srinagar
Indus
HIMALAYA
Kandahar
1652–53
PENDJAB
Amritsar
Lahore
capitale 1584-1638
Sirhind
Multan
Sutlej
30°
Panipat
1526
1556
Delhi
capitale depuis 1638
DÉSERT DE THAR
Bikaner
BÉLOUTCHISTAN
1595
Indus
Fatehpur-Sikri
capitale 1572-84
Agra
capitale jusqu'en 1572
1602
AOUDH
Jaisalmer
Jaipur
Yamuna
MARWAR
1576
Jodhpur
Ajmere
Gwalior
BIHAR
Brahmapoutre
Thatta
Rathambor
1569
Jaunpur
Allahabad
Patna
SIND
1592
Bénarès
Gange
Gaur-Tanda
Chittoor
1568
BUNDELKHAND
BENGALE
1576
1661–62
MEWAR
1561
Hooghly
1651–1742
Dacca
Ahmadabad
1612
Serampore
1616
Chandernagor
1673
ASSAM
GOUDJERAT
1572
Narmada
Calcutta
1690
KHANDESH
1600
Chittagong
Asirgarh
1601
Tapti
Burhanpur
GONDWANA
Diu
1535
Daman
1558
Mahanadi
Pipli
1637
Aurangabad
ORISSA
1592
MER D'OMAN
Bassein
1533
BERAR
1596
Bombay
1661
AHMADNAGAR
DECCAN
Godavari
Poona
BIDAR
Golconde
1687
GHÂTS OCCIDENTAUX
Bijapur
1686
GOLCONDE
1687
GOLFE DU BENGALE
BIJAPUR
1686
Krishna
GHÂTS ORIENTAUX
Masulipatam
1605–1781
1611
Goa
1510
Vijayanagar
15°
Bhatkal
1637
1638
Pulicat
1609
Mangalore
1565
Madras
1639
Mysore
Cannanore
1663
Pondichéry
1699
MALABAR
Tranquebar
1616
Negapatam
1658
Jaffna
1658
Cochin
1663
Madurai
Quilon
1661
Trincomali
1639
Ceylan
Negombo
1640
Colombo
1656
Galle
1640
étendue de l'empire mogol en 1530
étendue de l'empire mogol en 1605
étendue de l'empire mogol en 1707
royaume afghan de Baber
1609 date de conquête
empire suri
tentative d'expansion mogole
zone d'expansion de l'empire mahratte vers 1700
empire safavide
khanat de Boukhara
site et date d'une bataille importante
comptoir européen et date d'acquisition
britannique
danois
hollandais
français
portugais
Échelle 1 : 15 000 000

qui commandait à 10 hommes jusqu'à celui qui commandait à 5 000. Leur charge n'était pas héréditaire, et leur avancement dépendait de l'empereur qui choisissait parmi eux ses officiers civils et militaires. Sous le règne d'Akbar, la plupart étaient d'origine étrangère (un tiers seulement étaient nés en Inde), et bien qu'ils perçussent les revenus de terres particulières qu'on les encourageait à faire fructifier, ils étaient payés en fait sur le trésor royal.

L'appareil gouvernemental dépendait entièrement de la coopération des hindous. La moitié des *mansabdars* nés en Inde étaient des hindous, et leur religion ne les empêchait pas de parvenir à un poste élevé. La plupart des fonctionnaires subalternes, qui s'occupaient des affaires courantes, étaient aussi des hindous. La confiance accordée aux hindous employés dans l'administration se retrouvait en politique dans les relations avec les chefs radjpoutes, qui avaient été les principaux rivaux des Mogols lors de la course au pouvoir dans le nord de l'Inde. Après avoir été battus, ils étaient passés au service de l'empire comme commandants militaires, gouverneurs de province et conseillers de l'empereur. Ils dirigeaient leurs propres services et jouissaient à la cour des mêmes privilèges que les nobles musulmans. Akbar épousa une princesse de Jaipur, donnant ainsi une hindoue pour mère à son fils Jahangir.

A gauche La citadelle radjpoute de Chitor, capitale des Rana de Mewar, principal souverain du Rajasthan, dont la famille l'avait tenue presque sans interruption pendant huit siècles. Les Mogols devaient s'emparer de ces citadelles pour asseoir leur pouvoir. Celle-ci fut investie le 24 octobre 1567 et prise le 23 février 1568. La poudre à canon et l'artillerie jouèrent un rôle important durant le siège, qui est relaté avec réalisme dans l'*Akbarnama*. La plupart des princes radjpoutes devinrent de loyaux partisans de l'empire, servant dans l'administration et faisant don de leurs filles au harem impérial.

A droite Akbar présidant un débat religieux dans sa « maison du culte » à Fatehpur Sikri. Deux jésuites, Rudolf Aquaviva et Francis Henriquez, qui attaquaient l'Islam avec véhémence, y sont présents. A la suite d'une crise religieuse vers 1575, Akbar se mit à étudier toutes les religions, et jusqu'à sa mort nul ne sut à quoi il croyait réellement. Sa tolérance religieuse contrastait avec l'orthodoxie des *ulama*, bien que cela fût de bonne politique pour un souverain dont les sujets étaient en grande partie non musulmans.

Ci-dessous Le tombeau de Shaikh Salim Chishti à Fatehpur Sikri. Il promit à Akbar, jusque-là sans enfants, qu'il aurait trois fils. La prédiction se révéla exacte, et Abkar fut si impressionné qu'il décida de construire une nouvelle capitale à Fatehpur Sikri.

Les musulmans pieux défendent l'Islam

Akbar, à l'exemple d'autres souverains musulmans qui régnèrent sur des populations hindoues, associa à cette politique de la main tendue une grande tolérance religieuse. Peu après son accession au trône, il supprima la taxe sur les pèlerinages, puis la *jizya*, impôt levé au nom de la Loi révélée sur les incroyants dans tout territoire musulman. Il ménagea les autres religions, remplaça le calendrier lunaire de l'Islam par le calendrier solaire et protégea les vaches sacrées. Conscient qu'aucun châtiment ne saurait contraindre à embrasser une foi quelconque, il abolit la peine de mort prescrite par le droit islamique en cas d'apostasie et finança les lieux de culte de toutes les confessions. Il plaça la justice et la dignité humaine au-dessus des préceptes de toute religion, allant jusqu'à s'opposer à la pratique musulmane de l'esclavage et à la coutume propre aux hindous de haute caste de brûler vive une veuve sur le bûcher de son époux défunt. Une politique aussi libérale exigeait un contrôle des structures religieuses de l'Islam. Comme les premiers Safavides, Akbar s'efforça de faire entrer les *ulama* dans l'allégeance de l'État et exigea qu'ils se missent au service de la cour, s'ils désiraient bénéficier des subsides royaux. L'intolérance était interdite. Quand, vers 1750, les représentants officiels des *ulama* tentèrent de persécuter les amis libres penseurs d'Akbar, ils furent irrévocablement disgraciés.

La tolérance religieuse d'Akbar allait de pair avec l'éclectisme dont il faisait preuve à titre privé. Cet aspect de sa personnalité a fasciné les Occidentaux. Il se passionna tout d'abord pour les saints soufis, se rendant presque tous les ans sur le tombeau de Muin al-Din Chishti à Ajmere, et faisant naître deux de ses fils dans la maison de Shaikh Alim Chishti à Fatehpur Sikri. Il semble avoir eu ensuite, vers 1575, une expérience mystique qui l'amena à passer des jours et des nuits en prière. Encouragé par le rationaliste Abu Fazl, il ouvrit une « maison du culte ». Là, il présidait à des discussions sur la religion auxquelles participaient des *ulama* sunnites, des soufis, des hindous, des zoroastriens, des juifs, des jaïns et des jésuites de Goa. Les *ulama* se montraient particulièrement sectaires, se traitant mutuellement de « fous et d'hérétiques », allant jusqu'à se conduire véritablement, selon le propos de l'historien Budauni, comme « des Juifs et des Égyptiens par haine les uns des autres ». En 1582, Akbar fonda la « Foi divine » *(Din-i-Ilahi)*, religion de son cru axée sur sa propre personne et fortement influencée par le zoroastrisme. Mais les conversions furent rares : même à la cour il n'y eut que 18 adhésions au nouveau culte, qui ne fut d'ailleurs pas imposé à travers l'empire.

La politique d'Akbar fut continuée par Jahangir et Shah Jahan, et son approche tolérante et syncrétique de l'Islam en Inde fut portée à son point extrême par Dara Shikoh (1615-1659), le fils préféré de Shah Jahan. Ce prince infortuné, qui devait être exécuté pour apostasie par son plus jeune frère Aurangzeb, fut tout d'abord un soufi de stricte obédience de l'ordre Qadri. Il écrivit des ouvrages mystiques d'une parfaite orthodoxie et fortement influencés par Jami. Puis il se mit à rechercher la compagnie de mystiques hindous, traduisit leurs traités et finit par élaborer un système syncrétique dans lequel il identifiait l'essence de l'hindouisme avec l'essence de l'Islam. Il n'est pas étonnant de retrouver, sous-jacent à sa pensée, le soufisme panthéiste d'Ibn'Arabi, qui exerça en Inde une influence durable. Toutefois, son dessein n'était pas tant de rapprocher l'Islam de l'hindouisme que de trouver un terrain d'entente entre les deux. Mais sa tentative montra le danger que constituait la combinaison des panthéismes soufi et hindou, pour l'orthodoxie islamique.

Les musulmans fervents se sentirent tenus de résister à une telle entreprise, encouragés en cela par les membres de la confrérie des *naqshabandiya,* et ils eurent un moment le vent en poupe après l'arrivée en Inde, dans les dernières années du règne d'Akbar, de Khwaja Baqi-billat. Un de ses disciples, Abd al-Haqq de Delhi (1551-1642), influa sur l'attitude des *ulama.* Il avait d'abord essayé de se soustraire au climat de libre pensée qui régnait à la cour d'Akbar en se retirant à La Mecque. Mais on le persuada de revenir et de préparer une savante controverse, en se basant en particulier sur l'étude des *hadîths* (traditions). Encore plus importante fut l'action du disciple préféré de Baqi-billat, Shaikh Ahmad Sirhindi, qui à travers le soufisme ramena l'attention des musulmans vers le Coran, les traditions et la *sharia.* Il réfuta les panthéistes qui disaient «Dieu est dans tout», et à travers le développement de la pensée soufie il soutint la transcendance de Dieu et la nécessité pour l'homme d'être guidé par Sa révélation. Très peu de ses contemporains le suivirent, et lorsque, à l'avènement de Jahangir, Sirhindi osa se réjouir de la mort d'Akbar, sous le règne duquel «le soleil de la voie divine avait été occulté derrière le voile de l'erreur», et exhorter le nouvel empereur à modifier les fonde-

Ci-dessous Dara Shikoh, le fils aîné de Shah Jahan, s'entretient avec de saints hommes. Chez ce prince, les tendances au syncrétisme de la civilisation mogole, qu'avait encouragées Akbar, s'épanouirent librement. Il se plaisait à discuter avec des mystiques hindous et s'attachait à mettre en évidence les points communs qui les rapprochaient des musulmans. Bien qu'étant le favori de son père, il fut battu lors des querelles de succession. Aurangzeb, qui l'emporta, exhiba Dara en piteux équipage dans les rues de Delhi, le fit juger sommairement pour ses opinions religieuses et lui fit couper la tête.

Ci-dessus Aurangzeb en prière peu de temps après son accession au trône en 1659 ; il existe plusieurs peintures de cet homme austère et même dévot. Certaines de ses dispositions testamentaires sont révélatrices de son caractère : quatre roupies et demie provenant de la vente récente de couvre-chefs qu'il avait confectionnés lui-même devaient servir à payer ses funérailles ; 305 roupies provenant de la vente de Corans qu'il avait recopiés devaient être distribuées à de saints hommes ; il désirait une tombe fort modeste, contrastant avec les mausolées imposants de ses prédécesseurs. Le long règne d'Aurangzeb constitua une étape décisive vers l'orthodoxie islamique et c'est à cette époque que la splendeur mogole a jeté ses derniers feux.

ments de l'État en se basant sur la Loi révélée, il fut envoyé se morfondre en prison.

La réaction commença de se faire sentir quand Aurangzeb monta sur le trône. Il était bien disposé à l'égard des *ulama* et des disciples de Sirhindi, et son orthodoxie tournait au fanatisme. Il s'écarta peu à peu de la politique éclectique de ses prédécesseurs pour adopter une attitude beaucoup plus sectaire. Des contraintes religieuses furent imposées aux hindous ; après 1669 de nombreux temples furent détruits, et en 1679 la *jizya* fut rétablie même pour ceux qui servaient dans l'armée. Le temps où l'empereur régnait sur une société multi-confessionnelle était révolu. Aurangzeb n'assista plus qu'à un nombre restreint de manifestations hindoues. Il imposa à la société indienne un modèle orthodoxe, rétablissant le calendrier lunaire, décourageant l'étude de la doctrine panthéiste, appliquant la *sharia* aussi bien dans l'interdiction de boire du vin que dans la forme du toit des mausolées. Il ordonna la compilation de tous les textes de droit hanafite, le *Fatawa-i Alamgiri,* dont il fit la base d'une théocratie islamique.

Sous le règne de ce prince, qui continua l'œuvre d'Abd al-Haqq et d'Ahmad Sirhindi, l'Islam de l'Inde s'engagea dans une nouvelle voie. Au cours des siècles suivants, des membres de la branche *mujaddidi* de l'ordre des *naqshabandiya,* fondée par Sirhindi, propagèrent ce courant non seulement dans toute l'Inde mais dans une grande partie du monde islamique, où il constitua une extraordinaire source de vitalité avant et pendant l'agression européenne. Les disciples de Sirhindi lui décernèrent, avec prescience, le titre de *Mujaddid-e Alf-e Sani,* le « rénovateur du deuxième millénaire » de l'Islam.

L'empire mogol : une culture de synthèse

L'art mogol exprime à la fois la puissance de l'empire et les compromis sur lesquels il était basé. Les arts furent florissants jusqu'à la fin du XVIIIe siècle, sauf sous Aurangzeb, époque d'austérité sans inspiration. Un exemple caractéristique nous est offert par la musique, où une tradition syncrétique qui datait du XIIIe siècle était maintenue par des hommes comme Faqir Allah, dont les principes de la composition musicale, *Rag Darpan* (1666), dérivaient en partie de sources sanscrites. La langue constitue un autre exemple. Bien entendu, à la cour on parlait le persan et on protégeait les meilleurs poètes persans du moment ; mais sous l'influence du monde extérieur l'*urdu* ou hindoustani, langue néo-hindoue, gagna du terrain. L'urdu, proche des dialectes du nord de l'Inde par sa grammaire, mais qui doit beaucoup au persan pour le vocabulaire et la métaphore, est une langue imagée qui devait devenir le moyen d'expression privilégié de la civilisation indo-musulmane.

Ce sont la peinture et l'architecture qui apparaissent le plus nettement comme des arts de synthèse d'une incontestable puissance. Akbar fut le fondateur de la peinture mogole. En exil à Kaboul avec son père, tous deux suivirent l'enseignement de deux grands peintres de la cour safavide, Mir Saiyid Ali et Abdus Samad, qu'ils persuadèrent de les suivre en Inde lorsqu'ils reconquerraient l'empire. Akbar leur confia la responsabilité des ateliers royaux où plus d'une centaine de peintres, en majorité des Indiens de Goudjerat, du Rajasthan et du Cachemire, apprenaient à combiner le style formel et richement enluminé hérité du Bihzad avec leurs propres traditions d'un art vivant et coloré. Quand Akbar mourut, il y avait 24 000 manuscrits illustrés dans sa bibliothèque. Bien qu'il ne sût pas lire, il aimait qu'on lui fît la lecture. La diversité des sujets peints, quand on la compare aux productions des artistes safavides, reflète la curiosité toujours en éveil de l'empereur. Les auteurs persans classiques, protégés par les cours d'Iran et d'Asie centrale, étaient représentés, et on peut ranger dans cette catégorie le premier grand projet de l'atelier royal, le fameux *Hamzanama,* qui contient 1 400 peintures sur tissu. Mais les épopées hindoues, comme le *Ramayana* et le *Mahabharata,* furent aussi illustrées, de même que les grandes sagas de la dynastie mogole, le *Timurnama,* le *Babernama* et l'*Akbarnama,* celui-ci constituant une chronique illustrée du règne tout à fait exceptionnelle.

Jahangir était un mécène encore plus passionné que son père ; il n'était pas peu fier de ses connaissances et se vantait de pouvoir reconnaître au premier coup d'œil l'œuvre de tout artiste mort ou vivant. Sous son règne, la peinture mogole se distingua par la diversité de ses formes et l'originalité de son inspiration. La puissance dramatique des œuvres sorties des ateliers d'Akbar restitue le mouvement de la vie, et semble donner plus d'éclat aux grandes manifestations officielles. S'y ajoutent un souci nouveau de révéler la nature humaine, un genre fort original d'allégorie politique, une tension sensuelle qui heureusement ne procède pas des langueurs érotiques de l'art safavide tardif et un réalisme dans lequel les peintres mogols vont beaucoup plus loin que leurs prédécesseurs iraniens. Il n'est que de regarder les plantes, les oiseaux et les autres animaux peints par Mansur, ainsi que le portrait d'une vérité gênante d'Inayat Khan, mourant.

L'architecture exprime, encore mieux que la peinture, la fusion des styles islamique et indien et la puissance ostentatoire de l'empire. Un parfait exemple de cette synthèse nous est donné par la capitale provisoire d'Akbar à Fatehpur Sikri, à quelques kilomètres d'Agra, qui nous est parvenue presque intacte. Construite entre 1569 et 1585 sur le site où avait vécu Shaikh Salim Chishti (dont les pouvoirs spirituels avaient rendu Akbar, du moins le croyait-il, deux fois père), son architecture combine la tradition musulmane des arcs, des coupoles et des cours spacieuses avec la tradition indienne des poutres en pierre unie, de la décoration luxuriante et de la solidité. Il se dégage une impression de puissance de l'œuvre de Shah Jahan, le bâtisseur par excellence, qui rétablit la capitale à Delhi tout en construisant une nouvelle cité, Shahjahanabad, dans cet ancien centre du gouvernement indien. Il l'entoura d'une vaste enceinte de grès rouge. Au centre, sur un socle, se dresse la plus grande mosquée publique de l'Inde, qui domine la ville de tout côté. Au bord de la rivière Yamuna (Jumna) se trouve un vaste palais forteresse, le Fort Rouge, au cœur duquel le visiteur peut admirer de superbes pavillons de marbre blanc décoré d'or et de pierres fines. « S'il existe sur terre un éden de félicité », est-il écrit dans la salle d'audience privée, « c'est ici ! c'est ici ! c'est ici ! » Ces édifices, et quelques autres en divers lieux, suffiraient à la gloire de Shah Jahan, mais il fit aussi exécuter à Agra un merveilleux chef-d'œuvre, l'incomparable Taj Mahal, destiné à recevoir la dépouille de Mumtaz Mahal, son épouse bien-aimée, qui défie, ainsi que le disait un chroniqueur de l'époque, « un océan de descriptions ». La synthèse des styles, la puissance et l'harmonie touchent ici à la perfection.

Le monde mogol

L'art mogol

Les Mogols, comme les Safavides, étaient de grands bibliophiles, et dans ce domaine ils dépassaient même leurs contemporains iraniens. Non seulement ils collectionnaient des livres et commandaient des éditions illustrées, mais ils en écrivaient. Nous avons déjà parlé des Mémoires de Baber, un des ouvrages autobiographiques les plus achevés qui soient, dont la franchise et la vigueur du ton se doublent d'une vive sensibilité esthétique et d'une intelligence souveraine. Jahangir rédigea lui aussi des Mémoires qui sont, assez injustement, moins connus. Ils n'en constituent pas moins un document remarquable, car ils tracent un tableau coloré de la vie de cour et montrent l'intérêt passionné de l'empereur pour la peinture et pour le monde qui l'entourait.

Tout comme dans le cas des Safavides, la peinture est une bonne introduction au monde des Mogols. De même que l'architecture, elle illustre parfaitement la synthèse entre la culture islamique et l'Inde hindoue sur laquelle s'appuyait l'empire mogol. Aussi les artistes d'Akbar non seulement illustrèrent les auteurs classiques turcs, arabes et persans, mais de leurs ateliers sortirent des éditions des poèmes épiques hindous, le *Ramayana* et le *Mahabharata*. Si les premiers maîtres furent des peintres safavides en renom, les noms de quelque 150 autres, connus d'après leurs signatures, sont ceux d'hindous, la plupart originaires de l'Inde occidentale. Sous leur influence, le style formel et très ornemental de la Perse et de l'Asie centrale, avec ses mosaïques aux couleurs vives, reçut l'empreinte de l'Inde: une impression de vie plus intense, une image plus exacte de l'homme et des animaux, et l'accent mis sur de nouvelles couleurs, vert foncé, olive et gris.

L'art atteignit son apogée sous Jahangir. «Pour ma part», confie-t-il dans ses Mémoires, «mon goût pour la peinture et l'habitude de la juger sont parvenus à un point tel que lorsqu'une œuvre m'est présentée... je peux dire sur-le-champ qu'elle est due à tel ou tel artiste. Et s'il s'agit d'un tableau contenant plusieurs portraits et que chaque visage soit l'œuvre d'un maître différent, je peux découvrir quel visage est l'œuvre de chacun d'eux. Si une autre personne a peint l'œil et le sourcil d'un visage, je peux distinguer de qui est le portrait original et qui a peint l'œil et le sourcil.» Sous l'égide d'un pareil connaisseur, la peinture mogole commença de s'illustrer brillamment dans les genres les plus divers: allégorique, réaliste, formel, sensuel. Il faut d'ailleurs souligner l'intérêt pour la représentation humaine et la fascination de la nature.

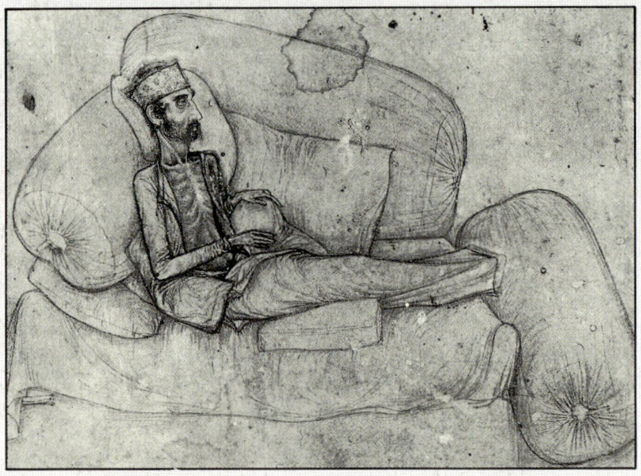

Ci-dessus Le réalisme de ce dessin, attribué à Bishn Das, tient dans l'extrême maigreur du personnage, un familier de Jahangir du nom d'Inayat Khan, que l'usage immodéré du vin et de l'opium conduisit au tombeau en 1618. Jahangir avait demandé à le voir. «Il paraissait si faible et si bas que j'en fus étonné», note-t-il dans ses Mémoires. «Il n'avait plus que la peau sur les os. Ou plutôt ses os aussi avaient fondu. Bien que les peintres se soient efforcés de dessiner un visage émacié, je n'ai jamais rien vu de pareil... Grand Dieu! comment un être humain peut-il être réduit à un tel état?... Comme il s'agissait d'un cas extraordinaire, j'ordonnai à mes peintres de faire son portrait... Le lendemain, il prit la route du néant.»

Ci-contre Certaines des plus belles œuvres du règne de Jahangir relèvent d'une veine allégorique particulièrement riche. Peint par Abul Hassan vers 1620, ce tableau illustre les nouveaux liens d'amitié avec l'empereur safavide Shah Abbas, bien que le lion mogol semble profiter de la situation pour pousser l'agneau persan dans la Méditerranée. On notera également l'influence de la peinture européenne et des tableaux de l'époque, dont Jahangir, féru d'œuvres étrangères, remplissait son palais. Des chérubins portent le croissant, et la tête de l'empereur est entourée d'une auréole. Ce symbole chrétien a été emprunté à des tableaux apportés par des jésuites et utilisé dans la peinture mogole comme emblème de l'empereur.

Ci-dessous Sous Shah Jahan la peinture prit un caractère plus formel, surtout dans les scènes de cour et les portraits officiels. Dans ce tableau, peint vers 1650, Shah Jahan reçoit ses fils. L'empereur est assis sur un trône élevé, tandis que les dignitaires de la cour se tiennent en contrebas, à une distance du trône savamment calculée selon leur rang. On a apporté un tel soin dans le traitement des visages qu'on a l'impression d'être devant une «photographie officielle» de la cour. Un examen attentif révèle même que chaque courtisan a été désigné nommément.

Cette miniature d'une dame noble, datant du milieu du XVIIe siècle, montre l'intérêt de l'artiste mogol pour le genre du portrait. Le personnage, qui a gardé un peu de sa beauté d'antan, porte les années avec une dignité teintée de tristesse, et quelque amertume. Le portrait doit être imaginaire, car aucun peintre n'aurait été autorisé à voir une femme de haut rang. Il forme un contraste piquant avec la jeune fille représentée *ci-dessous,* dans le plein éclat de la jeunesse et qui se peigne après le bain. Exécuté aussi au milieu du XVIIe siècle, ce dessin se pare d'une sensualité discrète.

La fascination de la nature

Jahangir aimait la nature. Écoutons-le s'extasier lors de sa visite au Cachemire : c'est « un jardin à l'éternel printemps... un parterre enchanteur... Partout où l'œil se pose, tout n'est que verdure et eaux vives. La rose rouge, la violette et le narcisse poussent tout seuls... » Sa description des oiseaux est digne d'un ornithologue. Mansur fut chargé de peindre un volatile de basse-cour *(ci-dessous à droite)*, après avoir peint des centaines d'oiseaux, d'animaux et de fleurs pour l'empereur. « Ustad [maître] Mansur est devenu un tel expert en peinture », écrit Jahangir, « qu'il a le titre de Nadir al-Asr [Merveille de ce temps]. »

Chèvre sauvage de l'Himalaya, par Inayat

Faisan vénéré de l'Himalaya, par Mansur

Zèbre, par Mansur

Daim noir de l'Inde, par Manohar

Pavots

Dindon, par Mansur

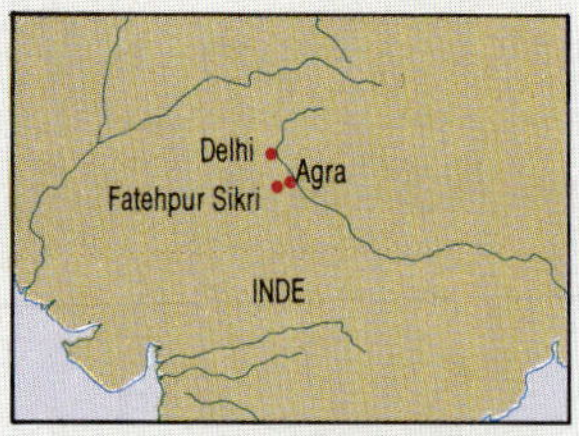

Villes mogoles

Fatehpur Sikri

Nulle part la synthèse entre la culture islamique et l'Inde hindoue n'est aussi parfaitement illustrée que dans la capitale bâtie par Akbar sous le nom de Fatehpur (ville de la Victoire) Sikri. Ici, les structures légères et aérées, souvenir des pavillons et des tentes musulmanes, se combinent avec les traverses de pierre et le caractère massif des constructions hindoues traditionnelles. Construite entre 1569 et 1684, la ville ne fut occupée par la cour que pendant 14 ans. Il semble qu'Akbar, tout à son désir d'édifier sa nouvelle capitale près du tumulus du saint Shaikh Salim Chishli, ait oublié de vérifier si l'alimentation en eau serait suffisante. Les bâtiments en grès rouge, qui sont restés après quatre siècles dans un état de conservation presque parfait, sont souvent qualifiés de cité, alors qu'il ne s'agit que d'un immense palais. La ville proprement dite, qui s'étendait autour du tumulus, a disparu depuis longtemps.

Agra

Ce fut la capitale mogole pendant longtemps, jusqu'à ce que Shah Jahan fonde une nouvelle ville à Delhi. Akbar semble n'avoir guère aimé cette dernière — qui depuis le XIIIe siècle était devenue la capitale naturelle de l'Inde du Nord — peut-être parce que son père y avait connu une triste fin, peut-être parce qu'elle lui rappelait la dynastie afghane des Suri usurpateurs, ou simplement parce qu'y vivaient beaucoup d'Afghans, qui avaient peu de sympathie pour les Mogols. Akbar fit donc bâtir sa première capitale dans la petite ville d'Agra, au cœur de ce qui est une vaste forteresse naturelle sur les bords de la rivière Yamuna. Jahangir préféra Lahore, mais Shah Jahan revint tout jeune à Agra, où il édifia les plus imposants monuments de l'architecture mogole.

Delhi

Shah Jahan refit de Delhi la capitale de l'empire indo-musulman. La ville domine la large bande de terres cultivées reliant la vallée de l'Indus à celle du Gange, et séparant le désert du Rajasthan des contreforts de l'Himalaya. En 1638, il entreprend la construction de la septième des huit cités de Delhi, Shahjahanabad, qu'il entoure d'une belle enceinte de grès rouge. Elle est traversée par un magnifique boulevard, Chandni Chowk ; des arbres fournissent de l'ombre et une rivière apporte un peu de fraîcheur dans le quartier central, qui dut rivaliser avec le Chahar Bagh d'Ispahan. A l'endroit le plus élevé, il fit édifier la Juma Masjid ou mosquée du Vendredi, qui domine la cité de tous côtés. Puis, près de la rivière Yamuna, il construisit le Fort Rouge, qui était non seulement le palais impérial mais aussi le centre administratif de l'empire, et qui abritait le trésor impérial, une garnison, un arsenal et même des ateliers de fabrication de produits de luxe. Chaque empereur mogol y eut sa cour jusqu'à ce que Delhi soit prise par les Anglais lors de l'insurrection musulmane de 1857-1858, et le dernier des Mogols, représentant déchu de la lignée de Tamerlan, fut exilé à Rangoon, où il mourut. Les Anglais rasèrent une grande partie de la cité mogole, qui en 1912 devint la « vieille ville » lorsqu'ils construisirent leur propre capitale impériale de New Delhi.

L'architecture de Fatehpur Sikri s'inspire de celle d'un petit palais construit par le radjah Man Singh dans la citadelle de Gwalior. La plupart des maçons devaient être hindous. Ils taillèrent dans la pierre leurs éléments de base, puis les assemblèrent sans chevilles. La précision de la taille et la force de gravité permettent à l'ensemble de la construction de tenir sans mortier. *En bas à gauche* Les trois étages supérieurs du Panch Mahal, palais de cinq étages abritant le harem, pourvu à l'origine de moucharabieh en pierre permettant aux dames de voir sans être vues. Durant les chaudes nuits d'été il y régnait une très agréable fraîcheur.

A gauche La citadelle construite par Akbar à Agra dans les années 1560 illustre la puissance désormais reconnue du régime mogol. Nombre d'édifices d'Akbar à l'intérieur ont été remplacés par Shah Jahan.

Ci-dessous La Juma Masjid de Delhi, construite en 1644-1658. C'est une imposante construction en grès rouge, agrémentée de quelques éléments décoratifs en marbre blanc.

A partir de 1638, le Fort Rouge de Delhi fut le siège du gouvernement mogol ; c'était aussi un palais d'une splendeur inouïe. « Je prétends », déclare Niccolo Manucci, artificier et médecin à la cour mogole v. 1656-1686, « que dans le royaume mogol les nobles, et au-dessus d'eux le roi, vivent dans un tel faste que les plus somptueuses des cours européennes ne peuvent se comparer en richesse et en magnificence à la pompe déployée à la cour indienne. » Le visiteur pénétrait dans l'enceinte de grès rouge du palais *(ci-dessous en bas)* par un large vestibule, et il traversait des bazars menant à un grand jardin qui donnait accès à la salle d'audience du public. Au-delà étaient d'autres jardins, bordés par d'élégants pavillons de marbre blanc, comme le Rang Mahal *(ci-dessous)* dominant la rivière Yamuna.

A droite Marbre incrusté de pierres précieuses dans la salle d'audience privée du palais royal de Delhi. On retrouve des motifs aussi délicats dans le tombeau d'Itimad-ud-daula et au Taj Mahal à Agra. La technique dite de la *pietra dura* se développa à Florence au XVIe siècle, mais il semble qu'elle ait connu en Inde une évolution distincte. *Ci-dessous* Plan montrant l'enceinte, les portes et les principaux bâtiments de la Delhi de Shah Jahan.

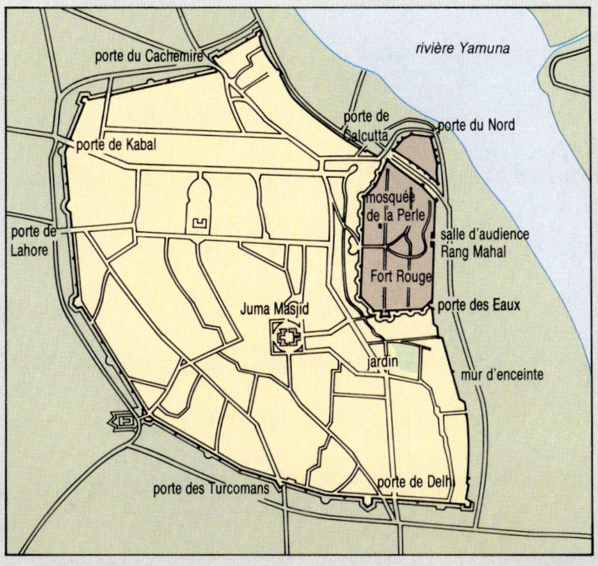

Les mausolées jardins

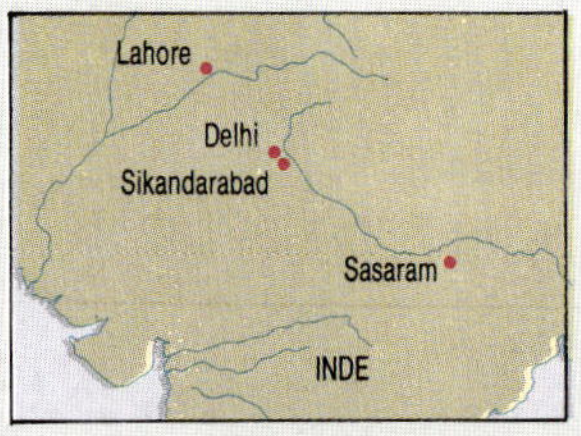

«Voici les jardins de l'Éden», déclarait l'inscription figurant sur la porte du jardin funéraire d'Akbar à Sikandra. «Entrez là pour y demeurer éternellement.» Le mot «paradis» est simplement la transcription, par l'intermédiaire du grec et du latin, du vieux persan *pairidaeza* «jardin clos». Les Mogols donnèrent à ce terme une réalité concrète en enterrant leurs morts illustres dans des mausolées jardins. Le mausolée se dressait au cœur d'un jardin clos, l'un et l'autre illustrant un concept cosmologique. Ils témoignaient aussi de la puissance d'une dynastie, y compris sur le plan architectural. Quatre mausolées, ceux d'Humayun, Akbar, Jahangir et Shah Jahan, figurent, avec les pyramides, parmi les plus beaux monuments funéraires du monde. «Je n'ai jamais vu plus merveilleux spectacle», note le romancier E.M. Forster en parlant du Taj Mahal de Shah Jahan. «Je montai en haut du second minaret de gauche et vis tous les bâtiments briller au-dessous de moi et toute la campagne (on était en septembre) noyée dans une brume légère sous un ciel d'un gris rougeoyant, et à l'instant où je songeais qu'il ne pouvait rien y avoir de plus beau un muezzin à la voix éclatante lança d'une mosquée l'appel à la prière du soir. "Il n'est de Dieu que Dieu."»

Les Mogols ne furent pas les premiers à avoir l'idée d'un tombeau dans un jardin clos. *Ci-dessous* Celui de Sher Shah Suri, v. 1540, s'élève noblement au milieu d'un lac artificiel à Sasaram, Bihar. *Ci-dessous au centre* Le tombeau d'Humayun, près de la rivière Yamuna, à Delhi, le premier mausolée jardin, commencé en 1564, achevé en 1573. *Ci-dessous en bas* Le tombeau d'Akbar est unique par sa forme de pyramide à étages et sans dôme. Il exprime ainsi, comme l'architecture de Fatehpur Sikri, non loin de là, la synthèse de la culture islamique avec la tradition hindoue.

L'usage croissant du marbre blanc dans la technique de la *pietra dura,* aux délicats motifs floraux ou géométriques, était une caractéristique de l'architecture sous le règne de Shah Jahan. *Ci-dessous* Un des quatre minarets du tombeau de Jahangir (1627) à Lahore. *En bas* Un des quatre minarets du tombeau d'Itimad-ud-daula (1628) à Agra. Édifié par Nur Jahan, l'épouse de Jahangir, pour son père, le mausolée annonce le Taj Mahal.

A gauche Le Taj Mahal (1632-1654) à Agra, le plus parfait exemple de mausolée jardin. Shah Jahan, qui prit probablement une part considérable à sa conception, fit bâtir ce monument pour son épouse bien-aimée, Mumtaz Mahal, qui mourut en mettant au monde leur quinzième enfant en 1631. Shah Jahan repose à ses côtés.

L'empire ottoman

Un État militaire en expansion

L'empire ottoman fut le plus puissant et le plus stable des trois grands empires établis au cœur des pays islamiques. Au début du XVIe siècle, les sultans ottomans avaient élaboré un système étatique particulièrement fort, organisé sur le modèle militaire avec le sultan à sa tête ; les soldats et les fonctionnaires de toutes sortes avaient des grades et étaient payés par l'octroi de terres ou recevaient un salaire. Le gouvernement central était partout où venaient à se trouver le sultan et son armée, les hauts fonctionnaires étant tenus de se joindre aux troupes en campagne, auxquelles étaient destinés tous les revenus de l'État. Il s'agissait donc d'un État sous tutelle militaire, qui associait des aspects distincts hérités des Safavides et des Mogols. Il convient en outre d'établir une comparaison particulière avec les Mogols, car les Ottomans régnaient sur une population en grande partie non musulmane. A l'inverse des Mogols, leur domination ne s'étendait pas sur l'ensemble d'une communauté relevant d'une autre tradition religieuse, mais seulement sur la partie orientale de la chrétienté, à une époque où l'initiative culturelle était passée dans le camp occidental. Comme pour les Mogols, le développement de leur empire dépendit de la façon dont ils relevèrent le défi que constituait au cœur même du monde ottoman cette tradition religieuse étrangère.

Vers 1500, l'État ottoman devint rapidement l'un des plus puissants du monde, et au cours des 70 années suivantes on assista à une extraordinaire expansion, principalement à l'est et au sud. L'Azerbaïdjan fut conquis en 1514, la Syrie et la Palestine en 1516, l'Égypte en 1517. Ce fut bientôt le tour des villes saintes de La Mecque et de Médine, puis du Yémen, et en 1534 de la très importante province d'Irak. La poussée ottomane vers le sud s'explique par la nécessité de barrer la route aux Portugais qui, après leur navigation autour de l'Afrique, menaçaient les routes du pèlerinage et du commerce musulmans. Les Turcs avaient tout d'abord essayé de résoudre le problème en soutenant le régime mamluk en Égypte, puis, ayant constaté son incapacité, ils annexèrent cette riche province à l'empire. Par ailleurs, ils se tournèrent vers l'est lors de l'avènement des Safavides, dont le shiisme militant menaçait leur domination sur les tribus de l'Anatolie orientale. La victoire de Selim Ier (qui régna de 1512 à 1520) sur Shah Ismaïl à Tchaldiran renforça la position des Turcs. Néanmoins, au cours des deux siècles suivants, l'empire se trouva engagé, beaucoup plus que ne l'admettent généralement les historiens européens, dans d'incessants conflits, qui minèrent ses forces, avec les Safavides pour des motifs religieux, commerciaux et territoriaux.

L'expansion se faisait traditionnellement vers le nord-ouest. C'est principalement dans cette direction que, dès la fondation, par Osman Ier (1281-1324), d'un État tourné vers la guerre sainte et situé dans le nord-ouest de l'Anatolie, les Ottomans s'étaient efforcés de soumettre les territoires des infidèles à la domination musulmane et à la Loi révélée. Après les grandes victoires de Selim Ier à l'est et au sud, son successeur Soliman le Magnifique (1520-1566) mit les énergies turques au service d'une politique traditionnelle d'agression. Se faisant le champion de la guerre sainte, il commença son règne par une grande victoire en s'emparant de Belgrade, la place forte méridionale des Hongrois, en 1521. En 1526, il écrasa l'armée hongroise à Mohacs, et en 1529 il mit le siège devant Vienne, capitale des Habsbourg, qui ne dut son salut qu'au désir des troupes de Soliman de rentrer chez elles avant l'hiver. Les Ottomans vassalisèrent les Hongrois mais, après 1540, ils étendirent leur domination sur une large bande de territoire dont la frontière formait un arc de cercle s'étendant de Trieste à la Crimée et qui passait tout près des murs de Vienne.

Les Ottomans imposèrent aussi leur autorité en Méditerranée. Dès la fin du XVe siècle ils étaient maîtres de la mer Noire, car la prise de Constantinople leur avait acquis le contrôle du Bosphore. Ils s'assurèrent ensuite le contrôle de la mer Égée, chassant les chevaliers hospitaliers de l'île de Rhodes en 1522, et les Vénitiens de leurs comptoirs sur le littoral en 1540. Durant la même période, utilisant tout d'abord les pirates barbaresques comme force d'intervention, ils annexèrent la côte de l'Afrique du Nord jusqu'au Maroc, puis ils repoussèrent la contre-attaque des Autrichiens, bénéficiant parfois de l'aide de la France au cours de cette stratégie de grande envergure. Le maître d'œuvre de cette expansion en Méditerranée fut Khaireddine, surnommé Barberousse par les chrétiens, qui, de simple pirate opérant depuis Tunis en 1502, devint grand amiral de la flotte ottomane en 1533. Cette expansion atteignit son maximum lorsque à deux reprises, en 1551 et en 1565, les Turcs tentèrent de s'emparer de Malte, clef de la Méditerranée orientale. Après l'échec de la seconde tentative, ils annexèrent Chypre en 1570 et s'employèrent à consolider leurs positions en Méditerranée orientale, leur cuisante défaite à Lépante en 1571 ne représentant qu'une simple péripétie.

Le règne de Selim II (1566-1574), surnommé « le Couard » par ses sujets et « l'Ivrogne » par les Européens, marqua la fin de l'expansion turque, et pendant le siècle qui suivit les Ottomans durent défendre les frontières de l'empire et reconquérir les territoires perdus. Il y eut ensuite une brève reprise de la politique de conquête : la Crète fut prise en 1669, l'Ukraine après 1670, et en 1683 l'armée turque vint de nouveau camper sous les murs de Vienne. Mais elle dut battre en retraite, et désormais l'empire fut toujours sur la défensive.

L'administration ottomane fut définitivement mise en place sous Soliman le Magnifique. La grande masse des sujets, musulmans et non musulmans, entretenait la classe privilégiée des militaires, sur laquelle reposait l'appareil de l'État. Un chroniqueur de la fin du XVIIe siècle, Mustafa Naima, y voyait un « cycle d'équité » : 1) il ne pouvait exister de gouvernement ou d'État sans les militaires ; 2) la prospérité était nécessaire à l'entretien de ceux-ci ; 3) l'abondance des biens était produite par les sujets ; 4) ces derniers ne pouvaient prospérer que si la justice régnait ; 5) sans gouvernement ni État il ne pouvait y avoir de justice.

Pour faire partie de la classe dirigeante des militaires, il fallait être musulman sincère, fidèle au sultan, et assimiler les structures culturelles complexes constituant l'identité ottomane. Ceux qui ne satisfaisaient pas à ces conditions étaient considérés comme faisant partie de la classe des « sujets », quelle qu'ait été la position de leurs pères. Au temps de Soliman, les militaires étaient recrutés en partie parmi les vieilles familles turques qui s'étaient ren-

L'empire ottoman 1512-1683
Ce fut d'abord un petit État menant la guerre sainte en terre d'Islam aux frontières de la chrétienté. En 1512, il était solidement implanté dans les Balkans et en Anatolie ; Istanbul, l'ancienne Constantinople, devint sa capitale grâce à sa position stratégique sur le Bosphore. Au cours du demi-siècle suivant, il connut une extraordinaire expansion et

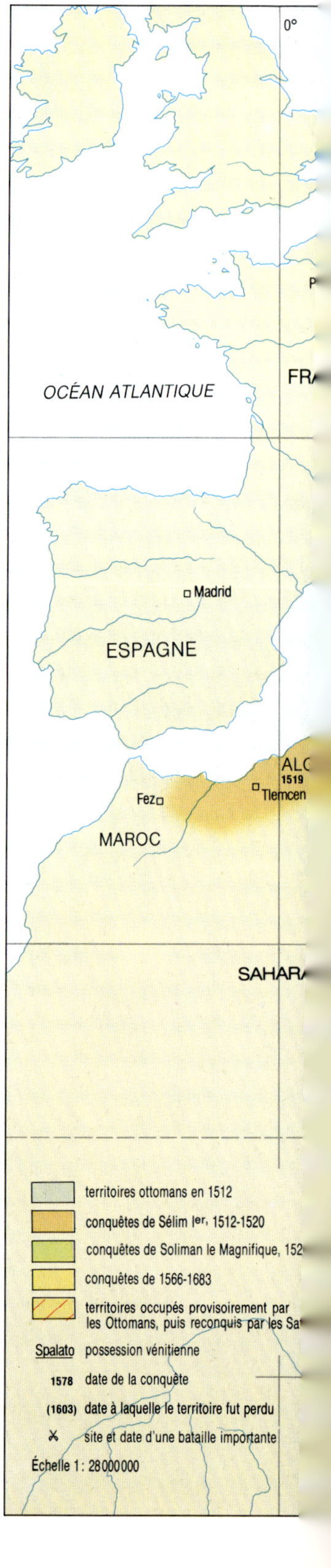

conquit la Syrie, la Mésopotamie, les côtes de l'Arabie, l'Égypte, l'Afrique du Nord et la Hongrie. Et il réussit à conserver ces territoires, plus quelques autres annexions, au moins jusqu'à la fin du XVIIe siècle. Pendant quelque temps, devenu l'État le plus puissant du monde occidental, l'empire ottoman fit flotter l'étendard de l'Islam plus loin qu'à aucun autre moment de l'histoire.

dues maîtresses de presque toute l'Anatolie après le déclin des Seldjoukides, et dont beaucoup recevaient des terres ou *timars* en échange de services rendus à l'État, et en partie parmi des esclaves grâce à un système très étudié de recrutement et d'entraînement appelé *devshirmé* (littéralement «réunir, rassembler»). Cette mise à contribution des sujets chrétiens du sultan devint une pratique solidement établie au milieu du XVe siècle. A intervalles réguliers, des agents faisaient une tournée à travers les provinces pour choisir les jeunes chrétiens destinés au service du sultan. Les plus doués, environ un sur dix, étaient envoyés à l'école du palais, où ils recevaient une formation les préparant aux plus hautes charges de l'empire. Ils étaient convertis à l'Islam et instruits dans les sciences religieuses ; on leur apprenait à lire et à écrire l'arabe, le persan et le turc, ainsi qu'à se battre, à se servir d'une arme à feu et à monter à cheval. Ils étaient enfin formés dans une branche particulière de l'administration. Les autres membres du *devshirmé* étaient envoyés chez les paysans d'Anatolie ; là, les travaux des champs endurcissaient leur corps, ils se convertissaient à l'Islam et adoptaient le mode de vie des Turcs, se préparant ainsi au destin qui les attendait et qui était habituellement de servir dans le corps d'élite de l'armée. Ils vivaient désormais à l'écart de la société turque et ne relevaient plus que du sultan. Les souverains ottomans prirent

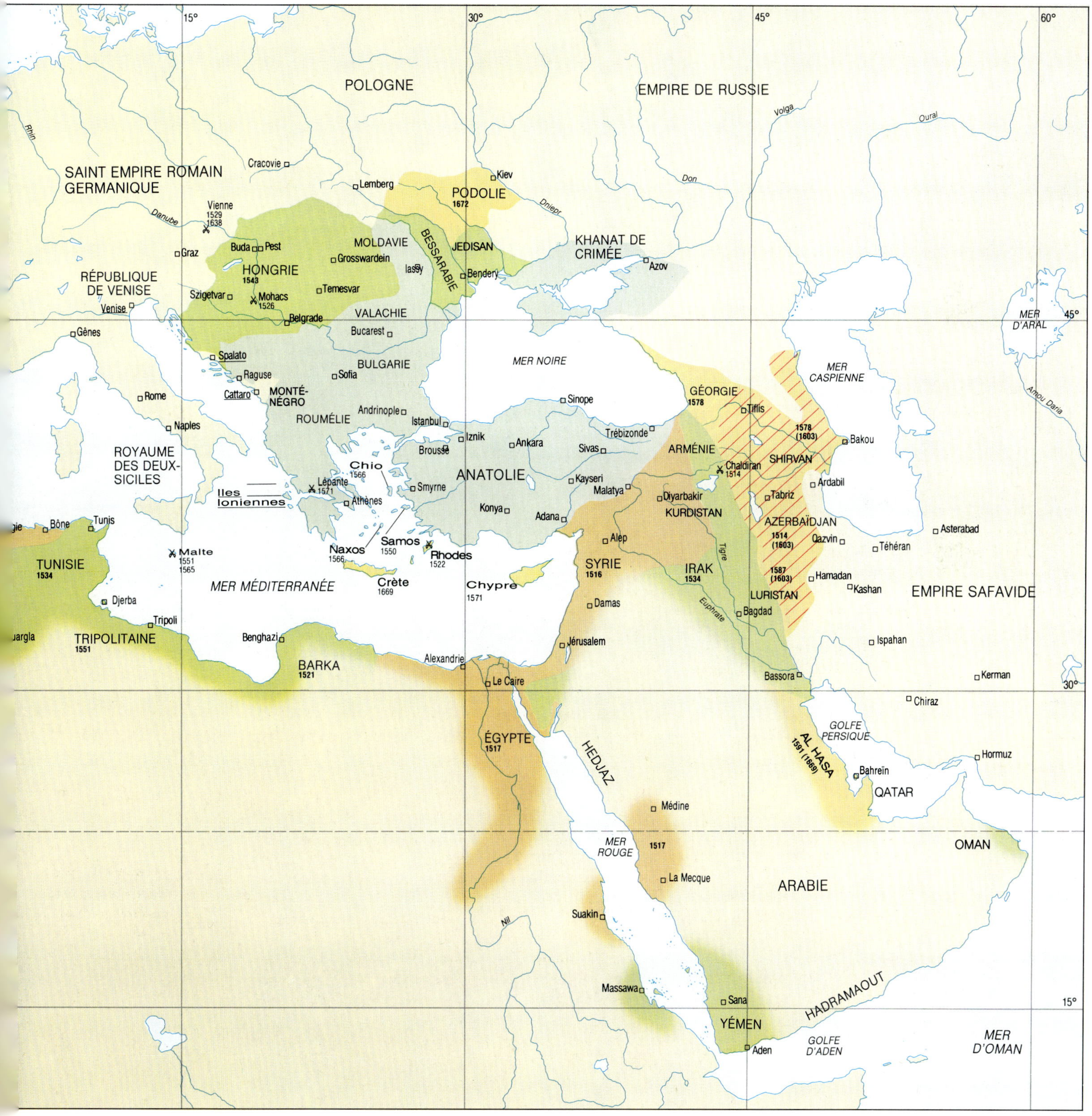

de plus en plus conscience des avantages qu'offrait un corps d'esclaves bien endoctrinés et d'une fidélité à toute épreuve. A partir du règne de Soliman le Magnifique ces derniers occupèrent une position dominante, en remplaçant l'ancienne aristocratie turque aux principaux postes de l'administration. Ils étaient ainsi parvenus à jouer dans l'empire ottoman un rôle analogue à celui des «esclaves de la maison royale» dans l'État safavide sous Shah Abbas le Grand.

L'administration impériale était divisée en quatre grandes sections. En tête venait le palais, où se trouvait d'une part le harem qui a parfois exercé une influence considérable, et où résidaient d'autre part tous ceux qui s'occupaient du service intérieur ainsi que des contacts du sultan avec le monde extérieur. Il y avait ensuite la fonction publique, qui englobait le conseil impérial, organe central de l'administration ottomane dirigé par le grand vizir, ainsi que le Trésor impérial qui contrôlait les finances. Puis venaient les forces armées, dont le «fer de lance» était l'armée permanente du sultan, composée d'esclaves et comprenant notamment les 30 000 fantassins du corps d'élite des janissaires. Il y avait enfin le corps des savants, juristes et docteurs de la loi, composé d'*ulama* qui faisaient respecter la *sharia* et transmettaient leur connaissance du droit islamique à la génération suivante. Ce fut le seul domaine des activités de l'État dans lequel les membres de vieilles familles ottomanes continuèrent de prédominer. Un exemple caractéristique d'une brillante carrière administrative est celui de Lufti Pacha qui fit ses débuts au palais, servit dans un régiment d'élite, occupa de hautes fonctions dans l'administration provinciale, et finit par devenir grand vizir de 1539 à 1541.

Au sommet de la hiérarchie, il y avait le sultan. Il était le maître de la classe dirigeante, dont les membres dépendaient entièrement de lui, car il disposait à

En haut à gauche Soliman le Magnifique, déjà âgé, se promène dans ses jardins. Ce délicat portrait dû à Nigari, le plus grand peintre du règne de Soliman, met en évidence la forte personnalité du vieux monarque : noter l'attitude respectueuse, presque craintive, des deux serviteurs.

Au milieu à gauche Le sceau de Soliman, exemple typique de la calligraphie impériale.

En bas à gauche Khaireddine, dit Barberousse, l'amiral qui assura la suprématie ottomane en Méditerranée. Œuvre du même peintre Nigari qui fut aussi l'administrateur général des chantiers navals impériaux.

A droite Un remarquable portrait de Selim II, le fils de Soliman le Magnifique, au tir à l'arc. Selim II, dont on évoque parfois le penchant marqué pour le vin de Chypre, est connu surtout pour avoir permis à Sinan d'édifier son chef-d'œuvre, la mosquée Selimiyé à Edirne.

En bas Une partie de la flotte ottomane, qui régna sur la Méditerranée orientale pendant une grande partie du XVIe siècle sans subir de grave défaite avant la bataille de Lépante en 1571.

sa guise de leurs personnes et de leurs biens. Même ceux qui appartenaient aux vieilles familles turcomanes étaient contraints d'accepter cet état de servitude — ce que légalement aucun musulman n'aurait dû faire — s'ils voulaient entrer au service de l'État. De son côté, le sultan se devait de protéger la vie, les biens, les traditions et la religion de ses sujets, musulmans ou non musulmans. En théorie, il disposait d'un pouvoir absolu sur tous grâce à l'autorité qu'il détenait sur la classe dirigeante. Mais en fait son pouvoir était très limité. Il était souvent un rouage, tout autant que le maître, d'une structure administrative complexe. Celle-ci fonctionnait aussi bien, qu'il exerçât ou non le pouvoir: vers la fin du XVIe siècle les sultans délaissèrent de plus en plus le pouvoir pour s'adonner aux délices du harem.

Ce système fut une des formes de gouvernement prémoderne les plus efficaces, car l'organisation judicieuse de l'administration permit à l'empire ottoman de rester un État puissant jusqu'au milieu du XIXe siècle. Il apparaît cependant que durant ce même laps de temps l'expansion ottomane marqua un temps d'arrêt: l'empire resta stationnaire pendant plus d'un siècle, mis à part le sursaut de la fin du XVIIe siècle, puis connut un long déclin qui aboutit à l'effondrement de la Première Guerre mondiale. Il nous reste à voir pourquoi, à l'apogée de sa puissance, l'empire ottoman entra en décadence.

Une des raisons principales en serait le système militaire, mais cela ne suffit pas à tout expliquer ainsi qu'on l'a prétendu. Il y avait une seule armée, qui requérait la présence effective du sultan, et qui opérait depuis Istanbul en raison de la centralisation administrative. Vienne et Mossoul étaient les points extrêmes qu'elle pouvait atteindre en une année de campagne, et les provinces plus éloignées ne pouvaient être tenues en cas d'opposition sérieuse. Or le moral des troupes et les récompenses attribuées dépendaient des campagnes victorieuses et des nouveaux territoires conquis, de sorte que lorsque l'expansion militaire eut atteint ses limites géographiques, les victoires et les annexions diminuèrent, l'armée perdit sa cohésion et l'empire dont elle était le principal pilier périclita.

Il faut ajouter à cela l'influence de facteurs extérieurs. La puissance grandissante de nations rivales, en particulier en Europe, rendait de plus en plus difficiles de nouvelles conquêtes. De plus, le monde connaissait des développements économiques qui minaient l'empire à la base. La politique ottomane était axée sur l'indépendance économique: les différentes régions produisaient tout ce qui était nécessaire à l'empire. Incapable de faire face à la demande accrue de matières premières, encouragée en Europe par l'afflux d'argent provenant du Nouveau Monde, l'empire ne put lutter contre l'essor économique du capitalisme européen et du commerce international. Les marchands turcs ne pouvaient rivaliser avec les Occidentaux pour les prix des matières premières. D'autant que, nouveau préjudice, celles-ci étaient réimportées, sous forme de produits finis bon marché, ce qui entraînait la mévente de la production des industries artisanales ottomanes. Par ailleurs la population doubla au XVIe siècle, ce qui ne fit qu'aggraver la situation. Les prix quadruplèrent entre 1570 et les deux siècles suivants, tellement que la terre devint plus rentable comme bien d'investissement qu'en tant qu'élément de base permettant aux possesseurs de *timars* de remplir leurs obligations envers l'État en tant que soldats ou administrateurs.

Les limites du système militaire n'auraient peut-être pas eu autant d'importance, et les pressions économiques extérieures n'auraient pas été aussi préjudiciables, s'il n'y avait eu un affaiblissement du système administratif, sur lequel reposait la puissance même de l'État. Paradoxalement, la victoire des esclaves sur l'aristocratie turque, que les sultans avaient favorisée afin de renforcer le gouvernement central, devint finalement une cause de faiblesse. La discipline se relâcha. La maison du sultan et la garde impériale n'eurent plus à craindre la rivalité de l'aristocratie militaire turque. La corruption s'installa et la compétence cessa d'être un critère du jour où les charges purent être achetées. En même temps, le système commença d'échapper au contrôle du sultan, en partie parce que prirent fin les caprices de l'hérédité qui avaient amené sur le trône une longue suite de souverains de génie jusqu'au milieu du XVIe siècle, et en partie parce que les esclaves eux-mêmes s'employèrent à empêcher l'avènement d'un monarque puissant. Le sultan cessa d'apparaître comme le vainqueur d'un conflit militaire opposant les prétendants au trône, et son accession ne fut plus que le résultat d'intrigues politiques menées au sein du harem par des factions d'esclaves liées aux intérêts de la famille. C'est le grand vizir plutôt que le sultan, qui était généralement l'homme fort de l'État. De nouveaux signes de relâchement de la discipline apparurent au début du XVIIe siècle, lorsque le *devshirmé* fut abandonné et que le caractère de la maison royale (composée d'esclaves) changea. Cessant d'être un corps d'élite à recrutement périodique et socialement isolé, dans lequel la promotion n'était due qu'au mérite, il devint un groupe héréditaire privilégié au sein duquel les pères s'efforçaient de hâter, par la corruption, la promotion sociale des fils. Qui plus est, ce relâchement de la discipline à la tête du système se répercuta dans les provinces, ainsi qu'en témoignent les nombreuses rébellions qui éclatèrent au XVIe siècle et au début du XVIIe, parfois à l'instigation de l'aristocratie turque évincée.

Il semble bien que l'arrêt de l'expansion ottomane tient pour une bonne part à l'affaiblissement du gouvernement central. La brève période pendant laquelle les vizirs de la famille Koprulu furent au pouvoir en est la démonstration. Mehmed Koprulu fut nommé grand vizir (1656-1661) à un moment de crise grave; de nombreux rebelles défiaient le gouvernement en Anatolie orientale, et les Vénitiens venaient de détruire la flotte ottomane au détroit des Dardanelles. Ce fut un des derniers membres de la maison royale à avoir été recruté par le biais du *devshirmé*. Il fit assez arbitrairement régner la terreur pour supprimer les abus qui avaient vicié le système. Son fils Ahmed (vizir de 1661 à 1676) suivit son exemple, bien qu'il n'ait pas versé autant de sang, et son petit-fils Kara Mustafa (1676-1683) fit de même. L'autorité des militaires et l'efficacité de l'armée furent restaurées, et les Ottomans furent de nouveau en mesure de menacer la capitale des Habsbourg.

Les musulmans pieux et le soutien de l'État

Les *ulama* turcs se sentaient en harmonie avec l'État ottoman. Le contraste était net avec les *ulama* de l'État safavide, qui s'étaient affranchis du contrôle des autorités et mettaient en doute la légitimité du gouvernement royal, et avec les *ulama* de l'Inde mogole, dont certains étaient hostiles aux compromis avec l'hindouisme sur lesquels reposait l'État. Cela est dû en partie à la ferveur missionnaire de la principauté ottomane des origines, qui prônait la guerre sainte permanente ; cette ferveur entretenait un sentiment de solidarité et de responsabilité qui influa au fil des siècles sur le développement de la culture et de l'État ottomans. A la différence des empires safavide et mogol, l'empire turc s'assurait progressivement le contrôle des territoires annexés par le jeu de ses institutions : il établissait peu à peu avec les *ulama* et les soufis une communauté d'intérêts consacrée par la coutume et par la foi.

La *sharia* était un des fondements de l'État ottoman. A l'époque de Selim Ier, la doctrine hanafite avait été officiellement reconnue, bien que cette forme du droit ne s'appliquât pas au Maghreb où prévalait le droit malikite, ni en Égypte et dans les villes saintes de La Mecque et de Médine, où la doctrine shafiite était en vigueur. Les massacres shiites ne firent que renforcer le souci d'orthodoxie. Sous Soliman le Magnifique furent élaborés les principes présidant à l'application de la *sharia* au sein de l'empire, ce qui valut au sultan le surnom de « Législateur ». La tâche fut menée à bien par Khoja Chelebi (1490-1574), le plus grand juriste de l'empire, et par Shaikh al-Islam (qui était à la tête de l'institution religieuse) de 1545 à sa mort.

En fait, il y avait deux vastes domaines de l'orthodoxie musulmane dans lesquels la *sharia* n'avait pas cours. En premier lieu, pour tout ce qui touchait à l'organisation et à l'administration de l'État, la *sharia* n'offrait guère que des principes théoriques, laissant une large place à l'interprétation. Se basant sur la tradition, le sultan promulguait des décrets, ce qui était considéré comme une procédure légitime par la plupart des *ulama*. En second lieu, un grand nombre de villages, de corporations et de quartiers urbains avaient leurs propres systèmes de gestion interne et d'arbitrage des différends. Mais la *sharia* et les valeurs qui en découlaient fournissaient les critères en fonction desquels était jugé chaque acte, et dans l'empire ottoman le droit religieux fut de tout temps appliqué plus strictement que dans n'importe quel autre État islamique.

La *sharia* étant au centre même de la vie ottomane, les *ulama*, qui en étaient les gardiens, jouissaient d'un grand prestige. A l'époque de Soliman le Magnifique, la transmission du savoir était organisée selon une hiérarchie rigoureuse. Les apprentis *ulama* fréquentaient les écoles élémentaires des mosquées, où les rudiments de l'instruction religieuse étaient donnés à la masse des croyants, et ils continuaient de s'instruire dans quatre catégories de *madrasas*. Ils y recevaient une formation très poussée dans les sciences islamiques, l'enseignement du plus haut niveau étant dispensé dans les madrasas *semaniyé*, construites à Istanbul au milieu du XVIe siècle et attenantes à la mosquée *Suleymaniyé*. Ceux qui ne parvenaient pas à suivre le cursus complet entraient dans l'administration ou devenaient simples *qadis*. Ceux qui arrivaient au terme des études choisissaient souvent d'enseigner, commençant dans les écoles élémentaires et s'élevant dans la hiérarchie selon leurs mérites. Les maîtres d'école pouvaient demander à être nommés *qadis*, et ce à un poste d'autant plus important qu'ils s'étaient élevés dans la hiérarchie des madrasas. Seuls ceux qui enseignaient dans les madrasas *semaniyé* de haut niveau pouvaient devenir *qadis* dans des villes importantes comme Damas, Le Caire ou Jérusalem ; et le Shaikh al-Islam était choisi exclusivement parmi les maîtres des madrasas *semaniyé*. L'autorité du sultan s'exerçait sur l'ensemble du système. En veillant à l'application de la loi, les *qadis* devaient se conformer aux décrets du sultan ; les opinions des *muftis* devaient simplement être « respectées ». Les nominations étaient faites par le sultan et le grand vizir sur l'avis du Shaikh al-Islam.

Le corps des *ulama* était ainsi passé sous l'autorité de l'État. Ils étaient formés, nommés et contrôlés comme nulle part ailleurs dans le monde islamique. Ce qui était tout à fait inhabituel, par rapport aux autres pays musulmans, c'était que tous se soumettent sans jamais trouver de point de désaccord entre la loi de Dieu et la volonté du prince. Ils étaient, certes, satisfaits que l'État se fasse le ferme soutien de la *sharia* et que leur caution empêche tout différend. Mais le sentiment que les *ulama* auraient dû garder leurs distances par rapport au souverain n'en subsistait pas moins. « Il y avait chez lui », note un biographe contemporain du grand Khoja Chelebi, « un excès de complaisance et de faiblesse envers les hommes du gouvernement. »

Le sort des minorités religieuses souligne l'intégration de la *sharia* au fonctionnement de l'État. Les soufis qui allaient trop loin étaient persécutés, tout comme l'étaient les shiites, bien que ceux du bastion shiite de l'Irak n'aient pas été inquiétés. Les minorités chrétiennes — coptes, grecques, arméniennes, syriennes — et juives, qui étaient *dhimmi* et par conséquent formaient des minorités tolérées d'après la *sharia*, étaient autorisées à s'organiser elles-mêmes en communautés séparées ou *millet*, avec leurs propres chefs religieux, et étaient soumises à une fiscalité discriminatoire. Initialement, les chrétiens prenaient part à certaines des activités de l'État ou de la société : ils fournissaient des contingents à l'armée et participaient à la vie des corporations. Au XVIIe siècle cependant, leurs contingents n'étaient plus les bienvenus, et les corporations s'étaient dédoublées en chrétiennes et musulmanes. A mesure que l'empire avançait en âge, on vit s'affirmer la tendance à dresser une barrière entre musulmans et non-musulmans. Ce processus était aussi significatif que la dénonciation de l'alliance entre l'empire mogol et les hindous en Inde. L'unité de l'empire en fut affaiblie : les Turcs musulmans se tournèrent vers la communauté islamique au sein de l'empire, et les Turcs chrétiens portèrent de plus en plus leurs regards vers l'Occident chrétien.

Culture et droit religieux *(sharia)*

La culture ottomane diffère de façon significative des cultures islamiques qui lui étaient contemporaines. On n'y retrouve ni la somptuosité de l'Iran safavide ni la généreuse tolérance de l'Inde mogole. Son élite dirigeante, formée dans les madrasas de l'État et les écoles du palais, pour faire face aux nécessités du gouvernement tout en se conformant aux préceptes de la *sharia*, est le reflet d'un monde dans lequel l'ordre et la hiérarchie sont des éléments particulièrement forts.

La culture scientifique et littéraire y était fort développée, comme on peut s'y attendre d'un État qui faisait tout pour l'éducation de ses grands commis. La poésie s'y épanouissait comme dans la plupart des sociétés islamiques. Deux des plus grands poètes du XVIe siècle furent Sulaiman Fuzuli (1480-1556), influencé par les modèles per-

Vue de la Corne d'Or entre les ponts de Galata et Ataturk, jusqu'au dôme imposant de la mosquée Suleymaniyé à Istanbul. Bâtie sur une hauteur, elle domine la ville et symbolise le triomphe de l'Islam dans cet ancien bastion de la chrétienté. Plus de 400 coupoles plus petites se pressent autour du dôme principal, formant un ensemble aux proportions gigantesques qui englobe notamment les quatre madrasas *semaniyé,* qui représentent le sommet du système éducatif ottoman.

sans, et Abdul Baki (1526-1600), créateur d'un style proprement turc qui finit par éliminer au XVIIe siècle l'influence persane. Les productions les plus originales et les plus élaborées du monde ottoman à son apogée furent cependant sa littérature scientifique et ses œuvres en prose. La science ottomane reçut une impulsion décisive lors de l'ouverture des madrasas *semaniyé* près de la mosquée Suleymaniyé, d'où sortirent de remarquables ouvrages de mathématiques, d'astronomie et de médecine. La littérature géographique fut stimulée par l'expansion de l'empire sur terre et sur mer, ainsi qu'une production historique qui en relatait les péripéties. De grands historiens, comme Mustafa Naima, allèrent plus loin et cherchèrent à analyser les causes des événements. La biographie des grands témoins de la culture islamique était un genre fort prisé. L'érudit Katib Chelebi (1609-1657) composa une œuvre maîtresse qui contient ce que la culture islamique contemporaine avait produit de meilleur en arabe, en persan et en turc, ainsi que les biographies de ceux qui en avaient été les artisans. Les auteurs de récits de voyage, enfin, prirent pour modèle le maître en la matière, Ibn Battuta. Euliya Chelebi (1614-1682) voyagea, quarante années durant, dans les possessions ottomanes en Europe, et consacra les dernières années de sa vie à réunir ses impressions dans un *Livre des voyages* en dix volumes.

La peinture ottomane n'a pas joui d'un prestige comparable à celui de la production des cours safavide et mogole, en partie parce qu'on la croyait dérivée de modèles persans et en partie parce que jusqu'à une époque récente la plupart des meilleures œuvres, conservées au musée Topkapi d'Istanbul, n'étaient pas connues. Mais il semble à présent qu'on l'ait sous-estimée. Il suffit d'examiner les scènes de la vie nomade dessinées au fusain par Mehmet ou les portraits peints par Nigari (1484-1574), administrateur général en retraite des chantiers de construction navale, pour se convaincre du talent original de ces artistes. Le style classique qui prend forme sous Soliman le Magnifique révèle une influence persane, ce qui n'est pas étonnant dans la mesure où plusieurs peintres persans travaillaient dans les ateliers royaux ; certains d'entre eux y avaient été ramenés après la prise de Tabriz en 1514. En s'affirmant, ce style se dégage de ses modèles. Le goût persan pour l'imagination poétique cède le pas au réalisme ottoman, la profusion d'arabesques à des motifs plus sobres et plus anguleux, et l'abondance de coloris pastel à une gamme

assez limitée de tons plus soutenus et plus éclatants.

Ce style de peinture fit merveille dans des ouvrages sans équivalent en persan, relatant l'histoire des sultans et leurs campagnes militaires. Le premier en date fut le *Selimnama,* terminé entre 1521 et 1524. Il fut suivi de beaucoup d'autres, par exemple le *Sulaimannama,* illustré par le mathématicien Nasuh de 32 miniatures représentant des villes, des châteaux et des ports ayant trait à la campagne du sultan en Hongrie et à celle de Khaireddine en Méditerranée en 1543; le *Hunernama,* aux 140 miniatures qui illustrent les hauts faits des sultans ottomans jusqu'à la mort de Soliman le Magnifique; et le *Surnama,* orné de 437 miniatures où l'on voit les corporations d'Istanbul défilant sur l'ancien hippodrome byzantin pour célébrer la circoncision de Mehmet, le fils du sultan Murad III (1574-1595). Au XVIIe siècle, le style se gâta. Comme les sultans ne prenaient plus personnellement part aux campagnes militaires, et qu'était fini le temps des chevauchées triomphales en territoire infidèle, remplacées par des expéditions de répression de rébellions ou la défense du territoire, aux compositions célébrant la gloire de l'empire et les victoires de ses princes succédèrent les scènes de genre, les beautés du harem et les tableaux licencieux. Toutefois, la peinture de cour à son apogée avait reflété les traits distinctifs de l'État ottoman — par exemple le sens de l'ordre dans les représentations de l'armée, l'importance de la hiérarchie dans les peintures de la cour, et l'efficacité administrative suggérée par la précision du détail.

Le XVIe siècle fut aussi une période faste en matière de tapis, de tissus et de céramique. On se mit à fabriquer des tapis de type «palais ottoman» pour ajouter un style de cour au genre rustique traditionnel des plateaux d'Anatolie. Les soies, les velours et autres étoffes de prix étaient tissés à Brousse notamment; les vêtements des sultans conservés au Topkapi témoignent de leur très haute qualité. La céramique atteignit alors un niveau exceptionnel. Iznik, l'ancienne Nicée byzantine, était le centre de production où, au milieu du XVIe siècle, les artisans mirent au point une peinture vernissée de sept couleurs différentes (bleu sombre, vert, lilas, aubergine, blanc, noir et rouge corail vif), perfectionnement technique sans précédent. Ils utilisèrent également une grande diversité de motifs naturalistes: fleurs de prunier et de cerisier, jacinthe, œillet et pivoine. Mais la tulipe vient largement en tête, et on peut en voir 41 dessins différents sur les carreaux de céramique de la mosquée de Rustam Pacha à Istanbul. La céramique d'Iznik s'est améliorée de façon remarquable au cours de trois phases distinctes: de 1490 à 1525, la décoration est simplement bleu et blanc; de 1525 à 1550 (période dite de Damas ou de la Corne d'Or), on voit apparaître d'autres variétés de bleus et un vert discret; enfin, durant la période rhodienne (1550-1700), la gamme complète de couleurs et de motifs est utilisée. Pendant cette dernière période, cependant, les céramistes d'Iznik ont apporté tous leurs soins aux carreaux de faïence, et leur réussite la plus parfaite est la décoration de grands édifices comme le mausolée de Soliman le Magnifique, les appartements privés du palais Topkapi ou la mosquée du sultan Ahmed, dont le revêtement intérieur se compose plus de 20 000 carreaux agencés en quelque 70 motifs différents.

L'architecture, dont l'apogée coïncide avec celui de la puissance impériale au XVIe siècle, symbolise le mieux l'esprit ottoman. Un homme en représente la quintessence, Sinan (1491-1588), architecte officiel pendant un demi-siècle, qui joua un rôle considérable grâce à son génie et sa personnalité et fit de son poste un puissant ministère d'État. Il conçut les plans de plus de 300 édifices, fontaines, tombeaux, mosquées, madrasas, kiosques, caravansérails, bains et ponts, qui sont répartis à travers tout l'empire.

Il est assez symptomatique que Sinan ait été un pur produit du système ottoman. Né vers 1491, probablement dans une famille grecque de la région de Kauseri, il fut recruté pour le *devshirmé* en 1512. Après avoir suivi l'entraînement rigoureux des recrues, il devint janissaire et prit part aux grandes campagnes des années 1520 et 1530. Il attira l'attention du sultan sur ses talents d'ingénieur en inventant entre autre une artillerie flottante sur le lac de Van et en construisant un pont sur le Danube. En 1538, âgé de 47 ans, il fut nommé architecte royal par Soliman le Magnifique.

Sinan expérimenta toutes les ressources de la structure en dôme, trait dominant de l'architecture ottomane. Il était impossible à un homme tel que lui de ne pas relever le défi représenté par la basilique Sainte-Sophie dont la coupole était plus importante que toutes celles que les architectes ottomans avaient bâties jusqu'alors. Il s'efforça de surpasser l'extraordinaire exploit des architectes de Justinien, et d'adapter la structure en dôme aux exigences liturgiques de l'Islam en mettant l'accent sur la largeur plutôt que la longueur de l'édifice. Il utilisa des éléments propres à Sainte-Sophie dans de nombreuses mosquées: la mosquée *Shehzadé* à Istanbul, construite entre 1544 et 1548, dans laquelle il a modifié les quatre demi-coupoles afin qu'elles contrebutent la coupole centrale; la mosquée *Suleymaniyé* à Istanbul, bâtie entre 1550 et 1557, dans laquelle il reprend à peu près les proportions de celles de son modèle chrétien, mais en mettant en valeur la largeur de l'édifice aussi bien que sa longueur; et la mosquée *Selimiyé,* construite à Edirne (Andrinople) entre 1569 et 1575, dont la coupole surclasse par la taille celle de Sainte-Sophie. Sinan considérait la première de ces mosquées comme une œuvre d'apprentissage, la seconde comme l'œuvre de sa maturité, et la troisième, commencée alors qu'il avait atteint l'âge de 80 ans, comme son chef-d'œuvre. «Les chrétiens», écrit-il dans ses Mémoires,

> «disent qu'ils ont battu les musulmans parce qu'il n'a été construit dans le monde islamique aucun dôme qui puisse rivaliser avec le dôme de Sainte-Sophie. Mon cœur a été grandement affligé qu'ils aient pu dire que construire une aussi vaste coupole était une tâche difficile. J'ai décidé d'édifier une pareille mosquée, et avec l'aide de Dieu, Sultan Selim Khan régnant, j'ai fait le dôme de cette mosquée six coudées plus large et quatre coudées plus haut que le dôme de Sainte-Sophie.»

Mais Sinan n'a pas seulement proclamé la supériorité de sa foi. Il a amené l'architecture ottomane à son apogée, et admirablement exprimé la puissance, la gloire et la splendeur d'un empire ainsi que sa totale dévotion à l'Islam.

Le monde ottoman

La guerre sainte permanente

L'État ottoman apparaît au XIIIe siècle comme une principauté guerrière à la frontière entre la communauté islamique et la chrétienté. L'idéal de la guerre sainte inspire et sous-tend l'expansion de l'État, surtout en Europe, et entraîne l'armée ottomane jusque sous les murs de Vienne en 1529 et 1683. En montant sur le trône, les sultans aspiraient à de nouvelles conquêtes dans la tradition de la guerre sainte. C'est ainsi que Mehmed II (Mahomet II) prit Constantinople en 1453, et que Soliman le Magnifique prit Belgrade en 1521. Pendant plus de trois siècles l'armée turque fut la plus formidable machine de guerre du monde. «Je tremble en pensant à ce que l'avenir nous réserve, quand je compare le système turc au nôtre», écrivait l'ambassadeur des Habsbourg à Istanbul en 1550. «Une armée doit l'emporter et l'autre être détruite... De leur côté, ils ont les ressources d'un puissant empire... De notre côté, il y a la misère publique... Le résultat est-il douteux ?»

Le fer de lance de l'armée turque était constitué par des troupes permanentes aux frais du gouvernement: les janissaires, corps d'élite de l'infanterie armé de fusils et comptant de 12 à 15 000 hommes à l'époque de Soliman le Magnifique; les six régiments de la garde impériale experts dans le maniement de certaines armes; les différents corps spécialisés: armuriers, sapeurs, artilleurs et services d'intendance; puis le corps des *sipahis,* combattants à cheval à qui on octroyait des terres *(timar)* dont les revenus leur servaient de solde et de frais d'équipement en temps de paix comme en temps de guerre. Au XVe et au XVIe siècle, les exploits des janissaires et des diverses unités spécialisées leur valurent une sinistre réputation chez les chrétiens, bien que les sipahis, qui composaient le gros de l'armée turque, fussent beaucoup plus nombreux que les troupes permanentes. Au combat, les janissaires et les autres corps étaient généralement placés au centre du dispositif turc, dans un camp défendu par des tranchées, des chariots et des canons. Sur les deux ailes se tenait la cavalerie sipahi, attendant le moment où l'ennemi fléchirait.

Les succès militaires des Ottomans furent assurés en grande partie par l'adoption rapide que l'infanterie et les autres corps firent des armes à feu. Durant le XVe siècle, ils commencèrent à faire un excellent usage de l'artillerie de siège. Puis les janissaires adoptèrent l'arquebuse, et au début du XVIe siècle ils savaient déjà utiliser au mieux l'artillerie de campagne — les Safavides l'apprirent à leurs dépens à Tchaldiran en 1514. En règle générale, les innovations dans le domaine militaire ne vinrent pas des Turcs mais des chrétiens — Serbes, Bosniens, Hongrois, Allemands, Italiens et Français. Un Hongrois du nom de Urban fondit les canons ayant servi au siège de Constantinople en 1453. Au XIXe siècle, le recours des Turcs aux techniques militaires mises au point en Occident pour tenter de vaincre celui-ci ou du moins pour se défendre contre lui était une tradition plusieurs fois séculaire.

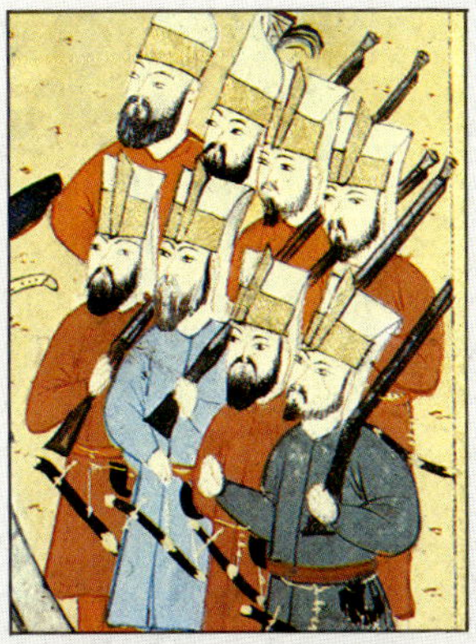

Les Ottomans mettaient leur plus grande gloire à se battre contre les pays chrétiens d'Europe. *Ci-dessous* L'armée de Soliman le Magnifique sous les murs de Vienne en 1529. Devant la violence de l'attaque turque, la ville était sur le point de se rendre, mais la hâte des janissaires à vouloir se retirer avant l'hiver força Soliman à lever le siège, au grand soulagement des Viennois. *Ci-contre* Des membres du corps des janissaires, soumis à une discipline rigoureuse et empêchés de se marier avant la fin de leur service actif. *En bas à gauche* Le sultan accompagnait habituellement l'armée en campagne ; ici, Soliman le Magnifique dirige les travaux de sape au siège de Rhodes en 1522. *Page ci-contre, en bas* Si l'infanterie adopta vite les armes à feu, la cavalerie, elle, fut plus réticente. On voit ici, à la bataille de Mohacs (1526), que la cavalerie turque préférait en découdre avec les cavaliers chrétiens. *Ci-dessous à gauche* L'armée étant toujours en campagne, la cartographie devint active : plans de villes et de ports, comme celui-ci de Nice (dessin du XVIe siècle).

Le palais du sultan

L'élément qui distingue les palais musulmans de leurs homologues occidentaux, de même qu'il distingue les habitations ordinaires de celles des Européens, est l'absence de toute façade imposante donnant sur le monde extérieur. Le Topkapi, palais des sultans ottomans du XVe siècle à la fin du XIXe siècle, en est la parfaite illustration. Mehmed II choisit pour le construire un site idéal, la pointe du Sérail, à la jonction de la Corne d'Or et du Bosphore. Le visiteur non averti ne pourra voir à distance que ce site a un caractère inhabituel. En fait, le Topkapi n'est pas un palais au sens européen du terme, mais une succession de pavillons, de cours, de jardins, de salles d'apparat, de bains, de cuisines, etc., construits au fil des siècles suivant les nécessités du moment ou le goût du faste du souverain régnant. Il n'y a pas de plan d'ensemble. Presque chaque partie du palais peut être considérée comme un monument qui est à lui seul une œuvre d'art.

Le Topkapi fut construit en grande partie au XVIe et au XVIIe siècle ; l'intérieur était généralement décoré de faïences aux couleurs vives et aux motifs entrelacés d'une finesse et d'une élégance remarquables, dus aux céramistes d'Isnik alors à l'apogée de leur art. Pendant la première moitié du XVIe siècle leur technique s'améliora rapidement. Après avoir fabriqué de simples faïences bleues et blanches, ils devinrent capables de peindre sur glacis un somptueux assortiment de bleu foncé, vert, lilas, aubergine, blanc, noir et rouge corail.

On peut se faire une idée de l'habileté des potiers d'Isnik au XVIe siècle en comparant les spécimens ci-dessous. *A gauche,* faïence bleu et blanc de la période 1490-1525, d'inspiration chinoise. *Au milieu,* spécimen de la seconde période, 1525-1550, dans le « style de Damas ». Un autre style, dit « de la Corne d'Or », utilise un vert sauge et de nouvelles nuances de bleu. Noter la vigueur du dessin et la précision naturaliste des tulipes, des œillets et des pivoines. *A droite,* la troisième période, 1550-1570, dite *rhodienne,* qui se distingue par la perfection du trait et de la couleur. Le rouge corail (bol arménien) était remarquable ; le secret en fut connu durant un siècle par les potiers d'Isnik avant d'être perdu. *Ci-dessus* Un revêtement de carreaux de céramique décore la chambre de Murad III, construite à la fin du XVIe siècle. *Page ci-contre, en bas à gauche* Les motifs décorant les carreaux de faïence — tulipes et œillets — apparaissent aussi sur un tissu turc du XVIe siècle. Brousse, l'ancienne capitale ottomane, était le centre de l'industrie textile.

Ci-dessus Au-delà des toits du harem, on voit l'entrée de la Corne d'Or, vaste dédale de passages et de petites salles isolé du reste du palais.

Ci-contre Le kiosque de Bagdad, bâti par Murad IV pour célébrer la conquête de Bagdad, reprise aux Safavides en 1638, est typique des bâtiments du Topkapi qui doivent être vus comme des monuments distincts. L'extérieur, élégant certes, ne donne qu'une faible idée de l'intérieur, décoré de carreaux de faïence aux motifs floraux et éclairé par de larges baies. L'impression de sérénité qui s'en dégage forme un vif contraste avec les horreurs de la guerre qu'il commémore. Quand Murad IV s'empara de Bagdad, il massacra une grande partie de la population: il aimait tirer à l'arc sur des cibles vivantes.

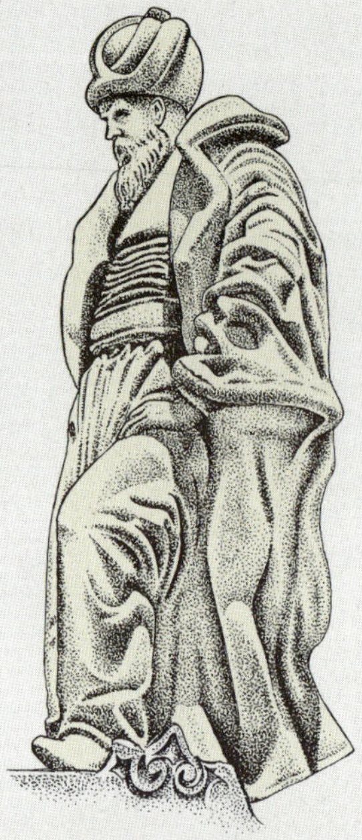

Les mosquées de Sinan

L'architecture symbolise le mieux l'esprit ottoman. Au XVIe siècle, un architecte de génie, Sinan Pacha, exprima dans ses constructions la discipline, la puissance, la splendeur et la dévotion à l'Islam, propres à l'empire ottoman. Il devint architecte royal en 1538 et le resta pendant 50 ans. Bien qu'il eût le titre officiel d'« Architecte de la demeure de la Félicité » (c'est-à-dire du palais Topkapi), il dessina les plans de plus de 300 édifices dans tout l'empire. Une aussi considérable production exige non seulement de l'énergie et du génie, mais aussi des talents d'administrateur et de meneur d'hommes.

L'œuvre remarquable de Sinan à Istanbul est à la gloire des grandes figures de son temps. Il y a les mausolées de Soliman le Magnifique, de son épouse bien-aimée Roxelane, et celui du célèbre amiral Khaireddine, édifié au bord de la mer. Il y a aussi les mosquées des grands vizirs Sokullu Mehmed Pacha et Rustam Pacha, et celle de la princesse Mihrimah, épouse de ce dernier. Les deux mosquées les plus originales sont celles qu'il construisit pour Soliman le Magnifique et Selim II à Edirne (Andrinople).

La basilique Sainte-Sophie à Istanbul fut pour Sinan à la fois un défi et une source d'inspiration. Pour lui, le fait que les architectes de l'empereur Justinien aient été capables d'édifier un dôme plus vaste que ce qu'avaient pu réaliser les architectes ottomans était un affront à l'Islam. Il décida de faire mieux. Les trois grandes mosquées, la Shehzadé, la Suleymaniyé et la Selimiyé, marquent les trois étapes principales de son approche pour relever le défi: le dôme de la Selimiyé consacre sa réussite. Nul ne pouvait rêver d'un plus magnifique monument à la gloire de l'Islam.

Sinan (1491-1588) est un représentant typique du système ottoman. Né probablement dans une famille grecque de la région de Kayseri, il fut recruté par le *devshirmé* en 1512. Il devint janissaire, fit les grandes campagnes des années 1520 et 1530, et se fit remarquer par le sultan pour ses réalisations en tant qu'ingénieur militaire. *Ci-dessus* La statue qui lui a été élevée devant l'université d'Ankara. Sinan considérait la basilique Sainte-Sophie, due à l'empereur Justinien, comme le plus grand défi qu'il ait eu à relever. Sous la domination ottomane, Sainte-Sophie fut transformée en mosquée par l'adjonction de minarets.

Page ci-contre à gauche La mosquée Shehzadé à Istanbul (1544-1548). Sinan illustre ici les possibilités insoupçonnées du dôme ; il considérait cette œuvre comme son apprentissage.

Ci-contre La mosquée Suleymaniyé à Istanbul, datant de 1550-1557 ; Sinan voyait en elle l'œuvre de sa maturité.

Ci-dessous La mosquée Selimiyé à Edirne (1569-1575). Sinan avait 84 ans quand il acheva cette construction qu'il tenait pour son chef-d'œuvre.

Sainte-Sophie, Istanbul.

Mosquée Shehzadé, Istanbul.

Mosquée Suleymaniyé, Istanbul.

Mosquée Selimiyé, Istanbul.

A gauche Ces plans illustrent les trois étapes du projet de Sinan : son édifice devait surpasser le chef-d'œuvre des architectes de Justinien, et en même temps obéir aux exigences de la liturgie islamique. Il songea d'abord à réduire la longueur, laquelle procédait du sens du mouvement qui dans une église va vers le sanctuaire, pour se conformer à un espace où tous les lieux seraient égaux comme les croyants tournés vers La Mecque. En haut, Sainte-Sophie, point de départ de Sinan. Dans la Shehzadé, il redistribua les quatre demi-dômes situés aux deux extrémités de Sainte-Sophie, pour qu'ils viennent étayer le dôme principal. Dans la Suleymaniyé, il conserva à peu près les mêmes proportions qu'à Sainte-Sophie mais fit valoir la largeur de l'édifice aussi bien que sa longueur. Dans la Selimiyé, en reprenant l'élégante formule d'un octogone comme transition entre une base carrée et une voûte en coupole, il réussit à obtenir un plus grand volume que les architectes de Justinien et à créer un espace « islamique ».

Page ci-contre à droite L'intérieur de Sainte-Sophie convertie en mosquée. La conception d'ensemble trahit cependant sa destination chrétienne ; l'œil est attiré vers l'ancien sanctuaire à l'extrémité de la nef. *Ci-dessus à droite* En regardant vers le *mihrab*, dans la Suleymaniyé, nous voyons comment cet effet a été réduit ; et en regardant dans la même direction dans la Selimiyé *(ci-dessous à droite)*, nous voyons comment il a été éliminé. « On est emporté par une vague vivifiante dans ce qui semble être une aire circulaire, tellement le dôme flottant dans les hauteurs paraît gouverner tout l'intérieur. Cet effet est accru par le recul du cercle de piliers cannelés servant de support tout autour de l'édifice, laissant dégagé le grand espace central au-delà duquel brille la niche en retrait du mihrab. Bien que ce soit là que l'œil se fixe inévitablement… on n'éprouve pas le besoin d'aller au-delà de cette enveloppe sphérique d'atmosphère sereine qui pratiquement *est* l'intérieur », écrit l'historien d'art, Michael Levey. Sinan a atteint son objectif.

Dans chaque mosquée qu'il a conçue, il a essayé de nouvelles idées. Dans la deuxième qu'il bâtit pour la princesse Mihrimah *(page ci-contre, à droite au centre)*, il a créé un espace délimité par des murs inondés de lumière, aussi le dôme paraît dépourvu de pesanteur. Dans la première qu'il construisit pour le grand vizir Sokollu Mehmed Pacha (1570-1571) *(ci-contre, en haut à droite)*, qui était ingénieusement située sur un escarpement au-dessous duquel se dresse à présent la Mosquée Bleue d'Ahmed Ier, un revêtement de carreaux de céramique tapisse les murs du mihrab jusqu'au bord même du dôme.

LES AUTRES PAYS ISLAMIQUES DE 1500 AU XVIIIe SIÈCLE

Passons aux pays en dehors de la domination des grands empires musulmans, le Sud-Est asiatique, l'Afrique, l'Asie centrale et la Chine, où en 1500, l'Afrique du Nord et l'Asie centrale mises à part, étaient apparus de nombreux nouveaux convertis à l'Islam. Ils tendaient à s'implanter dans des zones circonscrites plutôt que dans l'ensemble de ces régions. En Asie du Sud-Est, ils s'étaient établis au nord de Sumatra, sur le littoral de la presqu'île malaise et sur la côte septentrionale de Java. En Afrique, ils étaient présents sur la côte orientale jusqu'à Kilwa, et dans divers royaumes occupant la zone de savane qui s'étend au sud du Sahara. Ils étaient souvent en minorité face à de puissantes religions, comme le confucianisme en Chine et le bouddhisme ou l'hindouisme à Java. En outre, ils ne disposaient d'aucune force militaire organisée. L'Islam n'avait pas été introduit dans ces régions à la pointe de leurs lances par des tribus nomades, pas plus qu'il n'avait été imposé par la violence destructrice et la puissance de feu de l'artillerie ottomane ou mogole. Il avait au contraire fait lentement son chemin, se mêlant aux cultures locales et convertissant la population au culte du Dieu unique. Dans l'ensemble il progressait de manière pacifique. Peu de preuves tangibles soulignent ce processus, qui est beaucoup moins documenté que l'histoire des grands empires islamiques. Cependant l'intérêt présenté par ce phénomène vient de ce qu'il atteste l'extraordinaire capacité de l'Islam de s'adapter à des milieux culturels différents, et de s'exprimer dans des formes plus variées que celles dérivées de l'étude des grands empires musulmans. Il montre aussi qu'à une époque où les chrétiens commençaient à marquer de leur empreinte le continent américain, les musulmans, eux, imposaient le modèle islamique à une grande partie de l'Afrique et de l'Asie du Sud-Est.

Le commerce introduisit l'Islam dans ces régions. Les marchands musulmans, profitant de la situation géographique favorable des pays récemment islamisés, contrôlaient avant 1500 une bonne partie des échanges : le long des routes reliant la côte orientale de l'Afrique, la mer Rouge et le golfe Arabique aux riches ports de l'Inde, de l'Asie du Sud-Est et de la Chine ; par les pistes traversant le Sahara, en particulier entre les villes prospères du Maghreb, le Soudan occidental et le bassin du Niger ; et par la grande route commerciale d'Asie, l'ancienne route de la soie, partant de la Méditerranée orientale, traversant l'Iran, le Turkestan et longeant le bassin du Tarim jusqu'en Chine. Ces artères de l'économie mondiale formaient des voies de passage naturelles qu'empruntèrent les courants islamiques. Quand les musulmans eurent le contrôle des points clefs du système, leurs partenaires commerciaux non musulmans finirent par se convertir à l'Islam, en partie parce que les affaires sont faci-

Les grandes routes commerciales du monde islamique vers 1500
Le cœur du monde islamique était situé au carrefour des voies du trafic international, dont la principale était la route de la soie allant de la Méditerranée orientale à la Chine. L'Islam s'est propagé le long de ces artères, pénétrant ainsi en Asie du Sud-Est, en Asie centrale, en Afrique et en Chine.

L'expansion de l'Islam en Asie du Sud-Est, 1500-1800
En 1500, l'Islam ne s'était implanté qu'en quelques points de la côte ; en 1800, il s'était répandu dans une grande partie de l'Insulinde, notamment à Java, île prospère et très peuplée. Il avait été amené dans la région par les marchands arabes et indiens, et des relations commerciales continues le maintinrent actif et vivace jusqu'au xxe siècle. Pour bien comprendre cette carte, il faut tenir compte du fait que le processus d'islamisation, par lequel les populations adoptèrent la culture et les us et coutumes musulmans et furent amenées à se conformer à la *sharia,* fut long et progressif. Pendant des siècles, les pratiques religieuses préislamiques et islamiques coexistèrent librement : l'Islam fut parfois mis en échec et le processus de conversion religieuse inversé.

litées entre des partenaires qui ont une culture et un code juridique communs, encore que les communautés marchandes restaient ouvertes aux idées neuves. C'est ainsi que les marchands arabes et indiens introduisirent l'Islam dans l'Asie du Sud-Est, et les marchands arabes et berbères au sud du Sahara. Après 1500, alors que l'Islam était déjà bien implanté, c'est le long des routes commerciales que furent véhiculées les influences culturelles qui vinrent consolider ses positions. L'importance de ce processus ne doit pas être sous-estimée : lorsque le commerce déclina, comme cela se produisit en Chine, la pré sence musulmane dans le monde confucéen se trouva menacée ; et là où l'Islam avait déjà pénétré, comme dans l'est de l'archipel indonésien ou dans les territoires du cours supérieur du Niger, les marchands continuèrent de jouer leur rôle de pionniers.

La diffusion effective de la religion musulmane est habituellement attribuée aux saints et aux soufis. D'après la tradition javanaise, l'Islam fut introduit dans l'île par neuf saints, tandis qu'en Afrique occidentale, dans la Haute-Volta, il fut répandu par des mystiques gyrovagues. Quelques-uns de ces « pères fondateurs » se livraient probablement eux-mêmes à une activité commerciale. Le Prophète avait d'ailleurs prêché d'exemple, et ses disciples ont souvent marché sur ses traces, conscients que le négoce permettait de s'affranchir dans une large mesure de la tutelle de l'État, tout en offrant la possibilité de se conformer aux injonctions des docteurs de la loi sur la nécessité de voyager pour parfaire ses connaissances. Beaucoup, cependant, se contentaient de prendre place à bord de navires marchands ou de se joindre aux caravanes, afin d'apporter les secours de la religion à leurs compagnons de voyage et aux communautés avec lesquelles ils commerçaient. La célèbre chronique malaise *Hikayat Raja Pasai* raconte par exemple comment un soufi voyageant sur un bateau envoyé par le « roi de La Mecque » prêcha sa religion dans le nord de Sumatra. Il est évident que certains de ces soufis étaient très versés dans les sciences islamiques, mais il n'aurait guère été sage de leur part d'exiger une stricte application de la *sharia.* Il est d'ailleurs peu probable qu'ils aient été en mesure de l'imposer ; de plus, il y aurait eu probablement conflit entre les impératifs du droit musulman et les pratiques religieuses locales. Aussi, s'appuyant à l'occasion sur la pensée mystique d'Ibn'Arabi, d'une apparente tolérance, ils cherchaient des points de contact avec la société d'accueil afin d'y pouvoir jouer un rôle. Ils partageaient leur connaissance de l'expérience mystique avec des croyants se réclamant d'autres religions. Ils s'efforçaient de conjurer les forces surnaturelles qui les entouraient et semblaient sans cesse menacer l'existence des gens du commun. Ils interprétaient les rêves, faisaient tomber la pluie, guérissaient les malades et assuraient d'abondantes récoltes. Ils servaient de médiateurs entre gouvernants et gouvernés, autochtones et nouveaux venus, entre les puissants et les humbles. En fait, en s'adaptant aux coutumes et aux besoins locaux, ils acquirent bientôt une position leur permettant d'amorcer le long processus d'islamisation consistant à entraîner les populations à se conformer aux préceptes de la *sharia*.

Certes, les conversions rapides étaient rares. Soucieux d'étendre leur influence à de nouveaux territoires, les soufis ne présentaient pas l'Islam dans son intégrité et dans son exigence d'un engagement total, car pour la plupart des gens le poids de la conversion aurait été trop lourd et il leur eût fallu rompre avec leurs habitudes de vie et de pensée et procéder à une complète réorientation de leur univers mental. Le processus habituel était d'emporter l'adhésion de façon progressive, en incitant par exemple les nouveaux fidèles à mêler à leurs pratiques religieuses des pèlerinages aux tombeaux des saints. Il arriva aussi que des communautés entières adhérèrent à l'Islam après que leurs dirigeants ou leurs princes se furent eux-mêmes convertis, comme l'avaient fait les tribus d'Arabes nomades à l'époque de Mahomet. Bien que, à l'occasion, un chef fît un geste symbolique, en règle générale, lorsqu'un certain niveau d'imprégnation était atteint, l'événement était à peine perceptible et comme l'aboutissement normal d'une lente évolution. Les pratiques islamiques et préislamiques se mêlaient librement dans les activités religieuses des populations, qui en arrivaient parfois à croire que leur propre syncrétisme était le «véritable» Islam. Telle fut donc la première étape de l'islamisation, au cours de laquelle l'Islam fit preuve de souplesse et de tolérance, à l'égard des autres cultures. Une seconde étape fut franchie lorsque les nouveaux convertis entrèrent en contact avec des coreligionnaires plus anciennement islamisés, soit en se rendant au Caire, à Médine ou à La Mecque pour consulter de savants *ulama,* soit en les accueillant parmi eux comme des modèles de conduite. De tels processus finissaient par susciter des courants réformistes visant à abolir les pratiques préislamiques. Nous y reviendrons. Pour l'instant, restons au premier stade de l'islamisation, aux compromis inévitables entre la doctrine et les traditions locales dans les territoires où les musulmans cherchaient à propager leur foi.

L'Asie du Sud-Est

Nous sommes peu renseignés sur l'Asie du Sud-Est. Il n'existait pas de centre important du pouvoir musulman, dont les archives nous auraient sans doute fourni une riche documentation, à supposer qu'elles aient pu être préservées sous un climat tropical fort peu propice à la conservation du papier et des constructions en bois. Aussi, comment savoir où s'arrêtent les faits et où commence la spéculation? Il faut se garder de considérer les territoires islamisés comme une aire «cohérente» — pour reprendre un concept inventé durant la Deuxième Guerre mondiale seulement — et se méfier des généralisations hâtives. L'histoire de l'Islam dans cette partie du monde n'est pas celle d'une expansion triomphale. La religion musulmane s'est heurtée parfois aux barrières du paganisme, et il lui est arrivé de battre en retraite alors que le christianisme gagnait du terrain. Cela dit, il y

A droite: Le sultanat du détroit de Malacca et celui de Java au XVIe et au XVIIe siècle
La carte montre qu'en 1650 Aceh dominait une grande partie de Sumatra et de la péninsule malaise, alors que Mataram contrôlait presque toute l'île de Java. Noter aussi les centres d'où les saints hommes dominèrent la politique de l'île pendant une grande partie du XVIe siècle.

A gauche Le minaret de Kudus, dont les saints hommes dirigeaient le territoire de Demak. Cet édifice du début du XVIe siècle montre que la structure du temple javanais traditionnel s'adapta aux desseins islamiques.

Ci-dessous Le tombeau d'Hasan al-Din à Gowa. Ce sultan de Macassar se battit avec acharnement contre les Hollandais pour l'Islam et pour le contrôle du commerce des épices.

eut cependant une évolution qui conduisit à l'islamisation généralisée des populations indo-malaises.

En 1500, les musulmans formaient plusieurs petites communautés marchandes le long de la côte de Birmanie, en particulier dans l'Arakan dont les rois étaient sujets du sultan du Bengale. L'Indochine, conquise depuis peu par les Vietnamiens, abritait une communauté distincte de musulmans Chams. Vers le sud, la partie occidentale de l'Insulinde comportait d'importants États musulmans: le Pasaï dans le nord de Sumatra, premier bastion de l'Islam dans la région, et Malacca sur la côte méridionale de la Malaisie, qui au XVe siècle contrôlait les détroits. Depuis Malacca, les musulmans s'étaient installés le long de la route commerciale qui menait vers le nord, passait par le nord-ouest de Bornéo et atteignait les Sulu et les Philippines méridionales. Ils avaient aussi étendu leur influence jusqu'à la route commerciale qui, vers le sud, longe la côte septentrionale de Java et la côte méridionale de Bornéo et aboutit aux îles Ternate et Amboine, riches en épices, dans l'archipel des Moluques. Dans certains endroits, les musulmans ne constituaient qu'une communauté d'étrangers, et dans d'autres ils avaient amené les indigènes et les petits princes locaux à partager leurs croyances. Cependant, leur implantation n'avait généralement pas duré assez longtemps pour exercer une influence sensible sur l'arrière-pays, bien qu'ils semblent s'être installés à la cour indo-bouddhiste du royaume de Majapahit, au centre de Java.

Le XVIe siècle commença fort mal pour l'Islam. Malacca fut prise par les Portugais en 1511 et Pasaï en 1521. En l'espace de trois ans, cependant, le nouvel État d'Aceh (Atchem) chassa les Portugais du nord de Sumatra et s'efforça durant près d'un siècle de les expulser de la presqu'île malaise, parfois avec l'aide des Ottomans. Aceh devint le nouveau bastion de l'Islam, attirant les marchands musulmans de Malacca et contrôlant les côtes orientale et occidentale de

Sumatra. Sous le règne du sultan Iskander Muda (1608-1637), Aceh devint un centre prospère où faisaient escale tous ceux qui commerçaient dans les mers du Sud — Indiens, Chinois et Européens. On encouragea l'étude des sciences religieuses, on construisit de vastes édifices, et l'Islam gagna une grande partie de Sumatra, y compris Minangkabau. Mais Aceh ne tarda pas à décliner : fermeture des marchés japonais, conquête de la Chine par les Mandchous, essor de Macassar à l'est et prise de Malacca par les Hollandais en 1641. Néanmoins l'État resta relativement fort jusqu'à la fin du siècle, au point de recevoir une ambassade mecquoise et d'opposer un refus aux exigences d'une ambassade anglaise.

Macassar remplaça Aceh en tant que bastion de l'Islam face aux intrus européens. Cet État du sud-ouest des îles Célèbes fut islamisé tardivement, et ses chroniqueurs nous ont laissé des détails précis. Le 22 septembre 1605, le prince de Tallo se convertit, et le 19 novembre 1607 eut lieu la première prière du vendredi. Les étrangers notèrent qu'à partir de cette époque le porc se fit rare, et les États voisins eurent à pâtir de la guerre sainte qui ne tarda pas à être déclarée. Macassar, vite connu pour l'intransigeance de sa foi, combattit les Hollandais parce qu'ils étaient chrétiens, bien sûr, mais aussi pour les supplanter dans le contrôle du commerce des épices. Le plus grand prince de cet État fut Hasan al-Din (1631-1670) dont l'empire à son apogée s'étendait de Bornéo à la Nouvelle-Guinée et de Lombock aux Philippines méridionales. Ce n'est qu'après de longs et durs combats qu'il signa avec les Hollandais un traité mettant fin à la suprématie commerciale de Macassar et à son hégémonie politique dans la région.

Tandis qu'Aceh et Macassar défendaient les intérêts de l'Islam sur le littoral, les musulmans gagnaient aussi du terrain au cœur de l'archipel, notamment à Java, l'île la plus riche et la plus peuplée de l'Insulinde. Demak, la plus importante des principautés musulmanes sino-javanaises de la côte septentrionale, s'étendit d'abord vers l'ouest, annexant Cheribon et diffusant l'Islam dans le sud de Sumatra, puis vers l'est, où il détruisit les vestiges de l'ancien Majapahit en 1527, avant de baisser pavillon en 1546 devant le dernier rempart de l'hindouisme à l'est de Java. Dans le même temps, les soufis déployèrent une intense activité dans toute l'île. Nombre d'entre eux professaient un mysticisme panthéiste qui fut bien accueilli par les nombreux Javanais hindouistes. Certains soufis servaient les intérêts des dirigeants musulmans, mais la plupart gardaient leurs distances vis-à-vis du pouvoir civil, vivant avec leurs disciples

La culture javanaise et l'Islam

Entre 1500 et 1800, l'Islam étendit à des degrés divers son influence sur la plupart des populations des îles de l'Asie du Sud-Est. Ce processus n'entraîna pas une transformation radicale de la vie religieuse. Transformation est un terme trop fort, car il implique la notion d'achèvement, en raison des généralisations hâtives que nous avons tendance à faire. Il est certain qu'il y eut un puissant courant vers une sorte d'orthodoxie islamique dans le nord de Sumatra, qui était depuis longtemps la région la plus en contact, sur le plan commercial et culturel, avec les musulmans de l'Inde et de l'Arabie. Par ailleurs, à Java, l'île la plus riche et la plus peuplée de la région, où la civilisation indo-bouddhique avait connu jadis un brillant essor, il n'y eut qu'une implantation progressive des nouvelles préférences religieuses à côté des anciennes croyances: la sculpture de la forme humaine fut abandonnée, ainsi que l'incinération des morts, mais les épopées hindoues restèrent en honneur, et l'on continua de consulter la déesse de l'Océan méridional. De même, le changement d'atmosphère religieuse influença, mais sans les dénaturer, les formes d'art propres à l'île. Les manches de kriss, les danses, les motifs *batik* et les marionnettes *wayang* montrent comment les Javanais prirent en compte le nouveau monde islamique dans lequel ils vivaient.

Il existe de nombreux styles de danses féminines. Mais il n'en est aucun où les genoux soient écartés et les jambes levées comme le font les danseuses du Barabadur hindou ou du temple de Shiva à Prambanam (xe siècle) *ci-dessous.* La retenue et le raffinement caractérisent cet art, ainsi qu'en témoigne la danseuse de cour de Mangkunagaran, Surakarta, *en bas.* Il paraît probable que l'importance accordée par l'Islam à la pudeur féminine a mis un frein à la liberté de la danseuse.

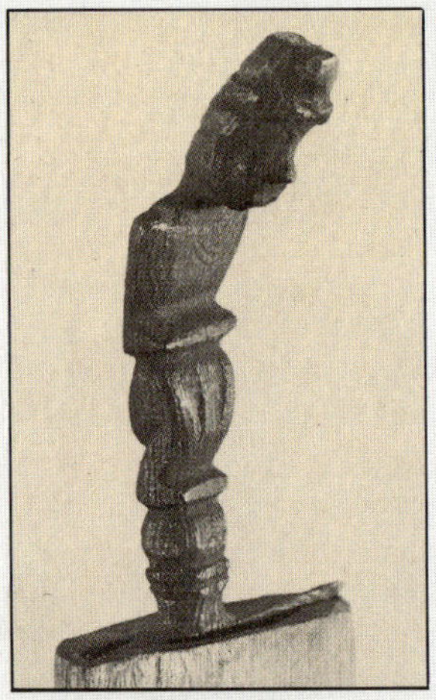

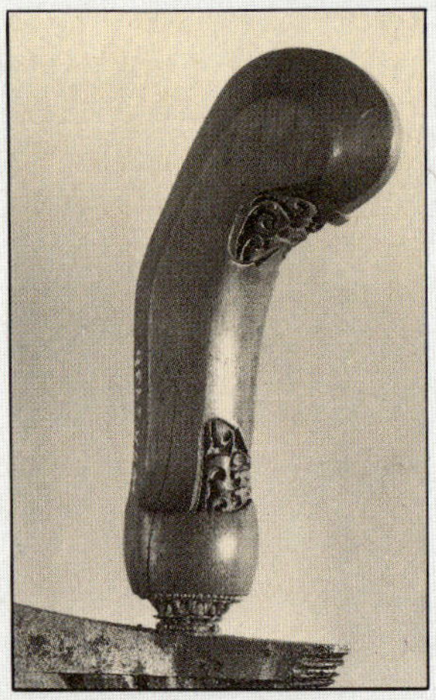

Le poignard appelé *kriss* est un élément essentiel de la tenue traditionnelle à Java. Il y a de nombreux styles régionaux, qui ont subi des modifications sous la domination islamique. *Ci-dessus à gauche* Kriss du centre de l'île, antérieur à 1500, dont le manche représente un démon anthropomorphe: c'est le type *Hockerstellung* des kriss de Majapahit. *Ci-dessus* Un manche classique du centre de Java, du XVIIIe ou du XIXe siècle, qui est dérivé du type Hockerstellung et qui montre comment le démon a été stylisé sous l'influence de l'Islam. A gauche, un manche de l'île de Bali, toute proche, où il n'y a pas eu d'influence islamique.

dans des communautés séparées. Ils favorisèrent l'essor du Demak, et Shaikh Ibn Mawlana de Pasaï, par exemple, dirigea la campagne qui aboutit à convertir la partie occidentale de Java, acquise au paganisme, et à en faire l'État musulman de Bantam. Mais, après le déclin du Demak, ces soufis, dont l'autorité spirituelle se doublait d'un pouvoir temporel, se posèrent en arbitres de la politique de l'île. Les plus influents étaient les saints hommes de Kudus, qui dirigèrent le Demak jusqu'en 1588, les saints hommes de Giri, dont les disciples répandirent l'Islam à l'est de l'archipel et dont la renommée s'étendit jusqu'en Chine, et les saints hommes d'Adi Langu, dont le représentant le plus éminent, Sunan Kali Jaga, devint le chef spirituel de l'empire de Mataram.

L'avènement du Mataram marqua une nouvelle étape dans l'expansion de l'Islam à Java. Pour la première fois, le pouvoir musulman était installé non pas sur le littoral, mais au centre traditionnel du gouvernement javanais dans l'arrière-pays. A son apogée sous le règne de Sultan Agung (1613-1646), Mataram dominait presque toute l'île, à l'exception de l'enclave de Batavia tenue par les Hollandais. Le régime de Sultan Agung s'inspirait nettement de la religion du Prophète : il introduisit le calendrier islamique, visita les tombeaux des saints et reçut de La Mecque le titre de sultan. Comme beaucoup de princes musulmans, il se heurta d'ailleurs à l'opposition des gardiens de la foi. Mais il est impossible de savoir dans quelle mesure les conflits qui éclatèrent eurent pour cause la tension traditionnelle entre les ports de la côte septentrionale et l'arrière-pays producteur de riz, ou bien celle tout aussi endémique entre pouvoir temporel et autorité spirituelle en terre d'Islam. Il apparaît cependant que Sultan Agung et ses successeurs se heurtèrent à une telle hostilité de la part des saints hommes de l'île — qui suscitèrent des révoltes et s'efforcèrent d'intervenir dans les problèmes de succession — que dès la fin du XVIIe siècle ils durent faire appel aux Hollandais pour conserver une autorité de plus en plus chancelante.

Il leur fallut en payer le prix et céder aux Européens une grande partie de leur territoire, si bien qu'à la fin du XVIIIe siècle ils ne possédaient plus que la partie sud du centre de Java.

Les relations entre les autorités religieuses et la pouvoir politique varièrent considérablement. A Mataram, elles furent incontestablement mauvaises. Au XVIIe siècle, les souverains allèrent jusqu'à faire exécuter les principaux chefs spirituels et leurs familles, et ils essayèrent même une fois d'exterminer tous les soufis de l'île. En tant que force politique, les saints hommes furent finalement vaincus, mais ils survécurent. Appelés couramment *kiyayi,* ils vivaient dans des communautés distinctes dont les membres suivaient scrupuleusement leur exemple, ou bien s'installaient à l'écart avec leurs familles et quelques disciples, tirant leur subsistance des produits de la terre et dispensant leur connaissance du Coran, des traditions, de la Loi révélée et de la pensée mystique. Il n'est pas étonnant, après les persécutions qu'ils avaient subies, qu'une des croyances, de caractère messianique, largement répandues dans les écoles et les communautés religieuses concernait l'avènement d'un *ratu adil* ou « prince juste ».

A Aceh, la situation était très différente. Les hommes de culture servaient l'État, qui assurait l'enseignement des sciences profanes et religieuses. Au XVIIe siècle, Aceh était le principal centre culturel

Le monde des *wayang* nous introduit au cœur de la civilisation javanaise. Il n'y a eu aucune altération des poèmes épiques hindous, ni apparemment des curieuses formes du *wayang kulit* ou théâtre d'ombres qui les ont illustrés traditionnellement. L'Islam a fait ajouter un nouveau cycle au corpus, l'histoire d'Amir Hamza, oncle du Prophète, jouée par les très réalistes marionnettes *wayang golek,* ce qui est paradoxal étant donné la proscription des images par l'Islam. *Ci-contre* Marionnette *wayang golek* d'Umar Maya, compagnon d'Amir Hamza. *Tout à gauche,* marionnette *wayang kulit.*

Le *batik* est une contribution notable de Java au monde des étoffes, et l'ornement typique du vêtement javanais. Le mot est javanais et signifie « peinture à la cire ». La cire, d'abeille habituellement, est appliquée sur le tissu de coton ou parfois de soie, en laissant certaines parties à découvert. Le tissu est ensuite teint, ce qui a pour résultat de laisser une empreinte. Les motifs sont des éléments naturels sous une forme stylisée : fleurs, papillons, fruits, oiseaux, feuillage, coquilles, et parfois un kriss ou un bateau. L'avènement de l'Islam a influencé les motifs et tempéré l'exubérance javanaise : là où il est bien implanté on ne représente plus de créatures vivantes, mais seulement des formes très stylisées et le plus souvent géométriques.

Ci-dessus à gauche Batik traditionnel du centre de Java, orné du motif *garuda,* composé de fleurs et d'oiseaux. Le *garuda (à gauche)* était un oiseau mythique et un thème traditionnel fort prisé, en particulier par les sultans de Jogjakarta.

Ci-dessus à droite Batik de soie de la côte nord de Java, où l'influence islamique a historiquement été la plus forte. Le dessin est d'une grande minutie et sans la moindre créature vivante : voir le détail de cette étoffe *(en haut).*

de l'archipel. Les *ulama* et les livres venaient de l'Inde et de l'Arabie, tandis que les gens du cru faisaient le pèlerinage à La Mecque et allaient étudier auprès des *ulama* du Hedjaz, du Yémen et du Golfe. Aceh envoyait aussi des ambassades aux cours mogole et ottomane. Si les sultans de Mataram devaient tenir compte de la société en partie hindoue sur laquelle ils régnaient, ceux d'Aceh s'intégraient de plus en plus au monde islamique.

Ces différences sont encore accentuées par le fait que la foi musulmane s'exprimait diversement. A Mataram, où l'Islam eut à combattre les anciennes traditions hindo-bouddhistes, la plupart des Javanais étaient probablement musulmans à la fin du XVIIIe siècle. Le processus fut marqué notamment par l'abandon de l'incinération des morts et de la représentation humaine en sculpture. Le problème, présent au cœur même du conflit entre les deux grandes traditions religieuses, était de faire accepter un dieu purement transcendant à des gens pour qui il existait en toute chose. Bien entendu, on fit appel à la pensée d'Ibn'Arabi pour surmonter cette divergence. Cependant, quand les soufis adaptèrent leur démarche au monde qu'ils désiraient transformer, ils se rapprochèrent dangereusement des croyances préislamiques. Lorsque certains Javanais se virent expliquer la relation de Dieu au monde dans les mêmes termes que celle de Vishnu et Krishna, ou qu'ils connurent l'histoire de Lebe Lontang qui était parvenu à la parfaite réalisation spirituelle et pouvait donc dédaigner les formes rituelles, ils prirent la métaphore pour ce qu'elle était.

En revanche d'autres entendirent simplement parler de dieux vénérables et rassurants, et ils comprirent que Lebe Lontang rejetait toute formulation catégorique de la loi et de la doctrine religieuses, comme les anciens maîtres de l'ésotérisme l'avaient fait traditionnellement. Si certains finirent par se rallier à la notion d'un dieu transcendant, d'autres, probablement la majorité, continuèrent de faire leurs dévotions à une foule de dieux et de demi-dieux tout en observant les rites musulmans.

A Aceh, de telles ambiguïtés furent beaucoup moins marquées. Les *ulama* à l'esprit pointilleux avaient moins de raisons de se sentir concernés car, ici, l'Islam n'était pas sérieusement controversé; les grands problèmes de l'heure étaient moins entre un panthéisme islamique et un panthéisme hindo-bouddhique qu'entre écoles rivales d'*ulama*. Au début du XVIIe siècle, Aceh semble avoir été dominé par une école de soufis hétérodoxes admirateurs d'Ibn'Arabi. Le plus éminent fut Hamza de Fansur (mort vers 1600), et son disciple et successeur Shams al-Din de Pasaï fut un des favoris de Sultan Iskander Muda. A la mort de celui-ci, en 1637, un docteur indien, Nur al-Din al-Raniri, récemment débarqué, attaqua les positions hétérodoxes de Shams al-Din, brûla ses livres et persécuta ses disciples. Les différences religieuses ne portaient que sur l'interprétation plus ou moins stricte de l'œuvre d'Ibn'Arabi, et il semble bien qu'à l'origine il n'y ait eu qu'une lutte d'influence à la cour. Mais Aceh entretenait avec les milieux intellectuels de l'Islam des rapports si étroits, et l'intérêt suscité par les différends entre ses *ulama* était tel que vers 1640 les échos de cette dispute avaient atteint Médine, où l'une des grandes figures de l'époque, Ibrahim al-Kurani, écrivit un ouvrage magistral pour trancher la question. Les plus brillants de ces hommes de savoir ne le cédaient en rien à leurs homologues des autres pays du monde islamique. Citons Abd al-Rauf de Singkel qui, après avoir étudié le soufisme et les sciences islamiques dans divers centres d'Arabie entre 1640 et 1661, retourna enseigner et écrire à Aceh pendant plus de 30 ans, et fit la première traduction du Coran en malais.

Les trois siècles qui suivirent 1500 constituent une période capitale dans les progrès de l'Islam en Asie du Sud-Est. Les voies de pénétration ne furent pas toutes utilisées. Il n'y eut aucune diffusion en Birmanie ou en Indochine, où le commerce international était très réduit. Sans les renforts réguliers venus des principaux pays musulmans grâce à un trafic intense, l'Islam n'aurait certainement pas pu se développer devant les cultures bouddhique et confucéenne solidement implantées. De plus, aux Philippines, l'Islam se trouva confiné, à partir de 1570, dans le sud de Mindanao à cause de l'occupation espagnole. Mais dans le reste de l'Insulinde de grands progrès furent réalisés. On peut s'interroger sur son extension territoriale. Aucun État musulman important ne survécut à la fin du XVIIIe siècle, et la Compagnie hollandaise des Indes orientales occupait la plus grande partie de Java. En fait, le principal événement dans l'historiographie de la région fut l'essor de la domination européenne à partir de 1500. Mais les historiens ont depuis peu minimisé son importance. Au XVIIIe siècle, les Hollandais étaient loin d'avoir acquis une influence politique déterminante, et leur commerce périclitait. Ailleurs, leur rôle avait été négligeable. Les indigènes ne s'étaient pas faits à la culture européenne, et bien peu avaient embrassé le christianisme. C'étaient les Hollandais, au contraire, qui avaient adopté dans une large mesure les us et coutumes du monde dans lequel ils vivaient. Les principales influences de l'Occident étaient celles que les musulmans avaient véhiculées oralement ou par leurs écrits, comme Nur al-Din al-Raniri ou Abd al-Rauf de Singkel. Ainsi les Indo-Malais eurent connaissance de la pensée rationaliste occidentale à travers les œuvres de Platon, de Plotin et des néo-platoniciens, qui faisaient partie intégrante de la tradition spéculative islamique. Dès lors, leur attachement à la métaphysique hindo-bouddhique, parée d'un symbolisme anthropomorphe, se relâcha. Et c'est ainsi qu'ils finirent par adhérer à la grande tradition monothéiste et par perdre leur foi dans les anciennes mythologies. L'importance de cette transformation différait d'un lieu à l'autre: très sensible dans le nord de Sumatra, elle restait floue à Java, et superficielle à Bornéo. Mais le changement était décisif dans l'orientation de la civilisation indo-malaise.

Certains aspects de ce changement sont visibles dans les processus d'échanges culturels. L'expression la plus nette de l'influence grandissante de l'Islam fut la diffusion de la langue malaise comme véhicule littéraire ou philosophique. Transcrite en caractères arabes, elle fut utilisée dans de nombreux ouvrages, tant populaires que savants. D'où la profusion de récits épiques et de romans, de contes religieux, de traductions de textes dans le droit fil de l'orthodoxie islamique (d'al-Ghazali ou al-Taftazani par exemple), ainsi que d'écrits contemporains tels que la poésie mystique d'Hamza de Fansur ou le *Sirat al-Mustaqim* d'al-Raniri. La langue s'enrichit de termes techniques et autres empruntés à l'arabe, dont l'usage se généralisa sur les routes commerciales de l'archipel et fit reculer le javanais.

Toutefois le succès du malais parmi les langues de la

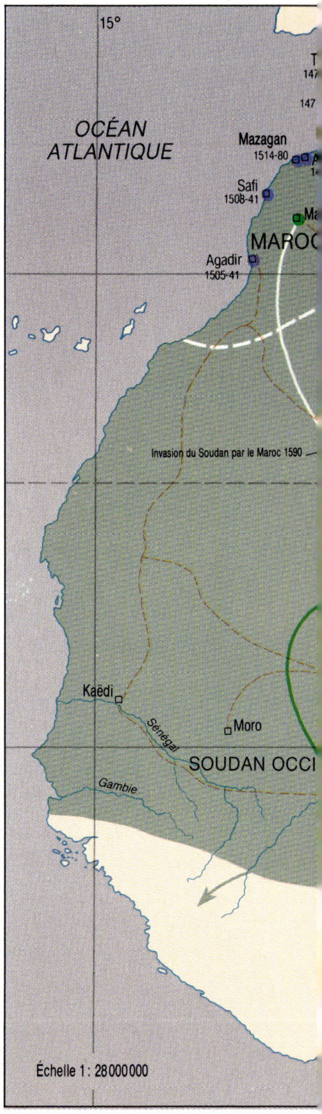

L'Islam en Afrique hors de l'empire ottoman de 1500 à 1800
Les marchands avaient introduit l'Islam sur une grande partie de la côte orientale de l'Afrique et dans les territoires au sud du Sahara. A partir du XVIe siècle il ne cessa de gagner du terrain, et, comme dans le Sud-Est asiatique, il y eut une coexistence souvent difficile entre les pratiques religieuses préislamiques et islamiques. Les *ulama* et les soufis s'efforcèrent de défendre leur foi et de promouvoir une société islamique d'une orthodoxie plus rigoureuse. Bien que l'influence européenne commençât de se faire sentir sur les côtes du Maroc et de l'Afrique orientale, il fallut attendre longtemps avant que se transformât la géographie politique du continent. Durant ces trois siècles, les États établis sur la bordure méridionale du Sahara étaient tournés vers le Maroc et l'Égypte et non vers les débouchés océaniques.

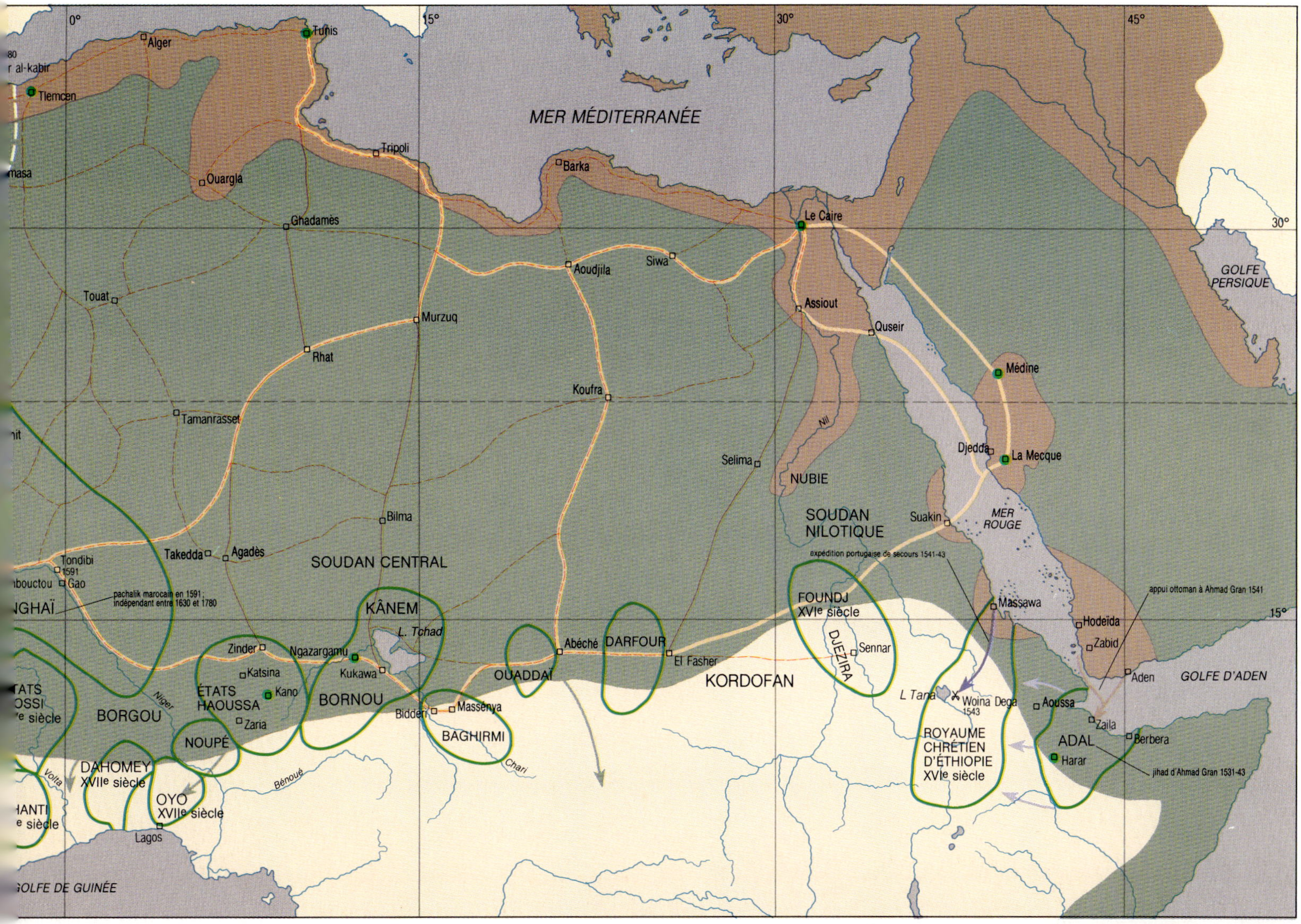

- étendue du monde islamique v. 1500
- raids de l'Islam
- étendue de l'empire ottoman en 1683
- apparition de nouveaux États
- jihad d'Ahmad Gran
- possession portugaise
- 1486-1541 dates d'acquisition et de perte
- site d'une bataille importante
- étendue du territoire marocain
- centre d'enseignement
- routes de pèlerinage
- principales pistes caravanières
- pistes caravanières secondaires

N.B. L'utilisation des pistes caravanières était soumise constamment à des changements politiques et économiques

région ne doit pas nous amener à penser que la culture islamique absorba toutes les formes culturelles antérieures. Dans d'autres domaines, d'anciens systèmes furent modifiés afin de répondre à de nouvelles exigences, en particulier à Java, mais les anciens modèles étaient encore perceptibles. Les motifs des *batik,* par exemple, se firent plus stylisés ; les pièces de théâtre à masques, après avoir été bannies des cours musulmanes, furent reprises par des troupes ambulantes ; et la tradition des danses féminines se perpétua mais avec toutefois plus de retenue (plus de genoux à découvert ou écartés ni de jambes haut levées). Les styles de l'architecture préislamique, comme partout ailleurs dans le monde musulman bien que de façon moins pittoresque, s'adaptèrent parfaitement aux nouvelles exigences religieuses. Ainsi le minaret de Kudus, datant du XVIe siècle, est de style hindo-javanais, et la plupart des mosquées de Java et de Sumatra ont des toits à plusieurs niveaux comparables à ceux des pagodes. La seule chose qui ne subit guère de modifications fut le *wayang* ou théâtre d'ombres. Les cycles traditionnels de pièces tirées notamment du *Ramayana* et du *Mahabharata* hindous restèrent inchangés. La seule concession à cet art séculaire fut le développement d'un nouveau genre dramatique, le *wayang golek,* dans lequel les pièces les plus populaires étaient basées sur la vie de l'oncle du Prophète, Amir Hamza. Cela mis à part, le monde du *wayang* continua de faire connaître le panthéon hindou et ses valeurs traditionnelles en même temps que le message de l'Islam.

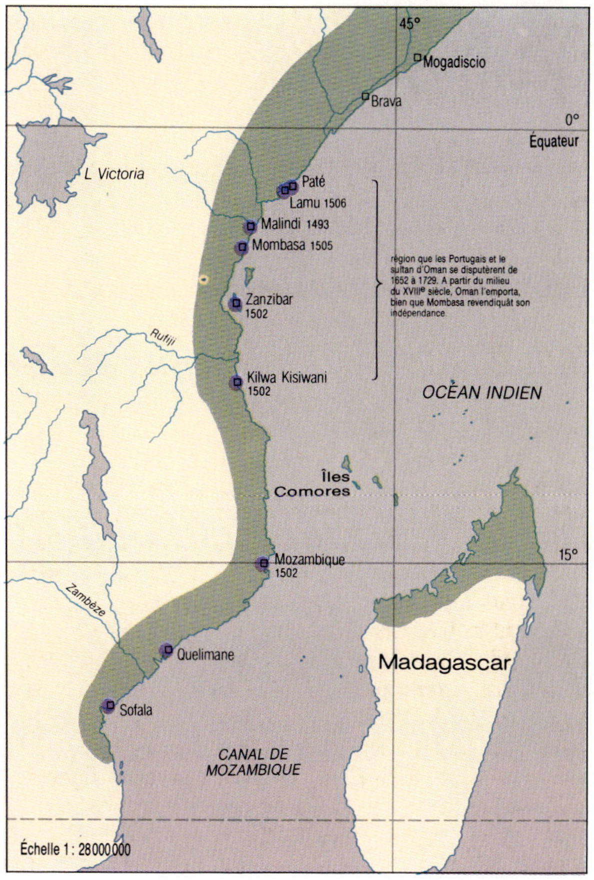

L'Afrique

Nous avons affaire ici à la région qui s'étend du Maroc au nord-ouest jusqu'à l'océan Indien, et qui échappait à la domination directe de l'empire ottoman. Elle n'avait à craindre aucune menace sérieuse venue de l'extérieur, à part les attaques sporadiques des Turcs ou le harcèlement importun des marchands européens. Cette vaste partie de l'Afrique ne jouit d'ailleurs d'aucune unité. L'histoire du Maroc diffère profondément de celle du Soudan nilotique ou de la Corne de l'Afrique, à l'exception d'un trait commun. Au début du XVIe siècle, les champions de l'Islam vinrent y propager leur foi et y proposer un modèle plus strict de société islamique. A partir de 1500 et pendant trois siècles, dans les États gouvernés par des souverains musulmans, *ulama* et soufis travaillèrent à renforcer les positions de l'Islam, et pas nécessairement contre la volonté royale, tout en continuant à propager leur foi au-delà des frontières, le long des routes commerciales. Les docteurs de la loi et les soufis exercèrent une influence considérable, en partie parce qu'ils étaient parfois le principal soutien du pouvoir temporel, et en partie parce que celui-ci était souvent des plus précaires.

Il y avait des musulmans en Afrique orientale depuis l'époque du Prophète. Mais, excepté dans la Corne où ils s'étaient installés au pied des plateaux d'Éthiopie, ils étaient restés dans des ports actifs comme Mombasa, Paté, Kilwa, Sofala, tous tombés aux mains des Portugais après 1500. La Corne avait aussi ses comptoirs maritimes, notamment Mogadiscio et Zeila, qui avaient échappé à la conquête portugaise, mais il y avait dans l'arrière-pays des États musulmans longtemps tributaires de l'Éthiopie et désignés collectivement sous le nom d'Adal. Ils se révoltaient souvent contre leur suzerain, et la crise la plus grave éclata au début du XVIe siècle: Ahmad Gran (1506-1543) proclama la *jihad* et prit la tête d'un mouvement réformiste dirigé contre l'Éthiopie chrétienne et les partisans de la coexistence. Pendant 12 ans il ravagea les territoires chrétiens, avec l'aide efficace des Somalis nomades, mais il finit par être battu et tué par les Portugais. Ce fut la fin d'Adal en tant que fédération d'États musulmans de l'intérieur, mais les régimes islamiques de la côte accrurent leur puissance. Plus au sud, les musulmans poursuivirent la lutte contre les Portugais jusqu'au milieu du XVIIe siècle: les Omanis furent alors assez forts pour les chasser et pour offrir leur protection.

Au Soudan nilotique surgit un mouvement décisif en faveur de l'Islam. Vers le début du XVIe siècle,

A partir de 1527 Ahmad Gran, le chef d'un mouvement réformiste militant basé au Harrar, proclama la guerre sainte contre l'Éthiopie et ses alliés. De 1531 à 1543 il ravagea le royaume chrétien, détruisant églises et monastères et forçant les chrétiens à se convertir à l'Islam. Pour défendre leurs positions, les Portugais bâtirent le château de Gondar, *ci-dessus*.

Les déserts, la savane et la forêt en Afrique

les tribus arabes musulmanes de la haute Égypte conquirent le royaume chrétien de Nubie, mais ils furent soumis à leur tour par des pasteurs nomades païens, les Foundjis, venus du sud en suivant le Nil. Cette défaite ne tarda pas à se changer en victoire quand les Foundjis (ou Founj) rallièrent l'Islam, et que la Nubie et El Gezira se firent musulmans. Les *ulama* et les soufis jouèrent un rôle capital dans cette conversion; ils se virent octroyer de vastes terres et furent parfois à l'origine de puissantes dynasties. Ainsi le territoire des Foundjis païens devint un sultanat musulman qui dura du milieu du XVIe siècle jusqu'à la fin du XVIIIe; il fut alors éclipsé par un sultanat rival basé à Darfour, dans la lointaine province occidentale du Kordofan.

Encore plus à l'ouest il y avait les royaumes peu connus du Ouaddaï et de Baghermi, dont les souverains se firent musulmans à l'époque qui nous occupe. Puis autour du lac Tchad s'étendait le royaume de Kanem-Bornou, qui fut pendant longtemps un centre caravanier sur la bordure méridionale du Sahara, entretenant un commerce actif avec l'Égypte et Tripoli. A la fin du XVe siècle, le royaume entra dans une nouvelle ère de prospérité, symbolisée par la construction d'une capitale fortifiée à Ngazargamo, sur les rives de l'Yo. Il atteignit son apogée sous le règne d'Idris Aloma (1570-1619). Pendant un certain temps, le Kanem-Bornou fut un puissant État au cœur du Sahara, traitant avec les Saadiens du Maroc et les Ottomans, cependant que leurs connaissances militaires et leurs armes à feu leur donnaient l'avantage dans les guerres locales. A la même époque se renforcent les positions de l'Islam, la *sharia* étant largement enseignée et appliquée par les *ulama*. «La vérité et la justice fleurirent d'elles-mêmes», écrit un chroniqueur royal, «le mal se retira et se cacha, et la voie de l'équité fut pleinement établie, sans entraves ni traverses, de sorte que les notables se firent musulmans...» Le royaume resta puissant jusqu'au milieu du XVIIIe siècle; durant cette période, les souverains réputés surtout pour leur piété ainsi que les *ulama* jouèrent un rôle prépondérant.

A partir du règne d'Idris Aloma, le pays haoussa fut sous l'influence du Kanem-Bornou. La savane s'étendant à l'est du Niger était occupée par un ensemble d'États-cités, certains en plein essor, d'autres sur le déclin; les principaux étaient Katsina, Kano, Gobir et Zaria, et ils étaient tous en guerre les uns contre les autres. Le trafic caravanier était le principal fondement de ces États. L'Islam empruntait ces voies de pénétration, qui allaient d'est en ouest à travers la savane et descendaient du nord le long de la côte atlantique, et les peuples haoussa en vinrent à ménager les susceptibilités musulmanes. Ainsi le roi Muhammad Rumfa (1463-1499) de Kano rompit symboliquement avec les superstitions ancestrales en faisant abattre l'arbre sacré qui s'élevait près de la mosquée. Toutefois, au cours des trois siècles suivants les anciennes croyances restèrent encore vivaces.

Le plus grand État du Soudan occidental était l'empire songhaï de Gao. Au XVIe siècle, à son apogée, il englobait la grande boucle du Niger depuis les États haoussa à l'est, s'étendait jusqu'au Borgou au sud et la côte atlantique à l'ouest où il possédait, au-delà du désert septentrional, les précieux gisements de sel de Taghaza et de Taodeni non loin de la frontière marocaine. Ici aussi, l'influence de l'Islam se fit sentir. En 1493, Askia Muhammad, un haut dignitaire, mit en demeure le roi, qui reconnaissait officiellement l'Islam à côté des nombreux cultes animistes, de déclarer s'il était ou non musulman. Le roi ayant refusé de prendre position, Askia le battit au combat et s'empara du trône. Il traita les *ulama* avec beaucoup d'égards et, mettant sa révolution sous le signe de l'Islam, il fit le pèlerinage de La Mecque entre 1495 et 1497. Le peuple songhaï se montra très peu enclin à renoncer à ses habitudes religieuses, et durant tout le XVIe siècle les successeurs d'Askia furent incapables, ou peu désireux, d'imposer un régime islamique rigoureux. En fait, l'hostilité entre les musulmans et ceux qui mêlaient des pratiques animistes à la foi du Prophète fut la cause de querelles intestines qui affaiblirent l'État. Aussi, lorsque le Maroc décida de mettre fin à une situation dans laquelle un pouvoir noir contrôlait les deux grandes routes commerciales sahariennes de l'or et du sel, d'une importance vitale, l'empire songhaï ne put résister. De 1591 à 1630, le Maroc domina les grandes cités de la boucle du Niger, puis relâcha son emprise. Mais la puissance songhaï était abattue, et le trafic transsaharien qui avait fait sa prospérité décrut. Seule l'enclave de Tombouctou persista jusqu'à la fin du XVIIIe siècle, et devint célèbre plus par l'enseignement de ses *ulama* que par l'autorité de ses pachas.

L'intervention marocaine dans les affaires du Soudan attire notre attention sur le dernier État musulman d'Afrique échappant à la suzeraineté de l'empire ottoman. Le Maroc avait été islamisé dès les premiers siècles et, avec ses frontières fermement établies selon un tracé qui a persisté jusqu'à nos jours, il était depuis longtemps passé par le processus de formation de l'État et par ses diverses étapes, qui avaient donné naissance aux régimes du Soudan occidental. La question qui se posait alors n'était pas de savoir si l'État devait être constitué ou reconstitué, mais qui régnerait sur un territoire bien défini. Cela dit, les Portugais exerçaient au début du XVIe siècle une pression croissante le long du littoral, ce qui ne faisait que renforcer le nombre et l'influence des marabouts (le terme est une corruption française de l'arabe et désigne un homme «soumis» à Dieu) ou soufis marocains, hostiles à leur présence. Ce mouvement d'opinion permit à une famille de saints hommes, les Banu Saad, d'expulser les Portugais en 1549 et de s'emparer du pouvoir au détriment des Wattassides en 1553. Les Saadiens repoussèrent une nouvelle invasion portugaise à al-Qasr al-Kabir en 1578, s'employèrent à ruiner l'influence de ces mêmes marabouts qui les avaient aidés à prendre le pouvoir, créèrent une administration centralisée qui dura jusqu'au XXe siècle et établirent à Marrakech une cour brillante. L'État devint si puissant que les Ottomans en prirent ombrage et que le plus grand prince saadien, Ahmad al-Mansur (1578-1603), se sentit assez fort juste avant de mourir pour projeter la conquête de l'Espagne avec Elisabeth Ire d'Angleterre. Mais des querelles dynastiques affaiblirent l'État, les marabouts reprirent quelque influence, et vers 1660 une autre famille de saints hommes, les Alaouites, joua un rôle prépondérant. L'appareil saadien se trouva ainsi renforcé, comme dans les pays islamiques du Proche et du Moyen-Orient, par des sujets loyaux. Les Alaouites durent faire face à un double problème: affirmer le pouvoir de l'État sur les confréries soufies et les tribus berbères, et protéger l'intégrité du territoire face aux menaces européennes.

En Afrique, le rôle des propagateurs de l'Islam était plus important que dans l'Asie du Sud-Est; en

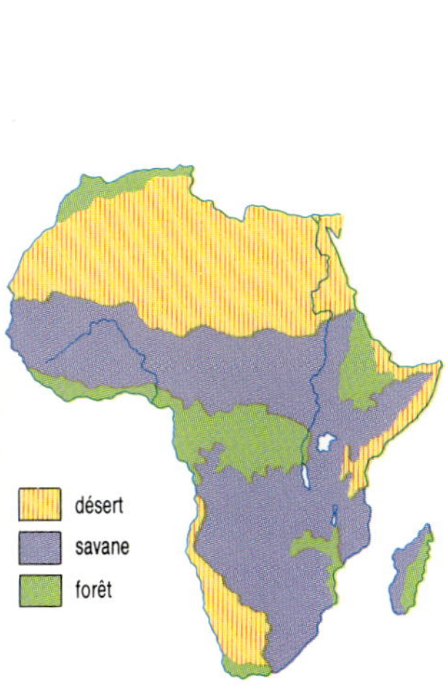

A gauche Les *ulama* étaient très influents et ils dominèrent parfois la politique des États de l'Afrique occidentale, c'est pourquoi leurs mosquées sont les principales constructions ayant survécu jusqu'à nos jours. Tombouctou était le premier centre intellectuel au sud du Sahara, et la mosquée de Sankoré, représentée ici et datant des XIVe et XVe siècles, était réputée pour la richesse de l'enseignement qu'on y dispensait.

A droite La vie religieuse au Maghreb, tels les autres aspects de la vie, était dominée non par les *ulama* mais par les marabouts, qui étaient les équivalents des soufis. Leur influence s'affirma au XVe siècle, en raison de la menace des incursions chrétiennes et de l'incapacité des dirigeants politiques. Aussi vit-on se multiplier à travers le pays des sanctuaires, comme celui-ci à Melîka, où l'on allait s'imprégner de la *baraka* ou influx bénéfique lié à la présence des saints hommes défunts.

partie parce que nous en savons davantage sur eux que sur d'autres régions du monde islamique, et en partie parce que, le Maroc mis à part, l'autorité de l'État était encore plus faible que dans les sultanats de l'Insulinde. Cette transmission religieuse était assurée soit par les *ulama,* soit par les soufis. Ils étaient les maillons de véritables chaînes de transmission remontant loin dans le passé et qui se sont perpétuées jusqu'à nos jours. En même temps que la connaissance de l'Islam, ces hommes ont répandu une foi vivante, et ils eurent plus de réalité que les États subsahariens à demi fantômes. Ces courants de transmission semblent plus qu'ailleurs figurer les artères de la société musulmane, et tout comme le souvenir des hauts faits de ses membres forme la véritable trame de l'histoire de l'Islam.

La recherche récente a révélé qu'il s'agissait le plus souvent de grandes familles, hérédité et connaissance allant ainsi de pair au fil des siècles. Au Soudan nilotique, avant la fondation du sultanat Founj, un certain Ghulam Allah venu d'Arabie s'établit dans la région du haut Nil, et jusqu'à la fin du XVIIIe siècle ses descendants se firent connaître dans tout le pays comme docteurs de la loi. A Tombouctou, la transmission était surtout assurée par trois familles, les Aqit, les And-Agh-Muhammad et les al-Qadi al-Hajj, qui à partir du XVe siècle prêchèrent et enseignèrent pendant des centaines d'années. Le pouvoir politique tenta de réduire leur influence, mais le combat était souvent inégal. « Contrastant avec les fragiles et instables dynasties des souverains », note un historien du Soudan nilotique, « ces familles de saints hommes acquirent une puissance et un prestige tels qu'elles devinrent véritablement la tribune de la société soudanaise. » Mais elles ne purent jouer ce rôle de premier plan qu'en apportant le message de l'Islam là où ne s'exerçait pas le pouvoir des princes. Parmi les plus notables il y avait les Saghananughu, famille d'*ulama* qui était établie à l'origine dans la haute vallée du Nil, et qui depuis le XIVe siècle avait fondé des écoles coraniques dans tous les pays de savane, Guinée, Côte-d'Ivoire, Haute-Volta et Ghana, dont certaines fonctionnent encore aujourd'hui. L'Islam s'était ainsi répandu en Afrique occidentale jusqu'aux régions forestières au sud de la savane, les *ulama* répondant aux aspirations religieuses des marchands musulmans isolés, et apportant aux paysans fétichistes une magie plus puissante.

Ainsi, d'importants centres de culture islamique se développèrent, notamment Aoussa et Harar au pays d'Adal en Afrique orientale, Ngazargamo au centre et Oualata plus à l'ouest. Mais le plus florissant fut Tombouctou, qui grandit au milieu des mosquées. Des maîtres renommés y dispensaient un enseignement d'une grande qualité, et les apprentis *ulama* y lisaient des livres répandus dans tout le monde islamique, depuis le *Muwatta* de Malik Bin Anas jusqu'aux œuvres d'al-Suyuti et des érudits locaux. Le système éducatif s'articulait autour de l'étude du droit et de la jurisprudence, ce que reflète bien l'œuvre du savant le plus célèbre de la ville, Ahmad Baba (1556-1627), qui est encore lue en Afrique du Nord.

Mais l'accès au fonds commun, sans cesse enrichi, de la culture islamique n'était possible que grâce à la

A droite Le mouvement maraboutique fut associé à l'État après la découverte près de Fez, en 1437, du tombeau de Moulay Idris Ier, fondateur au VIIIe siècle du Maroc islamique. Les dynasties saadienne et alaouite, qui descendaient du Prophète comme Moulay Idris, favorisèrent le culte maraboutique pour consolider leur pouvoir. Le tombeau de Moulay Idris Ier devint l'objet d'une vénération toute particulière.

possession de nombreux livres, et il y avait à Tombouctou de vastes bibliothèques privées contenant des milliers d'ouvrages. Dans le commerce du XVIe siècle, les livres étaient d'ailleurs un article hautement prisé, et les amateurs en quête d'un livre rare étaient prêts à le payer plus cher qu'un esclave. Qui plus est, ce respect du savoir n'était pas limité à une élite, mais semble avoir été partagé dans une certaine mesure par la classe moyenne. Il y avait alors dans la ville plus de 150 écoles coraniques, ce qui laisse supposer qu'une grande partie des 75 000 habitants recevaient au moins une instruction de base.

Les contacts avec le monde de la culture ne se limitaient pas aux livres. Des descendants de Ghulam Allah se rendirent au Caire au XVIe siècle auprès de maîtres renommés, à l'exemple des *ulama* de Tombouctou, qui fréquentaient les centres d'enseignement aussi bien en Asie Mineure qu'au Maghreb. Ceux qui ne pouvaient voyager entretenaient une correspondance, et certaines des lettres qui nous sont parvenues montrent qu'ils cherchaient une aide auprès des maîtres réputés de leur temps. Tous ne suivaient d'ailleurs pas la même voie; le grand al-Suyuti (1445-1505) du Caire et al-Maghili (mort en 1504) de Tlemcen se rendirent au Soudan nigérien; le second y laissa un fils qui fonda à Kano une famille influente. Et l'enseignement donné à Tombouctou était si renommé au Maroc que le sultan ami des lettres Ahmad al-Mansur traite comme un prisonnier de choix Ahmad Baba après sa victoire sur les Songhaï, et le ramène à Marrakech, où les Marocains vinrent s'asseoir à ses pieds. L'estime dans laquelle on tenait Ahmad Baba est une preuve tangible de la qualité qu'avait atteinte la science islamique au Soudan.

Malgré leur rôle et leur importance, les *ulama* n'étaient pas toujours écoutés. Certes ils jouissaient d'un immense prestige sous les sultans Foundjis, et à partir du XVIIe siècle ils s'implantèrent solidement au Kanem-Bornou, le premier État proprement musulman au sud du Sahara. A Tombouctou, ils gardèrent leurs distances devant l'élite militaire dirigeante, et quand les souverains Askia du royaume songhaï se rendirent dans la cité, alors que toute la cour les attendait, ils allèrent d'abord chez les *ulama*, observant ainsi à la lettre l'étiquette islamique. Toutefois, bien que les *ulama* eussent à cœur de défendre des principes plus élevés, il leur arrivait assez souvent de s'incliner lorsque les autorités laissaient subsister des pratiques préislamiques; c'est ainsi par exemple que les Sarkin de Kano remirent en vigueur des tabous ancestraux et que les Askia du Songhaï observaient d'anciens rites de la royauté d'essence divine. Ceux qui étaient confrontés à des problèmes de pouvoir ne devaient pas oublier qu'ils régnaient sur des sujets rendant un culte aux pierres, aux arbres et à des idoles aussi bien qu'à Allah. Et bien des régions étaient encore des zones frontalières dans lesquelles le processus d'islamisation commençait à peine à porter ses fruits.

Ce qui reste de cette civilisation islamique propre au Soudan reflète le rôle des *ulama* et de l'Islam. Il y a l'arabe, que les musulmans introduisirent dans la région et qui est la première langue dans laquelle les Soudanais apprirent à lire et écrire. L'arabe était la langue de l'administration, de la culture, de la correspondance et des annales; il exerça en outre une profonde influence sur les langues locales, en particulier le haoussa. C'est aussi la langue dans laquelle les produits de l'érudition soudanaise nous sont

Ci-dessus à gauche Le *mihrab* d'une petite mosquée décorée avec un art exquis, tout près du mausolée, à Meknès, de Moulay Ismaïl (1672-1727), le plus grand souverain alaouite. Il assura la stabilité et l'autorité de l'État en créant une armée composée de Noirs descendant d'esclaves amenés au Maroc deux siècles plus tôt. Cette milice qui fut soumise à un entraînement spécial, que l'on peut comparer aux Ghulams des Safavides, aux janissaires des Ottomans et aux Mamluks d'Égypte, se montra fort efficace.

parvenus: les commentaires de textes professés dans les madrasas, le célèbre dictionnaire biographique d'Ahmad Baba, de l'école malikite, et les chroniques telles que l'histoire du Soudan par al-Saadi, ou l'histoire du règne d'Idris Aloma, roi du Kanem-Bornou, par Ibn Fartuwa. Les mosquées en pisé des pays de savane sont cependant d'un accès plus immédiat, et l'on est frappé de voir que les formes architecturales locales n'ont pas été entièrement supplantées par l'architecture islamique classique. Deux styles se développèrent: le style Mali-Songhaï caractérisé par des contreforts, des pinacles et des minarets élancés auxquels les solives apparentes donnent un peu l'air d'un juchoir, et le style Haoussa-Fulani marqué par un système de toit à coupoles multiples et par des minarets massifs nettement dérivés de modèles nord-africains. Le fait que les minarets de ces mosquées se dressent encore fièrement alors que palais et dynasties ont sombré dans l'oubli révèle bien l'influence durable des *ulama* durant cette période.

Si les *ulama* ont été des personnages de premier plan dans la vie des États subsahariens, au Maroc ce furent les soufis, qui en vinrent même à subordonner complètement l'État. Ces soufis, ou marabouts, dominaient tous les aspects de la vie marocaine. Jusqu'au XVe siècle ils avaient joué un rôle relativement mineur, mais leur influence devint prépondérante lorsque leurs compatriotes se montrèrent déçus par le pouvoir tribal et inquiets devant les tentatives européennes. En fait ils opérèrent une telle transformation des esprits que leur vie religieuse se trouva axée sur l'attribut par excellence des marabouts, la *baraka* ou faveur divine. On venait se recueillir sur les tombeaux des marabouts afin de profiter de leur *baraka;* les fidèles s'organisaient en clans autour de familles dont le sang était porteur de *baraka,* et les pratiques religieuses visaient surtout à parvenir à un état de transe censé attirer sur soi la faveur divine.

Ce mouvement de piété entraîna un respect nouveau pour ceux qui étaient *chorfa (sing. chérif* ou *sharif*), autrement dit qui descendaient du Prophète. Cette dévotion alla en s'accentuant après 1437, lorsqu'on eut redécouvert près de Fez la tombe de Moulay Idris Ier (mort en 791), descendant du Prophète et fondateur du premier État islamique du Maroc. Al-Jazuli lui donna ensuite une forme spécifique, et son ouvrage *Les preuves des bénédictions,* centré sur la figure du Prophète, fut largement utilisé dans la pratique mystique. Le fait d'être *sharif* conféra une aura spirituelle particulière, car de tels hommes ne pouvaient que porter la *baraka* dans leurs veines.

C'est dans ce contexte que la famille saadienne, qui se réclamait du chérifisme, prit la tête d'un mouvement politico-religieux étroitement associé au souvenir d'al-Jazuli, afin de diriger le pays. Mais, après l'échec des Saadiens dans leur tentative pour établir leur autorité sur les confréries rivales, c'est la famille chérifienne des Alaouites qui établit la dynastie qui règne encore de nos jours. La société maraboutique eut donc également un gouvernement maraboutique, et l'État s'inspira des valeurs soufies en même temps qu'elles étaient diffusées parmi la population. Le sultan était le marabout suprême qui exigeait de ses sujets une totale obéissance, tout comme le faisaient dans leurs localités des milliers de marabouts secondaires. Le système éducatif ne mettait plus l'accent sur la *sharia* et ses modalités d'application, mais sur la tradition soufie de l'imitation et de l'obéissance aveugle à une autorité spirituelle. Les *ulama* ne pouvaient espérer faire prévaloir les impératifs de la Loi révélée contre les édits du sultan.

Ce nouvel aspect des relations entre l'Islam et la société marocaine se reflète dans l'architecture. Bien que les Saadiens aient construit la plus grande madrasa du pays à Marrakech, l'âge d'or de ce type de constructions dans lequel le Maroc s'était illustré était à présent révolu. On était à l'ère des vastes palais royaux: l'el-Badi des Saadiens, dont on peut encore voir les vestiges à Marrakech, et celui de l'Alaouite Moulay Ismaïl (1672-1727) à Meknès: véritables petites villes ceintes d'une épaisse muraille, qui illustrent la puissance et l'aura de mystère des souverains chérifiens. Mais il y avait surtout les mausolées royaux: celui de Moulay Idris Ier à Fez, celui des Saadiens à Marrakech et celui de Moulay Ismaïl à Meknès qui étaient l'expression suprême de l'alliance de l'État et du culte maraboutique.

L'Asie centrale et la Chine

L'une et l'autre constituent les marches septentrionales du monde islamique, où en 1500 les musulmans s'étaient répandus à travers les oasis. A l'ouest il y avait les khanats de Kazan, d'Astrakhan et de Crimée, États qui avaient succédé à la Horde d'Or des Mongols. En Transoxiane, où Tamerlan et ses descendants s'étaient entourés de cours brillantes, régnait à présent la tribu turque des Uzbeks, qui menaçait le

Les territoires islamiques septentrionaux au XVIe siècle
Toute cette zone est constituée par une mosaïque de petits États apparus après le déclin de l'empire mongol : les khanats de Kazan, d'Astrakhan et de Crimée, qui avaient succédé à la Horde d'Or ; les khanats de Kachgar et Tourfan, où régnaient les descendants de Gengis Khan ; les khanats de Boukhara et de Khiva, où les Uzbeks, qui étaient issus de la Horde Blanche, supplantèrent les héritiers de Tamerlan. Partout ailleurs, des peuples nomades, Kazakhs, Turkmènes, Tadjiks, erraient librement. Il y eut quelques événements marquants : les Uzbeks furent stoppés en Asie centrale, de sorte que pour la première fois depuis des siècles un État puissant ne put se développer dans la région en s'étendant vers le sud-est ; les progrès limités de l'Islam, comparés à ce qui s'est passé en Afrique et en Asie du Sud-Est ; et l'essor inquiétant de la Russie, qui entamait sa longue conquête des peuples musulmans d'Asie centrale.

Khorassan. Plus à l'est, les descendants de Djaghataï, le second fils de Gengis Khan, exerçaient une autorité de plus en plus faible sur le Farghana, la Dzoungarie et les cités-oasis du Tarim. En Extrême-Orient, dans le Kan-sou, le Chan-si et le Yunnan, des communautés musulmanes vivaient sous la domination chinoise, composées par les descendants de marchands et de fonctionnaires musulmans de la dynastie mongole des Yuan (1280-1368).

A la différence de l'Asie du Sud-Est et de l'Afrique subsaharienne, ce n'était pas une zone dans laquelle l'Islam continuait de se propager, la partie septentrionale et orientale des monts Tien-Chan exceptée : à partir de 1500 et pendant trois siècles son isolation et son déclin étaient allés en s'accentuant. Depuis l'époque des Seldjoukides, les habitants des steppes avaient émigré via le Khorassan vers le centre du monde islamique. Mais les Uzbeks, qui dédaignaient l'usage des armes à feu, se heurtèrent à trop forte partie en Iran safavide. L'obstacle était d'ailleurs aussi bien culturel et religieux que politique et militaire : pendant que l'Iran devenait shiite, l'Asie centrale restait sunnite. Les populations turques avaient cessé de subir l'influence culturelle stimulante des villes du plateau iranien ; le persan perdait lentement du terrain et le turc devint la langue principale. En même temps, la région se trouva peu à peu coupée de sa principale source de richesse : le commerce le long de l'ancienne route de la soie entre la Chine et l'Occident. Il se trouvait à présent entre les mains des Européens, aussi bien ceux d'Europe occidentale, qui développèrent le commerce maritime avec la Chine, que les protectorats russes, qui ouvrirent des routes terrestres plus au nord. Par ailleurs, à mesure que déclinait la prospérité des populations musulmanes, il leur devint plus difficile de s'opposer à l'expansion russe et chinoise. Certains musulmans subirent ainsi, comme d'autres le firent à l'époque moderne, la domination d'hommes appartenant à d'autres cultures et sûrs de leur bon droit, tandis que ceux qui conservèrent leur indépendance vécurent encore plus repliés sur eux-mêmes.

Le khanat de Boukhara, où régnaient les Uzbeks, était le plus puissant des régimes d'Asie centrale : pendant une grande partie du XVIe siècle il avait disputé le Khorassan aux Safavides, et au milieu du XVIIe siècle il avait repoussé une invasion mogole. Bien que la prospérité qu'il avait tirée du commerce à travers l'Asie fût sur le déclin, Boukhara restait le principal entrepôt de produits comestibles, et ses marchands commerçaient de la Sibérie au bassin du Tarim. Trois dynasties s'étaient succédé : les Shaïbanides jusqu'en 1599 ; les Janides, au nombre de 12, de 1599 à 1785 ; et les Mangits. Ces puissants princes avaient même étendu leurs territoires. Ainsi, Abd Allah Khan, qui régna dans la deuxième moitié du XVIe siècle, avait annexé Balkh, Tachkent et Ferghana ; Shah Murad (1785-1800) lança des incursions victorieuses dans les khanats voisins et en Iran. Mais les territoires ainsi annexés étaient bientôt perdus, et

Abd Allah Khan, le dernier grand khan shaïbanide de Boukhara, contemple un melon avec gourmandise : c'était un fruit particulièrement apprécié en Asie centrale. École de Boukhara, fin du XVIe siècle.

l'autorité des khans de Boukhara se réduisit à la Transoxiane, où vécurent alors les Uzbeks.

Moins puissants que celui de Boukhara, il existait deux autres khanats. Au nord-ouest il y avait celui de Khiva, fondé après 1512 par un membre de la dynastie shaïbanide. Protégé par le désert de sable noir du Kara-Koum et les sables rouges du Kizil-Koum, il restait un bastion de l'orthodoxie sunnite et son importance était surtout locale. A l'est il y avait le khanat de Kokand, fondé vers 1700 quand un autre membre de la famille shaïbanide, Shah Rukh (mort en 1722 ou 1723), avait déclaré indépendante la fertile province de Ferghana, appartenant jusque-là à Boukhara. Ce nouveau khanat se développa, surtout économiquement, au cours du XVIIIe siècle, bien qu'après la conquête mandchoue du Turkestan oriental en 1759 il ait dû reconnaître la suzeraineté chinoise.

Les trois khanats tatars qui s'étendaient entre l'Europe et l'Asie voulurent jouer un rôle politique indépendant dans toute cette région, mais ils perdirent vite leur liberté. La Crimée passa sous la domination ottomane à la fin du XVe siècle; Kazan, qui contrôlait les riches terres à blé de la moyenne Volga, et Astrakhan, la basse Volga, subirent le même sort au début du XVIe siècle. Ne pouvant faire entendre raison à ces khanats, qui lançaient des incursions dévastatrices sur le territoire russe, le tsar Ivan le Terrible annexa Kazan en 1552 et Astrakhan en 1556. Puis la Crimée, plus étroitement liée à l'empire ottoman, en 1783. C'est à Kazan que la fin de l'indépendance musulmane suscita l'opposition la plus violente. A juste titre : les Russes restructuraient la société de la région, redistribuant la terre des musulmans à des nobles russes, et réduisant les fidèles d'Allah à une minorité par l'immigration de paysans russes, détruisant les mosquées et les madrasas et adoptant une politique de conversion forcée au christianisme. La résistance dura plus de deux siècles, jusqu'à ce que la *jihad* de 1755 et la révolte de Pougatchev en 1773-1774 amènent les Russes à reconsidérer le problème. L'impératrice Catherine mit fin aux persécutions religieuses, instaura une assemblée d'*ulama* et rétablit dans leurs droits les marchands et les nobles tatars. Les éternels insurgés furent ainsi associés à l'empire, et ils devinrent suffisamment prospères pour être les protecteurs éclairés d'une renaissance islamique tatare au XIXe siècle.

Le Turkestan oriental, où au début du XVIe siècle les khanats musulmans s'étendirent jusqu'aux frontières de la Chine et du Tibet, était aux mains de deux Djagataïdes. L'un, Manzur Khan, régnait sur les provinces septentrionales des monts Tien-Chan, les oasis de Tourfan et Hami, et il avait des vues sur le Kan-sou. L'autre, son frère Said Khan, était maître du sud et de l'ouest du bassin du Tarim et il avait envahi le Ladakh et le Cachemire. A partir du milieu du XVIe siècle, cependant, ces régimes en expansion connurent de graves difficultés. Des clans mongols occupèrent le nord des monts Tien-Chan, et les villes oasis des possessions djagatéennes au sud durent faire face aux ambitions croissantes des fraternités soufies. Les maîtres soufis, appelés *khoja,* descendaient tous d'un shaikh *naqshabandiya* lui-même descendant du Prophète, Makhdum-i Azam, qui était fort vénéré au Turkestan et qui mourut dans la capitale djagataï de Kachgar en 1540. Ses descendants se divisèrent en deux factions qui se disputèrent la direction de la confrérie. Et les villes oasis du bassin du Tarim, Kachgar, Yarkand, Khotan, Aqsu, etc., tombées entre les mains des différents clans *khoja,* devinrent rivales. En 1678, le dernier khan djagataï

L'Asie centrale au XVIIe et au XVIIIe siècle
Les vestiges de l'empire mongol formèrent de minuscules États, et les régions où les musulmans pouvaient vivre librement étaient des plus réduites. Au nord et à l'ouest, l'avance des Russes se poursuivait inexorablement ; à l'est, les régimes musulmans du bassin du Tarin succombèrent devant les Mongols bouddhistes et les Chinois. Les expéditions menées depuis l'Iran de Nadir Shah et l'Inde mogole contre les khanats affaiblis de Transoxiane ne remportèrent cependant qu'un succès provisoire.

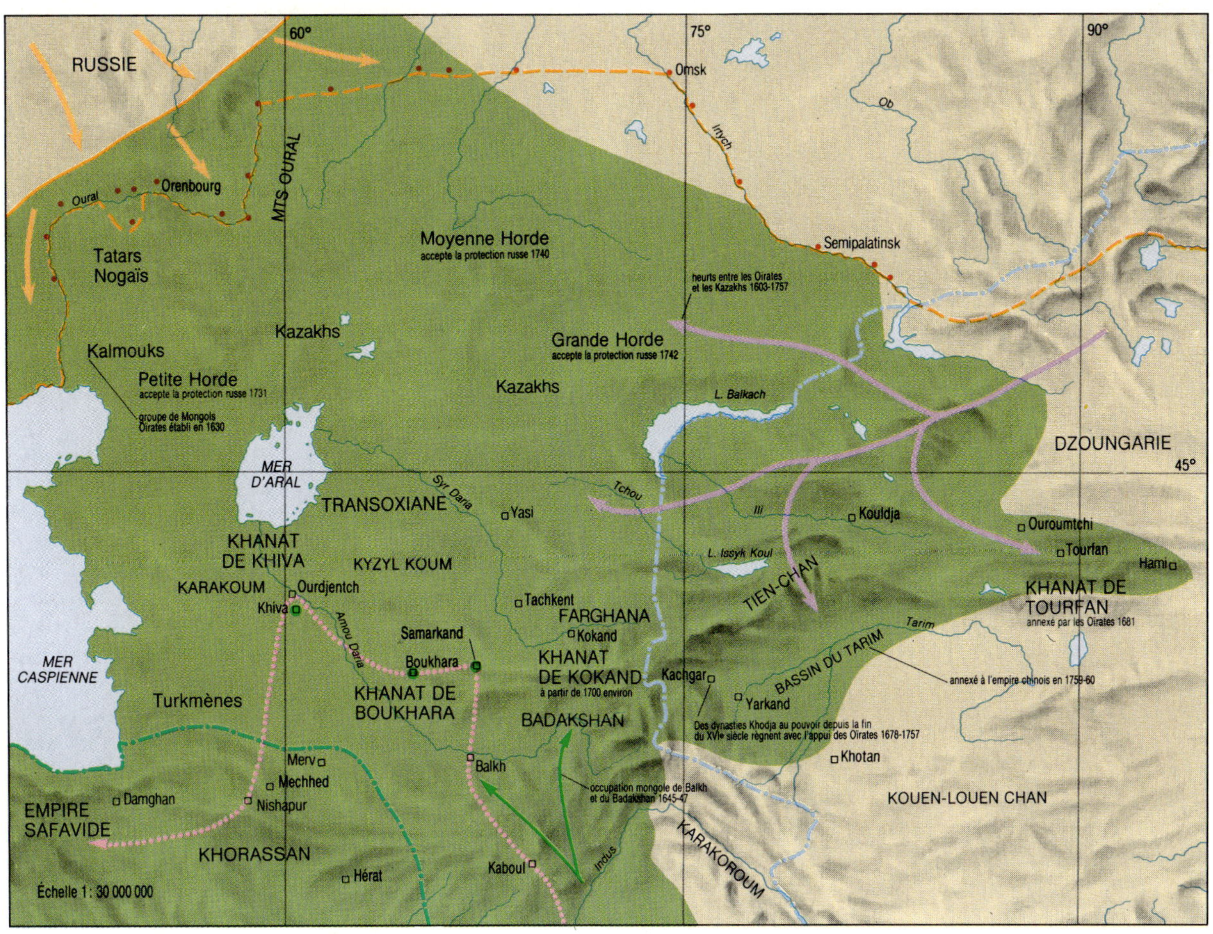

indépendant, qui tenait Kachgar, fut battu par un *khoja* qui avait l'appui des Mongols Oïrates (bouddhistes) du nord. Pendant les 80 ans qui suivirent, les Oïrates et les factions *khoja* firent cause commune jusqu'à ce qu'en 1758/9 les Mandchous annexent la région à l'empire chinois.

En Chine, les musulmans connurent un sort tout à fait différent. Répartis en petites communautés dans les villes marchés des régions très peuplées du Yunnan et du Kan-sou, où les grandes routes commerciales venant du sud et de l'ouest pénétraient en Chine proprement dite, ils furent toujours en minorité et sans influence. Mais ils avaient un sens aigu de leur propre identité. «L'Arabie, et non la Chine, est le centre du monde», déclarait un auteur musulman du XVIIe siècle, soulignant son appartenance à la communauté de l'Islam plutôt qu'au Céleste Empire. De plus, ils étaient conscients de leur supériorité: «Un musulman vaut cinq Chinois», disait un adage. Cette confiance en soi était renforcée encore par le fait qu'ils étaient capables de maintenir leurs institutions religieuses et éducatives et leur suprématie dans certains domaines comme le commerce de la viande. A cela s'ajoutait le mépris quasi général des Chinois pour des gens qu'ils jugeaient bruyants et agressifs, au point de penser qu'un bon musulman était un musulman mort. Dans un pareil contexte, il peut sembler étonnant qu'avant le XIXe siècle les musulmans n'aient pas tenté de créer leur propre communauté politico-religieuse. Cela s'explique certainement en grande partie par leur dispersion et par le fait qu'ils étaient livrés à eux-mêmes. En fait, certains musulmans étaient prêts à faire des concessions considérables pour aplanir les différences entre l'Islam et le confucianisme. Mais après l'arrivée des Mandchous au pouvoir, en 1644, cette coexistence devint encore plus difficile. Sous la nouvelle dynastie, le gouvernement se montra plus intolérant: au milieu du XVIIIe siècle des restrictions avaient été apportées au culte, aux pèlerinages et autres pratiques. Vis-à-vis de la société confucianiste, les musulmans commencèrent à se pénétrer d'un sentiment d'aliénation qui fut à la base de leurs rébellions au cours du XIXe siècle.

Dans ces territoires islamiques septentrionaux qui s'étendaient de la mer Caspienne au bassin du Tarim, l'esprit religieux s'exprimait dans une stricte orthodoxie sunnite à laquelle adhéraient les paysans et les nomades aussi bien que les *ulama* et les khans. Dans les villes, les *ulama* étaient des personnages influents, recevant de riches dotations, occupant des postes administratifs, enseignant dans de grandes madrasas dont la réputation attirait des étudiants de Russie et de l'Inde. Vers 1790, d'après la tradition, il y avait 30 000 étudiants à Boukhara, si bien que la ville reçut le nom de «pilier de l'Islam». Les dirigeants jugèrent plus sage de ne pas chercher querelle aux *ulama,* et firent même en sorte que l'orthodoxie de leurs sujets se reflétât dans leurs actions. Abd Allah Khan II (1583-1598) expulsa les étudiants en philosophie à Samarkand et à Boukhara; certains khans janides abdiquèrent afin de pouvoir mener une vie de piété dans les villes saintes d'Arabie.

La lourde tâche consistant à maintenir et à transmettre les structures et les valeurs de la société islamique fut poursuivie avec vigueur et sans entrave. Pendant plus de trois siècles, cependant, il y eut un changement dans la nature de la transmission à mesure qu'augmentait l'influence des ordres soufis sur la vie des fidèles, et localement celle de l'État. Les principales confréries étaient celles des *naqshabandiya,* des *kubrawiya* et des *qadiriya,* qui jouaient et continuèrent de jouer un rôle capital dans la conversion des peuples nomades d'Asie. Les tombeaux des saints étaient souvent situés en bordure de la steppe et donc d'accès facile, comme celui de Shaikh Ahmad Yasavi à Turkestan, qui était un important lieu de pèlerinage pour les Uzbeks et les Kazakhs. L'influence croissante des ordres soufis se manifestait, comme ailleurs dans le monde islamique à la même époque, par l'accent mis sur la vie du Prophète présentée comme un modèle; si bien qu'au début du XVIIIe siècle nous voyons Liu Chih, le plus célèbre des écrivains chinois musulmans, composer ses *Annales véridiques du plus grand saint d'Arabie.* Elle s'exerçait également en politique. Ainsi le khanat djabataïde fut absorbé par la rivalité entre deux branches de l'ordre des *naqshabandiya,* dont les chefs *khoja* supplantèrent les khans djagataïdes. Et les khans de Boukhara multiplièrent les signes extérieurs de piété; Shah Murad, général singulièrement chanceux, adopta la tenue et les manières des soufis, allant jusqu'à se battre monté sur un poney étique.

Sur le plan culturel, les préférences de l'orthodoxie sunnite, l'isolement et le déclin se firent de plus en plus sentir. Les khanats d'Asie centrale, qui gardaient le souvenir de la Samarkand de Tamerlan et de l'Hérat de Sultan Husain Baiqara, avaient là de brillants exemples d'épanouissement artistique et littéraire. Pendant une grande partie du XVIe siècle, Boukhara réussit d'ailleurs à s'approcher de ces modèles, en grande partie grâce aux artistes et aux artisans venus s'y installer après la destruction d'Hérat. Il y eut une peinture de qualité s'inspirant du style de Bihzad, qui finit par être connue sous le nom d'école de Boukhara; la poésie et la musique y brillèrent également. Puis à partir du XVIIe siècle le fait d'être coupé des sources d'inspiration iranienne commença de se faire sentir et, comme dans les territoires ottomans et mogols, les langues vernaculaires connurent un nouvel essor et ne tardèrent pas à supplanter le persan comme langue de cour et langue de culture. En même temps, l'affaiblissement des ressources ainsi que la tutelle exercée par des cours profondément imprégnées d'esprit religieux eurent des répercussions sensibles sur la baisse de la qualité en matière d'art et d'artisanat, la frappe des monnaies et le tissage des tapis exceptés.

La *madrasa* est le type de construction propre à cette époque, car cette institution majeure de la société orthodoxe assurait la préservation et la transmission des traditions religieuses qui ne furent nullement affectées, comme au Maroc, par l'influence grandissante des soufis. On note en fait un net changement par rapport à l'esprit de la période précédente, qui contraste vivement avec la situation qui se développait alors au Maroc. Jusque-là, les mausolées avaient reflété et résumé toutes les valeurs d'une époque, comme ceux élevés à la gloire de Tamerlan et de sa lignée à Samarkand, l'Ishrat-Khane, le Gur-i Mir et le Shah-i Zinde. De nouveaux mausolées furent bien construits, mais, le pouvoir royal étant concurrencé par celui des *ulama,* les tombeaux des princes finirent par être éclipsés par la magnificence des madrasas. A Boukhara, trois nouvelles madrasas furent construites au XVIe siècle, et une quatrième au XVIIe, ce qui donne quelque poids à l'assertion selon laquelle la ville aurait accueilli à certaines épo-

Un groupe de musulmans chinois au Tourfan. Les musulmans, qui descendaient de marchands et de fonctionnaires de la dynastie mongole des Yuan, vivaient en communautés dispersées à travers la Chine et coexistaient tant bien que mal avec leurs congénères non musulmans. Les dictons populaires reflètent la nature de ces relations. Les musulmans avaient coutume de dire : « Un musulman vaut cinq Chinois. » Et les Chinois : « Dix mauviettes de Pékin n'arrivent pas à réduire au silence une seule forte tête de Tien-tsin, et dix fortes têtes de Tien-tsin sont incapables de faire taire un seul musulman. »

ques plusieurs dizaines de milliers d'étudiants à la fois.

L'ambiance orthodoxe mise à part, il convient toutefois de noter que les madrasas ont prospéré tout naturellement dans la région. Le concept même de madrasa en tant qu'institution distincte de la mosquée s'est développé ici, tout comme le *pishtaq* ou porte monumentale, étincelant de carreaux de faïence polychromes, qui se dressait au-dessus des terrasses des habitations. Le plan de la madrasa caractérisé par quatre *iwan* ou vastes salles ouvertes sur un côté et disposées autour d'une cour appartient aussi à l'Asie centrale et s'inspire de celui des grandes demeures et des monastères bouddhiques de la région. Les développements apportés par l'Islam sont parfaitement illustrés par l'évolution de la place Régistan, au centre de Samarkand, qui fut peu à peu presque entièrement entourée par des madrasas : l'Ulugh Beg (1417-1420), la Shir Dar (1619-1636) et la Tila Kara (1660) ; voir pp. 106-107.

Les mosquées de Chine ont une histoire différente, liée aux concessions que les musulmans durent faire au monde confucianiste. Là, elles sont construites comme des pagodes, dépourvues de minarets, interdits par l'État, et l'appel à la prière se faisait depuis l'intérieur. Ce dernier était comme celui de toutes les mosquées du monde musulman, un espace dépouillé aux parois décorées de versets du Coran. Mais ici encore l'État confucianiste avait imposé sa marque : sur un mur, il y avait les tablettes de l'empereur, qui devaient trouver place dans tous les lieux de culte. Les fidèles étaient tenus de se prosterner devant elles comme ils le faisaient devant Allah, mais ils s'arrangeaient pour ne pas toucher le sol du front, geste obligé dans toute prière véritable.

Les madrasas de l'Asie centrale

Du XVIe au XIXe siècle, l'Islam en Asie centrale fut caractérisé par une stricte orthodoxie sunnite. Les docteurs musulmans ou *ulama* virent leur autorité grandir, tout comme celle des chefs politiques, d'une manière dont ils n'auraient jamais rêvé à l'époque où Tamerlan régnait à Samarkand. Plusieurs khans qui tentèrent de s'opposer au pouvoir des *ulama* eurent même de sérieux ennuis. Les *madrasas,* où les *ulama* enseignaient les sciences religieuses aux étudiants — certains pour diriger la prière ou pour enseigner à leur tour, d'autres pour devenir juges ou administrateurs — étaient les constructions typiques de cette période. Des dons importants les finançaient, et beaucoup étaient bâties dans les villes principales: Boukhara, Samarkand, Khiva et Kokand. Les étudiants venaient de l'Inde et du Cachemire, de Russie et des villes du Turkestan oriental. Boukhara comptait d'après la tradition 30 000 étudiants dans les années 1790; il y régnait l'atmosphère propre à une grande cité universitaire: il est probable qu'à cette époque il n'y avait guère d'équivalent au monde.

Le concept même de madrasa en tant qu'institution distincte de la mosquée s'est développé d'abord en Asie centrale. Il en va de même de certains éléments architecturaux, par exemple le plan traditionnel comprenant quatre *iwan* ou salles voûtées disposées autour d'une cour carrée, qui s'inspirait des grandes demeures et des monastères bouddhiques de la région. *Ci-dessus* La cour de la madrasa Shir Dar à Samarkand, avec l'un des *iwan;* professeurs et étudiants vivaient dans des cellules entourant la cour comme ils le font dans un collège d'Oxford ou de Cambridge. *Ci-contre* L'*iwan* méridional de la madrasa Mir-i Arab, à Boukhara, construite entre 1530 et 1536.

Le *pishtaq* ou porte monumentale décorée de céramiques polychromes est caractéristique des madrasas d'Asie centrale. *Ci-dessous*, le *pishtaq* de la madrasa Shir Dar (Porteur de Lion), construite entre 1619 et 1636, qui doit son nom au lion et au soleil de Perse figurant au-dessus de l'*iwan*.

En haut à droite Les trois *madrasas* (ou *medersas*) autour de la place Régistan au centre de Samarkand : (1) celle d'Ulugh Beg, (2) celle de Shir Dar, (3) la madrasa Tila Kara. Cette disposition est typique des villes des Timourides ; les Uzbeks et les Safavides l'adoptèrent.

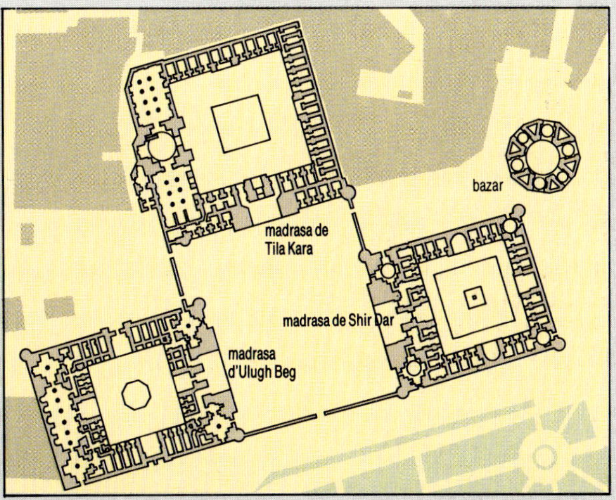

Ci-dessus La madrasa Tila Kara (« Décorée d'or »), qui fut construite en 1660.
Au centre Cette vue de la place Régistan à Samarkand montre de dos la madrasa d'Ulugh Beg et celle de Shir Dar, et laisse sur la droite celle de Tila Kara. Parlant de la place Régistan, Lord Curzon, voyageur et homme d'État anglais, écrit : « En Orient, je ne connais rien d'approchant en sobriété grandiose et massive, sauf peut-être, à une échelle plus humble, la Piazza San Marco à Venise, qui puisse même songer à rivaliser avec. » A l'arrière-plan, on aperçoit la mosquée Bibi Khanum de Tamerlan.

Les mosquées en Afrique et en Asie

Ci-dessous à gauche Les mosquées en boue séchée sont caractéristiques des régions de savane au sud du Sahara, et la mosquée du Vendredi de Kano, dans le nord du Nigeria, est dans le style Haoussa-Peulh. Datant sans doute du xve siècle, le minaret fut démoli en 1937-1938.

On se représente communément une mosquée sur le modèle de celles conçues par le grand architecte turc Sinan (1491-1588) et copiées dans presque tout l'empire ottoman: dôme, minarets, généralement au nombre de quatre. Mais si quelques règles liturgiques sont respectées, si la direction de La Mecque est clairement indiquée, toute construction, quel que soit son style, peut convenir. Aussi, dans de nombreuses régions du monde islamique, les styles vernaculaires, qui étaient souvent utilisés pour d'autres religions et même étroitement associés à celles-ci, ont été adaptés aux besoins de l'Islam.

Ci-dessus Beaucoup de mosquées chinoises ne se distinguent guère des pagodes, avec leur structure élaborée de corbeaux et de toits de tuiles à pignons se relevant aux angles, comme cette mosquée de Taochou, au Kan-sou. Les minarets, qui auraient pu constituer un trait distinctif, étaient interdits, l'appel à la prière était fait à l'intérieur.

Ci-contre La mosquée Shah Hamadan, à Srinagar (Cachemire), rappelle la forme des pagodes et des tupas propre à l'architecture bouddhique qui fut jadis florissante dans la région considérée.

En bas à droite Cette mosquée bâtie sur le lac Simkarrak, à Minangkabau (Sumatra), combine les pignons typiques de la région avec le toit à étages de l'architecture hindoue présente en Asie du Sud-Est.

Ci-dessous Cette mosquée de Tombouctou, au Mali, avec ses pinacles, ses entablements et ses contreboutants, est d'un autre type de mosquée en boue séchée. Connu sous le nom de style Diola, il fut répandu par la communauté commerçante du même nom, lors de ses voyages en Afrique occidentale.

Ci-dessus La mosquée du Vendredi, à toit de chaume, de Namou, dans les hautes terres du Fouta-Djalon, en Guinée, où les Peulhs musulmans devinrent politiquement dominants à partir du XVIIIe siècle. Ce type de construction, si différent des mosquées en boue séchée des régions de savane, fut adopté en raison des précipitations plus fréquentes.

A droite On prendrait volontiers cette construction au style franchement baroque pour une église. Il s'agit en fait de la mosquée principale de la rue Nnamdi Azikiwe, à Lagos (Nigeria). C'est l'une des mosquées de style baroque édifiées par des esclaves africains rentrant du Brésil, où ils avaient travaillé à la construction d'églises comme architectes et maçons.

LE DÉCLIN, LA RÉFORME ET LE RÉVEIL DE L'ISLAM AU XVIIIe ET AU XIXe SIÈCLE

Les plus grands changements survenus dans l'histoire de l'Islam apparurent à la fin du XVIIe siècle. Au cours du précédent millénaire, sa puissance et son influence s'étaient exercées à travers le monde presque sans entrave. Il y avait bien eu les tracasseries des croisades chrétiennes, la perte de la Sicile et de l'Espagne reprises par les Occidentaux, et celle de Kazan et d'Astrakhan au profit des Moscovites, mais ce n'étaient là que revers mineurs au regard de la réussite de l'Islam dans son ensemble. Il y avait eu aussi le désastre des invasions mongoles, finalement transformé en victoire lorsque les cavaliers des steppes avaient embrassé l'Islam. En règle générale, la domination politique et culturelle des plus anciens pays islamisés était allée de pair avec l'annexion de nouveaux territoires et la conversion de nouvelles populations. L'histoire semblait avoir confirmé la véracité de la révélation faite par Dieu à Mahomet, et l'Islam constituait «la meilleure communauté créée pour les hommes».

A présent l'Islam était tenu en échec et semblait avoir perdu l'initiative dans la marche du monde. Il commença de s'appauvrir lorsqu'il perdit le contrôle du commerce lointain au profit des puissances maritimes de l'Europe. Il s'affaiblit lorsqu'il s'efforça, avec un succès limité, de modifier la structure d'un État guerrier menant une politique d'expansion, afin de gouverner pacifiquement un territoire bien délimité et même en régression. L'Islam fut désormais sur la défensive. Non seulement ses armées furent repoussées tandis que des musulmans passaient sous la domination des infidèles, mais en divers endroits ceux-ci se mirent à défier l'Islam tant sur le plan culturel que politique. Tant et si bien que les musulmans entreprirent de réexaminer totalement les fondements de leur foi.

Le déclin de la puissance islamique

Les trois grands empires qui s'étendaient au cœur du monde musulman entrèrent en décadence. Dans l'empire safavide, les premiers signes apparurent à la mort de Shah Abbas Ier. En fait, certains étaient issus des solutions mêmes que ce souverain avisé avait trouvées au problème consistant à établir un gouvernement central fort dans une société tribale. L'armée dévouée à sa personne et composée des «esclaves de la maison royale» qu'il avait instituée pour faire pièce à l'influence des forces tribales dans l'État aboutit finalement à un affaiblissement de l'armée traditionnelle, cependant que la distribution par l'État de terres aux militaires entraîna de nouveaux impôts et une détérioration de l'administration provinciale. La relégation des princes dans les appartements des femmes, afin de les empêcher de comploter contre le shah, assura une plus grande stabilité gouvernementale, mais par voie de conséquence ils n'avaient guère l'expérience du monde en accédant au trône; de plus ils avaient été corrompus par la vie du harem, dont les puissantes factions les manipulaient à leur guise. Les quatre souverains qui régnèrent de 1629 à 1722 furent des ivrognes; deux d'entre eux, Shah Safi

« Allez-vous boire, oui ou non ? » demanda le shah au père Gabriel. « Ou alors, allez-vous-en. » Le père Gabriel accepta de le faire « avec modération ». On était au petit déjeuner. Voilà un exemple de ce à quoi s'exposaient les Européens que leurs affaires amenaient à la cour safavide au cours de son dernier siècle d'existence. La licence, voire les pires débordements marquèrent la vie de cour dans les trois grands empires sur leur déclin. Cet adolescent figure sur une fresque du XVIIe siècle à Chihil Sutun, somptueux palais d'Ispahan, où les Européens étaient reçus avec faste.

(1629-1642) et Shah Sulaiman (1666-1694), furent célèbres surtout pour avoir décimé les rangs de la noblesse ; un troisième, Sultan Husain (1694-1722), se distingua par sa piété et comme bâtisseur ; seul Abbas II (1642-1660) déploya les qualités d'un monarque.

A mesure que les capacités de ses représentants diminuaient, la dynastie perdait peu à peu la légitimité spirituelle qu'elle avait si soigneusement entretenue au XVIe siècle. Les *ulama* commencèrent de prendre leurs distances vis-à-vis du shiisme duodécimain et de l'idéologie royale qui faisait du shah « l'ombre de Dieu sur terre ». Ils élaborèrent à la place la théorie selon laquelle, en l'absence du douzième imam, seul un *mujtahid,* profondément versé dans la *sharia* et menant une existence irréprochable, pouvait régner. Ils tirèrent parti de leur indépendance matérielle croissante vis-à-vis de la couronne ainsi que de l'impuissance des shahs à utiliser les structures existantes pour contrôler l'institution religieuse. Sous le règne de Sultan Husain les *ulama* acquirent une position dominante, et le principal *mujtahid* d'alors, Muhammad Baqir Majlisi, était parfaitement à même d'influencer la politique gouvernementale, de balayer les vestiges de l'ordre soufi safavide qui avait amené la dynastie au pouvoir et d'imposer à l'État sa conception du shiisme orthodoxe ; il alla même jusqu'à faire fracasser en public les dizaines de milliers de bouteilles de vin et autres spiritueux entreposés bien au frais dans les celliers royaux.

A la fin du XVIIe siècle, l'empire était gangrené jusqu'au cœur. Quand Sultan Husain partait en pèlerinage, il n'allait pas à pied en mettant 28 jours pour atteindre Mechhed comme le faisait Abbas Ier, mais il emmenait avec lui son harem et sa cour, une suite de 60 000 personnes, mettait un an pour arriver à destination et réduisait à la misère les provinces qu'il traversait. Lorsqu'en 1697/1698 une bande de Béloutches pénétra jusqu'à 320 kilomètres de la capitale, Sultan Husain n'avait pas de troupes à leur opposer et, humiliation suprême, il dut demander l'aide d'un prince géorgien en visite. Ainsi, en 1722, un jeune aventurier afghan de Kandahar, Mahmud, à la tête de 20 000 nomades déguenillés, n'eut aucun mal à s'emparer d'Ispahan et à abattre l'empire.

L'Iran cependant ne sombra pas immédiatement en tant que puissance musulmane. Il y eut en effet une restauration du pouvoir durant une brève et brillante période. Mahmud et ses Afghans ne purent établir une dynastie, et c'est un ancien bandit du Khorassan, Nadir Khan, qui réorganisa les forces safavides et qui en 1736 se sentit assez fort pour monter sur le trône sous le nom de Nadir Shah. Déjà en 1730 il avait battu les Ottomans et repris le Caucase. En 1739 il envahit l'Inde, mit Delhi à sac et s'en retourna triomphalement en emportant le fameux trône du paon. Au nord, ses troupes occupèrent les villes uzbeks de la

Ci-dessous : Le démantèlement de l'empire iranien au XVIIIe siècle
Mahmud de Kandahar, jeune aventurier afghan, réussit à renverser la dynastie safavide à la suite d'une brève campagne en 1721-1722. Les structures du pouvoir étaient restées cependant suffisamment solides pour permettre à un bandit du Khorassan, Nadir Khan, de réorganiser l'État et de remporter plusieurs victoires sur les Mogols, les Ottomans et les Uzbeks, ce que les Safavides n'avaient jamais réussi à faire à l'apogée de leur puissance. Après sa mort, le pouvoir central déclina rapidement et plusieurs factions — Afsharides, Safavides, Zands et Qajars — se disputèrent le pouvoir.

Le déclin de la puissance mogole et musulmane en Inde au XVIIIe siècle

A la mort de l'empereur Aurangzeb en 1707, l'empire mogol des Indes avait atteint sa pleine extension. A peine un demi-siècle plus tard il s'effondrait. « De Delhi à Palam [un village très proche de Delhi] s'étend le royaume de Shah Alam », disait un dicton populaire. Son autorité était si faible qu'en 1788 un pirate afghan réussit à s'emparer de Delhi, à mettre à sac le Fort Rouge et à lui crever les yeux avant de se retirer avec un maigre butin. Dans certaines régions, au pouvoir mogol succédèrent des États musulmans, mais souvent aussi ce furent des non-musulmans : les Mahrattes hindous au centre de l'Inde, les Sikhs au nord-ouest et la Compagnie britannique des Indes dans les provinces maritimes de Madras et du Bengale.

- frontière de l'empire ottoman en 1683
- territoires perdus en 1699, traité de Carlowitz
- territoires perdus en 1718, traité de Passarowitz
- territoires perdus en 1774, traité de Kutchuk Kaïnardji
- territoires perdus en 1812, traité de Bucarest
- empire ottoman en 1813
- territoires autonomes ou dirigés par des chefs locaux v. 1800
- ■ 1699 site et date d'un traité
- ⚔ site d'une bataille importante

Le déclin de l'empire ottoman au XVIIIe siècle
Après l'échec des Ottomans en 1683 devant Vienne, l'empire ne cessa de rétrécir. Même en son sein, de vastes territoires ne reconnaissaient la souveraineté du sultan que nominalement. Une partie de l'Anatolie et du Croissant fertile était dominée par des seigneurs locaux et des chefs de tribu ; en Égypte régnait Méhémet-Ali, jouissant d'une indépendance de fait.

Transoxiane ; au sud, elles s'emparèrent d'Oman, centre de négoce arabe en plein essor. Mais après sa mort (1748) tout cela ne tarda pas à être reperdu, et l'Iran fut livré aux diverses factions tribales. Un chef du Luristan, Karim Khan Zand, ramena la paix au centre et au sud depuis Chiraz, jusqu'à sa mort en 1779. Ailleurs, d'autres tribus occupèrent le devant de la scène, notamment les Qajars qui luttèrent pendant vingt ans pour succéder à Zand, et qui en 1794 avaient établi un État à Téhéran, au cœur de l'Iran occidental. Ils finirent par restaurer un pouvoir central fort, mais les années d'anarchie, marquées par des pyramides de crânes et des massacres en série, avaient considérablement appauvri le pays. De nombreux villages étaient déserts, les villes en ruines — à la fin du XVIIIe siècle, un seul quartier d'Ispahan se trouvait habité — et le commerce considérablement réduit.

La même période vit la fin de la puissance musulmane en Inde. Tout d'abord, il n'y eut pas d'affaiblissement de la dynastie comme ce fut le cas en Iran : la sélection darwinienne prévalait encore chez les Mogols. L'empereur Aurangzeb, qui présida au commencement du déclin, n'était pas un prince amolli par l'éducation reçue au sérail, mais un homme d'action sans scrupules qui parvint au pouvoir en évinçant son père, qu'il fit emprisonner, et ses frères dont il se débarassa en les faisant exécuter.

Régner sur un empire musulman dans une société en grande partie hindoue entraînait des conflits portant atteinte à l'autorité de l'État, qui ne put remédier aux faiblesses d'un système basé sur la tutelle des militaires. Il était inévitable que des *ulama* comme Shaikh Ahmad Sirhindi et ses disciples *naqshabandiya* s'élèvent contre les compromis religieux sur lesquels était établi l'État mogol. Trois empereurs mogols choisirent de les ignorer, mais Aurangzeb, se fondant sur ses propres préférences et ayant peut-être une confiance absolue dans la puissance de l'empire, les écouta et mit fin à la collaboration avec les hindous sur laquelle reposait celui-ci. Sa politique de discrimination à l'égard des hindous et d'islamisation de l'État suscita une vive opposition. Il y eut des révoltes chez les propriétaires fonciers hindous, dans les tribus afgha-

Le déclin mogol fut étroitement lié au nouvel essor de la puissance hindoue qui augurait mal de l'avenir de l'Islam en Inde. *Ci-dessus,* Shivaji (1627-1680), héros de la renaissance hindoue, dirigea les forces mahrattes contre l'empire mogol. Le plus célèbre de ses exploits fut le meurtre du général de Bijapur, Afzal Khan. Ils se rencontrèrent pour négocier, en principe non armés. Mais Shivaji portait sous ses vêtements un plastron de métal et une arme de poing à pointes d'acier à la main gauche *(ci-dessous).* En donnant l'accolade à Afzal, il éventra celui-ci avec son arme.

nes, chez les Sikhs du Pendjab, chez les chefs radjpoutes et chez les paysans Djats décidèrent de refuser de payer l'impôt.

Mais la résistance la plus sérieuse fut le fait des Mahrattes, qui sous la conduite de leur chef Shivaji fondèrent un État au Deccan, et refusèrent d'être annexés à l'empire ou de coexister avec lui. Pour faire face à cette menace et désireux de s'approprier les richesses des sultanats de Bijapur et de Golconde, Aurangzeb attaqua le Deccan en 1680, puis quitta Delhi et établit sa capitale au centre de l'Inde. Quand il mourut, en 1707, son règne se soldait par un demi-échec. Bijapur et Golconde étaient conquis, mais les Mahrattes continuaient leurs fréquentes incursions vers le sud depuis le Goudgerat.

La faiblesse du système de tutelle militaire aggrava les effets du glissement idéologique introduit dans l'empire par Aurangzeb. Influencés par la vision laïque de l'Occident et par les nécessités matérielles de l'Inde indépendante, d'aucuns ont tenté d'expliquer en ces termes le processus de décadence. Deux facteurs sont pourtant à retenir: l'empire s'était établi dans l'Inde *primo* en incorporant l'élite guerrière des provinces dans son système politique et *secundo* en s'assurant la loyauté de ses *mansabdars* (officiers d'élite de la maison militaire) tant qu'il fut en mesure de les rémunérer. Ces deux facteurs avaient une importance primordiale. Quand les guerriers mahrattes refusèrent de composer avec l'empire, Aurangzeb se vit contraint de faire campagne contre eux. N'ayant pas réussi à les soumettre, en partie semble-t-il à cause de la supériorité technique des Mahrattes en matière de mousqueterie, il eut recours à la corruption, accordant de plus en plus de *mansabs* ou privilèges fonciers, au point que l'empire fut bientôt à court de terres. Il y eut un nombre croissant de *mansabdars* payés sur des ressources qui, elles, n'augmentaient pas; la paysannerie fut appauvrie par les exactions du gouvernement; l'armée se trouva affaiblie parce que les *mansabdars,* qui ne pouvaient faire face à leurs dépenses militaires, furent démoralisés par leur incapacité tout à fait inhabituelle à gagner des batailles. Quant à l'empereur, il put de moins en moins imposer son autorité chez lui et menacer ses voisins aux frontières.

Après la mort d'Aurangzeb, la classe dirigeante fit cavalier seul. Les *mansabdars* furent divisés en factions ayant chacune son prétendant au trône. Les empereurs bradèrent leurs terres pour payer clients et favoris au lieu d'entretenir un corps de troupes loyales capables de faire respecter leur volonté. L'anarchie s'installa dans les campagnes, car ni les *mansabdars* ni l'empereur n'avaient assez d'autorité pour y faire régner l'ordre. Dans les années 1740 il y avait eu l'invasion de Nadir Shah, ressentie comme une humiliation, les Mahrattes s'étaient emparés du Goudgerat et du Malwa, les gouverneurs du Pendjab, de l'Aoudh, du Bengale et de l'Hyderabad régnaient pour leur propre compte sur ces provinces impériales, et l'autorité mogole ne s'exerçait plus guère que sur la région de Delhi.

Au cours des trois décennies qui suivirent, deux empereurs, Ahmad Shah (1748-1754) et Alamgir (1754-1759), furent assassinés, un troisième, Shah Alam (1759-1806), s'enfuit, et en 1761 Delhi fut mise à sac par Ahmad Abdali, roi d'Afghanistan (1747-1773). Durant tout ce temps, l'Inde fut dominée de plus en plus par les non-musulmans. En 1800, les Mahrattes régnaient sur le sous-continent depuis le Rajasthan au nord jusqu'au Deccan au sud, et de la mer d'Oman à l'ouest au golfe du Bengale à l'est comme ils l'avaient fait durant 60 ans. Au Pendjab, le chef sikh Ranjit Singh tenait Lahore. Les Anglais étaient maîtres d'une grande partie de la plaine gangétique. Il ne restait que deux États musulmans de quelque importance, l'Aoudh et Hyderabad, qui reconnaissaient tous deux la suzeraineté britannique. Jamais jusque-là, au cours de leur histoire, les musulmans n'avaient dû céder autant de leur pouvoir à leurs anciens sujets et à d'autres infidèles. Shah Abd al-Aziz, le plus éminent docteur de la loi de Delhi, reconnut symboliquement le désastre lorsqu'en 1803, l'année où le général Lake battit les alliés mahrattes de l'empereur mogol sous les murs de la ville, il déclara que l'Inde n'était plus *dar al-Islam,* terre de l'Islam, mais *dar al-harb,* c'est à dire royaume de la guerre.

Le déclin de l'empire ottoman fut moins rapide que celui des empires contemporains safavide et mogol. S'il suffit d'une défaite pour mettre fin au pouvoir safavide, si l'État mogol mit un siècle à se désagré-

Le déclin de la puissance musulmane en Asie du Sud-Est
Au milieu du XVIIe siècle, les sultanats d'Aceh dans le nord de Sumatra et de Mataram à Java déclinèrent, tandis que les Hollandais y établissaient leur autorité.

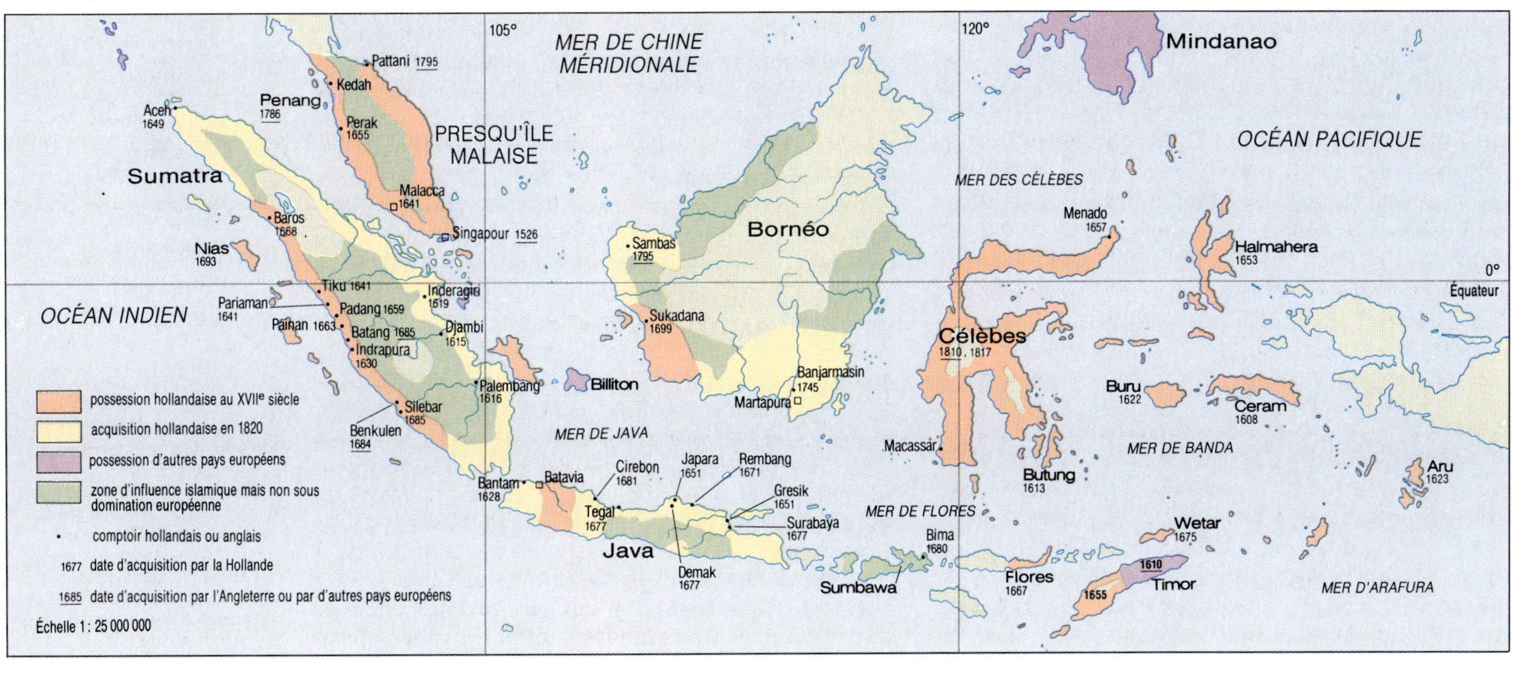

ger, l'empire ottoman mit trois siècles à mourir. Il était évidemment beaucoup plus fort, et était doté d'une version mieux intégrée et plus perfectionnée d'État de type militaire; il avait également de remarquables facultés de récupération. Aussi en 1683, après un siècle ou presque de déclin administratif, l'empire avait-il atteint, sous l'autorité des vizirs Koprulu, sa plus grande expansion et menaçait-il même l'Europe centrale plus sérieusement qu'au temps de Soliman le Magnifique. Peu après cependant, malgré quelques brefs moments de gloire et de longues périodes de stabilité, commença le long processus de décadence. En 1699, au traité de Carlowitz, les Ottomans perdirent la Hongrie, la Transylvanie et la Podolie; c'était la première fois qu'au terme d'une guerre ils signaient la paix dans le clan des vaincus. En 1718, au traité de Passarowitz, ils durent abandonner le banat de Temesvar, la Serbie et la Valachie. Dans les années 1720 ils tentèrent de reconquérir d'anciens territoires au nord-ouest de l'Iran, mais en 1730 Nadir Khan leur infligea une défaite humiliante. Ils eurent la chance de reprendre la Serbie et la Valachie lors de la guerre de 1735-1739 contre l'Autriche, laquelle ne remporta plus sur eux qu'une victoire importante au XVIIIe siècle en leur reprenant la Bukovine en 1775.

La Turquie dut alors affronter un ennemi beaucoup plus dangereux, la Russie, qui après 1768 lui infligea de sévères défaites sur terre et sur mer. En 1774, au traité de Kuchuk Kainarji, les Turcs perdirent le contrôle d'une grande partie du littoral de la mer Noire, accordèrent aux Russes le droit d'intervenir en faveur des Grecs orthodoxes sujets du sultan, et, pire encore, ils durent pour la première fois renoncer à toute domination politique sur un peuple entièrement musulman, les Tatars de Crimée. L'accès de la Russie au littoral septentrional de la mer Noire fut complété par l'annexion de Jedisan en 1792 et de la Bessarabie en 1812. On assista alors à un curieux paradoxe. L'empire ottoman était la dernière grande puissance musulmane et le sultan était considéré comme le *khalifa* ou successeur du Prophète à la tête de la communauté islamique. Or la Turquie n'était même plus assez forte pour se défendre toute seule contre une grande nation. En fait, au XVIIIe siècle et plus encore au XIXe, elle ne dut de survivre en tant que porte-drapeau de l'Islam que parce qu'elle sut s'allier avec des États infidèles et jouer un rôle dans l'équilibre des forces en Europe.

Au sein de l'empire l'affaiblissement du pouvoir central se poursuivit au XVIIIe. Une de ses manifestations fut l'octroi de privilèges aux chrétiens dans l'empire; en 1740, les premiers bénéficiaires en furent les Français, qu'on récompensait ainsi pour leurs services diplomatiques contre l'Autriche. Le plus important fut l'extension des certificats de protection aux sujets ottomans non musulmans, ce qui leur conférait les privilèges des ressortissants étrangers. Les chrétiens et les juifs, se mettant sous la protection d'une puissance occidentale, finirent par contrôler le commerce avec l'Europe, alors en pleine expansion, et par évincer leurs concurrents musulmans. Comme la plupart des marchands relevaient désormais d'une juridiction non plus turque mais étrangère, plus souple, le gouvernement ne fut plus désormais en mesure de taxer ou de contrôler une grande partie du négoce sur son propre territoire.

Mais, chose plus grave, l'intérêt personnel prend le pas sur le service de l'État. «Aucune affaire ne peut être traitée dans ce pays sans pot-de-vin», déclarait un visiteur indien en 1802. «Même les services gouvernementaux sont ruinés par cette pratique scandaleuse. L'armée est sans discipline, l'artillerie hors service, le système postal totalement négligé... Les personnes à la tête de tous ces services ont pour seule préoccupation de s'enrichir et d'escroquer le gouvernement.» En fait, chacun semblait avoir tout intérêt à ce que dure la faiblesse du pouvoir central: les *ulama,* qui s'étaient constitués en un corps héréditaire, les janissaires, qui étaient eux aussi devenus héréditaires et dont les privilèges étaient partagés dans tout l'empire par de nombreux sujets du sultan: la noblesse rurale d'Anatolie, les notables de Roumélie, qui avaient fait de leurs postes de fonctionnaires des principautés semi-autonomes, et les gouverneurs des lointaines provinces arabes, qui, eux aussi, se considéraient comme pratiquement indépendants.

Quand des hommes à poigne s'efforcèrent de renforcer le pouvoir central, comme le firent le vizir Ibrahim Pacha (1718-1730) et le sultan Selim II (1789-1807), leur tentative avorta. Tous deux voulurent assoir leur autorité en ouvrant une fenêtre sur l'Europe et en entraînant de nouveaux corps d'armée selon des normes européennes, se tournant ainsi vers l'Occident pour rétablir l'équilibre en Orient. Mais tous deux se heurtèrent à l'opposition des janissaires et des *ulama,* qui avaient vite compris que leur indépendance était menacée et s'étaient hâtés de proclamer l'Islam en danger. Néanmoins certains Turcs se rendirent rapidement compte que le savoir des infidèles était indispensable pour soutenir à l'intérieur l'État ottoman, tout comme il avait besoin d'alliés infidèles à l'extérieur. Les Turcs avaient commencé, dès lors, leur long «flirt» avec l'Occident.

Dans les territoires islamiques plus éloignés, on observe un processus analogue: affaiblissement du pouvoir, menace représentée par la culture des infidèles, musulmans passés sous la domination de peuples non-musulmans.

En Asie centrale, des hommes de Dieu gouvernaient là où il y avait eu jadis de puissants khans, et ce qui avait été le centre de l'empire glissait vers la léthargie, tandis que les Russes gagnaient du terrain et que les peuples nomades de la steppe devenaient leurs vassaux. En Chine, les musulmans subissaient une pression constante visant à les assimiler, et de 1758 à 1760 ceux du bassin du Tarim sentirent pour la première fois le poids de la domination chinoise. A Java, en 1800, le sultanat de Mataram avait été presque entièrement annexé par les Hollandais; ce qui en subsistait avait été coupé du littoral islamisé du nord et formait au centre de l'île un État dans lequel l'Islam était tenu en échec par la culture indo-javanaise. A Sumatra, le sultanat d'Aceh, jadis puissant, était réduit au littoral septentrional et à quelques ports au sud-ouest, tandis que l'affaiblissement du pouvoir royal à Minangkabau avait entraîné des troubles politiques et sociaux. En Afrique occidentale, l'Islam était encore en expansion grâce au prosélytisme guerrier des Foulbés du Sénégal et à la ferveur des Diolas qui commerçaient dans toute la région. Mais il y avait aussi des revers: les villes de la boucle du Niger, Djenné, Tombouctou, Gao, qui avaient été au cœur d'un empire musulman pendant cinq siècles et plus, étaient tombées sous la coupe des Bambaras païens. En outre, là où les musulmans gouvernaient, ils ne s'opposaient plus aussi vigoureusement aux croyances païennes.

Les échanges privilégiés entre la Turquie ottomane et la culture européenne ont commencé au XVIIIe siècle. A deux reprises au cours de ce siècle, les souverains se sont ouverts aux influences occidentales dans le but de renforcer à la fois le pouvoir central contre les ambitions de factions diverses et l'autorité de l'État contre l'ennemi extérieur. Le développement du style rococo en architecture illustre la volonté de s'inspirer de l'art européen, comme en témoigne le tableau *ci-dessus* dû à Levni, peintre de cour sous Ahmad II (1703-1730), représentant l'équivalent persan d'un «petit marquis». Après qu'Ahmad III eut été déposé en 1730, l'intérêt pour l'Europe faiblit jusqu'à Selim III (1789-1807). Influencé par la Révolution française, il entreprit sur une vaste échelle, avec un succès inégal, une réforme administrative et militaire sur le modèle européen. *A droite,* ce portrait équestre de Selim III par Hippolyte Berteaux, qui est dans le style héroïque cher aux monarques européens, souligne bien l'attrait de la Turquie pour tout ce qui venait d'Europe.

Réforme et réveil religieux

Le déclin politique sans précédent du monde musulman au XVIIIe siècle constitue le contexte dans lequel l'Islam a connu son plus important développement depuis que le soufisme avait étendu son emprise six siècles plus tôt. Il y eut un mouvement de rénovation interne, de réforme des pratiques religieuses, qui s'étendit à presque toutes les parties du monde islamique du milieu du XVIIIe siècle au commencement du XXe. A mesure que décroissait leur pouvoir politique et que les princes musulmans ne semblaient plus présider au destin de l'humanité, les *ulama* et les soufis, gardiens des traditions séculaires de leur foi, prirent l'initiative et s'efforcèrent comme jamais auparavant de faire triompher une vision plus pure de la vie et de la société islamiques. Ce qui aboutit parfois à proclamer la *jihad*, et chaque fois celle-ci fut menée avec cette férocité particulière qui semble propre aux périodes de conflit entre coreligionnaires. Ces mouvements se heurtèrent parfois aux empires européens en expansion, ce qui ne faisait qu'accroître la fureur religieuse des musulmans, dont la foi apparaissait sous des couleurs encore plus tragiques aux Occidentaux.

Le réveil de l'Islam au XVIIIe et au XIXe siècle
A mesure que la puissance musulmane diminuait, les *ulama* et les soufis, gardiens des traditions de l'Islam, prirent l'initiative dans de nombreuses régions du monde islamique, pour faire triompher sous leur forme la plus pure l'éthique et le mode de vie propres à l'Islam. Ils proclamèrent souvent la guerre sainte contre les opposants à leur volonté. En règle générale, à

part des mouvements locaux en Afrique occidentale, le processus fut stimulé, voire déclenché, par les idées réformistes des *ulama,* en particulier ceux qui se rattachaient à l'école très influente des *hadîths* de Médine, et par les soufis, notamment les confréries des *naqshabandiya,* des *khalwatiya* et des *idrisiya.* *Ci-dessous* A la veille de la grande expansion européenne le monde islamique constituait une même communauté de pensée et de sensibilité.

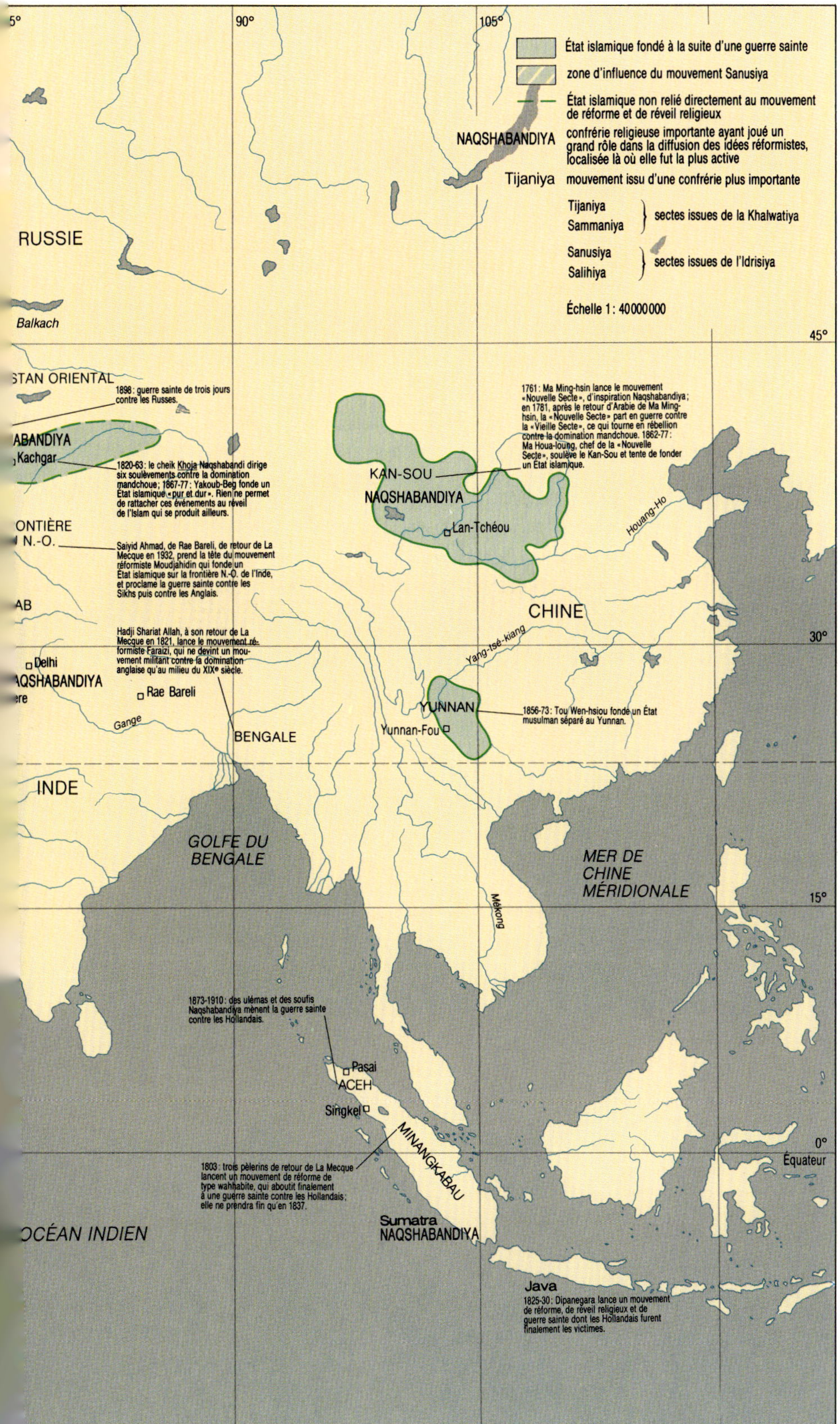

Le déclin de la puissance musulmane ne fit qu'exacerber les tensions internes de l'Islam, la vision idéale de la foi se heurtant à la dure réalité, les *ulama* et les soufis réprouvant les mesures dilatoires prises par les souverains musulmans pour se concilier leurs sujets païens et supportant mal les innombrables concessions aux pratiques religieuses locales qui compromettaient le strict monothéisme de leur foi. Ils réagirent en revenant aux principes de base, à la parole de Dieu dans le Coran et aux actions du Prophète relatées dans les *hadîths,* et rejetèrent une grande partie des développements scolastiques et mystiques élaborés au fil des siècles lors des contacts de l'Islam avec d'autres civilisations. Étroitement lié à ce processus, il existait un courant « intégriste » qui s'était toujours défié du soufisme et vivement opposé à ses outrances ; il était représenté par ceux pour qui seuls le Coran et les *hadîths* faisaient autorité, et par les tenants de l'école juridique hanbalite, qui dès le début avaient rejeté les innovations théoriques des autres écoles. Les uns et les autres se mirent donc à attaquer les croyances largement répandues sur le pouvoir des saints et les pratiques s'y rattachant : le culte et le pèlerinage aux tombeaux des saints, les prières pour l'intercession du Prophète, autrement dit tous les aspects de la religion populaire qui contrevenaient à l'unité de Dieu. Ils s'en prirent aussi, mais avec moins d'unanimité, à la philosophie d'Ibn'Arabi sur l'unité de l'être qui avait si longtemps aidé les peuples à demi islamisés à se sentir à l'aise dans leur foi.

Ironie du sort, bien qu'il fût dirigé contre des pratiques soufies contestables et sous-tendu par une suspicion de principe à l'égard du soufisme dans son ensemble, ce mouvement fut répandu dans le monde islamique par les confréries soufies. Les soufis réagirent à ce courant réformiste en intégrant l'insistance mise sur le Coran et les *hadîths* dans un souci d'orthodoxie, et en éliminant de leurs pratiques extatiques et de leurs croyances les tendances métaphysiques. Par ailleurs, à l'attachement des *ulama* au Coran et aux *hadîths* les soufis répondirent en mettant l'accent sur la personne du Prophète. Cela devint un trait caractéristique du soufisme rénové, ainsi qu'en témoignent la prolifération des écrits consacrés à la vie de Mahomet et l'institution de cérémonies pour célébrer sa naissance *(mawlid).* Certains ordres se donnèrent le titre de *tariqa Muhammadiya* (confrérie de Mahomet), exprimant ainsi leur intention de suivre la voie tracée par celui-ci et de renoncer aux pratiques répréhensibles du passé. Tout cela aboutit à une renaissance du soufisme, les anciens ordres connurent un regain de vitalité et de nouvelles confréries furent fondées. Ce soufisme rénové ne remplaça pas l'ancien, qui subsista à ses côtés, mais il semble n'avoir pas été assez convaincant pour attirer les masses.

En mettant en valeur les *hadîths* et l'exemple du Prophète, on mit aussi l'accent sur l'importance de l'action. La vie de Mahomet et de la première communauté musulmane montrait que l'esprit d'initiative avait entraîné un changement décisif et bénéfique dans les affaires humaines. Les soufis et les *ulama* réformistes s'inspirèrent de cet exemple pour s'intéresser de près à l'affaiblissement politique, à la désagrégation économique et à la décadence religieuse qu'ils constataient autour d'eux. Ils se préoccupèrent assez logiquement de réorganiser par une action directe une société orientée dans une juste voie, plutôt que de préparer les croyants à l'après-vie. Tout comme le Prophète avait expulsé lui-même les idoles de la Kaaba, ils décidèrent d'agir afin d'empêcher les hommes d'adorer les faux dieux. Une telle attitude ne pouvait qu'aboutir à la violence — la guerre sainte dans la voie de Dieu — car parfois ce n'était que par la force que l'objectif pouvait être atteint. Plusieurs ordres réformistes se battirent donc pour leurs croyances, et certains associèrent l'entraînement militaire à leur enseignement orthodoxe. L'action pouvait aussi conduire au bout du compte, suivant l'exemple de l'Islam à ses débuts, à des tentatives pour former un État théocratique.

Ce mouvement ne se manifesta pas tout d'un coup au milieu du XVIIIe siècle. Il y eut d'abord une longue préparation des esprits qui dura des années. Nous avons déjà vu certaines de ses premières manifestations. On note d'abord, au début du XVIIe siècle, la réaction de Mawlana Abd al-Haqq et de Shaikh Ahmad Sirhindi aux concessions faites aux hindous par les souverains mogols et à l'hindouisme par les musulmans indiens. Au milieu du XVIIe siècle, il y eut à la cour d'Aceh le grand débat sur l'interprétation de la pensée d'Ibn'Arabi, qui attira l'attention des docteurs et théologiens de Médine. Il y eut aussi l'affirmation du pouvoir des *ulama* contre le shah dans l'Iran safavide, qui à la fin du siècle aboutit à la position quasi dictatoriale de Muhammad Baqir Majlisi. A Naplouse, en Syrie, Abd al-Ghani (1641-1731), érudit prolifique et shaikh *naqshabandi,* s'employa à revivifier la théologie et à rénover le soufisme. En Inde, Shah Wali Allah (1702-1760), *naqshabandi* et grand spécialiste des *hadîths,* poursuivit les mêmes objectifs qu'Abd al-Ghani et s'efforça de persuader Shah Ahmad Abdali d'Afghanistan de proclamer la guerre sainte contre les hindous afin de permettre la restauration du pouvoir musulman. L'ordre soufi des *naqshabandiya,* fondé par Shaikh Ahmad Sirhindi et porteur d'un soufisme épuré bien qu'un peu édulcoré, se répandit de l'Inde à La Mecque, à Damas, à Istanbul et dans les Balkans. Le savant Mustafa al-Bakri (mort en 1749) de Damas, principal disciple d'Abd al-Ghani, rénova l'ordre soufi des *khalwatiya,* dont il se servit pour diffuser ses idées réformistes. Établi au Caire, cet ordre exerça une grande influence à l'université d'al-Azhar, où le principal disciple d'al-Bakri, Muhammad al-Hifnawi, fut recteur de 1758 à 1767, et c'est sur cette base que les idées réformistes se développèrent en Égypte. Mais en tête vient un groupe de savants commentateurs qui au XVIIe siècle et au XVIIIe enseignèrent les *hadîths* à Médine, lieu stratégique leur permettant d'influencer ceux, et en premier lieu les réformateurs, qui accomplissaient le pèlerinage.

Dans ce groupe de savants ayant enseigné à Médine se distinguèrent des *naqshabandiya* comme Ibrahim al-Kurani, qui conclut le grand débat d'Aceh, et l'Indien Muhammad Hayya al-Sindi. Et parmi leurs disciples se trouvaient de nombreux réformateurs, parmi lesquels: Abd al-Rauf de Singkel, Shah Wali Allah de Delhi, Mustafa al-Bakri (cf. *supra*), Muhammad Abd al-Wahhab (1703-1792) et Shaikh Muhammad Samman (1717-1775) (cf. *infra,* p. 126).

Muhammad Abd al-Wahhab fut le premier à faire passer le mouvement du plan spéculatif dans le domaine de l'action, lorsque au milieu du XVIIIe siècle il mena en Arabie une campagne de rénovation religieuse et de retour aux sources. Dans sa jeunesse, ce soufi du Nedjed, en Arabie centrale, avait voyagé en Iran, en Irak et dans le Hedjaz pour parfaire ses connaissances. Il revint fortement influencé par la pensée orthodoxe de son temps, après avoir adopté la position juridique hanbalite et s'être rallié à la polémique antisoufie du juriste hanbalite du XIVe siècle Ibn Taimiya. Vers 1740 il retourna au Nedjed et se mit à prêcher contre la détérioration de la religion chez les Bédouins, le culte des saints et les autres innovations soufies. Il entendait mettre fin aux pratiques qui menaçaient l'unicité de Dieu, allant jusqu'à réprouver la vénération dont était l'objet le tombeau de Mahomet à Médine de la part de nombreux pèlerins se rendant à La Mecque.

En 1744, sa campagne prit un nouveau départ lorsqu'il s'allia avec Muhammad Ibn Saoud (ou Séoud), un chef de Bédouins établi à Dariya, dans le Nedjed, qui adopta les conceptions religieuses du réformateur et prononça le même serment que le Prophète lors de son accord avec les habitants de Médine en 622. Jusqu'à la fin du siècle, les wahhabites se répandirent en Arabie centrale et occidentale. En 1802 ils pénétrèrent en Irak et en Syrie, occupant Karbala et détruisant nombre de lieux saints des shiites. En 1803 ils occupèrent La Mecque, en 1805 Médine et, à la grande horreur du monde musulman, ils tentèrent de profaner les tombeaux sacrés, y compris celui du Prophète, massacrèrent les habitants et imposèrent leurs principes intransigeants aux pèlerins.

C'était porter un défi à l'Islam et à l'empire ottoman, et les musulmans le comprirent bien ainsi. Sur le plan politique, le vice-roi d'Égypte Mohammed Ali (ou Méhémet-Ali) releva le gant. En 1818, son armée de type européen et son artillerie moderne défirent les wahhabites, rasèrent Dariya, leur capitale, et rétablirent l'autorité du sultan.

Mais l'influence des wahhabites n'en fut pas ruinée pour autant. Pendant une grande partie du XIXe siècle ils réussirent à maintenir une communauté active au Nedjed, d'où au XXe siècle ils reprirent leur expansion qui culmina avec la fondation de l'État d'Arabie Séoudite. Mais ils eurent une influence beaucoup plus grande sur l'ensemble du monde islamique, pour qui leur doctrine en vint à représenter le plus important mouvement de réforme. Beaucoup de croyants furent marqués par le puritanisme et le zèle religieux des wahhabites, bien que tous n'aient pas approuvé leur extrémisme et leur intolérance. Beaucoup aussi furent séduits par leurs positions théologiques, qui rejetaient l'appareil des spéculations médiévales et ne reconnaissaient que l'autorité du Coran et des *hadîths.* Les musulmans pouvaient à présent se faire une opinion personnelle et l'occasion était propice à la recherche d'une certaine souplesse et au choix d'une réponse adaptée à l'époque. C'était une position aussi séduisante pour ceux qui désiraient réconcilier l'Islam avec le monde moderne que pour ceux qui souhaitaient rétablir le monothéisme dans sa pureté originelle.

Des échos de ces développements en Arabie vinrent alimenter le conflit endémique, à présent exacerbé par le déclin politique et social de l'Islam, entre les tenants de l'idéal islamique et les partisans d'une adaptation aux conditions locales de l'Asie du Sud-Est. A Sumatra par exemple, dans la région de Minangkabau, à mesure que s'affaiblissait le pouvoir royal à la fin du XVIIIe siècle, les *ulama* se mirent à revendiquer leur indépendance. En 1803, trois pèlerins de retour de La Mecque lancèrent un mouvement de réforme de type wahhabite baptisé *Padri* par les Hollandais (*padre* étant le mot portugais pour «prêtre»). Ils s'en prirent au relâchement moral, exhortèrent les musulmans pieux à observer les devoirs de la religion et exigèrent que les femmes soient voilées et que les hommes portent des vêtements blancs à la façon des Arabes.

Pendant 15 ans les Padris imposèrent leur loi à Sumatra dans les villages de l'arrière-pays, mais, les Hollandais étendant leur domination, ce qui avait été une campagne pour un retour aux sources devint une guerre contre les intrus qui dura jusqu'en 1837. Il en résulta une pénétration plus marquée de l'Islam dans la société de Minangkabau.

Les wahhabites détruisaient les sanctuaires qui encourageaient le culte des saints et menaçaient l'unicité de Dieu ; ils s'en prirent même au tombeau du Prophète à Médine. *En bas,* Médine vue un demi-siècle plus tard par Sir Richard Burton. Le tombeau du Prophète avait été restauré : «... dans la partie la plus orientale de la ville, visible de loin, se dresse le joyau d'Al-Madinah — les quatre tours massives et le dôme d'un vert étincelant sous lequel reposent les restes de Mahomet.» *Ci-dessous,* Abd Allah Ibn Saud, le chef wahhabite vaincu emprisonné au Caire en 1818.

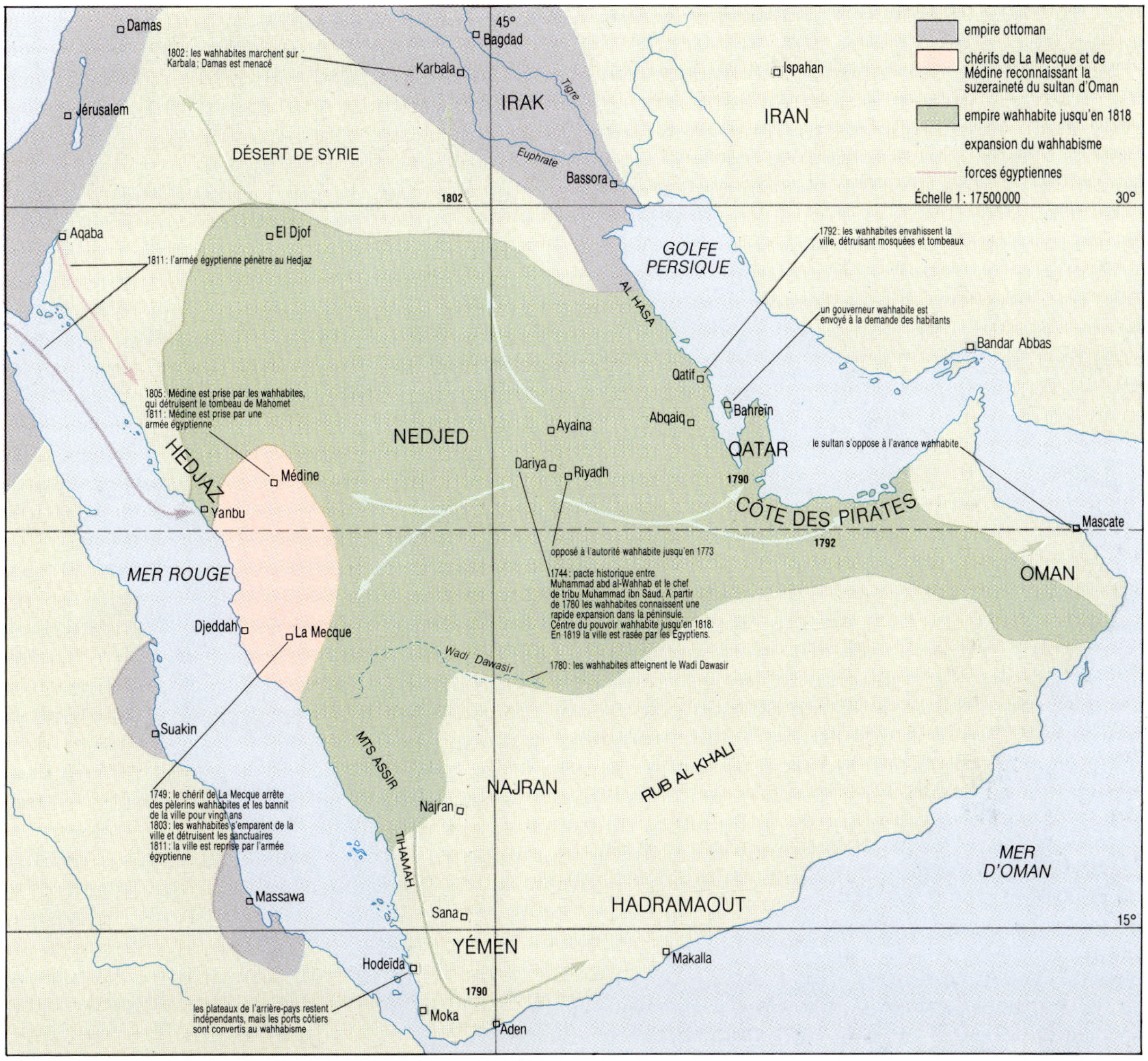

L'essor du pouvoir séoudite et wahhabite en Arabie, 1744-1818
Ce fut la première grande manifestation du réveil de l'Islam au XVIIIe siècle. Elle fut largement ressentie dans tout le monde musulman et son influence sur l'histoire islamique n'a cessé de s'exercer jusqu'à nos jours. Au début du XIXe siècle, les wahhabites avaient conquis la plus grande partie de l'Arabie et ils imposèrent leurs vues fontamentalistes dans les territoires qu'ils dominaient, détruisirent les sanctuaires de La Mecque et de Médine ainsi que ceux de Karbala en Irak, et massacrèrent les habitants. Le développement de l'État séoudite et wahhabite finit par être battu en brèche par l'armée réformée de Méhémet-Ali, équipée et entraînée à l'européenne.

Un deuxième mouvement réformiste important se manifesta à Java entre 1825 et 1830. Cette fois, il ne semble pas être en relation avec le courant général de réforme. La cause en est l'antipathie existant depuis longtemps entre l'élite orthodoxe musulmane et l'élite syncrétiste indo-javanaise, qui se trouva exacerbée lors des échanges économiques et culturels avec les Hollandais, qui s'allièrent avec cette dernière. Un certain Dipanegara, de sang royal et de tempérament mystique, critiqua véhémentement l'opulence de l'aristocratie européenne dont la domination acculait les paysans à une misère grandissante. Il parcourut les campagnes vêtu en Arabe et alla se recueillir dans les lieux saints. Des voix lui enjoignirent de restituer à l'Islam sa pureté et de sauver le peuple, lequel salua en lui le *ratu adil* ou «souverain juste» attendu depuis longtemps. La lutte commença par être dirigée contre l'élite indo-javanaise, mais elle finit par dégénérer en guerre ouverte contre l'étranger, et, bien que les Hollandais aient eu le dessus, le processus d'islamisation, comme au Minangkabau, se trouva renforcé.

Il y eut une troisième guerre sainte importante au XIXe siècle. Elle se déroula à Aceh de 1873 à 1910 et semble avoir été à l'origine un mouvement de résistance à l'expansion hollandaise dans le nord de Sumatra. Mais là-dessus vinrent se greffer la propagande de l'ordre soufi des *naqshabandiya* et les idées panislamiques propagées depuis Istanbul. Le conflit était dirigé par les *ulama*, dont le plus important était d'origine arabe, et leur influence en fut considérablement consolidée.

En Inde, nous trouvons deux mouvements réformistes notables au XIXe siècle. Le premier, le mouvement Mujahidin de Saiyid Ahmad de Rae Bareli (1786-1831), est issu en grande partie du courant rénovateur de l'Islam indien dérivé de l'ordre des *naqshabandiyia* et de Shaikh Ahmad Sirhindi. Formé par Shah Abd al-Aziz de Delhi, fils de Shah Wali Allah, et suivi par ses descendants, Saiyid Ahmad prêcha le programme réformiste habituel, et fut l'un de ceux qui organisèrent leurs disciples en une *tariqa Muhammadiya* selon les préceptes soufis. En 1823, au retour d'un pèlerinage à La Mecque où il subit probablement les influences réformistes du Proche-Orient, il rallia des partisans dans toute l'Inde et en 1826-1827, suivant l'exemple de la fuite du Prophète à Médine, il quitta l'Inde dominée par les païens afin d'établir un État islamique idéal dans les provinces du Nord-Ouest. Bien qu'il ait proclamé la guerre sainte d'abord contre le royaume sikh du Pendjab, il était évident que sa campagne était dirigée tout autant contre l'expansion britannique. L'Hindoustan, disait-il, était passé sous la domination des chrétiens, et il décida de le libérer et d'établir la suprématie de la *sharia.* Il mourut en 1831 à la bataille de Balakot. Mais ses disciples continuèrent de répandre son message, prirent part au grand soulèvement de 1857 et restèrent actifs sur la frontière jusqu'à la Grande Guerre.

Le second mouvement réformiste indien, le mouvement Faraizi dans le Bengale oriental, fut plus profondément influencé par les idées rénovatrices, probablement wahhabites, qui agitaient le monde islamique. Son fondateur, Hajj Shariat Allah (1781-1840), vécut à La Mecque de 1799 à 1818 ; il fit un second pèlerinage en 1821 et à son retour lança une campagne au cours de laquelle il exhorta les Bengalis à observer leurs devoirs religieux *(faraiz)* conformément au Coran et à l'exemple du Prophète, et dénonça l'influence de l'hindouisme sur les pratiques musulmanes.

Shariat Allah s'en prit aussi à la présence britannique mais il ne proclama pas la guerre sainte, préférant se consacrer entièrement à sa mission de rénovation religieuse. Il n'en est pas moins vrai que, après sa mort, le mouvement tourna toute son attention vers la domination étrangère, s'organisa en une fraternité militaire et constitua un mouvement souterrain qui fonctionna indépendamment de la loi britannique pendant presque tout le XIXe siècle.

Les naqshabandiya en Asie

La plupart de ceux qui furent impliqués dans la pensée ou l'action réformiste appartenaient à l'ordre soufi des *naqshabandiya* et se trouvaient de ce fait au cœur même de l'activisme musulman en Asie. L'expansion de l'ordre aux Indes était consécutive en partie à l'influence de Sirhindi au XVIIe et au XVIIIe siècle. Au XIXe siècle, Mawlana Khalid Baghdadi (1776-1827) donna une nouvelle impulsion à la propagation de la doctrine *naqshabandi* vers l'ouest. Après avoir étudié à Delhi auprès des héritiers spirituels directs de Sirhindi, il retourna en Asie occidentale où il fit de nombreux disciples en Syrie, en Irak, au Hedjaz, au Kurdistan, en Anatolie et dans les Balkans. Par la suite, son influence gagna l'Afrique orientale, Ceylan et l'Asie du Sud-Est. Il faut cependant ne pas surestimer les influences

Dipanegara, qui avait mené la guerre sainte contre l'élite indo-javanaise puis contre les Hollandais (1825-1830), en exil. Il est à noter qu'il semble utiliser les objets usuels employés par les Hollandais à cette époque. La guerre, qui se situe dans le contexte d'une misère croissante, due à l'appauvrissement du monde rural javanais qui était le fait des Européens, favorisa grandement le processus d'islamisation de l'île.

indiennes et souligner celles d'autres branches de l'ordre au Caucase, en Asie centrale et en Chine.

Deux mouvements de réforme qui aboutirent à la lutte contre la domination étrangère virent le jour dans le Caucase. Le premier était dirigé par Imam Mansur (mort en 1794) qui est considéré par la tradition populaire comme un *naqshabandi* bien qu'il ne soit pas sûr qu'il l'eût été, mais dont le message est tout à fait conforme à cette doctrine. De 1785 à 1791, soutenu en particulier par la population du Daghestan, il mena la guerre sainte contre les Russes jusqu'à ce qu'il soit battu et capturé. Dans ses lettres, il exhorta ceux de ses partisans qui avaient survécu à poursuivre la lutte armée.

Le second mouvement fut fondé 50 ans plus tard par Imam Shamil (v. 1796-1871), qui était le troisième shaikh d'une branche des *naqshabandiya* originaire du nord-est de la Turquie. En 1834, il prit la tête de l'ordre au Daghestan et, continuant l'œuvre commencée par Imam Mansur, étendit son autorité sur une grande partie du Caucase et imposa la *sharia* de telle sorte que son règne fut appelé par la suite «la période de la *sharia*». Il résista aux invasions des Russes pendant près de 30 ans. Mais, après avoir rasé les forêts où les troupes de Shamil se mettaient à couvert, les Russes finirent par l'emporter et l'imam, usé et vieilli, se rendit. Toutefois, les *naqshabandiya* continuèrent de résister sporadiquement.

En Asie centrale, terre d'élection de l'ordre des *naqshabandiya,* l'activité réformiste fut extrêmement faible. La guerre sainte de trois jours contre la domination russe, qui éclata en 1898 à Andijan et fut menée, organisée et financée par les naqshabandiya, est tout à fait exceptionnelle. D'autre part, dans le bassin de la Volga, il y eut une variante peu courante de l'action réformiste: la guerre sainte passive. Elle fut lancée en 1862 à Kazan par Baha al-Din Vaisi (1804-1893) à son retour du Turkestan, où il s'était affilié aux naqshabandiya. Outré de voir les autorités musulmanes locales absorbées dans l'État russe, il prêcha un programme réformiste classique, à ceci près qu'il mena son combat contre le pouvoir des infidèles non par les armes mais par le refus de payer les impôts et de faire le service militaire. Son message fut si bien accueilli par les Tatars qu'en 1884 le gouvernement dut réagir: l'organisation fut dissoute, ses dirigeants déportés en Sibérie et Baha al-Din interné dans un asile. Son mouvement, cependant, ne disparut pas, et lorsqu'il se manifesta 20 ans plus tard il se distingua par un puritanisme accru et par son soutien au nationalisme tatar.

En Chine, les milieux musulmans déployèrent au XIXe siècle une extraordinaire activité. Au Turkestan oriental, la guerre sainte contre la domination mandchoue fut menée par les shaikhs naqshabandiya *khoja* en exil à Kokand. Leur action est impressionnante: cinq soulèvements en 1820-1828, 1830, 1847, 1857 et 1861. Puis, après que les révoltes musulmanes au Kan-sou eurent isolé la région du reste de la Chine en 1862, les *khoja* occupèrent de nouveau tout le Turkestan oriental en 1863, mais ils furent supplantés par leur brillant subordonné Yakub Beg (1820-1877) qui imposa un régime islamique rigoureux et gouverna de 1867 à 1877. Étant donné la suprématie des *khoja* naqshabandiya, ces soulèvements paraissent constituer un nouvel indice de l'esprit réformiste que cette confrérie soufie propageait dans tous les milieux musulmans d'Asie. Cependant la preuve formelle manque, et l'on doit tenir compte du désir des *khoja* de reconquérir les territoires perdus et des agissements de Kokand contre la Chine.

Parmi les communautés musulmanes dispersées à travers la Chine, il y a des preuves flagrantes du réveil religieux et de l'esprit de réforme prêchés par les naqshabandiya. A mesure qu'ils combattaient la politique d'assimilation des Mandchous, la prise de conscience des musulmans ne fit que croître. Ils adoptèrent le vert, la couleur du Prophète, firent de celui-ci le modèle d'une vie parfaite, et pour la première fois écrivirent en chinois sur des sujets religieux, afin de souligner combien il était important pour chaque fidèle de prendre conscience de ses devoirs de croyant. Vers 1761, Ma Ming-hsin alla étudier à Kachgar et à son retour son enseignement devait être à l'origine de la «Nouvelle Secte» (par opposition à la «Vieille Secte», qui était une adaptation de la doctrine des musulmans chinois à la société confucianiste). Il y eut de nombreuses controverses sur la nature de la Nouvelle Secte; il semble en fait qu'il n'y en a pas eu une mais plusieurs. On admet toutefois que Ma Ming-hsin enseigna la doctrine de la branche Jahriya de l'ordre des naqshabandiya, que la Nouvelle Secte chercha à éliminer l'influence de l'environnement chinois dans la pratique religieuse et qu'elle était derrière tous les grands soulèvements musulmans jusqu'au XXe siècle.

Les adeptes de la «Nouvelle Secte» manifestèrent leur activisme pour la première fois au retour d'un voyage de Ma Ming-hsin en Arabie, et en 1781 un conflit armé avec la «Vieille Secte» près de Lan-tcheou, «La Mecque de l'Islam chinois», dégénéra en rébellion contre la domination chinoise. Cet activisme s'accrut au XIXe siècle à mesure que la Nouvelle Secte se répandait à travers la Chine, et son message fut probablement renforcé par les pèlerins revenant d'Arabie et par les influences réformistes venues de l'Inde. Le mouvement fit la preuve de sa vitalité lors de deux grandes révoltes dirigées par ses membres. La première fit rage au Kan-sou et au Chan-si de 1862 à 1877: Ma Hua-lung essaya vainement d'établir un État musulman et l'on estime que

Imam Shamil, un shaikh naqshabandi, qui établit son autorité sur le Caucase dans les années 1830 et résista aux offensives russes jusqu'en 1859. La noblesse se battit contre lui et Shamil devint célèbre en Europe; son porte-parole Hajji Murad est le héros d'une courte nouvelle de Tolstoï.

Répartition des musulmans en Chine, à l'exception du bassin du Tarim, vers 1900
On remarquera les zones de concentration particulière au Kan-sou, par où l'ancienne route de la soie pénétrait en Chine, et dans le Yunnan oriental, par où passaient les routes venant du golfe du Bengale. Il y eut une forte reprise de l'islamisation au XIXe siècle sous l'influence de la «Nouvelle Secte». Les musulmans vivaient groupés en petites communautés marchandes au sein de villes dont les plus importantes sont indiquées sur la carte ci-dessous (d'après Broomhall).

Sous le nom de Sultan Sulaiman, Tu Wen-hsiu régna sur la moitié de la province du Yunnan de 1856 à 1873. Vers la fin de son règne il envoya son fils en Angleterre demander l'aide de la reine Victoria : sa lettre rédigée en chinois nous est parvenue. *Ci-dessus,* vue de Tali, capitale de Sulaiman, et du lac s'étendant au-delà, depuis les montagnes dominant la ville. *Ci-dessous,* le sceau de Tu Wen-hsiu, qui porte l'inscription chinoise « Commandant en chef de l'infanterie et de la cavalerie, généralissime Tu », et l'inscription arabe « Sultan de tous les fidèles ».

plus de 90 p. cent de la population trouvèrent la mort. La seconde ravagea le Yunnan de 1856 à 1873 et son chef, Tu Wen-hsiu, réussit à fonder un État musulman comprenant la moitié de la province, sur lequel il régna pendant 16 ans sous le nom de Sultan Sulaiman. Ce courant de renaissance religieuse fut si puissant que des membres de la « Vieille Secte » s'y rallièrent. Le premier chef de la révolte du Yunnan fut Ma Te-hsin, membre de la « Vieille Secte » et l'un des principaux docteurs de la loi de l'époque. A l'instar d'autres lettrés influencés par l'esprit réformiste — Abd al-Rauf de Singkel, qui traduisit le Coran en malais, Shah Wali Allah de Delhi qui le traduisit en persan, et Shah Abd al-Qadir de Delhi qui le traduisit en urdu — Ma Te-hsin fut le premier à traduire le Coran dans sa langue natale.

Les khalwatiya et les idrisiya en Afrique

Si nous nous tournons à présent vers le monde islamique occidental, nous découvrons que l'ordre des naqshabandiya est à l'origine des idées réformistes reprises par les khalwatiya et les idrisiya. Les premiers appartenaient à une confrérie ancienne rénovée par Mustafa al-Bakri (cf. p. 120). Les seconds constituaient un ordre récent fondé par le Marocain Ahmad Ibn Idris (1760-1837) qui, après avoir subi l'influence des khalwatiya durant un long séjour au Caire, s'installa comme shaikh soufi à La Mecque. Il reprit dans son enseignement une grande partie du programme wahhabite et insistait tout particulièrement sur la nécessité de suivre la voie tracée par le Prophète. Aussi sa doctrine reçut-elle le nom de *tariqa Muhammadiya,* comme celle de Saiyid Ahmad de Rae Bareli. Des courants issus de ces deux enseignements réformistes se répandirent au XIXe siècle dans l'Afrique musulmane et exercèrent une influence marquée sur les relations entre ceux qui désiraient réaliser l'idéal islamique et les conservateurs. Ils favorisèrent aussi la croyance, particulièrement forte en Afrique, selon laquelle à la fin de chaque siècle musulman (en l'occurrence l'an 1199 de l'Hégire, c'est-à-dire 1784-1785 ap. J.-C., et l'an 1299 de l'Hégire, soit 1881-1882 ap. J.-C.) apparaîtrait un Mahdi qui « ferait régner la justice dans un monde où jusque-là il n'y avait eu qu'injustice et oppression ».

Une branche importante des khalwatiya, celle des *tijaniya,* fut fondée par l'Algérien Ahmad al-Tijani (1737-1815), qui avait eu pour maître Mahmud al-Kurdi (1715-1780), lui-même disciple d'al-Bakri et d'al-Hifnawi. Son ordre se propagea en Algérie, au Maroc, au Soudan central et oriental, et surtout en Afrique occidentale. L'artisan de ce succès fut Hajji Umar Tall (1794-1864), un Peulh du Fouta-Toro au Sénégal, un État fondé de très longue date à la suite d'une guerre sainte. Parti en pèlerinage pour La Mecque, dans les années 1820, il adhéra au mouvement réformiste après avoir passé trois ans à Médine où il devint disciple du shaikh *tijani* Muhammad al-Ghali, qui en fit son successeur au Soudan. Puis il séjourna quatre ans chez les khalwatiya d'Égypte où il prit l'habitude de la retraite spirituelle *(khalwa)* qu'il pratiqua souvent avant de livrer bataille. Il retourna au Soudan occidental et fonda un État théocratique à côté du Fouta-Djalon. En 1852 il lança sa guerre sainte, battant les Bambaras païens de Karta, et en 1863, après s'être emparé de Tombouctou, il se retrouva à la tête d'un empire qui s'étendait de la boucle du Niger jusqu'au haut Sénégal. En fait, seuls les Français occupant la côte l'avaient empêché de «plonger le Coran dans l'Atlantique». L'État survécut jusqu'en 1893, date à laquelle il fut absorbé par les Français, mais la *tijaniya* continua de prospérer et devint la confrérie la plus en vue d'Afrique occidentale.

La seconde branche importante de la *khalwatiya* fut la *sammaniya,* fondée par Shaikh Muhammad Samman et présente au Soudan oriental, en Érythrée et dans le sud-ouest de l'Éthiopie. C'est la tradition spirituelle de cet ordre qui est à la base d'une des manifestations les plus remarquables du réveil de l'Islam, la *madhiya* soudanaise. Le 29 juin 1881, Muhammad Ahmad (1840-1885) se proclama *mahdi.* Depuis 1861 il était le disciple de deux shaikhs *sammaniya* du Soudan, et il s'était fait remarquer par son ascétisme et par son observance rigoureuse de la *sharia.* Il reprit à son compte les griefs contre le régime turco-égyptien en place depuis 1821; les Soudanais étaient hostiles aux *ulama* venus de basse Égypte, aux innovations «occidentales» de l'administration et à l'abolition du commerce des esclaves. Ahmad proclama donc la guerre sainte contre le régime, s'empara de Khartoum en 1885 et fonda au Soudan un État mahdiste indépendant. Les idées qu'il défendait et les institutions qu'il établit s'inspiraient d'un esprit de réforme. Il chercha en toute conscience à imiter la communauté islamique primitive. Muhammad Ahmad était le successeur du Prophète, le Mahdi élu par Dieu, et ses partisans prenaient la suite des compagnons de Mahomet, les *ansar* — d'où le nom donné à l'ordre soufi issu du mahdisme, l'*ansariya.* L'État théocratique ainsi constitué ne fut abattu qu'en 1898, simplement parce que l'armement désuet de ses troupes ne put rien contre la puissance de feu d'une armée moderne.

Deux confréries importantes issues de l'*idrisiya* furent fondées, assez curieusement, par deux disciples

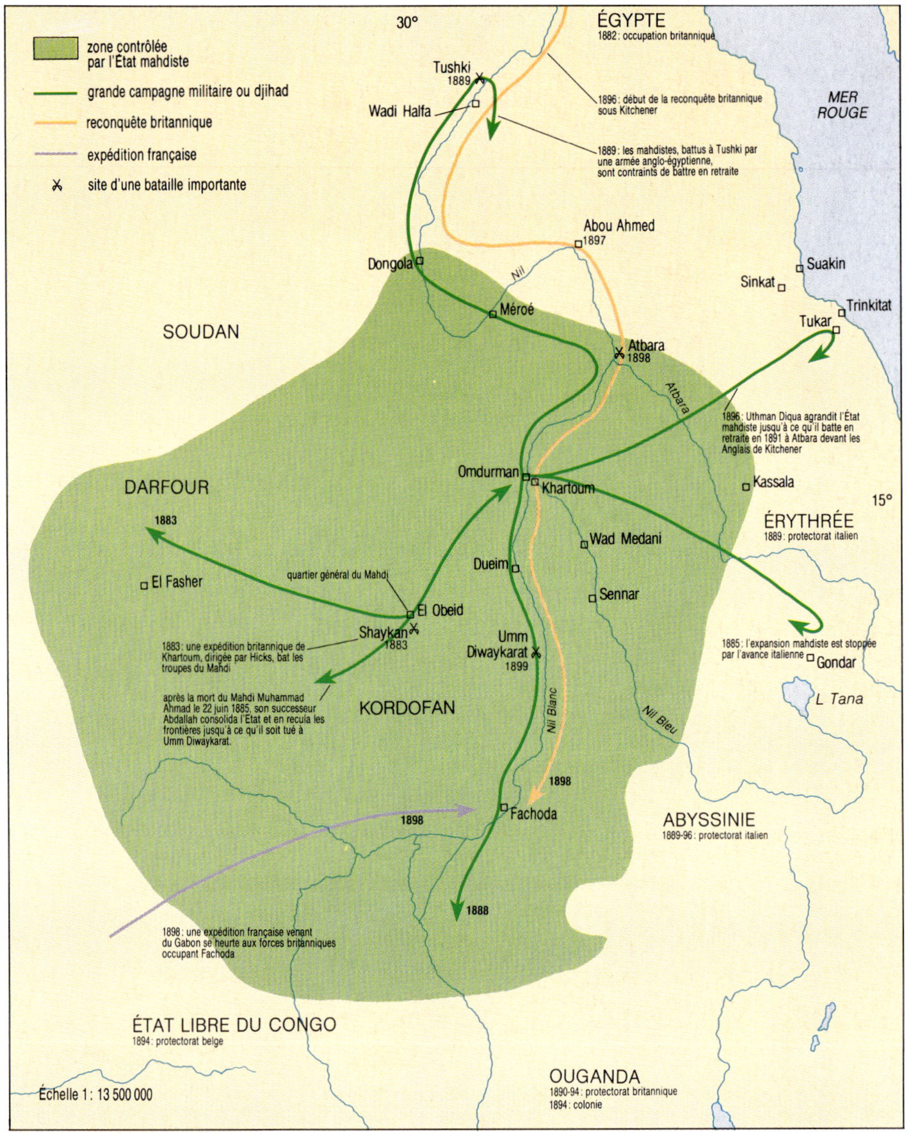

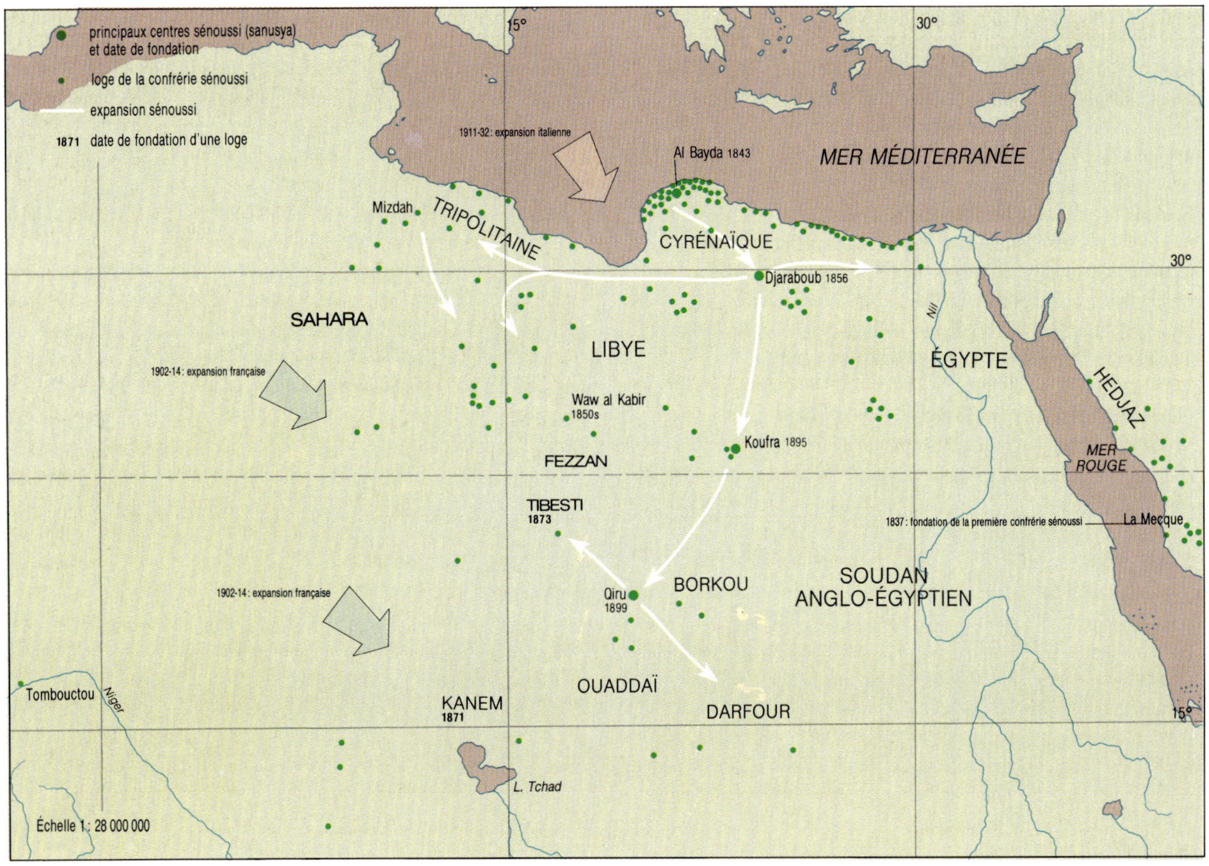

Ci-dessus: Le mouvement mahdiste au Soudan, 1881-1898
Une des manifestations les plus marquantes du mouvement général de réforme et de réveil religieux, le mahdisme, aboutit à la constitution d'un véritable État théocratique de 1885 à 1898. Stoppé dans son expansion par les puissances coloniales européennes, il fut finalement renversé par l'armée britannique sous le commandement de Kitchener. Les archives de l'administration de l'État mahdiste se trouvent aujourd'hui à Khartoum.

A droite Le tombeau de Muhammad Ahmad à Khartoum. Il se proclama le Mahdi ou successeur du Prophète, élu par Dieu, le 29 juin 1881. Après sa mort en 1885, son fils Abdallahi lui succéda à la tête de l'État.

A gauche: La répartition au Sahara des loges de l'ordre soufi des sénoussis
On voit l'expansion de ce dernier à la fin du XIXe siècle, lorsqu'il réussit à regrouper en une seule organisation de nombreuses tribus sahariennes. Il utilisait un système de loges fonctionnant comme des cellules de culture islamique dans un milieu nomade et souvent à demi païen.

d'Ahmad Ibn Idris qui, après la mort de celui-ci à La Mecque, furent supplantés dans la querelle pour la succession par un troisième disciple. En fait, le vainqueur, Muhammad Usman Mirghani, désavoua la voie réformiste de son maître et établit au Soudan oriental un ordre qui s'opposa à la *mahdiya* et prit le parti du gouvernement. L'un des deux perdants était Muhammad Ali al-Sanusi (1787-1859). Il dut quitter La Mecque et en 1856 il établit son quartier général à Jaghbud, au cœur du désert de Libye. De là il diffusa un message réformiste qui devait beaucoup à son ancien maître et qui mettait l'accent sur l'importance du Coran et des *hadîths* ainsi que sur la nécessité de rénover le soufisme. A la différence de nombreux réformateurs, il s'efforça en outre de créer une société théocratique par des moyens pacifiques. Il établit des loges soufies *(zawiya)* fonctionnant comme des cellules de culture islamique dans l'environnement nomade et souvent à demi païen du désert. Chaque loge était censée relever de la tribu sur le territoire de laquelle elle se trouvait, car c'est parmi les membres des tribus qu'elle recrutait ses adhérents. Au XIXe siècle un vaste réseau de ces loges, groupant en une même organisation des tribus jadis belliqueuses, s'étendit le long des pistes caravanières du Sahara, de la Cyrénaïque à Tombouctou et au royaume ouaddaï. Elles entrèrent en conflit avec les Français qui entreprenaient l'occupation du Sahara et avec les Italiens qui envahissaient la Libye. Mais elles survécurent et formèrent la base de la résistance libyenne à la domination étrangère, cependant que leurs chefs héréditaires devenaient les premiers dirigeants d'un État libyen indépendant.

Le second de ceux qui ne purent succéder à Ahmad Ibn Idris était Ibrahim al-Rashid (décédé en 1874). Son neveu et disciple, Muhammad Ibn Salih, fonda la *Salihiya,* établie à La Mecque, des rangs de laquelle sortit le chef somali Muhammad Abd Allah Hassan (1864-1920), appelé à juste titre par ses adversaires britanniques le «mollah fou». Il entreprit de longs voyages en quête de savoir et fut impressionné par l'attitude et par le succès de la *mahdiya* soudanaise. Comme pour beaucoup d'autres chefs réformistes, son séjour à La Mecque, où il étudia pendant cinq ans et où il adhéra à la *salihiya,* fut déterminant. De retour en Somalie en 1895, il prêcha un message d'un puritanisme strict: le Coran et les *hadîths* étaient les seules sources de la justice; la guerre sainte était une obligation permanente; les demandes d'intercession sur les tombeaux des saints devaient cesser; ceux qui omettaient de dire leurs prières risquaient la mutilation ou la mort. En 1899 il était en guerre de tous côtés: contre la *qadiriya,* confrérie moins austère, contre les Éthiopiens et contre les Anglais. Il se battit pendant vingt ans et mourut invaincu. Sa poésie, qui rime avec défi, est toujours lue. Un capitaine anglais essaya de lui couper la retraite en 1913 et dut en pâtir:

O Corfield, tu es un voyageur
Dont le séjour ici-bas est compté.
Tu suivras le sentier où il n'est pas de repos;
Toi qui es parmi les Hôtes de l'Enfer,
Tu voyageras jusqu'à l'autre monde.

Mouvements locaux en Afrique occidentale

Tous les mouvements africains ne sont pas issus du courant réformiste en action dans le monde islamique en général. En Afrique occidentale, l'œuvre de Hajji Umar Tall exceptée, les plus importants eurent une origine locale. Les principaux chefs étaient de race peulhe, une ethnie noire du Sénégal métissée de Berbères venus du nord-est par le Sahara; ils avaient été convertis à l'Islam avant le XIVe, et certains clans avaient élaboré un corps de traditions savantes. A partir du XVe siècle, des groupes de Peulhs avaient commencé une longue migration vers l'est jusqu'au pays des Haoussas, faisant office d'une cinquième colonne islamisée parmi les communautés païennes ou de croyances syncrétiques de la Sénégambie au Bornou. Comme les *ulama* de Tombouctou ou les cités-États haoussas, ils avaient des rapports difficiles avec ceux qui mêlaient les rites païens aux pratiques de l'Islam. Certains finirent par proclamer la guerre sainte. Mais ceux-là se rapprochaient plus de la longue tradition de la science et du mysticisme sahariens que des courants réformistes apparus depuis le XVIIIe siècle au Caire et en Asie occidentale.

Le principal leader de ces mouvements locaux,

A l'extrême droite Les guerriers peulhs, cavaliers d'origine noble, dédaignaient les armes à feu, bonnes pour les esclaves. En 1680 ils entamèrent des guerres religieuses contre les chefs païens voisins qui durèrent près de 200 ans, et fondèrent les États théocratiques du Fouta-Djalon, du Fouta-Toro, de Khasso, de Kaarta, de Massina et de Sokoto.

A droite Une *zawiya* ou loge soufie d'Afrique du Nord, composée du mausolée d'un saint surmonté d'un dôme, d'une petite mosquée, d'une salle pour la récitation du Coran, d'une école coranique et de logements destinés aux étudiants, aux voyageurs et aux pèlerins.

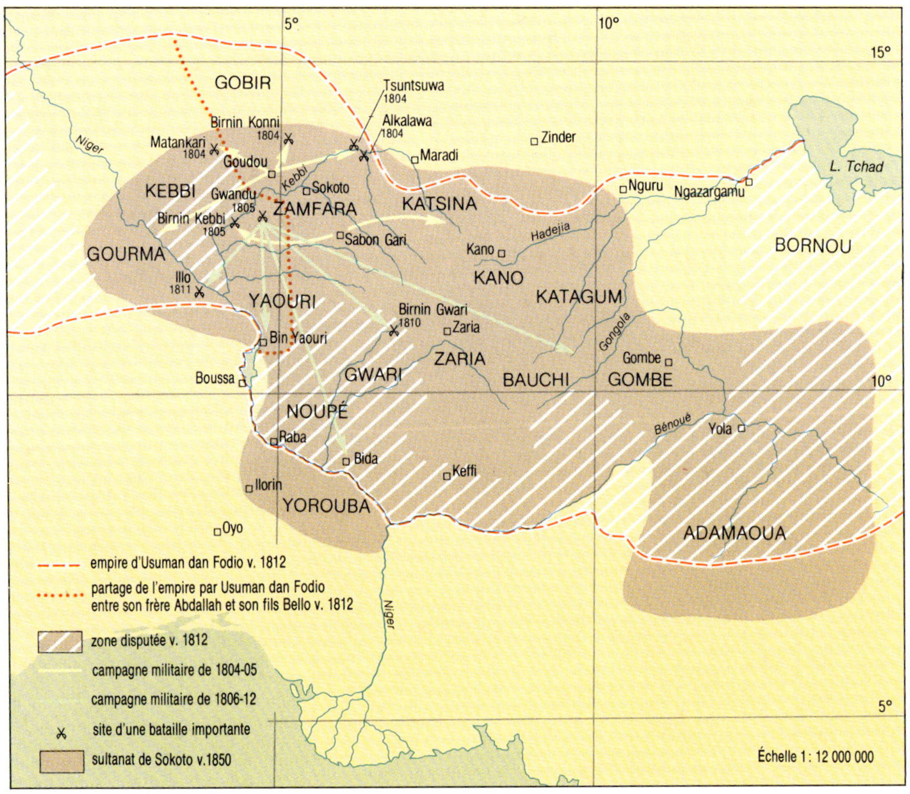

A gauche : La guerre sainte d'Usuman dan Fodio et la fondation du califat de Sokoto
Ce fut la guerre sainte la plus spectaculaire, qui mena à la formation d'un vaste État. « Le gouvernement d'un pays est le gouvernement de son roi », écrivait Usuman dan Fodio en expliquant les raisons de cette guerre. « Si le roi est musulman, son pays est musulman ; s'il est un incroyant, son pays sera un pays d'incroyants... Il ne fait aucun doute que les sultans de ces pays vénèrent certains lieux, certains arbres et certains rochers et leur offrent des sacrifices. C'est faire acte de paganisme au regard de l'opinion... La description ci-dessus était applicable aux populations haoussas telles que nous les trouvâmes avant la *jihad*. Depuis, nous les avons combattues et vaincues, nous en avons tué une partie et chassé les autres de ce pays avec l'aide de Dieu (grâce lui soit rendue). » L'expansion du califat fut stoppée seulement au nord-est par le Kanem-Bornou et propagea l'Islam dans tout le Cameroun et sur le territoire des Noupés et des Yorubas au centre du Nigeria. Au milieu du XIXe siècle la ferveur religieuse était bien retombée et les Peulhs devinrent la classe dirigeante. Ils jouèrent un rôle capital dans la diffusion de l'Islam au nord du Nigeria et vers le sud jusqu'à la côte atlantique.

A gauche : Le retour au traditionalisme dans le Maghreb
Tous les mouvements de réveil religieux au XVIIIe et au XIXe siècle ne furent pas réformistes. La carte illustre les principaux centres soufis se réclamant d'Ahmad al-Darqawi qui furent les plus populaires dans la région à partir du XIXe siècle. Le courant d'al-Darqawi ne devait rien au mouvement réformiste.

Usuman dan Fodio (Uthman Ibn Fudi, 1754-1817), ne se rendit jamais au Caire ou à La Mecque, et bien qu'il se rattachât avec ses disciples au réseau soufi qui s'étendait jusqu'au Proche-Orient et que son maître, l'iconoclaste Jibril Ibn Umar d'Agadès, fût un *khalwati*, sa pensée s'enracinait dans une très ancienne tradition saharienne.

Son inspiration soufie venait de la *qadiriya*, qui s'était répandue dans la région à la fin du XVe siècle grâce à al-Maghili de Tlemcen. Ses écrits reflètent toute la littérature musulmane classique et post-classique, d'al-Ghazali à al-Suyuti. Rien ne pouvait le distinguer davantage des réformateurs de l'Asie occidentale. Alors que ceux-ci rejetaient les structures médiévales de l'Islam, Usuman, qui vivait dans une société islamisée en partie seulement, y trouva une inspiration puissante et dynamique.

Les guerres saintes des Peulhs commencèrent en Sénégambie. La première éclata au Bondou vers 1680 et aboutit à la fondation d'un État islamique; la seconde, qui débuta en 1725, eut pour conséquence l'établissement d'une dynastie musulmane au Fouta-Djalon; la troisième éclata en 1776 et entraîna la création d'une théocratie islamique au Fouta-Toro. Puis le foyer d'agitation se déplaça de 1 600 km à l'est jusqu'au pays haoussa, où la prédication d'Usuman dan Fodio accrut la tension contre les dirigeants locaux. En 1804 il proclama la guerre sainte et reçut l'appui tant des Haoussas que des Peulhs; il s'ensuivit la formation du sultanat de Sokoto à partir des turbulentes cités-États haoussas. Mais cela ne mit pas fin à la guerre sainte.

Après avoir échoué contre le Bornou, Sokoto, avec l'aide locale des Peulhs, réussit en 1850 à annexer Adamaoua au sud-est, Noupé au sud et Ilorin au sud-ouest à son empire islamique.

D'autres Peulhs rééditèrent l'exploit d'Usuman. De 1810 à 1815, Shehu Ahmadu (1775/76-1844) mena une guerre sainte dans le Niger supérieur contre les Bambaras païens et leurs chefs partiellement islamisés, ce qui entraîna la création de l'État islamique de Masina, s'étendant jusqu'à Tombouctou.

Ces mouvements procédaient directement de l'esprit de réforme qui se manifestait un peu partout dans l'Islam africain. Mais l'atmosphère ainsi créée était ressentie bien au-delà des cercles réformateurs. Elle favorisa l'expansion des ordres soufis en Afrique orientale où l'on vit par exemple la *shadhiliya* s'établir aux Comores et la *qadiriya* en Tanzanie. Elle encouragea la résistance à l'expansion française en Algérie, où Abd el-Kader (1808-1883) mena la guerre sainte de 1832 à 1847. Elle incita Samori Touré (1830-1900) à transformer en État islamique le royaume qu'il était en train d'établir sur les hauts plateaux de Guinée depuis 1860 environ. Qui plus est, cette sensibilité nouvelle réveilla l'ardeur religieuse de ceux dont la foi islamique n'était nullement touchée par les idées de réforme, et qui eurent parfois autant d'influence que les réformistes. Au Maghreb par exemple, les méthodes soufies les plus populaires procèdent depuis le XIXe siècle de la démarche mystique d'Ahmad al-Darqawi (1760-1823).

Ce grand mouvement de réforme, et le réveil religieux qui s'ensuivit, était dû en partie aux crises provoquées par les tensions permanentes entre l'idéal islamique et les conditions locales, et en partie à l'influence des idées de réforme qui se répandaient alors dans le monde musulman.

Jusqu'à une date récente, les historiens, peut-être trop influencés par la vision du monde propre aux États-nations du XXe siècle, avaient tendance à mettre l'accent sur l'origine purement locale de chaque manifestation de ce mouvement. D'un autre côté, l'analyse actuelle a montré que beaucoup d'ordres soufis, en particulier la *naqshabandiya* et la *khalwatiya,* contribuèrent à répandre les idées réformistes. Il convient aussi de souligner le rôle joué par l'enseignement traditionnel des *hadîths* dispensé dans les écoles coraniques de Médine, lieu stratégique où affluaient les lettrés et les pèlerins se rendant à La Mecque.

En conclusion, aucun événement marquant de l'histoire musulmane depuis 1500 ne démontre plus nettement le rôle capital des *ulama* et des soufis, tant localement que sur une plus vaste échelle, comme piliers de la communauté. A mesure que le pouvoir musulman donnait des signes d'effritement à l'intérieur, les ulama s'efforçaient de le restaurer en promouvant l'idéal islamique. Quand une certaine sclérose menaçait de s'installer, ils stimulaient la foi des fidèles. Et quand la communauté paraissait s'enliser, ils la replaçaient sur les bases inébranlables de la révélation et de l'exemple du Prophète.

L'ESSOR DE L'EUROPE ET LA RÉACTION DE L'ISLAM

L'expansion de l'Europe

Au XIXe et au XXe siècle, les musulmans connurent de graves revers. La lente érosion du pouvoir aux frontières de leur monde durant le XVIIIe siècle se changea en un déclin accéléré à mesure que les Européens envahissaient leur communauté, introduisant une série de menaces au cœur même de la civilisation islamique: missionnaires chrétiens, philosophies fondées sur la raison, enseignement laïque, vision d'un progrès purement matériel, tout cela étayé par une puissance et une prospérité sans précédent. Les musulmans étaient mal équipés pour réagir. Même les mouvements de réveil religieux, issus de l'esprit de réforme apparu dans le monde musulman au milieu du XVIIIe siècle, ne purent opposer qu'une résistance sans lendemain. Néanmoins ces idées nouvelles qui agitaient l'Islam fournirent une base solide pour des réactions ultérieures: les processus déclenchés par l'Europe étaient assez puissants pour que les musulmans adoptent le même rythme. Ils se trouvaient confrontés à une civilisation assez forte pour les transformer à sa propre image.

On peut dater symboliquement la nouvelle ère de l'expédition française en Égypte de 1798. L'armée de la Révolution incarnait les forces neuves de la raison, du nationalisme et du pouvoir de l'État; c'est dans celles-ci que les Européens mettaient désormais leur confiance, eux qui n'avaient pas osé violer les côtes de la Méditerranée orientale depuis les croisades. En trois ans, les Anglais et les Turcs eurent chassé les intrus, mais la menace que représentait l'Europe n'allait pas cesser de grandir. Dans l'Insulinde, le gouvernement hollandais se substitua à sa propre Compagnie des Indes orientales en 1800 et étendit sa domination à tout l'archipel jusqu'à la guerre d'Aceh qui paracheva sa victoire en 1908. Les Indes reconnurent la suzeraineté britannique en 1818, et 40 ans plus tard les Anglais régnaient sur tout le sous-continent directement, ou par l'intermédiaire des princes indiens. Les nécessités stratégiques d'un aussi vaste empire les amenèrent inéluctablement à intervenir dans d'autres territoires musulmans. Les Afghans, grâce à leurs mœurs guerrières et à leur position d'État tampon entre les ambitions de l'Inde anglaise et de la Russie tsariste, et protégés en outre par leurs montagnes, purent préserver leur indépendance. Dans le Golfe, les Anglais consolidèrent leurs positions, ainsi que dans le sud de l'Iran et sur la côte de l'Arabie donnant sur l'océan Indien. Plus à l'ouest, la construction du canal de Suez en 1869 et la compétition européenne pour le pouvoir entraînèrent la mainmise sur d'immenses territoires musulmans. En 1882, les Anglais occupèrent l'Égypte, ce qui amena en 1898 l'établissement d'un «condominion» anglo-égyptien sur le Soudan nilotique, où en fait c'est eux qui détinrent le pouvoir. Sur la côte de l'Afrique orientale ils partagèrent les possessions considérables des sultans de Zanzibar avec l'Allemagne et l'Italie, cependant que sur l'autre rive de l'océan Indien ils avaient commencé dès les années 1870 à établir leur hégémonie sur les divers sultanats de Malaisie.

La Russie tsariste fut l'une des quatre puissances européennes — avec la Hollande, l'Angleterre et la France — à imposer sa loi à d'importantes communautés musulmanes. Au Caucase, elle fit une entrée en force au début du XIXe siècle lorsqu'elle conquit les territoires iraniens du nord de l'Azerbaïdjan, et en 1864 elle occupait toute la région. En Asie centrale, le territoire des Kazakhs fut annexé en 1854, le khanat de Kokand en 1873, les territoires des Turcomans et des Tadjiks en 1885 et 1895, tandis que des protectorats étaient établis sur les anciens khanats de Khiva et de Boukhara, qui furent annexés à leur tour après la révolution bolchevique. La pénétration

La conquête des territoires islamiques septentrionaux par la Russie

Au XIXe siècle, la Russie élargit ses frontières jusqu'à l'Iran, l'Afghanistan et la Chine, et tous les musulmans du Caucase et du Turkestan passèrent d'une manière ou d'une autre sous la domination russe. En 1920, Boukhara, dernier vestige de l'empire musulman mongol, devenu protectorat russe en 1868, fut finalement annexé au nouvel État soviétique.

- territoire russe en 1801
- territoires islamisés perdus en 1825
- territoires islamisés perdus en 1855
- territoires islamisés perdus en 1881
- territoires islamisés perdus en 1914
- protectorat russe avant l'annexion de 1920
- frontière de la Russie en 1920
- 1873 date de la perte d'un territoire
- ligne russe de fortification (XIXe siècle)

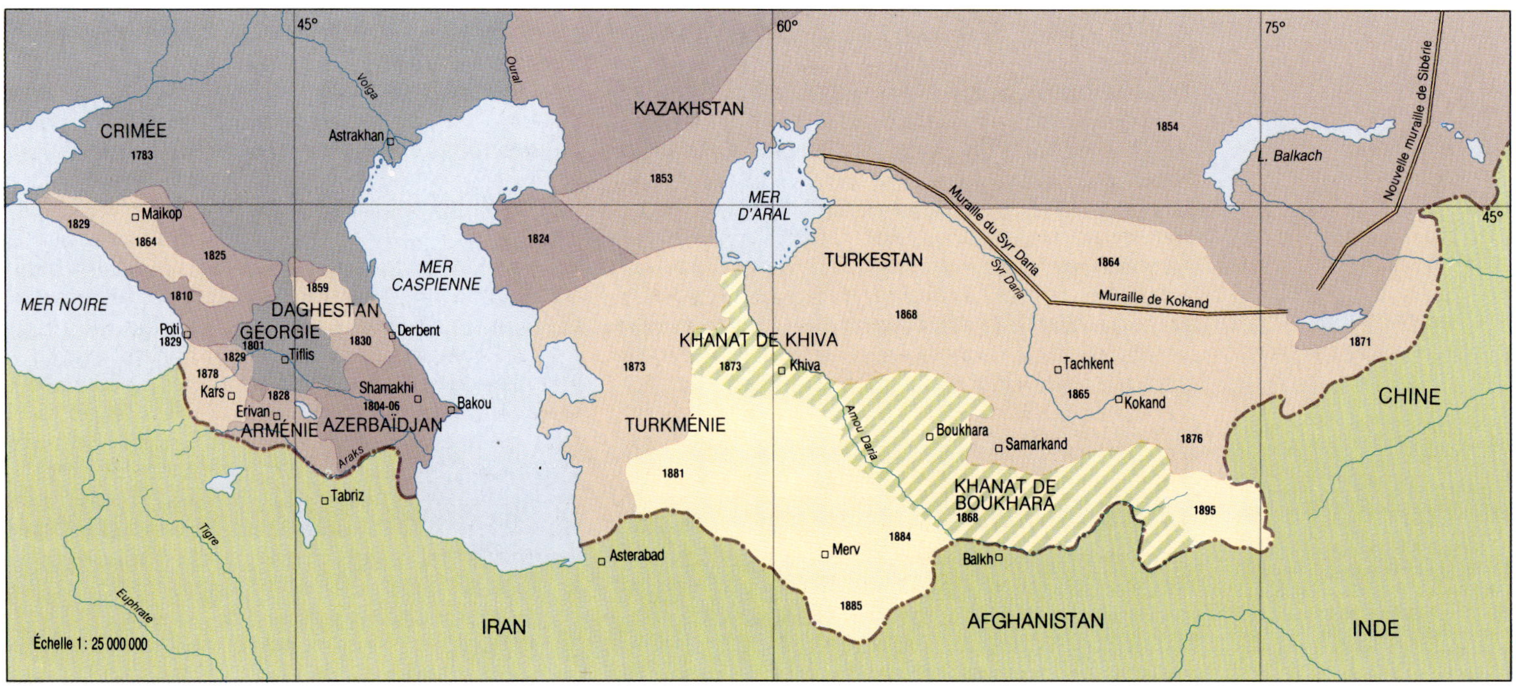

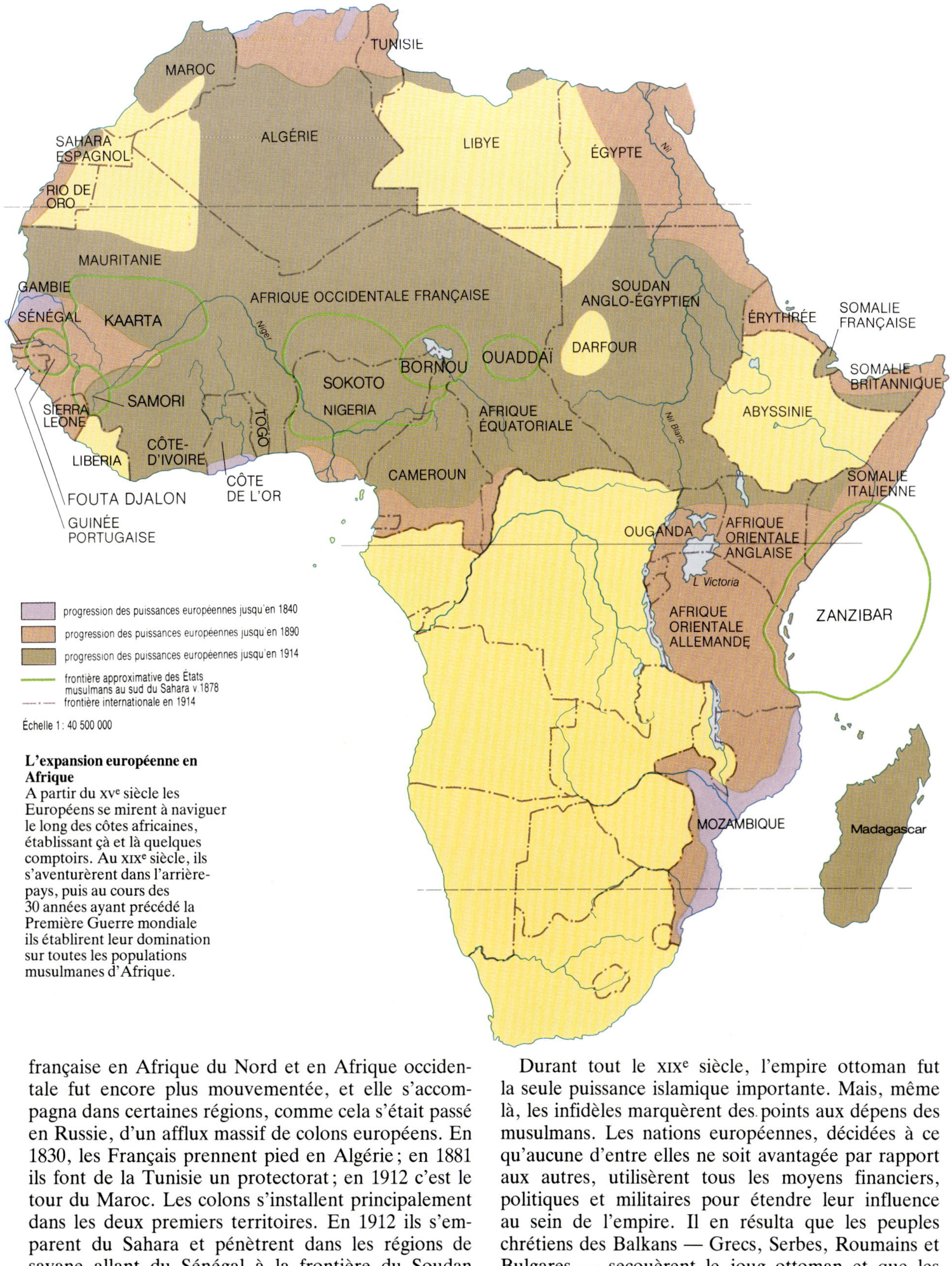

L'expansion européenne en Afrique
A partir du xve siècle les Européens se mirent à naviguer le long des côtes africaines, établissant çà et là quelques comptoirs. Au XIXe siècle, ils s'aventurèrent dans l'arrière-pays, puis au cours des 30 années ayant précédé la Première Guerre mondiale ils établirent leur domination sur toutes les populations musulmanes d'Afrique.

française en Afrique du Nord et en Afrique occidentale fut encore plus mouvementée, et elle s'accompagna dans certaines régions, comme cela s'était passé en Russie, d'un afflux massif de colons européens. En 1830, les Français prennent pied en Algérie ; en 1881 ils font de la Tunisie un protectorat ; en 1912 c'est le tour du Maroc. Les colons s'installent principalement dans les deux premiers territoires. En 1912 ils s'emparent du Sahara et pénètrent dans les régions de savane allant du Sénégal à la frontière du Soudan anglo-égyptien, occupant au passage les États musulmans, dont beaucoup étaient apparus récemment lors du réveil religieux de l'Islam, s'étendant à la limite méridionale du désert. Les Anglais, qui annexèrent le sultanat de Sokoto à leur principale colonie ouest-africaine du Nigeria, établirent leur autorité sur de nombreuses communautés musulmanes de la région. D'autres puissances européennes ramassèrent les miettes ; l'Espagne étendit en 1912 son protectorat sur le nord du Maroc et l'Italie conquit la Libye. Lorsque la Grande Guerre éclata, les musulmans d'Afrique étaient sous la domination des infidèles.

Durant tout le XIXe siècle, l'empire ottoman fut la seule puissance islamique importante. Mais, même là, les infidèles marquèrent des points aux dépens des musulmans. Les nations européennes, décidées à ce qu'aucune d'entre elles ne soit avantagée par rapport aux autres, utilisèrent tous les moyens financiers, politiques et militaires pour étendre leur influence au sein de l'empire. Il en résulta que les peuples chrétiens des Balkans — Grecs, Serbes, Roumains et Bulgares — secouèrent le joug ottoman et que les populations musulmanes établies depuis longtemps dans la région perdirent leurs terres et parfois la vie. Lors de la Première Guerre mondiale, de leur vaste empire en Europe il ne restait plus aux Turcs que la Roumélie. La guerre elle-même fit passer les peuples arabes de l'empire sous la domination européenne lorsque les Anglais, avec l'aide des Arabes, repoussèrent les forces turques en Anatolie et se partagèrent les dépouilles avec leurs alliés français. En 1920 les Ottomans, dont les sujets étaient à présent en grande partie turcs, se battirent pour conserver leur bastion d'Anatolie que les Européens, d'après le traité de

L'encerclement de l'empire ottoman par l'Europe, 1812-1923
Entre le traité de Bucarest en 1812 et le traité de Lausanne en 1923, presque tous les territoires ottomans passèrent sous la domination européenne. Entre 1921 et 1922 on put croire un moment que l'Anatolie serait aussi démembrée. Mais ce dernier bastion d'un empire vieux de six siècles fut sauvé par le génie militaire de Mustafa Kemal, dit Ataturk, qui jeta les bases de la Turquie moderne.

Sèvres, se proposaient de démembrer en s'arrogeant la part du lion et en créant une province grecque chrétienne à l'ouest et un État chrétien arménien à l'est. Les musulmans touchaient cette fois au comble de leur infortune. Il n'existait plus de grande puissance islamique pour protéger la communauté. Seuls l'Afghanistan, le Yémen et l'Arabie centrale pouvaient se targuer d'être indépendants. Les grandes cités de l'Islam si fières de leur passé glorieux — Damas, Bagdad, Le Caire, Samarkand — avaient toutes été conquises par les infidèles. Seule Istanbul restait libre, mais elle n'était plus en état de prendre en main le destin de l'Islam. Les Européens avaient beau parler bien haut de liberté aux peuples d'Europe, ils semblaient ne songer qu'à forger de nouvelles chaînes pour les peuples musulmans.

Le défi européen

Au début, l'expansion de l'Europe ne paraît pas avoir nécessité une transformation radicale du mode de penser et de la façon de vivre des musulmans. Tout ce qui semblait nécessaire aux États musulmans indépendants, comme l'empire ottoman de Selim III ou l'Égypte de Méhémet-Ali, c'était d'emprunter aux Européens ce qui avait fait leur force et de l'adapter à leur société. Ils achetaient à l'Europe des armes et des machines : leurs armées seraient automatiquement plus puissantes et leurs industries plus productives. Ils ne jugeaient pas utile d'apporter des changements dans l'organisation de la société ou dans la nature de ses aspirations. Ces musulmans avaient été terriblement marqués par leur défaite et par la domination des infidèles ; à cela s'ajoutaient les tracasseries des missionnaires chrétiens. Il convient de noter cependant qu'au XVIIIe siècle et dans la première moitié du XIXe une conquête entraînait rarement une transformation radicale de la société musulmane. L'ancienne classe dirigeante pouvait bien avoir été éliminée, du moins en partie, la vie quotidienne continuait comme par le passé : les écoles enseignaient toujours les sciences islamiques traditionnelles, le gouvernement se composait pour une large part de musulmans, et le droit en vigueur restait la *sharia*. En fait, dans les débuts de l'époque coloniale, les Européens s'adaptèrent souvent aux sociétés où ils s'étaient installés, apprenant leur langue, utilisant leurs systèmes juridiques et même quelquefois épousant leurs femmes.

Au début, les Européens appelés à vivre dans les sociétés musulmanes s'adaptèrent en grande partie à leur nouveau milieu. *Ci-dessus,* William Palmer, au service de la Compagnie anglaise des Indes orientales, et sa famille, peints à Calcutta en 1786 par Francesco Renaldi. La femme assise avec un bébé sur les genoux est la première épouse de Palmer, la Begum Faiz Baksh, princesse de la famille royale mogole de Delhi. La femme qui regarde Palmer, dont la main est posée sur son épaule, est sa plus jeune épouse, qui appartient à la famille royale de Lucknow, au royaume d'Aoudh. Les autres femmes sont des servantes. A gauche, les enfants de Faiz Baksh: William, le bébé; Hastings, appelé ainsi probablement d'après Warren Hastings, le gouverneur général dont Palmer était l'aide de camp, et Mary.

Mais à mesure que la domination européenne se faisait plus lourde apparut la véritable nature des défis portés à l'Islam. Il y avait ceux posés par les théories scientifiques et philosophiques occidentales à l'égard de Dieu, de sa relation avec l'homme et la nature, et de la vie future. Il y avait aussi le problème plus général de savoir si l'on pouvait espérer concilier la foi et la raison. Pour couronner le tout, voilà des hommes qui pendant treize siècles avaient été maîtres de leur histoire et qui se trouvaient confrontés au succès politique et matériel de pays dans lesquels Allah et sa révélation ne jouaient aucun rôle.

L'organisation de la société musulmane et les valeurs musulmanes étaient mises en question. Ce qui était très grave car l'Islam, à la différence d'autres religions importantes, établissait dans le détail les règles du comportement social; Dieu avait régi de façon précise la conduite de la première communauté musulmane à Médine. Mais certaines des croyances et des pratiques les plus chères aux Européens étaient en contradiction flagrante avec ses commandements. Le capitalisme occidental était en désaccord avec l'interdiction coranique de prélever un intérêt; la reconnaissance des droits de l'homme par l'Europe allait à l'encontre de l'acceptation de l'esclavage par le Coran; et surtout, la croyance récente en l'égalité de toutes les âmes s'opposait à la position d'infériorité assignée aux femmes par le Coran: un homme avait droit à quatre épouses qu'il pouvait répudier et devait maintenir cloîtrées.

Mais c'est au niveau de l'État que les motifs de conflit étaient les plus évidents. A partir de 1800 le problème majeur pour les musulmans fut celui du pouvoir — le pouvoir de décider de leur destin. Le premier instrument de la domination européenne était l'État moderne. Il y a des aspects de cet État que les musulmans adoptèrent afin de rendre leurs régimes assez forts pour écarter les Européens, et que ceux-ci utilisèrent pour exploiter les ressources de leurs colonies. La caractéristique essentielle de l'État moderne était sa capacité de contrôler les ressources humaines et matérielles disponibles. Il s'ensuivit l'implication croissante du peuple dans les activités de l'État, tandis que se répandait l'idée de souveraineté populaire. La signification de ces processus est claire. L'accroissement du pouvoir de l'État impliquait le développement de la machine gouvernementale afin de canaliser les talents et les énergies du peuple au service de l'État. Cela signifiait la création d'un système éducatif pour transmettre le savoir moderne dont l'État avait besoin, d'un code juridique qui le rendrait plus fort, et d'une structure politique qui exprimerait d'une manière ou d'une autre la volonté populaire. Cela signifiait en fait la création d'un système conditionnant l'esprit et la vie des musulmans sans rien devoir à la révélation coranique. D'autre part, l'idée de souveraineté populaire contrevenait à l'idée de souveraineté de Dieu. En Islam, seul Dieu était souverain, seul il pouvait légiférer, et la légitimité de l'État se mesurait à la manière plus ou moins stricte dont il appliquait sa loi. Le devoir de l'homme était de s'élever jusqu'aux normes de Dieu et non d'établir les siennes. Mais la lutte pour le pouvoir exigeait que les aspirations du peuple soient exprimées en termes d'État, une sorte d'État-nation au sein de la communauté, et non en fonction de sa relation à Dieu. «Le pays est cher à leurs cœurs», a écrit le poète et philosophe indien Muhammad Iqbal, «l'humanité a disparu; il ne reste que des nations désunies. La politique a tout à fait détrôné la religion...»

Les musulmans avaient le choix. Ils pouvaient ignorer le défi de l'Europe, auquel cas ils risquaient d'être conquis et partant d'être maintenus dans la servitude. Ils pouvaient d'autre part essayer de maîtriser les autres sources de pouvoir révélées par l'Europe; ils pouvaient apprendre le savoir moderne, s'entraîner avec les nouvelles armes, bâtir des usines, se doter des structures d'un État moderne et jeter un regard neuf sur le monde. Ils pouvaient en outre s'employer à concilier toutes ces choses avec le modèle de vie musulmane révélé dans le Coran. Mais en agissant ainsi ils couraient le risque de voir les institutions de base de la société islamique devenir caduques. La *sharia* semblerait faire double emploi, *ulama* et soufis paraîtraient déplacés et les musulmans ne sauraient plus se soumettre. En essayant d'intégrer les nouvelles forces dans la société islamique, ils couraient le risque d'être eux-mêmes transformés par cela même qui était censé les rendre plus forts, et de n'avoir de musulman — par la langue, la mémoire et la culture — qu'une apparence recouvrant un esprit matérialiste et presque européen.

L'européanisation dans les pays ottomans

Un thème se détache parmi les diverses stratégies adoptées par les musulmans pour répondre au défi européen. Présenté d'abord et de façon rigoureuse en

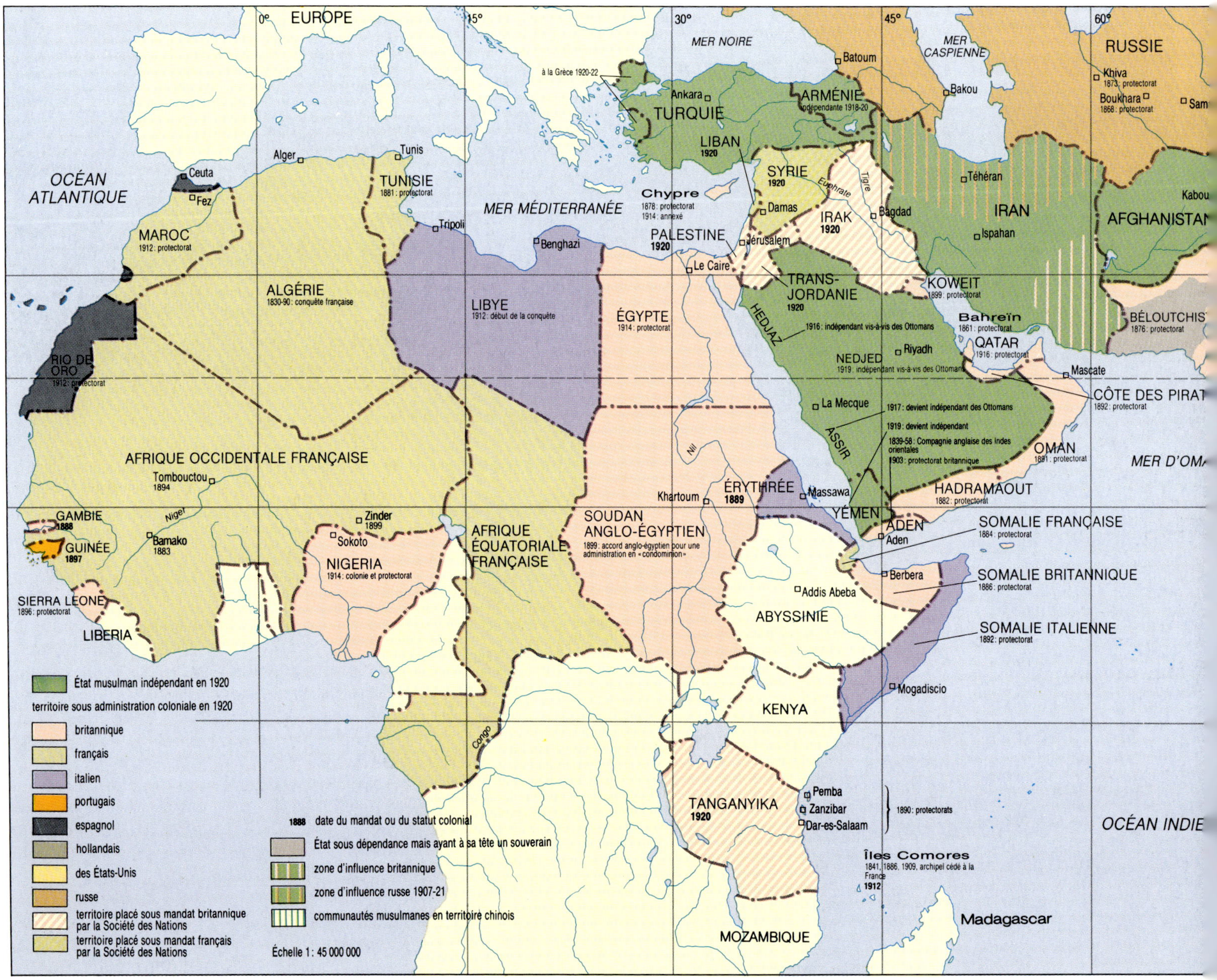

L'impérialisme européen et le monde islamique vers 1920
A cette époque, fort peu de peuples musulmans avaient échappé à la domination européenne. Seuls les Afghans d'Afghanistan et les Arabes du Hedjaz, du Yémen et du Nedjed étaient encore indépendants, car leurs territoires, n'entrant pas dans la stratégie de l'équilibre des forces, n'intéressaient pas les Européens. Les Iraniens, dont le territoire était en grande partie partagé en sphères d'influence entre l'Angleterre et la Russie, n'avaient qu'une indépendance limitée. Et les Turcs se battaient pour leur existence en Anatolie.

Ce que les dirigeants musulmans s'employèrent à moderniser en premier, ce fut l'armée, afin de pouvoir chasser les Européens. Aussi, comme dans beaucoup de pays actuellement en voie de développement, leur préoccupation principale fut de chercher à maîtriser les techniques qui assuraient la suprématie militaire des Européens.
A droite, un officier subalterne du corps des janissaires entouré de nouvelles recrues ; la gravure date de 1825, juste un an avant que le corps d'élite traditionnel de l'armée ottomane soit exterminé par Mahmud II.
A l'extrême droite, soldats ottomans lors de la guerre de Crimée, moins de 30 ans plus tard. Les uniformes ne se distinguent guère de ceux des armées européennes. Il semble cependant que les soldats musulmans n'aient porté qu'avec réticence ce genre d'uniformes, car ils étaient en butte aux moqueries des civils qui les traitaient de « culottards » ; ils avaient en effet l'habitude, lorsqu'ils n'étaient pas de service, de relever leurs pantalons au-dessus du genou.

termes de pouvoir, il fut retenu par ceux qui avaient au premier chef affaire avec le pouvoir. *Ulama* et soufis ne jouèrent qu'un rôle mineur. Le résultat fut que dans la tension constante entre les puissants du jour et les conservateurs dans la société musulmane il y eut un changement marqué en faveur des premiers.

Les dirigeants ottomans essayèrent d'instituer un système assez fort pour empêcher les Européens de trop s'incruster dans l'empire. Le premier à s'en occuper sérieusement fut le sultan Mahmud II (1808-39) qui à partir de 1812 se mit à éliminer les groupes semi-autonomes qui avaient si longtemps défié et limité le pouvoir central. Il fit d'abord appel aux janissaires pour l'aider à mettre au pas les notables locaux, les nobles propriétaires et les pachas provinciaux, sauf Méhémet-Ali d'Égypte. Puis le 25 juin 1826 il utilisa des troupes entraînées à l'européenne pour exterminer ce corps d'élite de l'armée ottomane devenu héréditaire. Commença ensuite l'édification progressive et semée d'arrêts, mais finalement menée à bonne fin, d'un nouveau système gouvernemental sur le modèle occidental, tout à fait distinct des vestiges de l'ordre ancien qui survivaient encore. Il y eut une armée moderne, entraînée par des officiers prussiens, prémices de l'étroite association entre l'Allemagne et le peuple turc qui s'est poursuivie jusqu'à nos jours. Les écoles dispensèrent un enseignement européen, souvent en langue étrangère, qui devait fournir aussi bien des officiers capables que des fonctionnaires civils compétents. A la fin du siècle, ces écoles étaient répandues dans tout l'empire, avec à leur tête l'université d'Istanbul, la première université moderne proprement indigène du monde musulman, le tout sous la tutelle d'un ministre de l'Éducation. Un peu plus tôt, en 1863, le droit criminel, commercial, maritime et les lois agraires furent axés sur des codes d'origine française. Pour les *ulama* et la transmission des forces assurant la cohésion de la société islamique, la signification de ces changements était évidente. L'État ottoman, qui avait eu jadis pour fonction de propager l'Islam, traitait à présent le savoir islamique comme étant inapproprié à ses desseins ; lui qui avait été plus loin qu'aucun autre dans la mise en application de la *sharia,* à présent, s'en détournait. De plus les *ulama* furent dépossédés de leurs fondations; comme ils étaient désormais pensionnés par l'État, leur prestige avait beaucoup baissé aux yeux des musulmans.

Le développement de ce gouvernement civil fortement centralisé se poursuivit pendant tout le siècle et fut favorisé par l'amélioration des communications — système routier et télégraphe. Il ne fut pas entravé lorsque le sultan Abd al-Hamid II (1876-1909) adhéra à une idéologie panislamique, qui fut un ferment de destruction tant intérieur qu'extérieur. Il ne fut pas détourné par les mouvements visant à faire participer le peuple au gouvernement, ce qui aboutit à la constitution ratée de 1876 et à la tentative de restauration des Jeunes-Turcs en 1908. Lors de la Grande Guerre, ces derniers, qui formaient le Comité Union et Progrès, se montrèrent aussi despotiques que leurs prédécesseurs à la tête du nouveau système gouvernemental, qui par son esprit était étranger au peuple et n'avait pas sa sympathie.

Comme on pouvait s'y attendre, le développement du nouvel État ottoman laïque suscita des problèmes d'identité. Serait-il capable de concilier et de représenter les aspirations des différents peuples et religions qui composaient l'empire? Les réformateurs du XIXe siècle soutenaient l'idée d'une nationalité ottomane. Les grands édits de l'époque, le Noble Rescrit de la Chambre rose de 1839 et le Rescrit impérial de 1856, déclaraient que tous les sujets du sultan, musulmans ou non, étaient égaux devant la loi. L'État s'offrait à l'affection de tous, rejetait son ancien fondement islamique et souhaitait surmonter les divisions religieuses qui l'avaient affaibli depuis le XVIIIe siècle. Une telle politique, s'ajoutant au démantèlement des vieilles structures islamiques, ne pouvait qu'indisposer les musulmans. Aussi Abd al-Hamid II jugea-t-il opportun de restaurer une identité islamique, de distinguer entre musulmans et non-musulmans, de redonner aux *ulama* l'estime des croyants mais sans les rétablir dans leur autorité, et de se présenter comme le calife dont l'autorité spirituelle s'étendait à toute la communauté musulmane. La tentative échoua en raison de ses contradictions internes: l'Islam était une identité dangereuse pour un absolutisme qui encourageait l'éducation occidentale et adoptait le droit européen; c'était une lourde responsabilité pour un souverain de tenir tête aux sujets chrétiens rebelles à l'intérieur et aux nations chrétiennes à l'extérieur. Quand les Jeunes-Turcs accédèrent au pouvoir, en 1908, l'option islamique avait fait son temps. Il y avait deux autres possibilités: revenir à une identité ottomane supracommunautaire, ou adopter une solution entièrement neuve, une identité turque. Le théoricien du turquisme fut Ziya Gokalp (1876-1924) qui, influencé par les sociologues français, considérait la langue comme la seule base réelle de la nationalité et soutenait que le génie des turcophones ne pourrait pleinement s'exprimer que par le biais de la civilisation occidentale. Les Jeunes-Turcs commencèrent par soutenir l'identité ottomane; ils n'avaient pas grand-chose de commun avec les paysans turcs et ils gouvernaient un empire où vivaient aussi des Grecs, des Arméniens et des Arabes. La nature du problème changea cependant de façon dramatique lors de l'assaut final des Européens, qui réduisit l'empire à la seule Anatolie. Il ne lui restait plus désormais que l'option turque.

L'homme qui en entreprit la réalisation fut Mustafa Kemal (1881-1938), surnommé Ataturk, le «Père des Turcs»). Il fut le général le plus victorieux de la Première Guerre mondiale, et en 1922 il battit les Grecs qui occupaient la Roumélie et l'Anatolie occidentale. En 1923, après avoir fait la paix avec les Alliés, qui reconnurent l'existence d'un État national turc, il mena à bien, dans un cadre purement turc, la mise en place de structures modernes commencée par les Ottomans dès le début du XIXe siècle, et il se tourna résolument vers la civilisation occidentale. Le sultanat fut aboli en 1923, le califat en 1924, et le dernier souverain de l'auguste lignée d'Osman fut mis sans cérémonie dans l'Orient-Express à destination de Paris. Les écoles et les tribunaux religieux furent supprimés; les derniers vestiges de la *sharia* furent remplacés par le code juridique suisse; les *ulama* ne purent plus devenir fonctionnaires; les ordres soufis furent abolis; les mosquées et les couvents devinrent des musées; l'alphabet arabo-persan fut remplacé par l'alphabet latin; et les Turcs furent contraints d'abandonner leurs couvre-chefs aux formes diverses en faveur du chapeau, symbole de l'occidentalisation, avec lequel la prière musulmane

Ci-dessus Abd al-Hamid II s'efforça de concilier la modernisation de l'État ottoman avec son identité islamique, tout en revendiquant le titre de calife ou successeur du Prophète, c'est-à-dire chef de la communauté des croyants. C'est ainsi qu'il fit construire entre 1900 et 1908 la voie ferrée reliant Damas à Médine par le Hedjaz. Les musulmans du monde entier apportèrent leur contribution financière au projet. Cette voie ferrée facilita le transport des pèlerins à La Mecque et permit aux Ottomans d'asseoir leur autorité dans la péninsule. Ci-dessus, l'ingénieur principal Moukhtar Bey inaugure un tronçon de la ligne.

A droite Mustafa Kemal Ataturk empêcha le démembrement de la Turquie et jeta les bases d'un État national moderne et laïque. Cette affiche aux effets appuyés illustre l'idéologie de ce régime : la nouvelle république de Turquie, représentée par une femme dévoilée, guide le cheval de Mustafa Kemal.

İSTİKLÂL SAVAŞININ MUZAFFER GARP CEPHESİ KOMUTANI İNÖNÜ LOZANDAN ANAYURDA SULH ve ZAFER GETİRİYOR
GELDİK SANA BAYRAMLARLA EY GÜZEL ÜLKE
AY YILDIZI SAR KOYNUNDA GÜZELSEV BESLE

était impossible. L'adhésion à l'Islam devenait désormais une affaire strictement privée. L'ensemble du processus fut d'ailleurs confié à une élite occidentalisée, qui réussit à effacer les dernières traces des vieilles coutumes religieuses basées sur la *sharia;* mais le peuple continua de manifester une fervente piété et les ordres soufis survécurent.

La réaction mitigée de l'Égypte

L'Égypte réagit elle aussi au défi européen en s'employant à moderniser son armée et à rendre l'État plus fort. Les Égyptiens se montrèrent d'abord plus énergiques que les Ottomans, ce qui s'explique par le fait qu'ils avaient eu à pâtir plus durement de la puissance militaire européenne. Ils avaient à leur tête Méhémet-Ali, qui, après avoir commandé un contingent albanais au cours des opérations anglo-ottomanes contre les Français lors de l'expédition d'Égypte et s'être emparé du Caire, fut nommé vice-roi par le sultan et régna de 1805 à 1848. Il institua un gouvernement central fort. En 1809 les *ulama* se soumirent, et en 1811 les Mamluks, ancienne milice composée d'esclaves à l'origine, furent massacrés d'une manière qui annonçait le destin des janissaires. Les dotations des premiers et les terres allouées aux seconds furent confisquées, et un système de monopoles eut la responsabilité du commerce et des tentatives faites pour instaurer une révolution industrielle. Disposant de nouvelles ressources et d'un pouvoir fort, Méhémet-Ali gouverna l'Égypte sur le modèle européen. Une nouvelle armée de conscrits fut entraînée par des instructeurs étrangers, des Égyptiens furent envoyés en Europe pour y recevoir une formation technique, on jeta les bases d'un système éducatif officiel dispensant un enseignement européen, que devaient suivre ceux qui se destinaient à une carrière administrative ou militaire.

L'Égypte devint ainsi une nation forte et prospère, mais elle fut freinée dans son essor par l'Europe. Grâce à son armée, Méhémet-Ali étendit son autorité à l'Arabie, au Soudan, à la Palestine, la Syrie et la Grèce, mais, lorsqu'il menaça la Turquie, les Occidentaux intervinrent. Les nouvelles entreprises de Méhémet-Ali et de ses successeurs incitèrent ceux-ci à s'ingérer dans leur économie, bloquant son expansion et la faisant dépendre des finances et de l'industrie européennes. En 1882, ce processus entraîna l'occupation britannique de l'Égypte. Les Anglais y trouvèrent une classe de la société qui avait reçu une éducation occidentale « moderne », qui servait l'État et veillait à l'application du droit, lequel était presque entièrement basé sur le droit français sauf pour les matières individuelles où la *sharia* avait toujours force de loi. Il y avait aussi une classe musulmane « traditionnelle », éduquée à al-Azhar et dans les nombreuses écoles qui en dépendaient, qui avaient survécu à la suppression par Méhémet-Ali des revenus des *ulama,* et par lesquelles passaient 95 p. cent des Égyptiens « scolarisés ».

L'existence de ces deux couches sociales et culturelles distinctes s'est reflétée durant les 70 années de l'histoire égyptienne qui suivirent. La campagne pour libérer l'Égypte de la domination britannique fut menée par les héritiers, du moins spirituels, de Méhémet-Ali; il y eut par exemple Saad Zaghlul (1860-1927) qui en 1919 fonda le *Wafd,* le premier parti nationaliste de masse. Ce qui obligea la Grande-Bretagne à accorder une indépendance limitée en 1922. Dans les décennies qui suivirent, ce furent les wafdistes et autres nationalistes laïques qui menèrent le combat pour effacer les derniers vestiges de l'influence britannique. Ils s'efforcèrent en même temps d'étendre l'autorité de l'État laïque dans une société encore essentiellement islamique. La nouvelle constitution, promulguée en 1923 et basée sur les modèles belge et turc, proclamait la souveraineté du peuple qu'elle substituait à celle de Dieu. Des mesures énergiques furent prises, après des années de négligence anglaise, pour étendre le système éducatif de l'État qui dispensait une éducation primaire gratuite et obligatoire depuis 1925. On fit également passer sous le contrôle du gouvernement l'université al-Azhar et les écoles en dépendant, son programme d'études et ses *ulama.* Ceux-ci ne joué-

L'adoption de vêtements européens fut un aspect des efforts d'Ataturk pour amener son peuple dans le courant de la civilisation occidentale. « En certains endroits », déclarait-il à Kastamonu en 1925, « j'ai vu des femmes se couvrir la tête avec un pan de vêtement, ou une serviette ou quelque chose d'analogue afin de dissimuler leur visage... Que signifie ce comportement?... C'est un spectacle qui ridiculise la nation. » *A gauche,* femmes « modernes » telles que les souhaitait Ataturk, qu'on voit danser avec sa fille adoptive au mariage de celle-ci.

A droite : L'empire d'Égypte sous Méhémet-Ali (1805-1848) La politique systématique de modernisation à l'européenne de ce souverain accrut largement la puissance de l'Égypte en Méditerranée orientale. Il réussit à faire échec au mouvement wahhabite séoudite en Arabie, à conquérir le Soudan, à lutter victorieusement contre les nationalistes grecs jusqu'à l'intervention des puissances européennes, et finalement à s'emparer de la Syrie et à pénétrer même en Anatolie. Néanmoins, avant la mort de ce souverain remarquable *(ci-dessous)* en 1848, les puissances européennes avaient déjà commencé d'exercer sur l'économie égyptienne une forte influence qui devint un trait marquant de son histoire au siècle suivant.

Ci-dessous à droite Les Mamluks, l'ancienne milice composée d'esclaves qui dirigea l'Égypte depuis 1260 et joua un rôle capital dans sa politique après la conquête ottomane, résistèrent à l'autorité de Méhémet-Ali. En 1811, il invita 500 chefs mamluks à une réception. Commes ils entraient à cheval dans une rue étroite, on en ferma les deux extrémités et ils furent tous abattus par des tireurs d'élite.

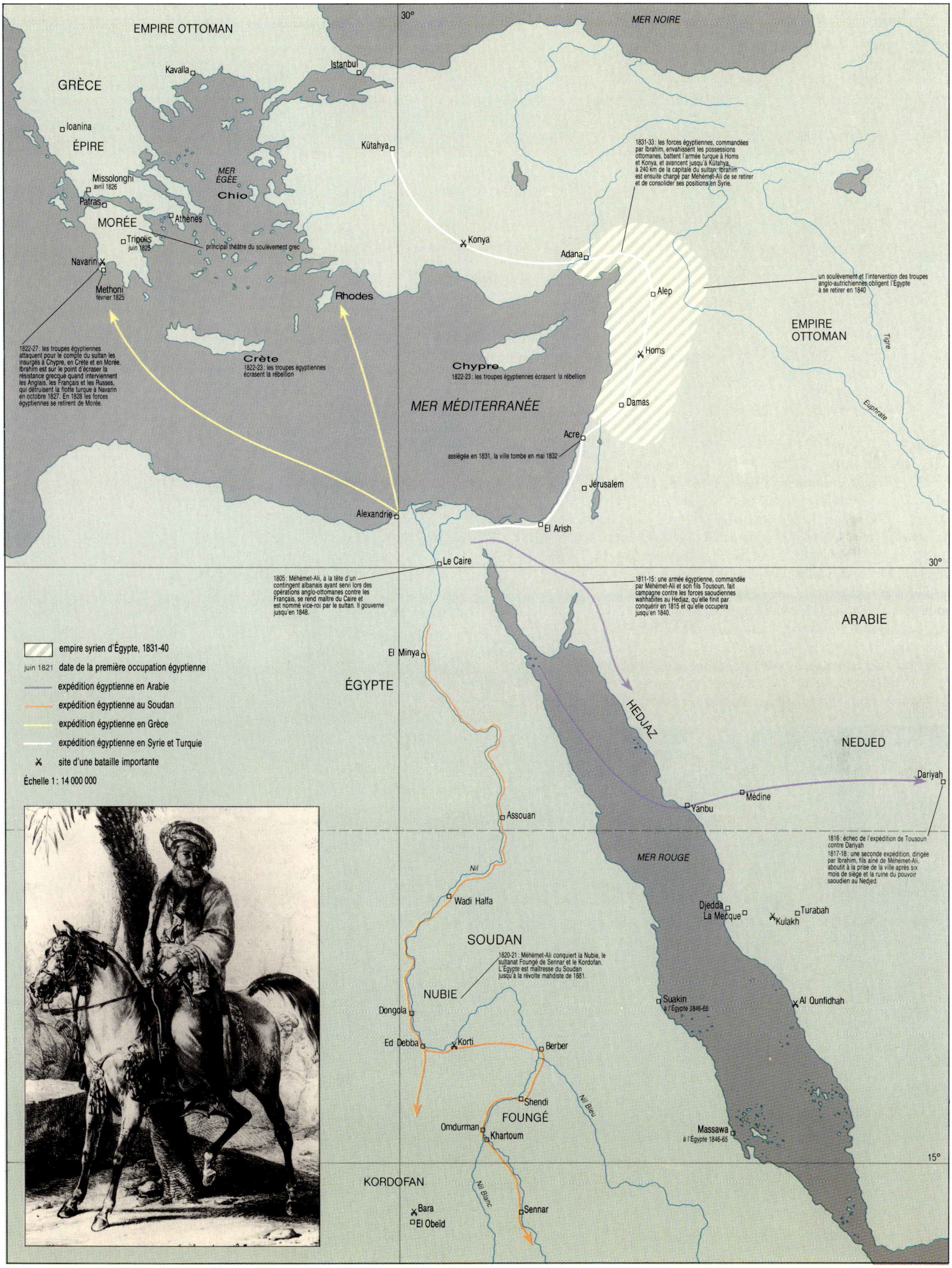

EMPIRE OTTOMAN
MER NOIRE
30°
GRÈCE
Kavalla
Istanbul
Ioanina
ÉPIRE
Kütahya
Missolonghi
avril 1826
MER ÉGÉE
Chio
Patras
MORÉE
Athènes
Tripolis
juin 1825
principal théâtre du soulèvement grec
Navarin
Methoni
février 1825
Konya
Adana
1831-33 : les forces égyptiennes, commandées par Ibrahim, envahissent les possessions ottomanes, battent l'armée turque à Homs et Konya, et avancent jusqu'à Kütahya, à 240 km de la capitale du sultan. Ibrahim est ensuite chargé par Méhémet-Ali de se retirer et de consolider ses positions en Syrie.
Alep
un soulèvement et l'intervention des troupes anglo-autrichiennes obligent l'Égypte à se retirer en 1840
Rhodes
EMPIRE OTTOMAN
Tigre
Homs
1822-27 : les troupes égyptiennes attaquent pour le compte du sultan les insurgés à Chypre, en Crète et en Morée. Ibrahim est sur le point d'écraser la résistance grecque quand interviennent les Anglais, les Français et les Russes, qui détruisent la flotte turque à Navarin en octobre 1827. En 1828 les forces égyptiennes se retirent de Morée.
Crète
1822-23 : les troupes égyptiennes écrasent la rébellion
Chypre
1822-23 : les troupes égyptiennes écrasent la rébellion
Damas
MER MÉDITERRANÉE
Euphrate
Acre
assiégée en 1831, la ville tombe en mai 1832
Jérusalem
Alexandrie
El Arish
Le Caire
30°
1805 : Méhémet-Ali, à la tête d'un contingent albanais ayant servi lors des opérations anglo-ottomanes contre les Français, se rend maître du Caire et est nommé vice-roi par le sultan. Il gouverne jusqu'en 1848.
1811-15 : une armée égyptienne, commandée par Méhémet-Ali et son fils Tousoun, fait campagne contre les forces saoudiennes wahhabites au Hedjaz, qu'elle finit par conquérir en 1815 et qu'elle occupera jusqu'en 1840.
ARABIE
empire syrien d'Égypte, 1831-40
juin 1821 date de la première occupation égyptienne
expédition égyptienne en Arabie
expédition égyptienne au Soudan
expédition égyptienne en Grèce
expédition égyptienne en Syrie et Turquie
site d'une bataille importante
Échelle 1 : 14 000 000
El Minya
ÉGYPTE
HEDJAZ
NEDJED
Dariyah
Médine
Yanbu
Assouan
1816 : échec de l'expédition de Tousoun contre Dariyah
1817-18 : une seconde expédition, dirigée par Ibrahim, fils aîné de Méhémet-Ali, aboutit à la prise de la ville après six mois de siège et la ruine du pouvoir saoudien au Nedjed.
MER ROUGE
Nil
Wadi Halfa
Djedda
La Mecque
Kulakh
Turabah
SOUDAN
1820-21 : Méhémet-Ali conquiert la Nubie, le sultanat Foungé de Sennar et le Kordofan. L'Egypte est maîtresse du Soudan jusqu'à la révolte mahdiste de 1881.
NUBIE
Suakin
à l'Égypte 1846-65
Al Qunfidhah
Dongola
Ed Debba
Korti
Berber
Shendi
Nil Bleu
FOUNGÉ
Omdurman
Khartoum
Massawa
à l'Égypte 1846-65
15°
KORDOFAN
Nil Blanc
Bara
El Obeïd
Sennar

rent d'ailleurs qu'un rôle mineur dans le combat nationaliste. Après avoir participé aux agitations de masse de 1919, qu'avaient rendues possibles leurs disciples répandus dans tout le pays, ils se tinrent à l'écart. Considérant les nationalistes laïques comme leur principal ennemi, dans leurs efforts pour préserver leur indépendance ils allèrent jusqu'à soutenir la couronne, ce qui signifiait implicitement qu'ils acceptaient la présence britannique. Cependant les Égyptiens à l'esprit religieux étaient mécontents de l'attitude réservée des *ulama* et des compromis avec l'impérialisme qu'ils semblaient prêts à accepter. Dans les années 1930 et 1940, une organisation politique militante, les Frères musulmans, fondée par Hassan al-Banna (1906-1949), se donna pour but d'imposer aux mahométans d'Égypte et d'ailleurs, au besoin par la violence, un gouvernement islamique théocratique. A la veille de la révolution des « Officiers libres » en 1952, la société égyptienne était encore profondément divisée. Si la balance pencha en faveur de ceux qui souhaitaient un avenir laïque, les partisans d'une vision islamique des choses étaient toujours puissants et bien organisés.

Les aspirations arabes

Dans les provinces arabes de l'empire ottoman, la première tentative pour secouer le joug de l'étranger échoua contre les ambitions de l'Angleterre et de la France. L'occasion se présenta en 1914, lorsque les Turcs eurent déclaré la guerre aux Alliés. Sharif Hussein (mort en 1931), souverain héréditaire de La Mecque et descendant du Prophète, demanda aux Anglais de favoriser l'indépendance des territoires arabes de la chaîne du Taurus à l'océan Indien et de la Méditerranée à la frontière iranienne. Le chérif leva l'étendard de la révolte arabe le 16 juin 1916, en Palestine, de concert avec les Anglais. Le 1er octobre 1918 ils prirent Damas, où ils furent acclamés et où un des fils de Hussein, le prince Fayçal, établit un gouvernement arabe indépendant. Les Arabes crurent que leurs rêves étaient devenus réalité. Mais les Anglais avaient pris d'autres engagements qui étaient en contradiction avec les promesses faites au chérif Hussein — en mai 1916 les accords Sykes-Picot avec les Français, et en novembre 1917 la Déclaration Balfour favorable à l'établissement d'un foyer juif en Palestine. Les Arabes avaient à peine goûté à la liberté que les Alliés les mettaient à nouveau sous tutelle. En 1920, la Société des Nations faisait passer la Syrie et le Liban sous mandat français, et après 21 mois de gouvernement indépendant Fayçal fut chassé de Damas par les troupes françaises. Churchill éprouva tout de même quelque embarras. Mais la même année les Anglais recevaient les mandats de l'Irak, de la Transjordanie et de la Palestine, avec obligation de créer dans celle-ci un « foyer national juif ».

Au XXe siècle, comme dans la plupart des pays islamiques, la société égyptienne s'est divisée en deux couches sociales et culturelles distinctes : la classe islamique, symbolisée par l'université d'al-Azhar *(en bas, à gauche)* qui grâce à son réseau d'influences contrôlait en grande partie l'éducation ; la plupart des Égyptiens adhéraient aux valeurs qu'elle défendait. Il y avait aussi l'élite d'hommes et de femmes de culture et d'éducation européennes qui participaient aux activités de l'État moderne, animaient le mouvement nationaliste et collaboraient avec les puissances européennes. *A gauche,* le roi Farouk en exil, dans un cabaret, avec la chanteuse Irma Minutolo.

A droite Dès que l'empire ottoman se rangea aux côtés de l'Allemagne lors de la Première Guerre mondiale, l'Angleterre et la France durent protéger leurs intérêts dans la région et prirent une série de mesures destinées à protéger ceux-ci après la guerre.

En haut : L'accord Hussein-MacMahon de 1915
La carte indique les zones dans lesquelles Sharif Hussein, de La Mecque, voulait établir l'indépendance arabe après la guerre, et la région moins étendue pour laquelle les Anglais avaient promis de les aider à réaliser leur ambition.

Au centre : Les accords Sykes-Picot de 1916 et la Déclaration Balfour de 1917
Les accords passés entre Sir Mark Sykes, représentant l'Angleterre, et M. Georges Picot, représentant la France (mai-octobre 1916), et la promesse faite le 2 novembre 1917 au mouvement sioniste par le ministre des Affaires étrangères Balfour semblaient en contradiction avec l'esprit de l'accord Hussein-MacMahon ; c'est très probablement ce qu'ont cru les Arabes à l'époque, et depuis.

En bas : Les nouveaux arrangements relatifs aux territoires arabes, 1920-1921
Après la guerre, le problème des territoires arabes fut finalement réglé par la conférence de San Remo en avril 1920 et celle du Caire en 1921. Les mandats accordés par la Société des Nations à la France et à l'Angleterre furent pour l'essentiel conformes aux accords Sykes-Picot révisés en faveur des intérêts français, anglais et sionistes ; la promesse de Balfour sur la création d'un foyer national juif fut incluse dans le mandat de la Palestine. Les Arabes se sentirent dupés. Leur rêve d'indépendance et de démocratie consécutif à la chute de l'empire ottoman se trouvait ruiné, et ils furent soumis, du moins pour la durée du mandat, à l'impérialisme européen, qui s'était engagé à établir un peuple étranger en Palestine. Pour apaiser l'irritation des Arabes et se donner bonne conscience, les Anglais, lors de la conférence du Caire, accordèrent le gouvernement de

divers territoires à deux fils d'Hussein. Fayçal, que les Français avaient chassé de Damas où il avait fondé un État arabe indépendant, fut fait roi d'Irak. Abd Allah fut fait émir de Transjordanie. Ainsi, entre 1915 et 1921, se trouvèrent tracées les grandes lignes du développement politique ultérieur.

Hussein proposa à la Grande-Bretagne de reconnaître l'indépendance des pays arabes «limités au nord par la ligne Mersin-Adana jusqu'au 37e parallèle, et de là le long de la ligne Biredjik - Urfa - Midiat - Jazirat - Amadia jusqu'à la frontière d'Iran; et à l'est, par la frontière d'Iran jusqu'au golfe Persique; au sud, par l'océan Indien (à l'exception d'Aden, dont le statut devait rester inchangé); à l'ouest, par la mer Rouge et la Méditerranée jusqu'à Mersin».

MacMahon accepta les propositions d'Hussein moyennant d'importantes modifications: «Les districts de Mersin et d'Alexandrette et la partie de la Syrie à l'ouest des districts de Damas, Homs, Hama et Alep ne pouvaient être considérés comme purement arabes et devaient donc être éliminés des limites proposées.» De plus, ces modifications ne devaient pas porter atteinte aux «traités existant avec les chefs arabes». La Grande-Bretagne, libre d'agir à sa guise à l'extérieur des frontières fixées, s'engageait à respecter les intérêts de son allié sur lesdites frontières... Les Arabes accordaient enfin aux Anglais le droit de «s'établir dans les deux vilayets de Bagdad et de Bassora».

Hussein accepta les modifications concernant Mersin et Alexandrette; il accorda aux Anglais le droit d'occuper pour une brève période Bagdad et Bassora sans nuire aux intérêts des deux parties; il refusa les changements relatifs à la Syrie à l'ouest de la ligne reliant Damas à Alep, mais il maintint ses relations avec les Anglais.

La Déclaration Balfour de 1917 prévoyait l'établissement d'un foyer national juif en Palestine, «étant bien entendu que rien ne devrait être fait qui puisse porter préjudice aux us et coutumes civils et religieux des communautés non juives existant en Palestine...»

Syrie: En 1918, Fayçal, fils de Sharif Hussein, constitue un gouvernement arabe indépendant à Damas.

Palestine: Les clauses de la Déclaration Balfour sont inscrites dans le mandat.

Transjordanie: En 1921, détachée de la Palestine, Abd Allah, autre fils de Sharif Hussein, en devient émir.

Irak: En 1921, Fayçal (cf. plus haut) est fait roi d'Irak. Un accord pétrolier anglo-français reconnaît à la France 25 p. cent du pétrole irakien; en retour, Mossoul est incluse dans le mandat britannique.

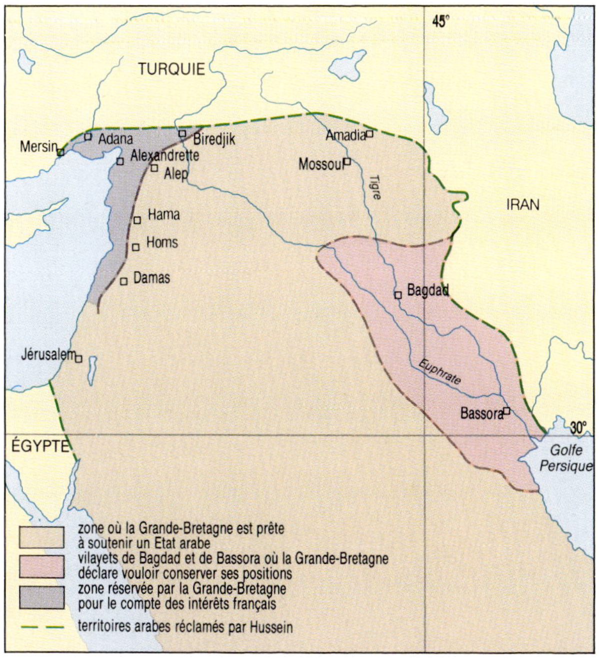

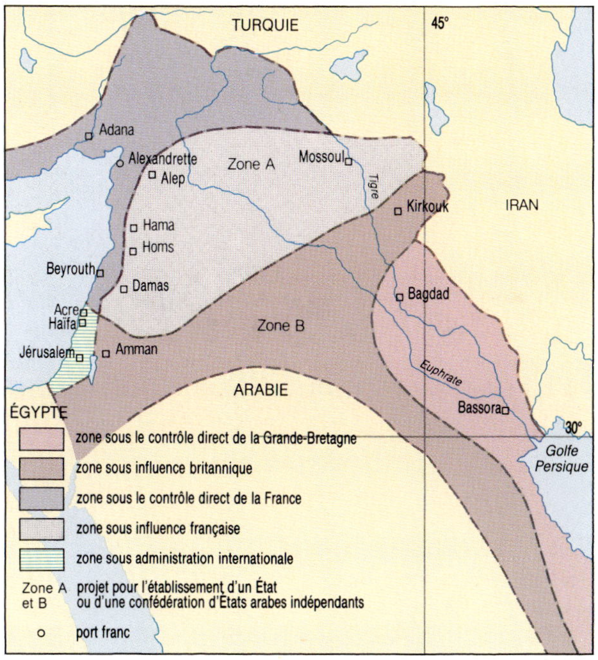

Les espoirs des Arabes ayant été déçus, au lendemain de la Première Guerre mondiale, on assiste à un réveil du nationalisme alimenté à présent par une vive hostilité à l'égard de la domination franco-britannique et de l'établissement des Juifs en Palestine. La laïcisation s'accentuait à mesure qu'accédaient à la vie publique les étudiants formés à la fin du régime ottoman et sous les puissances mandataires. Leur influence est visible dans le changement des relations entre le nationalisme arabe et l'Islam. Les Arabes ne pouvaient éluder le problème de l'Islam de la même manière que les Turcs. L'Islam était leur grande contribution à l'histoire, et ils lui devaient leur unité, leur jurisprudence et leur culture. Il y avait des avantages certains à laisser les *ulama* tenter de concilier l'Islam et un État national arabe. Muhammad Abduh (1849-1905), un brillant recteur d'al-Azhar, fraya la voie en démontrant que l'Islam et la pensée européenne moderne n'étaient pas incompatibles. Son disciple, le Syrien Rashid Rida (1865-1935), alla plus loin et soutint, lors du soulèvement arabe durant la Première Guerre mondiale, que les intérêts politiques des Arabes étaient les mêmes que ceux de l'ensemble de la communauté, et qu'un État arabe indépendant donnerait une vie nouvelle à la langue et à la *sharia* qui devait rester la base du droit. Mais vers 1930 ce furent des conceptions très différentes qui l'emportèrent. L'Islam n'apparaissait plus comme le facteur essentiel d'un État national arabe, mais comme un simple élément d'une culture arabe élargie. L'arabe était tenu pour le fondement de la solidarité nationale. Ce changement d'optique permettait aux chrétiens, promoteurs du nationalisme laïque, de s'approprier l'héritage musulman arabe. Les Égyptiens et les autres Nord-Africains pouvaient aussi être inclus dans la nation arabe, et toute idée non islamique s'avérant utile pouvait être exploitée. Ce qui eut notamment pour conséquence la fondation du parti socialiste Baas («résurrection»), qui arriva au pouvoir en Syrie et en Irak en 1963. Les Arabes pouvaient désormais construire un État ou des États modernes.

L'évolution dans la péninsule arabique offre un tableau totalement différent. Il s'agit d'ailleurs d'un phénomène unique dans l'histoire de l'Islam au XXe siècle, les principaux processus dérivant non pas de l'influence de l'Occident, mais uniquement d'une nouvelle manifestation du réveil religieux qui s'était produit au XVIIIe siècle. Les acteurs en étaient les mêmes, la famille séoudite alliée aux *ulama* wahhabites. Pendant une grande partie du XIXe siècle ils avaient connu des fortunes diverses, et à la fin du siècle les Séoudites étaient en exil au Koweït. Mais dès 1902 un des plus grands chefs musulmans du XXe siècle, Abd al-Aziz Ibn Séoud (1880-1953), entreprit de reconstituer la puissance séoudite et wahhabite au Nedjed. A partir de 1912 son autorité s'accrut considérablement grâce aux *Ikhwan* ou «Frères». Il avait envoyé des *ulama* wahhabites chez les Bédouins pour les persuader de renoncer à leurs pratiques non islamiques et de s'organiser en communautés agricoles autonomes de type militaire et religieux. Ils menaient là une vie d'un ascétisme rigoureux parfaitement conforme à la *sharia,* infligeant par exemple des punitions corporelles aux femmes portant des soieries ou aux hommes en retard à la prière. Plus de 200 de ces communautés furent fondées; leurs membres n'avaient d'autre ambition que de mourir en se battant pour amener d'autres hommes à leur propre

Ci-contre: L'essor de l'Arabie Séoudite
Dès le début du XXe siècle la famille séoudite, alliée aux *ulama* wahhabites, voulut fonder, comme au XVIIIe siècle, un État en Arabie. A peine âgé de 21 ans, Abd al-Aziz Ibn Séoud entreprit en 1902, avec 40 partisans, de s'emparer de nuit de la ville de Riyadh, capitale du Nedjed. Il acheva son œuvre 23 ans plus tard, ayant conquis le Hedjaz sur Sharif Hussein et se rendant ainsi maître du territoire qui en 1932 devint le royaume d'Arabie Séoudite. Mis à part ses remarquables qualités de meneur d'hommes, deux éléments favorisèrent son succès: aucune grande puissance ne voulait intervenir en Arabie centrale, et il créa une armée d'élite prête à donner sa vie pour l'Islam et connue sous le nom d'*Ikhwan*. Plus de 200 communautés de soldats laboureurs animés d'un zèle missionnaire ou *hijrah*, acquis aux idées religieuses wahhabites, furent établies au cœur de la péninsule, ainsi que l'indique la carte. Ils constituèrent la base même du premier État séoudite. Leur idéalisme religieux finit par entrer en conflit avec la volonté d'Abd al-Aziz de créer un État moderne.

étendue du territoire d'Ibn Séoud
en 1912
en 1920
en 1925
chérif de La Mecque et de Médine
hijrah (répartition représentative, d'après Habib
Harb nom de tribu
zone sous mandat ou protection britannique
zone d'influence britannique

vision rigoriste et puritaine de l'Islam. Avec l'aide de cette force remarquable, et aucune grande puissance n'ayant manifesté le désir d'intervenir, Abd al-Aziz étendit progressivement son autorité en Arabie, et, en 1925, il avait réédité l'exploit réalisé par ses ancêtres plus d'un siècle auparavant en s'emparant du Hedjaz et en imposant leurs vues fondamentalistes sur les pratiques religieuses dans les villes saintes de La Mecque et de Médine.

Quand Abd al-Aziz eut accédé au pouvoir et qu'il se fut déclaré roi, les *Ikhwan* devinrent une gêne. Ils protestèrent lorsque celui-ci introduisit l'automobile et le téléphone. Ils ne connaissaient pas de frontières dans leurs campagnes contre les infidèles, ce qui les amena à se battre contre les Anglais en Irak et en Transjordanie. Abd al-Aziz fut forcé de détruire le démon qu'il avait créé et la plupart des *Ikhwan* furent tués à la bataille de Sabila en 1929. Son État, devenu l'Arabie Séoudite en 1932, était néanmoins fondé sur la *sharia,* qui était intégralement appliquée par les tribunaux. La modernisation prit place dans le cadre de la Loi révélée, des décrets royaux réglant les problèmes que n'avait pas prévus la *sharia.* A cet égard, le développement de l'Arabie Séoudite moderne fut tout différent de celui de n'importe quel autre État musulman. Après qu'on eut découvert du pétrole en 1938 et que le pays ayant vu naître l'Islam fut redevenu puissant, les répercussions furent d'une importance capitale pour tous les musulmans du monde.

Ci-contre Abd al-Aziz Ibn Séoud *(assis à gauche),* fondateur de l'Arabie Séoudite, avec d'autres membres de sa famille en 1911.

A droite : L'impérialisme russe et britannique en Iran, 1800-1946
De 1800 au lendemain de la Deuxième Guerre mondiale, le développement de l'Iran a été constamment subordonné aux ambitions commerciales et aux rivalités stratégiques de la Grande-Bretagne et de la Russie. L'autorité accrue du gouvernement iranien à la suite de l'avènement de Reza Shah Pahlavi lui valut une plus grande indépendance, bien que l'occupation russe et britannique ait montré que la faiblesse fondamentale de l'Iran par rapport aux grandes puissances était restée inchangée. La façon dont les nations étrangères ont influencé le destin de l'Iran durant les deux derniers siècles permet de comprendre la xénophobie parfois exacerbée de sa politique.

Ci-dessous Amir Sultan Abd al-Rahman al-Dawish, fils du gouverneur d'al-Artawiyah, le premier *Ikhwan hijrah ;* il soumit Abd al-Aziz à la bataille de Sabila (1929). Il tient une partie de l'étendard *ikhwan* criblé de balles, où l'on peut lire les mots Allah et Mahomet tirés de la profession de foi figurant en entier sur l'étendard.

La lutte de l'Iran pour son indépendance

Il est intéressant de comparer la réaction de l'Iran face à l'Europe avec celle de l'empire ottoman et de l'Égypte. Ressemblances et différences sont notables : l'Égypte misait par exemple sur la modernisation de l'État, l'affaiblissement du pouvoir de l'État et le renforcement du pouvoir des *ulama*.

Au XIXe et au XXe siècle, l'Angleterre et la Russie exercèrent une pression constante. Les Russes désiraient étendre leurs possessions en Iran aussi loin que possible et jeter les bases d'une domination politique et commerciale sur le reste du pays. En 1828 ils vivaient en Iran sous leurs propres lois et non sous le régime de la *sharia*. Mais vers 1870 ils avaient annexé des territoires considérables des deux côtés de la mer Caspienne. Entre 1907 et 1921, ainsi que pendant la Deuxième Guerre mondiale, leur sphère d'influence s'étendit à l'Iran septentrional. Les Anglais s'intéressaient à la défense de l'Inde et au développement du commerce. Ils voulaient un Iran indépendant et fort, capable de tenir les Russes à l'écart du golfe Persique et des frontières de l'Inde. Entre 1907 et 1921, leur sphère d'influence recouvrit le sud-est de l'Iran et s'étendit à toute la partie méridionale durant la Deuxième Guerre mondiale. La rivalité commerciale anglo-russe était tout aussi intense depuis 1870. En 1872, le baron de Reuter, sujet britannique, se vit confier le monopole concernant la construction ferroviaire, l'industrie minière et les opérations de banque. La Russie s'empressa de se mettre sur les rangs et en 1878 elle reçut l'autorisation de lever, d'équiper et d'entraîner un régiment de Cosaques iraniens. Mais la compagnie étrangère la plus envahissante et la plus détestée fut l'Anglo-Iranian Oil Company, devenue par la suite la British Petroleum, dont les premiers forages datent de 1908 et qui se développa jusqu'à devenir la plus puissante entreprise économique du pays.

La raison principale qui permit à la Russie et à la Grande-Bretagne de prendre pied si facilement en Iran fut la faiblesse du gouvernement central. La société iranienne se composait alors d'un ensemble d'États semi-autonomes: des minorités ethniques et religieuses (Arméniens, guèbres, zoroastriens, Juifs, constituant environ 10 p. cent de la population); des tribus (Kurdes, Lurs, Bakhtiaris, etc., constituant de 25 à 50 p. cent de la population); des marchands qui formaient, à travers le pays, une classe d'affaires auprès de qui le gouvernement faisait l'essentiel de ses emprunts; et les *ulama* qui devenaient de plus en plus puissants, à l'encontre de ce qui se passait alors dans l'empire ottoman et en Égypte. Nous avons déjà vu les *ulama* soutenir, sous les derniers Safavides, qu'en l'absence du douzième imam seul un *mujtahid* profondément versé dans la *sharia* et menant une vie irréprochable pouvait gouverner. Cette théorie fut reprise au XVIIIe siècle, de sorte que la plupart des *ulama* et des Iraniens en vinrent à penser qu'ils devaient se chercher pour guide un *mujtahid* vivant. Les *ulama* qui accédaient à ce statut disposaient d'un pouvoir extraordinaire, lequel était renforcé en outre par les fonctions sociales et la puissance économique de l'ensemble du groupe. Ils avaient le contrôle absolu de l'éducation, de la justice et de la gestion des œuvres charitables. Ils avaient des dotations considérables, de vastes propriétés foncières et recevaient le cinquième des revenus de chaque shiite pieux, la moitié pour les pauvres et la moitié pour leur œuvre. Des religieux disposant d'un tel pouvoir devaient bénéficier d'un soutien populaire difficile à obtenir. Ces *ulama* étaient cependant en communion avec le peuple; ils progressaient vers le statut de *mujtahid,* non par une décision du gouvernement ni par l'élection de leurs pairs, mais en fonction de leur savoir et de leur popularité. Ils formaient une corporation profondément enracinée dans le peuple. Aucun dirigeant ne pouvait se permettre de les ignorer.

Comme les sultans ottomans et les khédives égyptiens, les shahs Qajars s'efforcèrent d'établir un gouvernement central fort. Cela ne devint vraiment effectif que sous le règne de Nasir al-Din (1848-1896) qui s'occupa tout d'abord du problème militaire. Par une mesure équivalant au massacre des janissaires et à celui des Mamluks, il supprima l'ancienne armée féodale et organisa des bataillons qui devaient fidélité à l'État et non aux propriétaires fonciers et aux chefs tribaux. En 1851 fut fondée une école dispensant un enseignement occidental aux officiers et aux fonctionnaires. A partir de 1860, le gouvernement central se trouva renforcé par des réformes administratives et par l'introduction du télégraphe, et en 1873 Nasir al-Din jugea son autorité assez assurée pour faire le premier de ses trois voyages en Europe. Puis il tenta de hâter la modernisation de son pays en faisant des concessions aux Européens, notamment au baron de Reuter, ainsi qu'en offrant des garanties aux missionnaires chrétiens pour établir des écoles et des hôpitaux. Les *ulama* ne pouvaient que s'opposer à un pareil processus. Les progrès de l'éducation à l'occi-

A gauche Fath Ali Shah Qajar (règne : 1797-1834), le dernier monarque iranien convaincu que son pays était à l'abri de toute tentative européenne.

En haut Nasir al-Din Shah, qui monta sur le trône 14 ans après la mort de Fath Ali Shah, avait conscience que l'Iran devait s'adapter aux méthodes occidentales pour survivre. Durant ses 48 ans de règne, il entreprit de renforcer l'autorité du gouvernement face aux *ulama*, aux tribus et aux marchands, et fit tout son possible pour introduire l'enseignement et les principes financiers d'Occident. Il fut assassiné en 1896 par un disciple du réformateur religieux Jamal al-Din al-Afghani.

Ci-dessus Reza Shah Pahlavi, qui lui aussi se battit pour la centralisation du pouvoir et l'adoption d'un enseignement occidental. Tout enfant, il aidait son père, simple berger, à garder ses moutons et plus tard il fonda la dynastie Pahlevi. Les Alliés l'obligèrent à abdiquer en 1941 après qu'il eut entraîné l'Iran dans la Deuxième Guerre mondiale aux côtés de l'Axe.

dentale, la présence de missionnaires, l'influence grandissante de l'Europe et l'extension du pouvoir royal menaçaient leur position. Ils protestèrent avec succès contre la concession Reuter en 1873. Ils s'élevèrent avec le même succès contre le monopole britannique du tabac en 1891, en persuadant les Iraniens de s'abstenir de fumer pendant plusieurs mois. Ils prirent l'initiative de la révolution constitutionnelle de 1905-1911 et, s'alliant aux marchands de Téhéran et à un petit groupe de radicaux de formation occidentale, ils réussirent à imposer une constitution démocratique au régime monarchique. De prime abord, il semble paradoxal qu'ils aient pris la tête de la révolution. Il n'en est rien. Ils avaient intérêt à défendre la *sharia* et le mode de vie islamique contre le gouvernement royal et les Iraniens aux idées avancées séduits par l'Occident. Ils introduisirent des clauses allant dans ce sens dans la constitution qui fut promulguée en 1906. Et quand il devint évident que leurs alliés occidentalisés n'avaient pas l'intention d'en tenir compte, ils entrèrent dans l'opposition.

Il y eut un accroissement spectaculaire de l'autorité du gouvernement lorsque Reza Khan (1878-1942), colonel dans la brigade des Cosaques, se fut emparé du pouvoir en 1921 et se fut proclamé shah en 1926. Il s'appuya sur une nouvelle armée unifiée à la fois pour contenir les forces de décentralisation et pour aider à la modernisation de la société. Un type de développement laïque fut imposé. En 1921 fut mis en place par l'État un système éducatif obligatoire calqué sur le modèle occidental ; l'université de Téhéran fut fondée en 1935 ; des étudiants iraniens furent envoyés à l'étranger. Des codes civils remplacèrent la *sharia*, les tribunaux religieux furent dessaisis de leurs fonctions et l'on ne désigna pour juges que des hommes formés à l'européenne. Comme Ataturk, qu'il admirait beaucoup, Reza Shah voulait que les Iraniens adoptent les signes extérieurs d'une société laïque. A partir de 1928, tous ceux qui n'étaient pas *ulama* durent s'habiller à l'occidentale. En 1935 ils durent porter des chapeaux à larges bords. En 1936 les femmes furent obligées d'avoir le visage découvert, la police se chargeant d'ôter le voile de celles qui voulaient ignorer l'ordre du shah. Les transformations furent considérables. L'Iran s'affranchit en grande partie de la domination politique et économique étrangère, un État moderne et laïque fut solidement établi et le pouvoir des *ulama* fut considérablement restreint. Le fait qu'ils n'aient pas eu à subir un sort comparable à celui de leurs homologues turcs est dû pour une bonne part à la Deuxième Guerre mondiale, qui entraîna l'abdication du shah et un affaiblissement relatif du pouvoir pendant une vingtaine d'années. Les *ulama* purent regagner un peu du terrain perdu et préserver la structure d'une société islamique au sein d'un État modernisé.

Renaissance et répression en Russie

Nous avons vu jusqu'ici comment les musulmans s'y sont pris pour tenir leurs pays à l'écart de la mainmise étrangère. Voyons à présent comment réagirent ceux qui étaient dans une situation différente et qui en Asie centrale et méridionale, dans le Sud-Est asiatique et en Afrique subissaient la domination des infidèles. Les réactions dépendaient en partie de l'influence du pouvoir colonial et en partie de la position de l'Islam dans la société. Deux constatations s'imposent : comme les musulmans étaient gouvernés par des non-musulmans, chrétiens ou incroyants, ils se raccrochèrent à leur culture et à leur identité islamique plus qu'en Turquie ou même en Iran ; et comme les régimes coloniaux avaient souvent conscience de leur faiblesse et étaient devenus respectueux des susceptibilités religieuses de leurs sujets, ils se montrèrent prudents dans la remise en cause des institutions islamiques.

La politique russe dans les territoires musulmans septentrionaux entraîna un réveil de l'Islam au XIXe siècle. Il tire son origine des mesures prises par l'impératrice Catherine en faveur des Tatars de la Volga, dont les libertés avaient été fort restreintes depuis leur conquête au XVIe siècle. Les restrictions pesant sur leurs activités commerciales ayant été levées, ils monopolisèrent le négoce de plus en plus

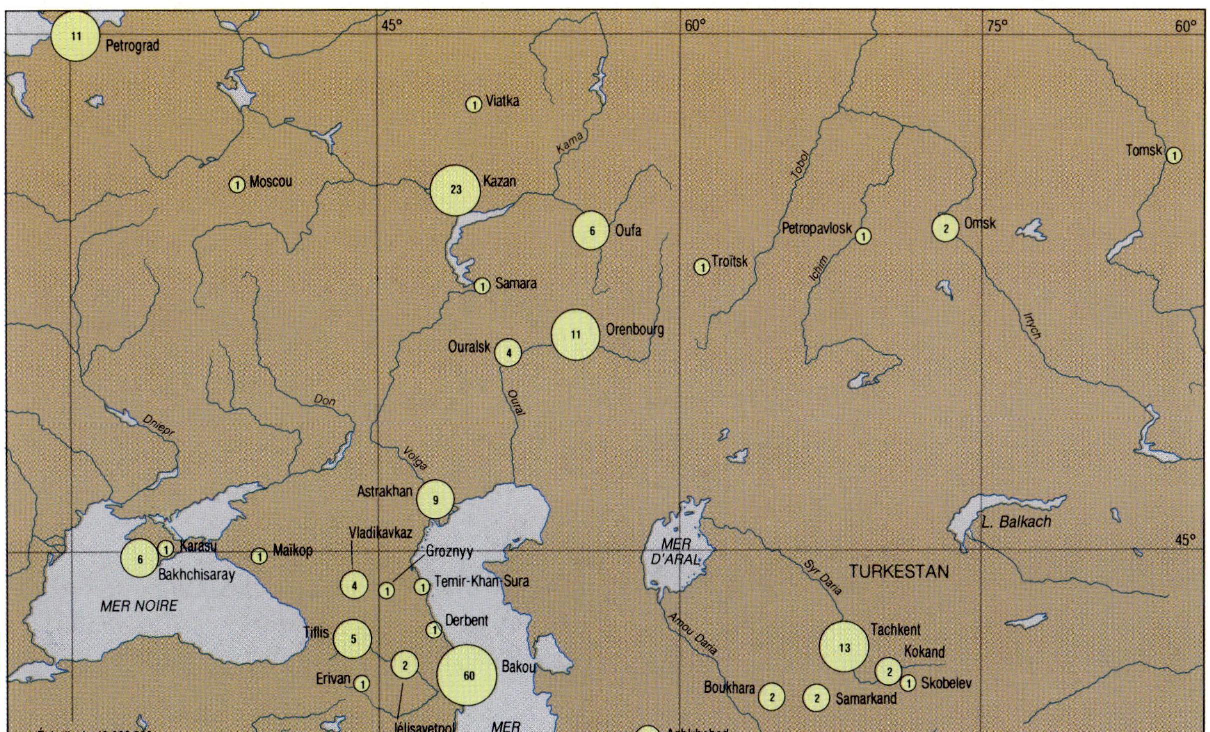

A droite : La presse musulmane en Russie en 1917
La carte montre que l'Islam était largement répandu des côtes de la Baltique au Turkestan ; les principaux centres étaient Bakou et Kazan, l'ancienne capitale des Tatars de la Volga. C'est au Turkestan, où vivaient la plupart des musulmans, qu'il y avait proportionnellement le moins de périodiques ; leur nombre augmenta entre 1917 et 1920.

Le dessin et la satire politique

Les premiers journaux publiés par des musulmans pour des musulmans furent créés à la fin des années 1820, et c'est probablement à Méhémet-Ali, sultan d'Égypte, qu'on doit le premier d'entre eux. Ce ne fut cependant qu'à la fin du XIXe siècle qu'une véritable presse d'opinion se développa et, malgré la censure sévère exercée par les gouvernements coloniaux et par les autorités musulmanes, vers 1910 il y avait environ 150 journaux et périodiques en Égypte, 160 en Asie centrale, plus de 370 en Iran et peut-être davantage encore dans la Turquie ottomane, cependant qu'en Chine même 100 journaux musulmans au moins furent créés entre 1913 et 1939. Parmi les publications les plus remarquables, il faut citer le *Terjuman,* fondé en 1883 par le réformiste tatar de Crimée Ismaïl Bey Gasprinski, l'*Aligarh Institute Gazette,* fondée en 1886 par le réformiste indien Saiyid Ahmad Khan, et *al-Jawaib,* le plus important journal arabe de la fin du XIXe siècle. Les caricatures des deux principaux journaux satiriques, *Mulla Nasreddin,* publié irrégulièrement à Tiflis (Caucase) de 1906 à 1917, et *Awadh Punch,* publié à Lucknow (Inde du Nord) de 1877 à la fin des années 1930, restituent un peu de la saveur de ce journalisme.

Mulla Nasreddin était un hebdomadaire d'un non-conformisme militant, publié par un groupe de poètes et d'écrivains progressistes qui attaquaient toutes les formes de conservatisme, et surtout le fanatisme religieux des *ulama* shiites, jugés incapables de résister efficacement à l'impérialisme européen, accusés de représenter un obstacle au progrès et de compromission avec le régime tsariste. Les propriétaires terriens et les capitalistes y étaient vivement critiqués ; on y étalait la vénalité des juges et on s'y moquait de la stupidité des maîtres d'école. Par contre, on y vantait l'œuvre du réformiste Ismaïl Bey Gasprinski. Des dessins comme ceux reproduits *à gauche* et *page ci-contre à droite* agrémentaient chaque numéro. *En bas à gauche* Dessin satirique figurant en tête du premier numéro et exposant ses objectifs : les musulmans sont endormis, Mulla Nasreddin se propose de les réveiller. *En bas à droite* Cette assemblée d'*ulama* somnolents et pleins de suffisance ne mérite que le mépris, le dessin est assez éloquent par lui-même. *En haut à droite* Gasprinski, le réformateur de l'éducation, est écrasé par l'alliance impie entre le maître d'école tatar et le régent de collège russe. Le maître d'école déclare : « Les esprits des jeunes Tatars qui vont dans les écoles nouvelles sont journellement corrompus. » Ce à quoi le régent répond : « Récemment les jeunes Tatars ont dévié vers la gauche. Nous devons renforcer les anciennes écoles et interdire les nouvelles. » *A droite* Gasprinski aux prises avec les *ulama,* qui l'accusent d'être un infidèle et déclarent que sa méthode d'éducation va contre la loi religieuse.

Ci-dessous Dans ce dessin hostile à l'expansion russe en Asie centrale, intitulé le « Problème de la colonisation », un officier russe chasse un Kirghiz : « Dehors, nous avons besoin de cette pièce pour des Ukrainiens ! »

Awadh Punch était la revue littéraire et humoristique de l'élite cultivée des propriétaires terriens et des fonctionnaires de langue ourdou de l'Inde du Nord. Elle dénonçait la domination britannique, la politique musulmane, la politique nationaliste, et comme la majeure partie de la presse indo-musulmane elle était très attentive aux événements concernant le monde islamique.

Ci-dessus à gauche Ce dessin brutal, paru le 12 novembre 1920, a trait à la déclaration de non-coopération (présentée par les musulmans pour persuader les Britanniques de protéger le califat turc) à la création d'une université musulmane nationale qui menaçait l'ancienne université musulmane d'Aligarh. Un représentant des *ulama*, à l'air féroce, et Muhammad Ali, créateur de l'université musulmane nationale, aidé par un hindou, sont en train de scier un représentant de l'établissement d'Aligarh. Sur la scie on lit : « La scie en forme de croissant de l'Université nationale libre » ; la victime crie au « sacrifice des antiques centres d'éducation ».

A gauche L'Angleterre, représentée par John Bull, négocie avec l'Égypte montée sur un âne, le 23 juin 1922. L'Égypte obtint son indépendance, très conditionnelle, en février 1922.

actif entre la Russie et son empire musulman en expansion. Les Tatars allèrent dans les nouveaux territoires russes où les marchands russes craignaient de s'aventurer, et ils firent fortune. Ils investirent une partie de leurs gains dans l'industrie et devinrent les chefs d'entreprise les plus actifs de Kazan et de la région de la Volga. Les entraves à la liberté religieuse furent supprimées et les Tatars, qui dépendaient du conseil d'*ulama* d'Orenbourg, purent édifier une société islamique. La liberté alliée à la prospérité stimulèrent le progrès : des milliers d'écoles islamiques élémentaires furent fondées ainsi que de nombreuses maisons d'édition, et une culture islamique tatare originale se développa.

Les Tatars furent d'abord fortement influencés par les modèles culturels des grandes villes uzbeks de Boukhara et Samarkand. Ils copièrent leurs vêtements et leurs coutumes, imposèrent le port du voile à leurs femmes et s'en prirent à ceux qui s'écartaient d'une stricte orthodoxie sunnite. Mais, ayant suivi la vague de l'expansion russe, ils se heurtèrent bientôt à la rivalité de leurs anciens maîtres. En Asie centrale, les administrateurs russes se mirent à favoriser leurs compatriotes négociants, et dans la région de la Volga des industriels russes commencèrent à prendre le pas sur leurs rivaux tatars moins évolués. Les Tatars réagirent en tentant d'intégrer l'enseignement russe dans leur système éducatif musulman. Quelques intellectuels tatars montrèrent la voie, comme Shihab al-Din Marjani (1815-1889) qui, à l'instar de Muhammad Abdur, déclara que la science moderne était compatible avec le Coran, et Abd al-Qaiyum al-Nasiri (1825-1902), qui fit de la langue tatar un véritable outil pédagogique. Puis un Tatar de Crimée, Ismaïl Bey Gasprinski (1851-1915), utilisa une nouvelle méthode phonétique pour apprendre l'arabe et inaugura un nouveau programme d'études incluant des matières profanes. Le succès fut rapide : le tatar représente une éducation musulmane de type moderne, très répandue chez les Tatars de la Volga dont un tiers savaient lire et écrire, tandis qu'une éducation traditionnelle se poursuivait en Asie centrale.

Bien que diverses occasions s'en soient présentées entre les révolutions de 1905 et 1917, les musulmans ne purent s'accorder sur une politique commune. Les Tatars modernistes se joignirent à leurs compatriotes chrétiens en demandant une libéralisation politique. Ils envisageaient la création d'un régime mahométan autonome dans lequel le turc serait la langue officielle. En 1905 et 1906 se tinrent trois congrès musulmans, mais seuls les Tatars et les Azerbaïdjanais adoptèrent une action politique commune. D'autres délégués musulmans pensaient davantage en termes d'autonomie ou même d'indépendance pour leurs groupes linguistiques particuliers. Entre les révolutions de février et d'octobre 1917, les Tatars modernistes firent une seconde tentative pour coordonner l'action des musulmans russes, mais les congrès tenus à Moscou et à Kazan aboutirent au même résultat ; les autres peuples musulmans étaient indifférents au concept d'unité panturque. Pendant quelques mois encore, ils jouèrent avec leurs rêves d'autonomie religieuse et culturelle. Puis ils passèrent sous la férule des communistes.

Certains mahométans se rallièrent au communisme, passant du modernisme à une vision matérialiste du monde ; d'autres espérèrent en un avenir « musulman », comme Mir Sultan Galiev (v. 1900), fils d'un instituteur tatar. Il travailla au Commissariat du

Peuple pour les nationalités sous Staline et fonda un parti communiste musulman. Il soutenait que la société musulmane, à l'exception de quelques riches propriétaires et bourgeois, avait été collectivement opprimée par la Russie tsariste. Créer une lutte de classe artificielle ne servirait à rien; ce qu'il fallait, c'était se libérer du joug étranger. En fait, la situation des musulmans en Russie était en miniature celle des peuples coloniaux opprimés à travers le monde. Qui mieux qu'eux pouvait porter la torche de la révolution en Asie et ailleurs? Bien entendu, tenir de tels propos était une hérésie, et quand Galiev se mit à organiser ses compatriotes tatars contre le «grand chauvinisme russe», il dut être réduit au silence. Il est à noter qu'il fut le premier à suggérer que le marxisme pouvait être nationalisé.

Pour les musulmans pieux, par opposition à ceux qui étaient simplement de culture musulmane, les progrès de la révolution constituèrent un véritable désastre. Sous les tsars, il y avait eu au XIXe siècle une renaissance de la vie islamique. Les dotations religieuses étaient tolérées; en Crimée, par exemple, il y avait plus de cent mille hectares de legs fonciers. La *sharia* était largement appliquée, bien que dans la plupart des régions elle fût limitée au droit civil et aux délits mineurs. Les écoles étaient nombreuses, et si les musulmans étaient partagés entre traditionalistes et modernistes, tout enseignement s'intégrait dans un cadre islamique; les jeûnes étaient observés et les prières dites dans des milliers de mosquées. En dix ans tout avait été détruit: la *sharia* abolie, les fondations religieuses expropriées, les écoles fermées. Le port du voile fut interdit, l'alphabet arabe ne fut plus utilisé, les Corans collectés et brûlés en public. Les *ulama* furent persécutés, diffamés et finalement déportés dans des camps de travail. Les mosquées furent fermées; il y en avait 24 562 en 1914, et d'après les chiffres officiels il n'en restait plus que 1 312 en 1942. Les musulmans fidèles à leur foi firent preuve d'une extraordinaire ingéniosité: à Tachkent, on découvrit qu'ils utilisaient le centre local de propagande communiste comme mosquée; au Turkestan, le sanctuaire de Shaikh Ahmad Yasavi fut converti en musée «anti-religieux», mais les croyants continuèrent d'aller y prier en prenant un ticket et en se faisant passer pour des touristes «libres penseurs». Le recours à ce subterfuge parle de lui-même: l'Islam dut entrer en clandestinité pour survivre.

Le séparatisme en Asie méridionale

Les Britanniques ne se livrèrent pas à une suppression systématique des institutions islamiques. A la fin du XIXe siècle, l'application de la *sharia* avait été limitée au domaine du droit familial. Par ailleurs, on ne toucha pas aux dotations qui permettaient aux institutions religieuses de vivre; l'État intervenait simplement pour une gestion plus efficace. On laissa aussi en place le système éducatif islamique; les musulmans indiens pouvaient envoyer librement leurs fils dans les écoles coraniques et les madrasas. Les *ulama* assuraient la transmission de la tradition islamique, les hommes s'habillaient à leur guise et les femmes pouvaient aller voilées. La domination anglaise semblait néanmoins constituer une sérieuse menace pour l'Islam. Les musulmans voyaient des missionnaires chrétiens ouvrir des écoles et prêcher au coin des rues. Au milieu du XIXe siècle, ils savaient que l'administration britannique soutenait ces missionnaires et que certains écrivaient des ouvrages hostiles à l'Islam. Ils assistaient à la mise en place d'un système gouvernemental laïque, d'écoles ne dispensant qu'un enseignement européen, d'un droit ne devant rien à la *sharia,* de fonctionnaires pour qui l'éducation musulmane traditionnelle n'avait aucune valeur, et ils craignaient de devoir abjurer l'Islam s'ils voulaient avoir accès à cette nouvelle source de puissance. Ils prirent conscience qu'en Inde ils étaient une minorité — un peu plus de 20 p. cent de la population — et qu'ils risquaient d'être submergés par le nombre. Les tracasseries dont ils étaient l'objet redoublèrent lorsque fut instauré un régime électoral. Quand des hindous pieux avaient la majorité dans les conseils municipaux, ils suscitaient maints obstacles aux musulmans tant pour manger du bœuf que pour célébrer leurs fêtes religieuses. Et, quand ces hindous eurent le contrôle des conseils provinciaux, ils purent s'attaquer au rôle de la langue urdu et de l'écriture perso-arabe dans la vie publique. Les musulmans indiens eurent donc un dur combat à livrer pour préserver leur culture dans un monde de plus en plus dominé par les idées et les valeurs européennes et hindoues. Ils commencèrent par désespérer et leur état d'esprit est parfaitement exprimé par le poète Altaf Husain (1837-1914):

Quand l'automne a commencé d'envahir le jardin, qui
parle du printemps des fleurs?
Quand les ombres obscurcissent le présent, pourquoi
chanter les fastes et la gloire d'antan?
Oui, il faut oublier tout cela; mais comment peut-on
oublier à l'aube le spectacle de la nuit précédente?
L'assemblée vient de se disperser;
Les chandelles éteintes fument encore;
Les pas sur les sables de l'Inde disent:
Une élégante caravane est passée par là.

Les premiers à réagir furent les musulmans du nord de l'Inde, en particulier de la région appelée sous la loi anglaise les Provinces Unies. Les musulmans étaient répandus dans toute l'Inde, les plus grandes concentrations étant au nord-ouest et au nord-est, au Pendjab et au Bengale, où ils formaient la majorité de la population. Mais c'était dans les Provinces Unies, qui avaient été les bastions des empires musulmans, que les traditions intellectuelles et religieuses étaient restées les plus vigoureuses. On trouvait là par exemple les grandes familles d'*ulama* et de soufis qui avaient dirigé la vie spirituelle pendant des siècles. Beaucoup se soumirent avec résignation au nouvel ordre introduit par les Anglais. Certains estimèrent qu'il ne fallait faire aucune concession. Ils avaient à leur tête des hommes élevés selon les traditions réformistes de Shah Wali Allah et Shah Abd al-Aziz de Delhi. Ils fournirent l'essentiel de l'apologétique musulmane dont on devait faire en Inde un large usage. Ils proclamèrent la guerre sainte contre les Anglais lors du soulèvement de 1857. Dix ans plus tard, ils fondèrent une madrasa à Deoband, près de Delhi, où l'on dispensa un enseignement réformiste, en mettant l'accent sur les *hadîths* et la *sharia* et en restreignant les pratiques soufies. Cette école joua un rôle capital en soutenant les *ulama* jusqu'au XXe siècle, en fondant de nombreuses institutions: son enseignement était réputé dans tout l'Islam. D'autres écoles d'*ulama,* comme celle de Firangi Mahal à Lucknow, devinrent plus actives. Tous s'accordaient sur la manière dont la société devait être ordonnée et dirigée. «La vie nationale», déclarait un réformiste en

1894, «réside dans le droit de propriété des *ulama*... et eux seuls ont ou peuvent avoir un droit absolu de souveraineté.» C'est ce qu'ils répondaient quand les Anglais les interrogeaient sur la répartition du pouvoir: la seule véritable autonomie législative pour les musulmans, au dire du recteur de Firangi Mahal, était dans le renforcement de la *sharia*.

Comme ailleurs dans le monde islamique, certains musulmans estimaient que le pouvoir politique ne pouvait être pensé de façon satisfaisante que dans ses propres termes, et que les musulmans devaient avoir la force d'agir en ce sens. Leur porte-parole fut Saiyid Ahmad Khan (1817-1898), issu d'une famille de fonctionnaires de la cour mogole de Delhi, mais aussi d'un milieu influencé par les idées réformistes de Shah Wali Allah et Shah Abd al-Aziz. Il fut le musulman indien le plus remarquable du XIXe siècle, véritable «homme de la Renaissance» par l'étendue de ses centres d'intérêt et de ses réalisations; sa première préoccupation était de voir ses coreligionnaires continuer d'exercer le pouvoir en Inde. «Plus nous faisons des progrès séculiers», se plaisait-il à répéter, «plus l'Islam y gagne en gloire.» Il s'employa à démontrer que l'Islam était compatible avec la science moderne, et devint ainsi le théologien aux idées les plus hardies de son temps. En 1877, il fonda à Aligarh le Collège anglo-oriental mahométan, qui offrait un environnement islamique dans lequel de jeunes musulmans pouvaient s'imprégner de culture occidentale. Il convainquit ses coreligionnaires qu'ils n'avaient rien à faire avec le nationalisme indien, déclarant qu'ils serviraient mieux leurs intérêts en ayant des rapports étroits avec le gouvernement colonial. Le résultat de son action fut la formation d'hommes qui étaient musulmans moins par la foi que par la culture, et ce avec d'autant plus de ferveur qu'ils avaient connu le climat d'exaltation intellectuelle d'Aligarh. Ils étudiaient les disciplines européennes en anglais et les plus doués allaient à Oxford et à Cambridge; ils apprenaient aussi à prendre le thé et à jouer au cricket. Ainsi préparés, ces hommes étaient en mesure de tenir un rôle actif dans le nouveau système instauré par les Anglais, d'entrer dans l'administration, de parler dans les assemblées et au besoin de former des organisations politiques. Un écrivain satirique de l'époque a très bien vu comment se présentait la situation:

> Ceux qui dirigent cette école moderne
> Ne croient ni en Dieu ni en la prière.
> Ils disent que si, mais il est aisé de voir
> Que s'ils croient, c'est dans le pouvoir.

Akbar Allahabadi

Les hommes d'Aligarh furent au cœur de l'activité politique musulmane jusqu'à l'indépendance de l'Inde en 1947. Certains devinrent des nationalistes indiens et soutinrent le Congrès national indien, mais la plupart militèrent dans des organisations politiques musulmanes distinctes. Les opinions varient sur la raison pour laquelle les musulmans n'ont pas voulu faire cause commune avec le nationalisme indien. Toute explication doit cependant prendre en compte l'influence du réveil religieux de l'Islam, la politique du gouvernement colonial, les intérêts matériels de groupes musulmans particuliers, les craintes devant l'étroite association entre le réveil de l'hindouisme et le Congrès national indien et le sens très marqué de la communauté, même chez ceux qui étaient musulmans surtout par la culture. Cela dit, le développement de l'activité politique musulmane ne constituait pas un phénomène d'une ampleur irrésistible. La Ligue musulmane panindienne, l'organisme des séparatistes musulmans, fut fondée en 1906. En 1909, elle remporta sa première grande victoire en réussissant à imposer des électorats séparés et des sièges réservés aux musulmans dans le régime électoral mis en place par les autorités britanniques. En 1916 elle s'allia au Congrès national indien, en 1919 elle fut désavouée lors d'une protestation collective sur le sort de la Turquie, dans les années 1920 et 1930 elle n'eut guère d'influence, et, aux élections générales de 1937, elle ne remporta qu'un cinquième des sièges réservés aux musulmans. Par contre, aux élections de 1946 la situation avait changé: la Ligue obtint dans les divers conseils élus 446 sièges sur 495. La Deuxième Guerre mondiale, les échecs du Congrès national indien et la présidence de Muhammad Ali Jinnah (1876-1948) avaient transformé la situation politique. Juste avant que les Anglais quittent l'Inde, la Ligue se trouvait en mesure d'amener à leur conclusion logique les revendications musulmanes d'autonomie politique et d'imposer la formation d'un État musulman dans les régions à majorité mahométane du nord-est et du nord-ouest de l'Inde. Ainsi les musulmans entraînés à exercer le pouvoir dans le nouveau système de gouvernement réussirent à prendre le contrôle d'une vaste région du sous-continent.

L'idée de créer un État musulman séparé avait commencé de faire son chemin vingt ans avant 1947. Ce n'était pourtant pas la solution idéale aux problèmes musulmans ainsi que le soulignait Muhammad Iqbal (1878-1938):

> Notre essence n'est liée à aucun lieu;
> La vigueur de notre vin n'est contenue
> Dans aucune coupe; Chinois et Indiens
> Sont pareils au sang qui coule dans nos veines,
> Turcs et Syriens sont pareils à l'argile
> Constituant notre corps; notre cœur n'est
> Ni à l'Inde, ni à la Syrie, ni à Roum,
> Ni à aucune patrie que nous revendiquions,
> Excepté l'Islam.

Rumuz-i Bekhudi, 1918

Les musulmans de l'Inde faisaient partie de la communauté islamique mondiale, qui idéalement continuait à exister comme unité confessionnelle, sociale et politique. Mais la réalité du XXe siècle s'avérait fort différente:

> A présent la fraternité est en si piteux état
> Qu'au lieu de la communauté
> C'est le pays qui occupe la place d'honneur,
> C'est à lui que les hommes se consacrent;
> C'est lui qui est le plus cher à leur cœur,
> Et l'humanité entière est démembrée
> En tribus dispersées...

Les musulmans de l'Inde, soutenait Iqbal, devaient accepter une décevante réalité et parvenir à un compromis, donnant sa place à la *sharia,* entre l'Islam et l'État national moderne. Il exposa son idée d'un État musulman distinct dans son discours présidentiel à la Ligue musulmane en 1930. Le nom de cet État, Pakis-

Le séparatisme musulman en Inde et la fondation du Pakistan
Pour beaucoup de musulmans, un des événements majeurs durant la fin du colonialisme européen fut la naissance de la république islamique du Pakistan. Bien que de nombreux musulmans vécussent encore dans l'Inde à prédominance hindoue, ils purent instituer dans le nouvel État une société de type islamique. Dix ans avant la partition de 1947, bien peu auraient cru la chose possible. Lors des élections générales de 1937, la Ligue musulmane panindienne, le mouvement séparatiste musulman, ne gagna guère qu'un cinquième des sièges réservés aux musulmans. Cependant, aux élections de 1945-1946, elle prouva qu'elle avait l'appui des musulmans de tout le pays. L'élément moteur de la Ligue, sans lequel il n'y aurait pas eu de Pakistan, lui vint des musulmans des provinces où ils étaient minoritaires, en particulier des Provinces Unies. Il fallait aussi à la Ligue le soutien des musulmans des provinces où ils étaient en majorité. C'est peu de temps avant la partition que la Ligue fut en mesure de prouver qu'elle avait l'appui des musulmans du Bengale et du Pendjab, les deux positions clefs du nouvel État du Pakistan. De plus, le partage effectif était sans doute discutable jusqu'à l'échec du plan de la Mission gouvernementale en juin 1946 ; en mai 1946, la Ligue avait donné son accord aux propositions de la Mission qui devaient permettre aux musulmans de créer un État pakistanais au sein de la Fédération indienne. La Ligue fut longtemps dirigée par Muhammad Ali Jinnah, un avocat de Bombay. « Le visage impassible, la voix lente et mesurée à l'élocution précise, l'élégance toute britannique », écrit un contemporain, « composaient un masque dissimulant une volonté de fer, une extrême habileté

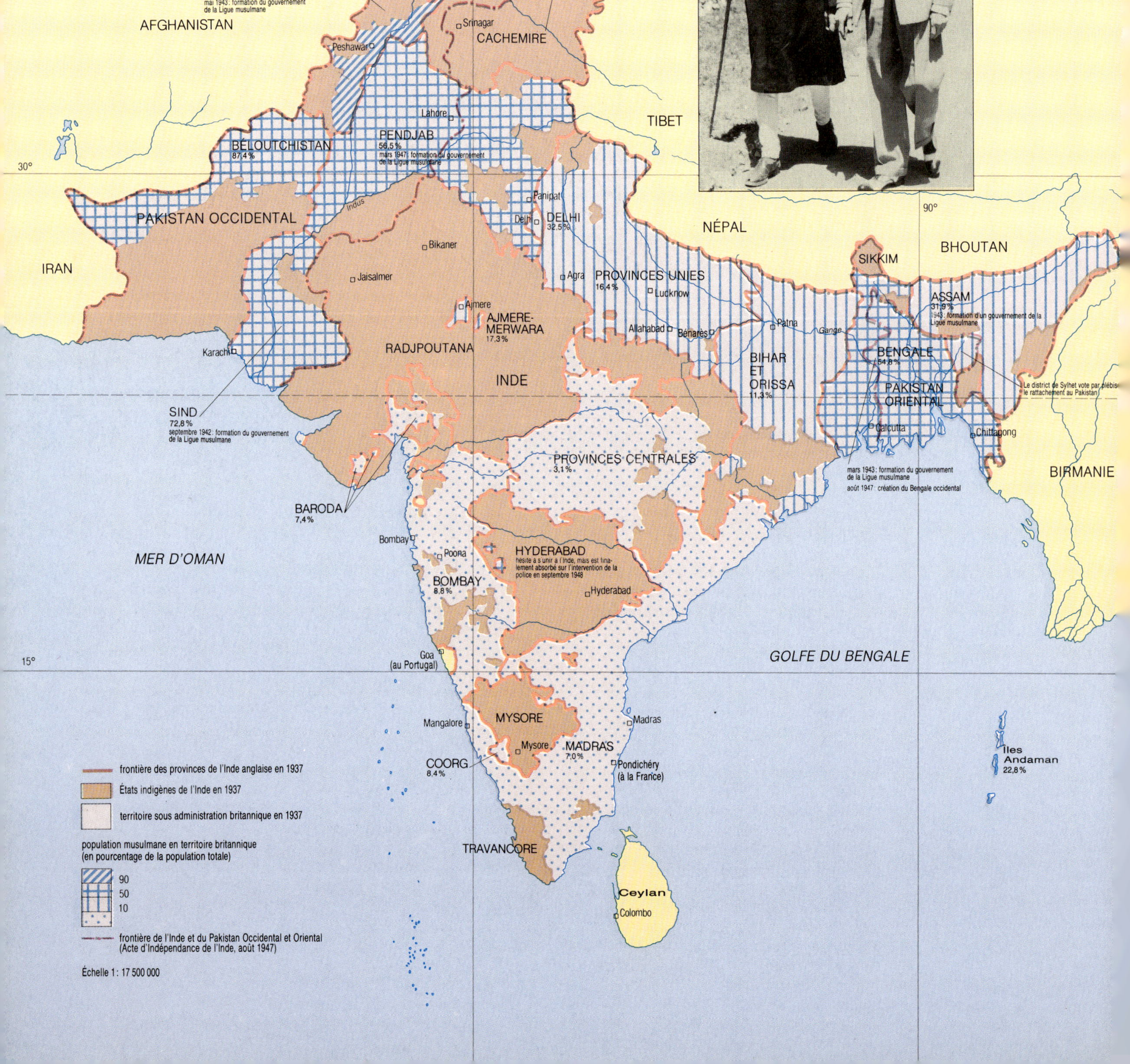

tactique capable d'inspirer la loyauté et d'imposer sa discipline... » Le succès de la Ligue est dû pour une bonne part aux qualités de Jinnah. *Ci-contre, à gauche* On voit Jinnah aux côtés de Jawaharlal Nehru, président du Congrès national indien, durant les négociations à Simla, en 1946.

A droite D'après certaines estimations, lors du partage de l'Inde il y eut 12 millions de sans-abri et un demi-million de morts. Nous voyons ici un train surchargé de musulmans à destination du Pakistan. Une véritable frénésie de meurtre entraîna des massacres de part et d'autre. A la gare de New Delhi, relate Marshall Hodgson, on demanda à un gigantesque Sikh qui brandissait son épée devant une vieille musulmane: « Pourquoi voulez-vous la tuer ? » Et il répondit: « Je ne sais pas, mais il le faut » en lui fendant le crâne d'un seul coup.

tan, fut trouvé plus tard par un étudiant de Cambridge; c'est une forme mnémonique tirée des noms des régions du nord-ouest de l'Inde dominées par les musulmans: *P*endjab, *A*fghanistan, *K*ashmir, *S*ind et Béloutchis*tan*; il se trouve que ce terme signifie aussi «pays des purs». La formation du Pakistan devint la revendication principale de la Ligue musulmane en 1940. Le résultat, cependant, est nettement moins islamique que proche de l'idée que s'en faisait Iqbal. Les premiers dirigeants du Pakistan le considérèrent comme un État moderne et laïque. La religion devait rester une affaire personnelle, ainsi que le dit Jinnah à l'assemblée constituante; il n'avait rien prévu pour l'application de la *sharia.* Ce qui eut deux conséquences graves: de nombreux *ulama* refusèrent leur soutien à la campagne en faveur du Pakistan et reprochèrent aux dirigeants de la Ligue musulmane d'ignorer l'Islam et d'être indifférents à la *sharia;* le problème de la minorité musulmane en Asie méridionale resta non résolu, et les 40 millions de musulmans demeurés en Inde furent même moins bien protégés qu'ils ne l'étaient avant la sécession.

Consolidation de l'Islam en Asie du Sud-Est

Le destin de l'Islam sous la domination hollandaise diffère de ce qu'il fut en Asie du Sud-Est et dans les territoires septentrionaux: il connut une expansion, une réforme et un développement institutionnel considérables. Loin d'être tenu à l'écart par un État colonial laïque et un mouvement nationaliste laïque rival, l'Islam réussit à se tailler une place importante dans la vie de l'Indonésie moderne. A première vue, les choses peuvent paraître différentes. Dans le domaine juridique, les Hollandais tentèrent d'isoler l'Islam et de réduire le territoire qu'il occupait. Ils introduisirent leurs codes pénal et civil et tentèrent d'étendre le droit européen à des domaines comme le mariage et la succession. Ils tâchèrent de protéger l'*adah* préislamique ou droit coutumier contre les tentatives pour le remplacer par la *sharia.* En matière d'éducation ils voulurent contrôler le développement des écoles musulmanes et inaugurèrent un système d'éducation laïque. Ils mirent en place de nouvelles structures caractérisées par un mélange des cultures occidentale et javanaise, et qui s'exprimaient dans les villes en plein essor dont nombre d'habitants regardaient vers les modèles offerts par Karl Marx et par l'empire hindou de Majapahit. Ces divers obstacles ne purent cependant empêcher les progrès remarquables de l'Islam dans la société indonésienne, si on la compare à d'autres sociétés musulmanes de l'époque.

N'oublions pas qu'à la fin du XVIIIe siècle une grande partie de l'Indonésie n'était que partiellement islamisée, tandis qu'à Java l'Islam avait été tenu en échec. Dans cette île, qui dominait la région par sa population et par sa richesse, il avait été profondément influencé par la culture indo-javanaise. La noblesse était tout au plus musulmane de nom, les paysans adhéraient à une religion populaire hautement syncrétique, et c'est seulement dans le nord et dans l'ouest que l'Islam s'était solidement implanté. Au XIXe siècle, les influences réciproques entre les autorités hollandaises et la société javanaise et entre celle-ci et le monde islamique entraînèrent une islamisation des croyances et des pratiques religieuses des Javanais. La domination hollandaise reposait sur l'élite musulmane de nom et sur les *ulama* acceptant de faire office de fonctionnaires. Mais beaucoup d'*ulama* se tenaient à l'écart de ce système, ne voulant pas collaborer avec un gouvernement non islamique et désirant garder le plus possible la haute main sur la vie musulmane javanaise. A mesure que les changements amenés par les autorités coloniales se faisaient plus contraignants, les Javanais se tournèrent vers l'Islam pour protester contre le joug qui pesait sur eux. Les écoles musulmanes se multiplièrent dans l'île et on en créa même dans l'archipel. Les activités des *ulama* indépendants furent facilitées par le développement du commerce sur une petite échelle, par la présence et l'exemple austère des savants et des marchands arabes venus des ports de l'Arabie méridionale, et surtout par l'essor considérable du pèlerinage à La Mecque. Le nombre des pèlerins passa de 2 000 par an au milieu du XIXe siècle à plus de 10 000 à la fin, les Indonésiens représentant alors 20 p. cent du total. Les pèlerins vivaient pendant un certain temps dans un milieu entièrement musulman, mêlés à des gens de toutes races et de toutes les classes sociales, et à même d'apprécier l'universalité de l'Islam. Ils se rendirent compte aussi que les croyants étaient dominés presque partout par les infidèles. L'idée d'une renaissance de l'Islam leur fut donnée par les *ulama* indonésiens établis à La Mecque, et ils adhérèrent aux ordres soufis réformistes comme la *naqshabandiya.* Ils retournèrent pleins de zèle dans leurs villages pour y réformer les pratiques religieuses et animés d'une vive hostilité envers le gouvernement colonial.

Au XXe siècle, l'emprise de l'Islam sur les croyants s'affermit et prit une forme institutionnelle. L'effervescence religieuse était entretenue de l'extérieur. En 1926-1927, il y eut 52 000 pèlerins indonésiens, chiffre record qui représentait 40 p. cent du total. La diffusion des idées modernistes, émises par Shaikh Muhammad Abduh et son cercle du Caire, fut encore plus importante. Ils eurent pour élèves de nombreux Indonésiens à al-Azhar, leurs livres se vendirent beaucoup en Asie méridionale et leurs opinions furent rapidement propagées par la presse musulmane. Et le processus ne fut nullement enrayé par la politique coloniale qui, sous l'influence du brillant recteur d'université Snouck Hurgronje, toléra l'Islam et lui permit de poursuivre son développement institutionnel jusqu'en plein XXe siècle. Les modernistes indonésiens désiraient, comme ceux des autres pays musulmans, réformer les croyances et les pratiques islamiques et les adapter aux exigences du monde moderne. À noter cependant que ce courant s'en tint rigoureusement à la révélation islamique. Il était plus proche des revendications des Tatars que de la pensée, soumise à des influences étrangères, de l'Aligarh College de Saiyid Ahmad Khan.

En 1912, le courant moderniste prit une forme institutionnelle avec la fondation de la *Muhammadiya.* En 1938, grâce à une action missionnaire intensive, elle comptait 250 000 membres et possédait 800 mosquées et 1 700 écoles et collèges dans tout l'archipel. S'inspirant de cet exemple, mais dans une perspective plus syncrétique, les *ulama* menèrent une activité missionnaire analogue et créèrent en 1926 une association similaire, la *Nahdatul Ulama,* qui n'eut d'ailleurs jamais le même succès que son homologue moderniste. Les deux organismes évitaient de se mêler de politique. En fait, les musulmans se retirèrent des mouvements d'opposition active à la domination coloniale. En 1912, ils avaient fondé la première grande association politique moderne, la *Sarekat Islam* (Ligue islamique), qui en dix ans se répandit dans toute l'Insulinde et devint un mouvement de masse aux idées avancées qui, sortant du cadre proprement islamique, apparut bientôt comme un large front de protestation contre les bouleversements économiques, les changements administratifs et la domination coloniale. Vers 1925, le mouvement déclina. Il n'y eut plus d'organisme politique musulman important jusqu'à la fondation du *Partai Islam Indonesia* en 1938. Il apparut alors qu'il y avait un fossé considérable entre ceux qui pensaient l'avenir en termes purement islamiques et ceux en nombre croissant, concentrés à Java, qui souhaitaient établir un État national laïque. Ces derniers représentaient l'intelligentsia élevée à l'occidentale qui prônait un mélange d'idéologies européennes et de symboles javanais et dominaient à la fois les institutions représentatives créées par les Hollandais et le mouvement nationaliste indonésien. En fait, il semblait à la fin des années 1930 que, si les Hollandais devaient partir, ces hommes auraient le contrôle exclusif de l'appareil de l'État, et que les progrès sensibles réalisés par l'Islam depuis un siècle seraient menacés.

Mais ces perspectives furent bouleversées par l'occupation japonaise de 1942-1945. Les Nippons interdirent toute activité politique et cherchèrent à utiliser l'Islam pour appuyer leur domination. Ils permirent aux musulmans de consolider leur position. Après l'invasion de mars 1942, une de leurs premières initiatives fut la création d'un ministère des Affaires religieuses. En 1943 fut fondé le *Masjumi* (Conseil consultatif des musulmans d'Indonésie), né de la

Les États malais dans la première moitié du XXe siècle
Les Anglais exercèrent leur domination par l'intermédiaire des sultans des États malais qui défendaient l'Islam traditionnel contre les influences réformistes venues de l'extérieur. Aussi les progrès du modernisme furent-ils très limités, à l'inverse de ce qui se passa en Indonésie. Il faut noter la migration en Malaisie de Chinois en grande partie non musulmans : jusqu'en 1929, les frontières étaient ouvertes à tous sans distinction de races. En 1947, 38 p. cent de la population étaient composés de Chinois, dont 62,4 p. cent vivaient dans les villes.

Dans une grande partie du monde islamique, les influences combinées du réformisme musulman et de la domination coloniale ont donné naissance à un style architectural typique du Moyen-Orient qui s'est développé un peu partout aux dépens des styles indigènes. Prenons par exemple cette mosquée dont la construction s'est étalée sur les cent dernières années à Tasikmalaya, Java. En particulier le dôme, symbole commun à l'architecture religieuse des plus anciens pays islamiques, la différencie des mosquées de l'Asie du Sud-Est bâties antérieurement, avec leurs toits étagés.

fusion de la Muhammadiya et de la Nahdatul Ulama, qui remplaça le ministère. En 1944, pour la première fois dans l'histoire de Java, il existait une structure administrative officielle au sein de laquelle des musulmans pieux avaient la haute main sur la vie religieuse. Une institution analogue fut créée à Sumatra. Quand à la fin de 1944 les nationalistes laïques furent autorisés à jouer de nouveau un rôle dans la vie publique, ils trouvèrent les musulmans solidement établis et en mesure, après la proclamation de l'indépendance de l'Indonésie en 1945, de faire de nouveaux progrès.

En Malaisie, la domination britannique et l'occupation japonaise eurent un résultat assez différent. La société malaise était exposée à peu près aux mêmes influences que la société indonésienne. Il y avait l'augmentation du nombre de pèlerins, le retour du Caire de Malais acquis aux idées modernes, le développement d'une presse musulmane active, la modernisation accélérée de l'économie, tout cela allant de pair avec une politique britannique de non-ingérence. Mais la politique qui permit l'essor d'un Islam moderniste en Indonésie amena au durcissement d'un Islam hétérodoxe, syncrétique et traditionnel en Malaisie. Dans le dernier quart du XIXe siècle, les sultans malais mirent en place une administration juridico-religieuse au sein de laquelle les élites laïques se joignirent aux *ulama* traditionalistes dans la conduite des affaires religieuses. Quand ils se sentirent prêts à intervenir, les musulmans de tendance moderniste ne rencontrèrent guère de soutien. D'une part, l'existence des Malais n'avait pas été aussi bouleversée que celle des Javanais parce que les retombées de la modernisation économique avaient affecté des groupes immigrants non musulmans. D'autre part, les autorités religieuses malaises empêchèrent la diffusion des idées modernistes, virtuellement subversives, qui de ce fait firent peu de progrès. La situation resta inchangée sous l'occupation japonaise, car les Nippons conservèrent les structures politiques et sociales d'avant-guerre, et ils se contentèrent de renforcer les liens entre les élites laïques et les *ulama* traditionalistes.

L'expansion en Afrique

Au sud du Sahara, l'Islam fit plus de progrès sous la domination coloniale que partout ailleurs durant la même période. En Afrique occidentale la grande expansion du XIXe siècle se continua au XXe. Elle gagna du terrain en Guinée, au Sierra Leone et au Soudan, et de façon spectaculaire au Sénégal, où les Wolofs furent convertis en 50 ans, et au Nigeria où les musulmans passèrent de 50 à 80 p. cent en pays haoussa au nord, d'un tiers à deux tiers chez les Noupés au centre, et augmentèrent considérablement chez les Yoroubas au sud-ouest. En Afrique orientale, l'Islam se répandit lentement en Éthiopie et plus rapidement au Tanganyika où les musulmans, qui n'étaient qu'une minorité de marchands au temps de la conquête allemande, formaient 40 p. cent de la population lors de l'indépendance. C'est seulement au Soudan nilotique, où au XIXe siècle les communautés païennes du sud avaient eu à pâtir de la brutalité des marchands d'esclaves arabes, que l'Islam avait été tenu en échec. Son expansion s'est cependant poursuivie jusqu'à nos jours, bien qu'elle ait commencé de se ralentir depuis l'essor du nationalisme à la fin de la domination coloniale et qu'elle se soit heurtée depuis l'indépendance à l'autorité grandissante d'États modernes souvent de type laïque.

Il peut sembler étrange que la domination des puissances chrétiennes ait à ce point favorisé les progrès de l'Islam, en particulier quand l'Afrique était le terrain de prédilection des missionnaires chrétiens. En fait, ces États ont parfois directement aidé l'expansion de l'Islam par leur politique coloniale, comme l'étroite association qui s'est développée entre l'administration française et l'ordre soufi mouride au Sénégal, ou le soutien apporté par les Anglais aux dirigeants musulmans des populations païennes du Nigeria central. L'aide la plus importante vint cependant de l'influence indirecte de la domination coloniale : l'établissement de la paix et d'un gouvernement stable dans de vastes régions permit aux populations de se mêler comme jamais auparavant, et à l'Islam de revêtir une importance nouvelle comme système de croyances et de valeurs susceptible d'être largement partagé. Grâce à la construction de routes et de voies ferrées, les marchands musulmans purent pénétrer dans des régions jadis inaccessibles : en Afrique orientale ils s'aventurèrent dans l'arrière-pays, en Afrique occidentale ils atteignirent la côte où, à Lagos et Dakar par exemple, les musulmans, en nombre minime au départ, constituèrent bientôt de 50 à 85 p. cent de la population. La croissance urbaine elle-même entraîna la conversion de paysans d'origine païenne qui, arrivés dans des villes en majorité musulmanes, adhérèrent à l'Islam tout comme ils adoptèrent le port de vêtements flottants. De plus, dans sa rivalité avec le christianisme, l'Islam présentait pour des païens de nombreux avantages. Il était prêché par des Africains, il paraissait proche de la sensibilité et de l'esprit africains, et il offrait du monde une interprétation plus large et avidement écoutée, sans qu'il s'y mêlât la honte d'une soumission à la culture de l'homme blanc. Le christianisme était plutôt la religion d'une élite d'éducation occidentale, qui animait des mouvements nationalistes.

La domination européenne, qu'elle favorisât le développement d'une culture chrétienne ou purement laïque, menaçait l'existence même de l'Islam. Elle pouvait cependant, comme en Indonésie, stimuler de façon paradoxale et remarquable l'essor d'institutions musulmanes. Nous en avons un exemple caractéristique dans l'Afrique subsaharienne : les puissances coloniales en s'appuyant sur les institutions musulmanes freinèrent ainsi la croissance d'une opposition politique. Au Soudan français le gouvernement apporta son soutien à l'éducation islamique, et l'on créa des madrasas où enseignèrent des *ulama* formés en Afrique du Nord. Dans le nord du Nigeria, où, ironie du sort, les Anglais exerçaient leur autorité par le biais des émirats institués à la suite des guerres saintes menées par Usuman dan Fodio, la *sharia* fut appliquée avec plus de rigueur qu'auparavant, à ceci près que les tribunaux n'étaient pas autorisés à condamner à l'amputation ou à la lapidation, châtiments qui offusquaient la sensibilité britannique. Même là où la domination coloniale était plus directe, il lui arriva de s'appuyer sur les ordres soufis et de les aider à renforcer leur autorité. Au Soudan nilotique, où la plupart des musulmans étaient soufis, les Anglais soutinrent d'abord la *khatmiya,* qui avait des liens étroits avec l'Égypte et dont l'influence avait été éclipsée par le succès de la *mahdiya;* mais, lors de la montée du nationalisme égyptien dans les années 1920, ils soutinrent la *mahdiya* en tant qu'ordre de l'indépendance soudanaise contre l'Égypte. Aussi les deux confréries sont-elles profondément enracinées dans la société soudanaise. Au Sénégal, la *muridiya,* ordre hétérodoxe qui sanctifiait le travail manuel et encourageait ses fidèles à profiter des richesses qu'ils apportaient à leurs shaikhs, réussit à faire jouer à ses adeptes wolofs un rôle tel dans le système économique colonial qu'ils finirent par dominer le marché de l'arachide. La plupart des confréries devinrent au cours de ce processus les agents du gouvernement colonial tout en affirmant leur autorité morale et leur pouvoir effectif sur leurs adeptes.

Ce que l'on vient de dire de la mosquée de Tasikmalaya est aussi valable pour celle, plus moderne, de Kano (Nigeria). Son style dénote l'influence des pays situés au cœur de l'Islam et il est très proche du style propre aux mosquées du Soudan datant des siècles précédents (cf. pp. 108-109).

Néanmoins, la protection que le pouvoir colonial avait si souvent accordée aux institutions musulmanes afin de consolider sa propre position risquait d'entraîner un renversement de situation une fois l'indépendance obtenue. Les conséquences varièrent, entre autres raisons, selon la proportion de musulmans dans la population. Dans les États où les musulmans étaient en majorité (Somalie 100 p. cent, Mauritanie 90 p. cent, Gambie 90 p. cent, Niger 85 p. cent, Sénégal 85 p. cent, Guinée 60 p. cent, Mali 60 p. cent, Soudan 60 p. cent, Tchad 50 p. cent), ils étaient souvent favorables, mais pas toujours, à une politique nationaliste. Le fait qu'au Soudan les mouvements nationalistes aient eu partie liée avec les ordres soufis des *khatmiya* et des *mahdiya* est exceptionnel. Dans les États où les musulmans étaient en minorité (Nigeria 47 p. cent, Guinée portugaise 36 p. cent, Sierra Leone 30 p. cent, Liberia 10 p. cent, Haute-Volta 22 p. cent, Côte-d'Ivoire 20 p. cent, Ghana 5 p. cent, Togo 2 à 3 p. cent, Ouganda 5,5 p. cent, Kenya 4 p. cent, Tanzanie 40 p. cent), la politique était plutôt défendue par les chrétiens ou les païens. Il y avait bien entendu quelques musulmans qui avaient été au contact des idées modernes en Afrique du Nord, ou qui avaient subi une influence wahhabite en tant que pèlerins, et qui soutenaient les mouvements nationalistes parce qu'ils y voyaient le moyen de mettre fin non seulement à l'influence européenne, mais aussi aux ordres soufis souvent alliés au pouvoir colonial. La plupart des musulmans se tenaient cependant à l'écart de l'action menée en faveur d'un nationalisme laïque et ils ont dû assister à la disparition du régime colonial avec des sentiments mêlés. Ils ont sans doute pris part eux aussi à la célébration de l'indépendance, mais ils savaient que leurs protecteurs étaient partis. En dehors de la Mauritanie, du Soudan et de la Somalie, ils se retrouvaient dans des États modernes laïques dirigés par des infidèles africains qui entendaient transformer leur existence plus radicalement que ne l'avaient fait les puissances coloniales. Les musulmans, qui pendant longtemps avaient représenté une civilisation évoluée pour les populations subsahariennes, s'aperçurent qu'ils faisaient figure d'hommes du passé à côté des païens et des païens christianisés, qui avaient acquis une éducation européenne et s'étaient emparés de l'appareil de l'État.

En Afrique du Nord, la situation était différente. Les puissances européennes dirigeaient cette société dans laquelle l'Islam s'était profondément enraciné. La France projetait l'intégration de l'Algérie, qui devait devenir un département français. L'Italie avait en tête un projet analogue pour la Libye. La France entendait par ailleurs établir son protectorat sur la Tunisie et le Maroc, tout comme le faisait l'Espagne pour le Rif marocain. Toutes ces régions furent envahies par un afflux de colons européens. Dans les années 1930 il y avait 100 000 Italiens en Libye, plus de 200 000 Français au Maroc et autant en Tunisie, et 1 000 000 en Algérie. Les Européens occupèrent les meilleures terres et les emplois les mieux payés. En Algérie, les droits politiques ne furent accordés qu'aux musulmans instruits prêts à renoncer à la *sharia* pour le droit français. Il est évident que cette ingérence européenne n'avait fait qu'aviver chez les musulmans la conscience de leur identité. A la différence de l'Afrique occidentale, le mouvement de résistance islamique traditionnel se poursuivit jusque dans les années 1930. Au Maroc espagnol, un ancien juge musulman, Abd el-Krim, proclama une république du Rif et de 1921 à 1926 il tint les Français et les Espagnols en échec avec une grande habileté sur le plan militaire. En Libye, l'ordre soufi de la *sanusiya* lutta contre l'occupation italienne de 1912 à 1918 et reprit les armes de 1922 à 1931, faisant preuve d'une détermination et d'un courage tels qu'une armée italienne de 20 000 hommes fut continuellement sur le pied de guerre, et que le régime de Mussolini dut recourir au bombardement aérien et aux camps d'internement avant de l'emporter. L'influence de la *sanusiya* ne cessa pas pour autant, et c'est Saiyid Idris, le chef temporel de l'ordre, qui fut déclaré roi de la Libye indépendante en 1951, après que la deuxième guerre eut marqué la fin de la domination italienne. Ainsi la Libye, le plus archaïque des quatre principaux États, obtint son indépendance et finit par être gouvernée par un représentant de l'ordre islamique traditionnel. Par ailleurs, des mouvements nationalistes actifs se développèrent au Maghreb et ils n'obtinrent l'indépendance qu'en luttant contre le

Les progrès de l'Islam en Afrique au sud du Sahara depuis 1800
La domination coloniale européenne favorisa la conversion des Africains païens tant au christianisme qu'à l'Islam. Comme celui-ci était prêché par des Africains et qu'il leur offrait une vision du monde répondant à une attente et qui ne devait rien à la culture de l'homme blanc, il semble qu'il ait été particulièrement bien placé pour se concilier l'âme africaine.

pouvoir colonial. En Tunisie, le parti nationaliste laïque du *Neo-Destour* (Nouvelle Constitution), fondé en 1934 et défenseur d'une identité culturelle musulmane, se battit pour l'indépendance qui fut accordée en mars 1956. Au Maroc, le mouvement fut organisé par l'*Istiqlal* (Indépendance), parti fondé en 1943 et dirigé par le sultan Mohammed V, qui devint le symbole de l'indépendance et qui réussit à canaliser les nouvelles forces politiques dans le cadre de l'État maraboutique. L'indépendance ne fut accordée qu'en mars 1956. L'essor du nationalisme algérien fut retardé par le succès de la politique française d'assimilation. Dans les années 1930, les observateurs ne décelèrent aucun signe d'un sentiment de nationalité algérienne. Ce n'est qu'en 1954 que fut fondé le *Front de libération nationale,* qui obtint l'indépendance après le plus douloureux des conflits.

Les dirigeants des mouvements indépendantistes ne mirent jamais en cause leur qualité de musulmans; ils en prirent une conscience aiguë en raison du grand nombre de colons européens et du caractère de la domination française. Néanmoins, ces hommes élevés dans des écoles françaises ou franco-arabes étaient généralement musulmans par la culture plutôt que par la religion. L'influence des institutions islamiques dans la société variait selon la politique française et selon leur propre personnalité. En de nombreux endroits les ordres soufis s'étaient compromis, comme en Afrique occidentale, par des alliances avec le gouvernement colonial. Les écoles islamiques étaient dans une situation précaire en Algérie, où leurs ressources financières étaient des plus incertaines, alors que les choses allaient mieux sous les protectorats de Tunisie et du Maroc. L'influence des idées modernistes de Muhammad Abduh et de ses disciples du Caire favorisa cependant grandement l'éducation islamique dans toute la région. En Algérie, cela se traduisit par une renaissance religieuse et la création de nombreuses écoles. Il en alla de même au Maroc où Fez, centre intellectuel du Maghreb, redevint un foyer d'intense activité culturelle. La loi française avait été imposée en Algérie dès 1850 sauf en matière de droit privé, alors qu'en Tunisie et au Maroc le droit islamique traditionnel était resté en vigueur jusque dans les années 1950. Dans une grande partie de l'Afrique du Nord les institutions islamiques ne semblent pas

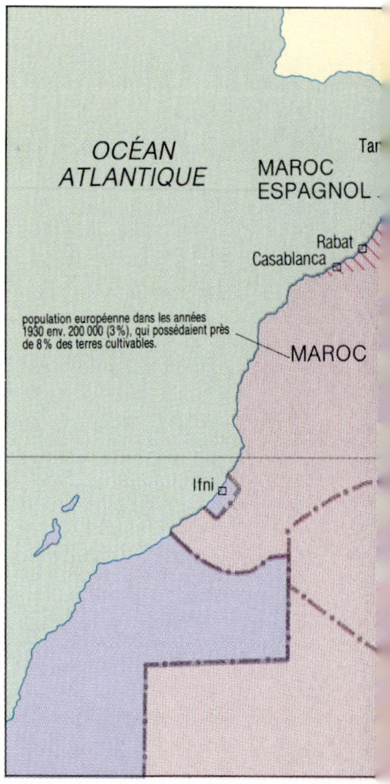

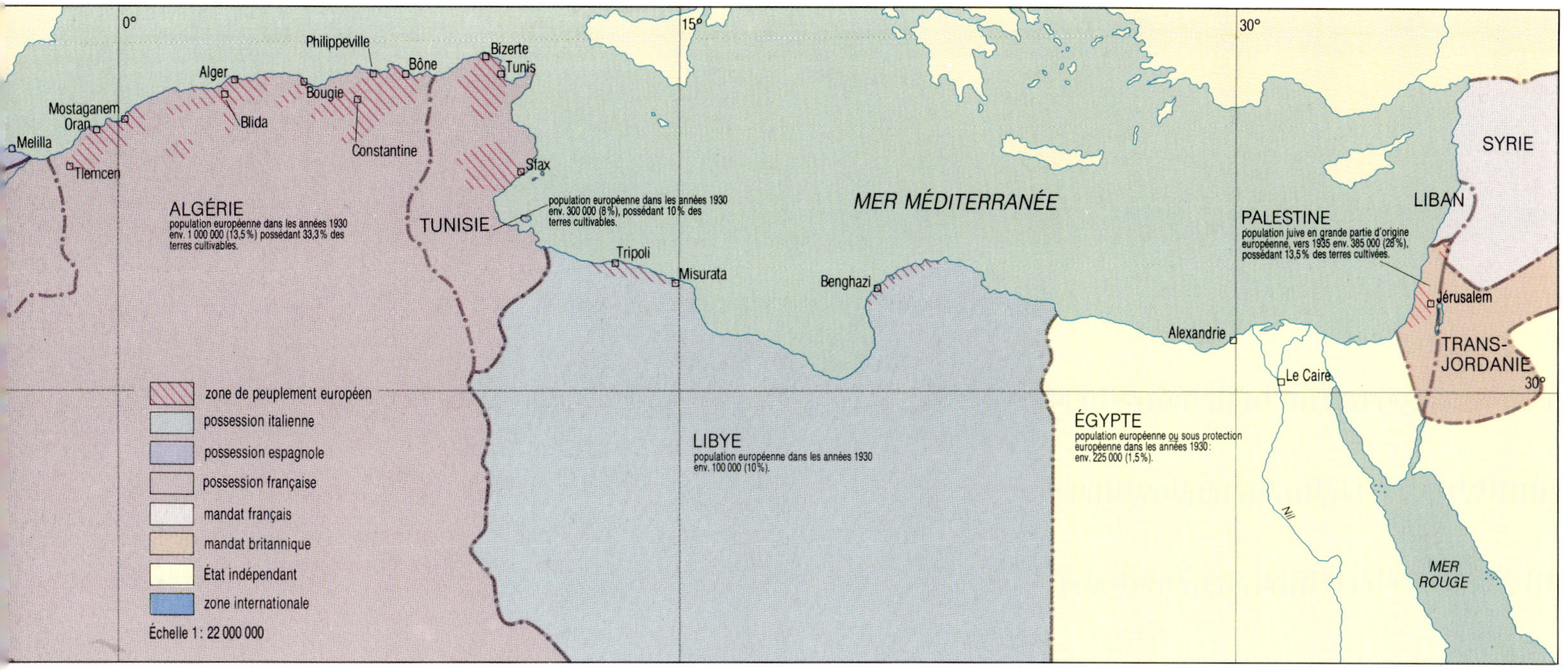

Ci-dessus : L'implantation des Européens sur les côtes méridionales et orientales de la Méditerranée au XIXe et au XXe siècle
Ce n'est qu'au cœur de la Russie d'Asie que les musulmans durent supporter l'installation des Européens sur leurs territoires comme ils le firent dans cette région. Il va de soi que les colons finirent par symboliser la domination politique, économique, culturelle et psychologique des puissances étrangères, de sorte qu'après l'indépendance la plupart des Européens durent quitter ces pays. En Algérie, que les Français considéraient comme faisant partie de la France et où de nombreuses familles françaises avaient vécu durant trois ou quatre générations, le processus s'accompagna d'une terrible effusion de sang au cours d'une guerre qui dura de 1954 à 1962.

A gauche Cette photo évoque de façon éloquente la guerre d'Algérie : une femme musulmane, portant tous ses biens sur ses genoux (à moins qu'il ne s'agisse d'un bébé), mendie sous le regard indifférent d'un colon et d'un soldat français.

avoir souffert beaucoup plus qu'ailleurs dans le monde.

Le nationalisme et le déclin de l'Islam

Nous avons vu les réactions musulmanes à l'hégémonie européenne d'abord au niveau de l'État « nation ». Il y eut aussi une réaction panislamique, qui est significative car elle révèle un sens durable de la communauté islamique malgré la division de celle-ci pendant des siècles en sultanats et en empires distincts voire opposés.

Son premier représentant fut Jamal al-Din al-Afghani (1839-1897) qui espérait, en réformant les pratiques religieuses et en unissant tous les musulmans derrière le califat ottoman, tenir en échec sinon briser définitivement l'essor des puissances européennes. Il influença la pensée musulmane en Asie centrale, en Turquie et en Inde, et eut un effet direct sur le soulèvement de 1881 en Égypte et sur la révolution constitutionnelle en Iran. Les idées d'Afghani furent développées sur un plan purement religieux par son principal disciple, Muhammad Abduh ; nous avons vu que le modernisme de cet éminent recteur d'al-Azhar, qui démontra que la pensée scientifique moderne et l'Islam étaient conciliables, avait reçu un accueil enthousiaste du Maroc à l'Indonésie.

Ses idées politiques trouvèrent un terrain favorable au début du XXe siècle. Lorsque la Turquie ottomane subit la pression grandissante de l'Europe, les musulmans protestèrent. Au lendemain de la Grande Guerre, quand on vit Mustafa Kemal se battre pour l'existence même de la Turquie et par conséquent du califat, l'agitation politique s'intensifia, et l'Inde et l'Indonésie furent secouées par les plus grands mouvements de masse de leur histoire. Il va de soi que les musulmans ne comprirent pas l'abolition du califat par Mustafa Kemal en 1924. Pendant dix ans, musulmans arabes et indiens tinrent des congrès et s'efforcèrent de le rétablir, mais ils n'y purent parvenir en raison des sourdes rivalités entre les candidats au califat et des progrès inéluctables du nationalisme.

Le fait que la réponse de l'Islam à l'Europe se soit faite nécessairement dans le cadre des États-nations n'est qu'un des effets destructeurs de l'Occident sur le monde de l'Islam. Mais les dommages provoqués au sein de ces États-nations par la nouvelle hégémonie européenne furent encore plus grands. On mit en place des systèmes de gouvernement qui ne reconnaissaient pas la *sharia* et des systèmes d'éducation qui ne dispensaient aucun enseignement islamique. Des hommes qui n'adhéraient pas à une vision islamique traditionnelle eurent la haute main sur le puissant appareil d'un État moderne. Ils entendaient élaborer une société laïque dans ses perspectives et souvent calquée sur l'Occident.

Ceux qui avaient eu la garde et assuré pendant des siècles la transmission des forces structurantes de la société islamique furent systématiquement écartés et méprisés par les hommes acquis au modernisme, qui les considéraient comme des personnages désuets avec leurs turbans et leurs djellabas. L'enseignement des *ulama* fut de moins en moins prisé par l'État, et leurs élèves éventuels savaient qu'ils n'en retireraient plus un moyen d'existence. Les soufis eurent encore plus à pâtir de cet état de fait. Ils furent attaqués pour leurs pratiques religieuses, parfois relâchées, par les *ulama* soucieux de présenter la face rationnelle de l'Islam au monde moderne. La puissance centralisatrice grandissante de l'État rendit presque inutile leur fonction sociale de médiateurs entre des groupes d'individus et l'État lui-même.

Au milieu du XXe siècle, le destin des gardiens de la tradition varia selon les pays. Les *ulama* furent presque tous éliminés en Turquie, mais en Indonésie leur position fut consolidée. Le déclin des ordres soufis avait été général, mais ils avaient néanmoins joué un rôle politique important en Afrique, et ils survivaient comme principaux défenseurs de l'Islam en Asie centrale soviétique.

Quelques nouveaux États se présentèrent comme des républiques islamiques, par exemple le Pakistan, mais seule l'Arabie Séoudite veilla à maintenir les sources de la puissance occidentale dans une structure strictement islamique.

En règle générale, la vision islamique du progrès avait été remplacée par une conception laïque. Les dirigeants l'avaient adoptée parce qu'ils avaient maîtrisé les secrets de la puissance européenne. Ayant été formés selon le modèle matérialiste de l'Europe, c'est sur cet exemple qu'ils espéraient à présent reconditionner les masses musulmanes.

LE RETOUR EN FORCE DE L'ISLAM

Contre l'Europe je proteste,
Et l'attraction de l'Occident :
Malheur à l'Europe et à son charme,
Prompte à séduire et à désarmer !
Les hordes de l'Europe, par le fer et le feu,
Apportent la désolation dans le monde ;
Architecte de sanctuaires,
La terre attend d'être rebâtie ; debout !
De votre sommeil de plomb,
De votre léthargie profonde
Éveillez-vous !
De votre léthargie profonde
Éveillez-vous !

Muhammad Iqbal, *Zabur-i Ajam*, 1927

Les progrès de la sécularisation

Au milieu du xxe siècle, le sort des musulmans s'améliora. Il y avait eu des signes d'un changement dans ce sens dès les années 1920, quand Turcs et Iraniens étaient devenus maîtres de leur destin. A présent, la plupart des musulmans s'étaient affranchis du contrôle politique formel des Européens, sortis très affaiblis de la Deuxième Guerre mondiale. La Syrie et la Jordanie, qui étaient les derniers États arabes encore sous mandat de la Société des Nations, devinrent indépendantes en 1945 et 1946 ; le Pakistan en 1947 et l'Indonésie en 1949, l'un et l'autre formant les deux plus grands États musulmans d'alors avec une population combinée de plus de 200 millions d'habitants. Entre 1955 et 1965 ce fut le tour des musulmans d'Afrique, de sorte que vers le milieu des années 1960 ceux d'Union soviétique restaient le seul

L'obtention de l'indépendance au sein du monde islamique
La plupart des peuples musulmans s'affranchirent de la domination coloniale entre la Deuxième Guerre mondiale et la fin des années 1960. Notons au moins qu'un quart des musulmans du monde entier se trouvent encore sous la domination d'incroyants, en particulier en Inde, en Chine et en Union soviétique, et que l'indépendance acquise est souvent toute relative. L'Égypte l'obtint en 1922 mais dut supporter la présence de l'armée britannique jusqu'en 1954. L'Irak, indépendant en 1932, resta soumis à l'influence anglaise jusqu'à la révolution de 1958. Pour les musulmans pieux, l'indépendance signifiait passer de la domination européenne à celle d'une élite de culture européenne et aux objectifs purement laïques.

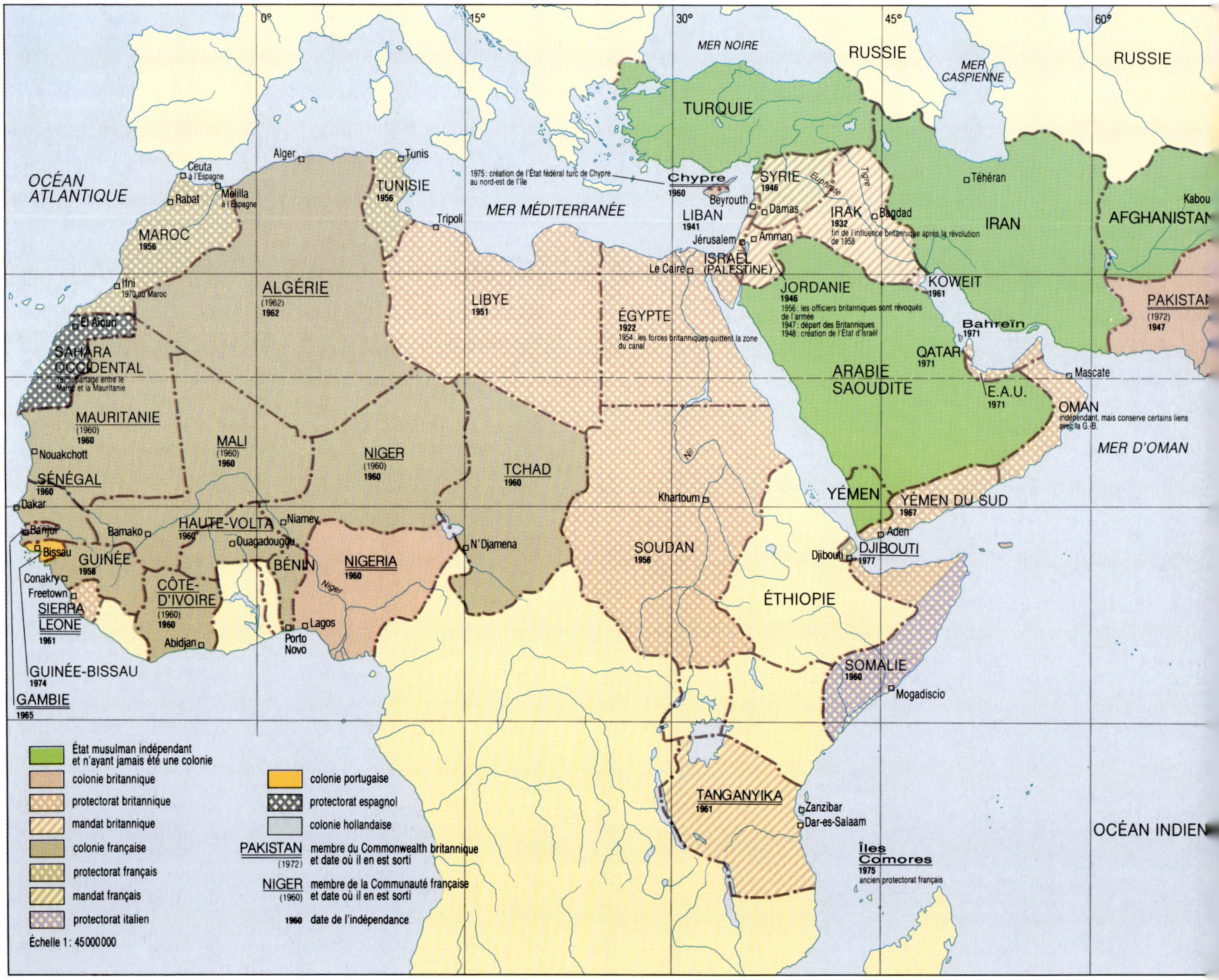

Parmi les leaders des peuples musulmans ayant récemment accédé à l'indépendance se détache la figure du président égyptien Nasser, qui mit en avant les intérêts de l'Égypte contre ceux de la France et de l'Angleterre, en demandant aux Anglais de retirer leurs forces de la zone du canal de Suez en 1954 et en nationalisant celui-ci en 1956. Ci-contre, on voit Nasser porté en triomphe le 19 juin 1954, après avoir hissé le drapeau égyptien sur les bases britanniques de Port-Saïd au lendemain de l'évacuation de la zone du canal.

groupe important encore sous domination coloniale. L'indépendance rendit les gouvernements plus forts et les sociétés musulmanes reprirent confiance en elles, ce qui les aida à se relever de l'affaiblissement lié aux dernières années de la tutelle étrangère. Les musulmans purent désormais décider eux-mêmes s'ils voulaient vraiment suivre la voie de la culture occidentale dans laquelle les Européens les avaient dirigés, et en adopter les valeurs laïques.

Au lendemain de l'indépendance, la première chose que découvrirent les dirigeants des nouveaux États c'est qu'ils n'étaient pas délivrés de l'Occident. Leur liberté restait limitée par la puissance de l'Europe, et bientôt par celle des États-Unis. Des bases militaires occidentales furent réparties à travers leurs territoires et des entreprises occidentales mirent la main sur les secteurs les plus récemment développés et les plus rentables de leur économie. En fait, la décolonisation a parfois entraîné une situation idéale pour les anciennes puissances coloniales, qui ont pu continuer d'agir au mieux de leurs intérêts économiques et stratégiques sans être grevées par les dépenses administratives. Le Dr Mossadegh, Premier ministre d'Iran sous le jeune shah Reza Pahlevi (qui régna de 1941 à 1979), fut un des premiers dirigeants musulmans à lutter pour une indépendance plus effective. Il refusa des concessions pétrolières à l'Union soviétique et nationalisa l'Anglo-Iranian Oil Company, qui contrôlait les riches gisements du Khouzistan et la plus grande raffinerie du monde à Abadan. De 1951 à 1953, avec l'appui de nombreux *ulama,* de la gauche et du peuple iranien, il résista aux pressions occidentales. On eut finalement recours à un coup de force : soutenue par les Anglais et les Américains, l'armée déposa Mossadegh et poussa le shah à tenir d'une main plus ferme les rênes du pouvoir. Il s'ensuivit un renversement de la politique d'indépendance de Mossadegh : d'autres compagnies se joignirent à l'Anglo-Iranian Oil Company, rebaptisée British Petroleum, pour l'exploitation des gisements iraniens, et des traités de défense commune contre l'Union soviétique furent passés avec l'Irak, la Turquie, le Pakistan et la Grande-Bretagne. L'Iran s'aligna sur l'Occident encore plus qu'avant.

De leur côté, les Arabes eurent plus de chance. Le colonel Nasser, qui avait accédé au pouvoir après la révolution des Officiers libres de 1952, était décidé à rendre l'Égypte véritablement indépendante. En 1954, il persuada les Anglais de retirer leurs forces de la zone du canal de Suez. En 1955, il se tourna vers le bloc communiste après que les États-Unis eurent refusé de lui vendre des armes. En 1956, il nationalisa le canal de Suez, artère vitale du commerce international et importante source de revenus. Il résista victorieusement aux attaques israélienne, britannique et française, et proclama comme aucun dirigeant musulman ne l'avait fait depuis des années le droit de son pays de décider de son propre destin. D'autres pays arabes, quoique avec moins d'enthousiasme, suivirent son exemple : en 1956, le roi Hussein de Jordanie renvoya l'officier britannique commandant ses forces armées ; en 1958, des unités de l'armée irakienne renversèrent le gouvernement hachémite et mirent fin à l'alliance britannique. Le président égyptien avait montré que les pays musulmans pouvaient faire entendre leur voix dans le concert des nations libres.

Mais la réussite de Nasser ne rendit pas la liberté à tous les musulmans, ni même à tous les Arabes.

A gauche Arafat (au centre) discutant avec l'ayatollah Khomeini, en présence du fils de celui-ci, Ahmad, le 17 février 1979, moins d'une semaine après que Téhéran fut tombé aux mains des forces révolutionnaires. Par son caractère démonstratif typiquement musulman, l'attitude des trois hommes traduit l'estime qui les unit. Les sentiments de Khomeini pour la cause palestinienne sont d'autant plus forts qu'Israël a été un fidèle allié du régime Pahlevi.

Certains États qui avaient acquis une plus grande audience dans les affaires internationales voyaient cependant, tout comme la plupart des autres pays en voie de développement, leur liberté entravée par des forces extérieures. Bien que des dirigeants comme Nasser aient été en mesure de se dégager de l'emprise militaire et économique des anciennes puissances coloniales, les influences plus subtiles du colonialisme se faisaient encore sentir — celles de la langue et de la culture, d'un mode de vie et d'un certain type d'association continuaient d'attirer les élites dans les anciens centres européens. Les États musulmans, indépendants depuis peu, souffraient en outre de tous les problèmes des pays en voie de développement confrontés aux pays industrialisés. Pour survivre et croître ils avaient besoin de commercer, mais ils couraient le risque de se trouver dans une position d'infériorité dans laquelle ils fourniraient des matières premières et recevraient des objets finis. Pour surmonter leur faiblesse, ils acceptèrent de l'aide. Mais cela aussi limita leur liberté : leurs ressortissants durent aller dans les pays développés pour apprendre à utiliser les derniers produits de la technique ; ils dépendirent pendant des années de ces nations pour les pièces de rechange nécessaires à leur équipement moderne ; leurs créanciers s'efforcèrent d'influencer leur politique intérieure ; des conseillers militaires essayèrent de suborner leurs armées et des conseillers civils leurs peuples. Ils s'aperçurent que l'aide n'était souvent qu'une nouvelle forme d'impérialisme. Pour résoudre leurs problèmes, les pays musulmans apprirent à opposer un État à un autre, les Occidentaux contre les pays communistes. Ils rejoignirent les pays non alignés qui avaient fait alliance après la conférence de Bandoeng en 1955 ; ils tentèrent l'expérience d'une fédération d'États, comme la République arabe unie associant la Syrie et l'Égypte de 1958 à 1961 ; ils se groupèrent en un cartel économique, l'Organisation des pays exportateurs de pétrole (OPEP) en 1960. Néanmoins, durant les premières années de l'indépendance, les dirigeants des nouveaux États musulmans durent réaliser que la liberté conquise était décidément factice.

Rien ne met plus en relief la continuelle infériorité de la position des musulmans que l'existence de l'État d'Israël sur le territoire arabe de la Palestine. Cela entraîna un sentiment d'exaspération dû au flot constant des immigrants, aux visées expansionnistes déclarées de certains Israéliens et à l'humiliation des armées arabes lors des guerres de 1948, 1956 et 1967 — au cours de cette dernière, de nouveaux territoires furent occupés : les hauteurs du Golan, le désert du Sinaï, la rive occidentale du Jourdain et la partie orientale de Jérusalem. Les Occidentaux commirent souvent l'erreur de considérer ces développements comme des problèmes qui concernaient les seuls Arabes. Rien n'est plus éloigné de la vérité. Témoin la presse d'Indonésie ou même des Philippines chaque fois que les Arabes et les Israéliens sont en guerre. Témoin aussi les opinions des musulmans de l'Inde ou la manière dont les dirigeants mahométans soucieux de l'appui populaire ont recherché la compagnie des chefs palestiniens. La Palestine était le seul sujet sur lequel tous les musulmans pouvaient s'unir. Ceux qui l'étaient par culture éprouvaient une humiliation de leur faiblesse ; pour les croyants sincères s'ajoutait la honte de voir les lieux saints sous la domination des infidèles. Ils ne voyaient dans les sionistes que des colons européens qui devaient être renvoyés en Europe, tout comme l'avaient été les Français d'Algérie après un siècle d'occupation. Qui plus est, ces colons étaient aidés dans leurs menées expansionnistes par des capitaux occidentaux, par des armes occidentales et par la politique étrangère occidentale, en particulier celle des États-Unis. Israël rappelait donc de façon pressante et blessante aux musulmans combien ils étaient encore faibles et sous la dépendance de l'Occident.

Aux musulmans pieux l'indépendance n'apporta même pas cette liberté restreinte, mais seulement

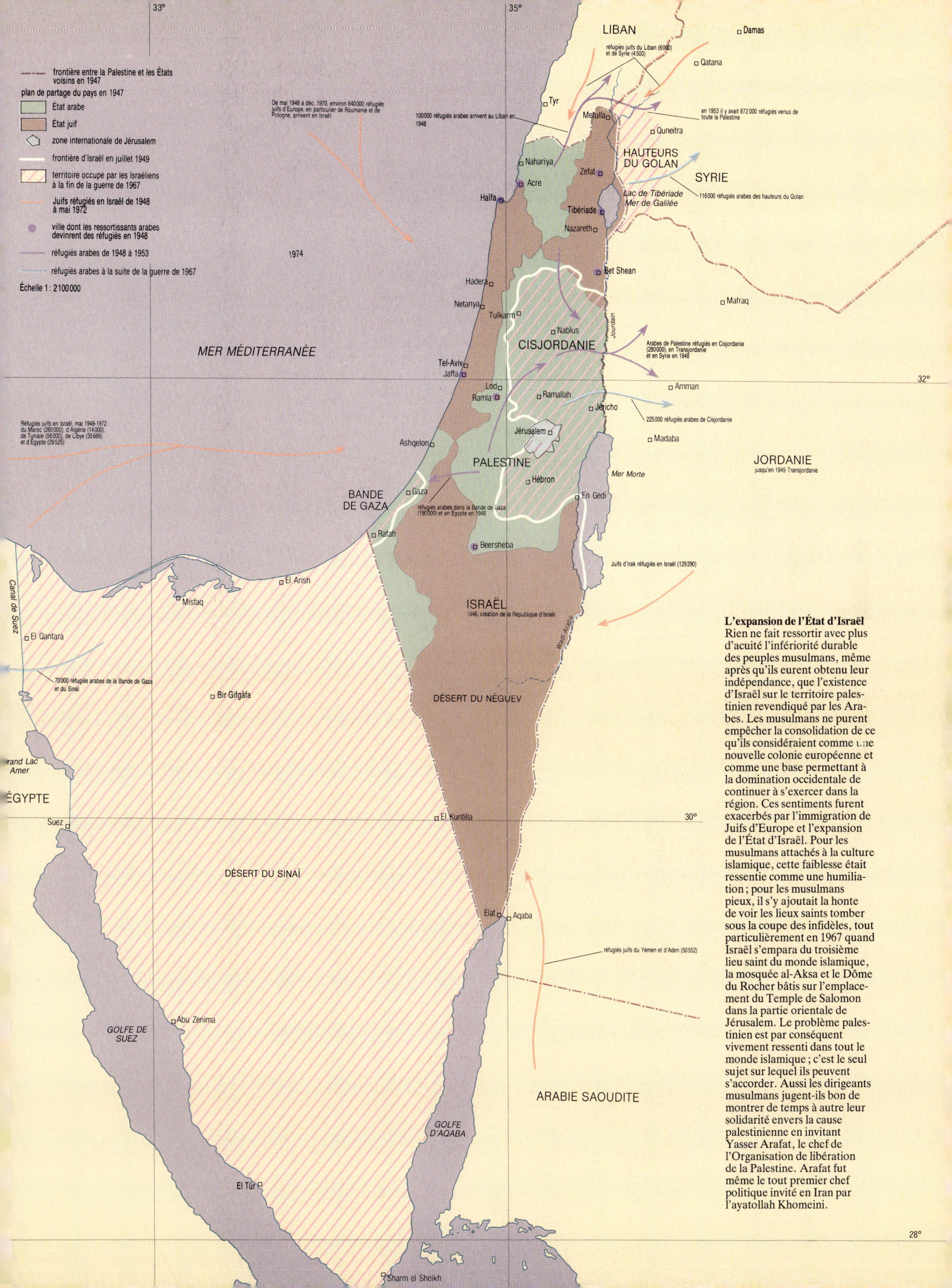

L'expansion de l'État d'Israël
Rien ne fait ressortir avec plus d'acuité l'infériorité durable des peuples musulmans, même après qu'ils eurent obtenu leur indépendance, que l'existence d'Israël sur le territoire palestinien revendiqué par les Arabes. Les musulmans ne purent empêcher la consolidation de ce qu'ils considéraient comme une nouvelle colonie européenne et comme une base permettant à la domination occidentale de continuer à s'exercer dans la région. Ces sentiments furent exacerbés par l'immigration de Juifs d'Europe et l'expansion de l'État d'Israël. Pour les musulmans attachés à la culture islamique, cette faiblesse était ressentie comme une humiliation ; pour les musulmans pieux, il s'y ajoutait la honte de voir les lieux saints tomber sous la coupe des infidèles, tout particulièrement en 1967 quand Israël s'empara du troisième lieu saint du monde islamique, la mosquée al-Aksa et le Dôme du Rocher bâtis sur l'emplacement du Temple de Salomon dans la partie orientale de Jérusalem. Le problème palestinien est par conséquent vivement ressenti dans tout le monde islamique ; c'est le seul sujet sur lequel ils peuvent s'accorder. Aussi les dirigeants musulmans jugent-ils bon de montrer de temps à autre leur solidarité envers la cause palestinienne en invitant Yasser Arafat, le chef de l'Organisation de libération de la Palestine. Arafat fut même le tout premier chef politique invité en Iran par l'ayatollah Khomeini.

L'art arabe moderne

A droite Un détail du *Monument de la Révolution* sur la place de la Libération à Bagdad. Le monument, une frise de 50 × 8 mètres, a été sculpté par Jawad Salim, doyen du mouvement de l'art moderne en Irak.

Les élites musulmanes qui dirigent les États nouvellement indépendants du monde islamique ont été profondément influencées par l'Europe: cela est sensible dans leur art. Nous avons l'étonnant paradoxe de l'œuvre la plus spectaculaire de l'art arabe moderne, le *Monument de la Révolution.* Celui-ci célèbre la révolution de 1958 en Irak qui mit fin à l'influence colonialiste européenne, par une sculpture qui se ressent nettement des modèles occidentaux. L'influence occidentale reste encore très forte. Néanmoins l'art arabe, du Maroc à l'Irak, commence à se distinguer par une préférence pour l'abstrait, une aversion pour la représentation et une fascination pour les formes calligraphiques.

Kamal Amin Awad, Égypte

Jawad Salim, Irak

M. Qadir al-Triqi, Tunisie

Dia al-Azzawi, Irak

un isolement qui paraissait encore plus irrémédiable et un déclin continuel de la foi. Le plus souvent ce furent les élites laïques, formées en Grande-Bretagne, en France, aux États-Unis ou dans les universités modernes du monde musulman comme Le Caire, Istanbul et Aligarh, qui arrivèrent au pouvoir et l'exercèrent sans partage. Ils contribuèrent encore davantage à réduire le rôle joué par l'Islam dans leurs sociétés. En Algérie, le président Ben Bella institua un régime socialiste, n'accordant à l'Islam qu'une place tout à fait secondaire. En Tunisie, le président Bourguiba conserva le modèle de développement de caractère purement laïque prôné par le mouvement nationaliste; les tribunaux appliquant la *sharia* furent supprimés, les *ulama* rentrèrent dans l'ombre et toute trace de religion fut éliminée de l'administration. En Syrie, les membres du parti Baas écrasèrent d'abord l'opposition religieuse à leur régime entre 1966 et 1970, puis en 1973 ils essayèrent d'imposer une nouvelle constitution socialiste ne reconnaissant pas à l'Islam le statut nominal de religion d'État. Même quand l'Islam était le fondement de l'État, comme au Pakistan, l'élite laïque lutta avec acharnement pour restreindre les domaines où s'exerçait son influence; le rôle de l'Islam en tant que source de la légitimité de l'État semble d'ailleurs avoir été minimisé lorsque le nom de «république islamique du Pakistan», inscrit dans la constitution de 1956, fut changé en simple «république du Pakistan», dans celle de 1962.

Quant aux États dans lesquels le cadre institutionnel de l'Islam était particulièrement fort, nous trouvons la même tendance générale. En Égypte, par exemple, Nasser supprima les tribunaux appliquant la *sharia,* et en 1961 il réorganisa al-Azhar et en fit une université moderne sous le contrôle direct du chef de l'État. Les *ulama* eurent certes un rôle à jouer, ainsi que les soufis, mais uniquement au service de l'État. En Iran, à partir de 1959, Muhammad Reza Pahlavi contra vigoureusement l'influence renaissante des *ulama.* Il pratiqua une politique qu'ils abhorraient, comme l'affranchissement des femmes et l'amitié avec Israël; la réforme agraire réduisit leurs revenus; ils furent dépossédés de leurs dotations et ceux qui protestèrent furent arrêtés et exilés. En 1959-1960, il y avait 252 madrasas et 14 419 étudiants; huit ans plus tard il y avait 138 madrasas et 7 482 étudiants. Même en Iran, les *ulama* qui avaient résisté si longtemps à l'État laïque moderne ne pouvaient envisager l'avenir avec confiance.

Les peuples musulmans prirent conscience, à mesure que l'État empiétait sur la vie des citoyens, qu'ils étaient conditionnés peu à peu selon un modèle où l'Islam n'avait point de part. Le gouvernement intervenait jusque dans les villages. Il exigeait que les enfants aillent à l'école pour y recevoir les rudiments d'un enseignement occidental; les filles n'en étaient pas exemptées. Il redistribuait les terres, parfois au profit des paysans les plus pauvres, mais parfois aussi en détruisant la dotation qui permettait l'entretien du sanctuaire local. Il s'immisçait dans le monde des femmes, rendant la vaccination obligatoire, recommandant le planning familial et touchant à des traditions vénérables. Les fils, et parfois les filles, devaient effectuer un service national; ils étaient endoctrinés alors selon la nouvelle culture officielle, et il leur était d'autant plus difficile ensuite de se réhabituer aux mœurs villageoises. En même temps, les paysans s'initièrent aux activités d'une société industrielle en voie de développement, construisant des routes et des oléoducs et travaillant en usine. De ce fait, ils émigrèrent vers les villes, comme Téhéran ou Karachi dont la population passa de quelques centaines de milliers d'habitants en 1940 à plus de cinq millions dans les années 1970. Souvent entassés dans des banlieues insalubres, ils regardaient avec effarement un monde qui contrastait violemment avec leur vision d'une existence sagement guidée par la loi musulmane: affiches de cinéma, bars, femmes à la mise indécente, étalage de richesses et spectacles des étrangers.

Les élites cultivées révèlent à quel point les musulmans ont été séduits par l'Europe. Sadiq Hidayat, grande figure de la littérature iranienne du XXe siècle, fut fortement influencé par Sartre avec qui il était étudiant à Paris. Les écrivains égyptiens modernes cherchent leur inspiration dans la littérature russe, anglaise et française. L'Association indienne des écrivains progressistes, qui fut fondée en 1936 et domine la littérature urdu, témoigne de l'influence du socialisme européen: l'Association avait pour but «d'arracher la littérature et les autres arts aux classes cléricale, académique et décadente, aux mains desquelles ils avaient dégénéré pendant si longtemps»; la littérature progressiste devait «traiter les problèmes fondamentaux de notre existence quotidienne — les problèmes de la faim et de la pauvreté, de l'arriération sociale et du joug politique». Ces écrivains lisaient avidement Tolstoï et Kafka, se passionnaient pour les romantiques anglais comme Byron et Shelley, dévoraient les œuvres des socialistes anglais des années 1930, comme Spender, Auden, Day Lewis, que souvent ils avaient rencontrés. De Delhi au Caire et de Téhéran à Istanbul, de jeunes auteurs expérimentaient de nouvelles formes — la nouvelle, le roman, le vers libre — utilisant des modèles européens pour rompre avec l'influence desséchante des conventions littéraires traditionnelles. Ils parlaient de politique et de pauvreté, proclamaient les droits de la femme, discutaient de sexualité féminine et tournaient la piété en dérision.

Les mêmes influences et le même rejet des valeurs islamiques sont perceptibles dans la peinture arabe, qui se rattachait plus aux courants européens qu'aux grandes traditions de l'art arabe et faisait également fi des préférences religieuses, jusqu'à représenter le nu féminin. L'interdiction islamique de sculpter des figures vivantes semble cependant avoir été davantage respectée, car ce n'est qu'en Égypte et en Irak que prospérèrent des écoles de sculpture. Artiste de génie, Jawad Salim (1920-1961) étudia à Rome, à Paris et à la Slade School of Art de Londres. Son chef-d'œuvre, le *Monument de la Révolution,* qui se dresse sur la place de la Libération à Bagdad et qui célèbre les événements de 1958, entend montrer que l'inspiration de ce mouvement est d'origine étrangère et que l'esprit qui y a présidé est profondément laïque. On y perçoit l'influence du *Guernica* de Picasso et de la sculpture de Jacob Epstein: l'ensemble glorifie l'homme et non Dieu. Les dirigeants des États musulmans modernes, si pointilleux dans leurs relations avec l'Occident, apparaissent encore les propagandistes de la civilisation occidentale. Nous pouvons comprendre le cri angoissé de Muhammad Iqbal:

Turcs, Persans, Arabes
Sont intoxiqués par l'Europe,
Et chacun d'eux a dans la gorge
L'hameçon de l'Europe.

Le retour à la vision islamique

Depuis quelques années les musulmans ont commencé de réagir contre cette transformation de leur civilisation sous l'influence de l'Occident en prônant à nouveau les valeurs islamiques et en revenant à une vision islamique du progrès. Ils ont pris de plus en plus conscience que les objectifs de l'Islam et ceux de l'Occident étaient diamétralement opposés. C'est ce qu'exprimait Muhammad Iqbal, dans un texte écrit il y a plus d'un demi-siècle :

Les Occidentaux ont perdu la vision du ciel,
leur quête de l'esprit pur se déroule dans le ventre.
L'âme pure ne tire du corps ni couleur ni parfum,
et le communisme ne s'attache qu'au corps.
La religion de ce prophète [Marx] qui ignorait le vrai
est fondée sur l'égalité du ventre ;
la fraternité ayant le cœur pour demeure,
s'enracine dans le cœur, non dans l'eau et l'argile.

Le capitalisme aussi ne songe qu'à engraisser
le corps,
aucun cœur ne bat dans son sein obscur ;
comme l'abeille qui butine la fleur
il néglige le pétale et emporte le miel,
et pourtant tige et feuille, couleur et parfum
concourent à former la rose,
sur sa beauté immuable se lamente le rossignol.
Ne t'arrête pas au talisman, au parfum et
à la couleur,
dis adieu à la forme, ne t'attache qu'au sens.
Si tu ne peux discerner la mort qui est en toi,
n'appelle pas rose ce qui n'est qu'argile.

Leur âme est impatiente et intolérante :
ils ne connaissent pas Dieu, et ils trompent
l'humanité.
L'un vit de production, l'autre de taxation
et l'homme est un panneau de verre pris entre deux
pierres.

L'un galvaude la science, la religion, l'art,
l'autre aliène l'homme dans son corps et son âme.
Je les vois tous deux recouverts d'eau et d'argile,
tous deux le corps bruni, mais le cœur
tout à fait noir.

Muhammad Iqbal, *Javidnama,* 1932

Il était de ces musulmans qui sentaient qu'il y avait pour eux une autre voie, la voie islamique, et ils voulaient qu'elle soit une fois de plus une voie royale. Il n'y avait pas assez longtemps que les dirigeants européens avaient été chassés ; à présent, le droit occidental, l'école sans Dieu, la culture décadente devaient aussi être extirpés. Ceux-là mêmes qui se présentaient pour promouvoir la voie islamique se fondaient sur le développement historique particulier de l'État concerné. Dans certains cas, les tenants de la tradition étaient encore assez forts et assez libres pour défendre la *sharia;* dans d'autres, c'était des associations d'hommes élevés à l'occidentale qui prenaient les choses en main. Quelques-uns appartenaient à un courant intellectuel et spirituel se rattachant aux mouvements de réforme et de réveil religieux du XVIIIe et du XIXe siècle ; certains, comme beaucoup d'autres avant eux, étaient mus par le contraste flagrant entre l'idéal de vie élaboré par le Prophète et l'état pitoyable de l'existence humaine autour d'eux. Cet élan se heurtait aux obstacles élevés par ceux qui voulaient accéder ou se maintenir au pouvoir.

En Turquie, où Ataturk avait décrété qu'il n'y aurait plus d'*ulama,* les ordres soufis relevèrent la bannière de l'Islam. La *naqshabandiya* travailla secrètement en Anatolie orientale, où 17 de ses chefs furent arrêtés en 1954. La *tijaniya,* qui arriva d'Afrique du Nord en 1949, adopta des méthodes directes, détruisant par exemple des statues d'Ataturk parce qu'elles transgressaient les paroles du Coran. La *Nurcular,* un ordre entièrement nouveau qui bénéficiait du soutien des milieux universitaires, était très active, diffusant ses vues fondamentalistes selon lesquelles toute vérité réside dans le Coran, le matérialisme est contraire à l'Islam et la *sharia* devait être restaurée. A partir de 1970 ces idées, malgré les dispositions constitutionnelles contre l'immixtion de la religon dans la politique, commencèrent à se répandre dans les sphères politiques, grâce aux efforts de Necmettin Erbakan, professeur de génie civil à l'Université technique d'Istanbul. Aux élections générales de 1973 son Parti de salut national obtint 11,9 p. cent des voix. Il utilisa le fait que l'équilibre des forces à l'Assemblée nationale dépendait de son parti pour que des concessions soient faites à l'Islam; en tant que vice-Premier ministre, il prit des mesures qui étaient autant de défis, choisissant pour son symbolisme le Topkapi Saraï, l'ancien palais du sultan, comme lieu de résidence lors du 53e anniversaire de la république.

Les activités des ordres soufis et du Parti de salut national furent encouragées par la réhabilitation générale de l'Islam dans la société turque qui s'était constituée depuis la mort d'Ataturk. En fait, le corps du grand homme était à peine froid lorsque le processus commença, sa sœur ayant insisté pour que la prière des morts soit dite sur sa tombe! Quelques années plus tard, la question de l'éducation religieuse fut débattue à l'Assemblée nationale, et en 1949 elle fut admise au programme d'études comme matière à option. Le Parti démocrate parvint au gouvernement en 1950, et jusqu'en 1960 il présida à une restauration de l'Islam, sous contrôle de l'État, qu'on n'aurait jamais crue possible vingt ans plus tôt. L'arabe remplaça le turc comme langue utilisée pour l'appel à la prière; la radio officielle consacra des émissions à des sujets religieux; 15 000 mosquées furent construites; tous les enfants de musulmans durent recevoir une instruction religieuse; on créa des écoles largement subventionnées pour la formation d'*ulama.* Les Turcs purent exprimer leur foi ouvertement: ils furent des milliers à célébrer, avec l'autorisation de l'État, l'anniversaire de la mort de Jalal al-Din Rumi; des centaines de milliers suivirent les lectures du Coran patronnées par le gouvernement; le pèlerinage à La Mecque fut autorisé de nouveau en 1947, et le nombre de pèlerins passa de 10 000 en 1954 à plus de 106 000 en 1974. La littérature islamique se mit elle aussi à prospérer. Les rapports s'aigrirent entre les partisans de la laïcité et les propagandistes de l'Islam; l'armée, le principal gardien de la révolution d'Ataturk, entra en lice. En 1960 il y eut un coup d'État à la suite duquel le Premier ministre Menderès, que certains appelaient «l'ami de Dieu», fut pendu et une nouvelle constitution promulguée dans laquelle les idéaux laïques de l'État étaient réaffirmés avec force. La liberté de culte fut reconnue, pourvu qu'elle ne fût pas «contraire à l'ordre public, aux mœurs ou aux lois prises pour protéger celles-ci...». Un équilibre avait été établi, légalement du moins, entre le laïcisme et le regain de ferveur religieuse. Il n'a cependant pas empêché des tentatives répétées pour réaffirmer les valeurs de l'Islam et les introduire dans le système politique.

En Égypte, l'Islam revint à l'ordre du jour de façon analogue, et beaucoup de ses dirigeants et de ses partisans venaient de milieux occidentalisés. Le processus commença quand la position de Nasser se trouva affaiblie à la suite de la cuisante défaite de l'Égypte lors de la guerre de 1967 contre Israël. Des groupes islamiques déclarèrent que les Égyptiens avaient perdu parce qu'ils n'étaient plus de bons musulmans. Ils avaient été séduits par des idéologies importées de l'Occident: socialisme, nationalisme et laïcisme. La défaite avait révélé leur insuffisance; la solution était de retourner à l'Islam.

Après la mort de Nasser, en 1970, le soutien populaire à l'Islam devint plus évident, et l'on vit de nombreuses jeunes Égyptiennes de la classe moyenne s'habiller selon la loi islamique. Les associations d'aide à l'Islam se multiplièrent; les mieux organisées se constituèrent dans les universités, où elles contrôlèrent la plupart des associations d'étudiants; les Frères musulmans, interdits depuis qu'ils avaient tenté de tuer Nasser en 1954, se réimplantèrent dans tout le pays; les extrémistes fondèrent plusieurs organisations militantes clandestines, la plus connue étant le *Takfir wal Hijra:* ils étaient décidés à tuer pour parvenir à leurs fins.

Si l'une des causes de cette nouvelle ferveur islamique était le mécontentement croissant à l'égard des dirigeants laïques de l'Égypte, une autre était, comme en Turquie, la politique du gouvernement.

Dans les années 1960 et 1970 de nombreux gouvernements musulmans ont dû tenir compte de plus en plus des valeurs islamiques et des préférences exprimées par les peuples. Une telle politique posait de délicats problèmes, car les objectifs des groupes islamiques qu'ils furent ainsi amenés à tolérer étaient parfois radicalement opposés aux leurs. Le président égyptien Anouar el-Sadate a tenu à manifester un respect nouveau pour l'Islam et les organisations islamiques, et il en fit un des fondements de sa politique. On le voit ici, en décembre 1977, lors de la prière du vendredi dans la mosquée de la nouvelle ville de Serabim, près d'Ismaïlia, sur le canal de Suez.

Nasser lui-même revint à l'Islam dans les dernières années de sa vie afin de détourner l'attention du désastre de 1967. Son successeur, Anouar el-Sadate, a joué la carte de la diplomatie. Il a exploité les symboles islamiques afin d'atteindre les couches de la société égyptienne peu touchées par l'influence occidentale et pour s'assurer un appui contre le communisme et les partisans de Nasser. Ses discours étaient émaillés de métaphores islamiques, et il prenait soin de s'assurer que le public le voyait tous les vendredis dans la posture du croyant lors de la prière collective. Il s'efforça de manipuler les organisations islamiques. El-Azhar reçut d'importantes subventions du gouvernement, et son recteur fut promu, sur le plan du protocole et du salaire, au rang de Premier ministre. En retour, les représentants des *ulama* lui apportèrent leur appui tant pour sa politique intérieure que pour ses tentatives de paix avec Israël. Il résolut même de se concilier les Frères musulmans: il les autorisa à reconstituer leur organisation et, en échange, ils devaient le défendre contre les attaques de la gauche. Mais vouloir chevaucher le tigre islamique n'allait pas sans risques. D'importantes concessions devaient être faites au fondamentalisme. Qui plus est, rien ne garantissait que le tigre ne dévorerait pas celui qui le chevauchait. En 1979, les Frères musulmans s'opposèrent aux négociations de paix avec Israël; en 1981, le Takfir wal Hijra assassina le président Sadate.

En Libye, le passage à une forme d'Islam fondamentaliste ne fut pas une réponse politique au réveil du sentiment religieux parmi le peuple, mais le résultat du coup d'État militaire de 1969. Le capitaine Muammar Kadhafi, qui prit la tête du nouveau gouvernement, avait, bien que d'origine bédouine, des positions analogues à celles d'un moderne technocrate comme Erbakan en Turquie ou des dirigeants des Frères musulmans en Égypte. Chez lui, le fondamentalisme islamique allait de pair avec le socialisme arabe de son héros, Nasser. Ses premières mesures traduisirent de la façon la plus nette dont le monde ait été témoin jusqu'ici les sentiments des musulmans relatifs aux influences occidentales sur leur existence. Le Conseil du commandement révolutionnaire, sur les instances des *ulama* du monde entier, déclara que les pays islamiques avaient été régis par la *sharia* pendant près de quatorze siècles, que lorsque les colonialistes avaient pris le pouvoir ils l'avaient remplacée, sous prétexte de «civilisation», par des lois laïques et des pratiques fascistes, et que le temps était venu de réparer les erreurs du colonialisme en faisant de la *sharia* «la suprême et principale source de la législation et des usages de cette république». Dans un esprit analogue, toutes les marques de culture occidentale furent effacées: la British Petroleum fut nationalisée, l'alcool fut interdit, les manuels scolaires censurés, toutes les plaques portant le nom des rues furent rédigées en arabe, et les passeports des visiteurs durent l'être aussi à côté de l'anglais et du français. A mesure que le nouveau régime consolidait sa position, grandement aidé d'ailleurs par ses richesses pétrolières, il devint évident que la «troisième voie», adoptée par Kadhafi, du socialisme islamique pour n'avoir pas à choisir entre communisme et capitalisme, fut aussi une solution très personnelle dont le caractère révolutionnaire était exprimé en termes islamiques. Il entendait aller plus loin qu'aucun réformateur avant lui, considérant le Coran comme la seule source de légitimité et rejetant même l'autorité des *hadîths*. Ce qui lui valut d'être déclaré coupable d'apostasie par une commission théologique d'Arabie Séoudite.

Au Pakistan, l'Islam s'éleva avec la même vigueur contre l'héritage du colonialisme. Des factions décidées voulaient faire de ce pays un État islamique de fait aussi bien que de nom. En partie grâce à elles, la première constitution ne fut adoptée qu'en 1956, neuf ans après l'indépendance. Certains de ces groupes représentaient les écoles d'*ulama,* mais il y avait surtout le *Jamaat-i-Islami,* fortement structuré, qui comme les Frères musulmans avait l'appui de la classe moyenne d'éducation occidentale. Il fut fondé en 1941 par Mawlana Mawdudi (1903-1979), dont les écrits étaient admirés dans une grande partie du monde islamique, y compris la Libye où il fut un des membres du Conseil du commandement révolutionnaire de Kadhafi. Voici quelques-unes des idées qu'il défendait: la *sharia* devait bien entendu avoir force de loi dans tout le pays; l'État devait être gouverné par un homme qui resterait au pouvoir tant qu'il défendrait l'idéologie officielle; il devait être aidé par des hommes versés dans l'interprétation de la *sharia;* il n'y aurait pas de partis politiques ni d'opposition légale; seuls des musulmans pouvaient jouer un rôle au gouvernement et les non-musulmans devaient voter dans des électorats distincts. Le *Jamaat-i-Islami* présenta ce programme pendant des années sans beaucoup de succès. Les élites laïques étaient surveillées de près, et l'arrivée au pouvoir du Parti du peuple pakistanais de Zulfiqar Ali Bhutto, au début des années 1970, avec son manifeste socialiste, son antienne sur les objectifs économiques et son style populiste, sembla finalement confirmer leur victoire.

Mais, dans le même temps, les partis islamiques virent leur audience augmenter. La perte retentissante du Pakistan oriental, en 1971, fit apparaître l'Islam comme la seule base sur laquelle l'État pouvait être rebâti. Le désenchantement causé par le recours à la voie capitaliste comme moyen de développement dans les années 1950 et 1960 et à la voie socialiste dans les années 1970 amena à la volonté ferme d'essayer la voie islamique. Après que les partis islamiques, qui étaient entrés dans une alliance nationale de neuf partis, eurent échoué aux élections générales de mars 1977, il y eut de graves agitations populaires. L'armée y mit fin, accepta les accusations de fraude électorale portées contre le Parti du peuple d'Ali Bhutto et gouverna avec l'appui de l'Alliance nationale.

Le principal responsable de la loi martiale, le général Zia ul-Haq, institua une révolution culturelle aussi rigoureuse que celle de Kadhafi en Libye: un régime islamique défendait le programme défini par Mawlana Mawdudi. La *sharia* fut déclarée l'instance juridique suprême par rapport au droit en vigueur, qui était d'origine britannique. Les châtiments islamiques comme la peine du fouet, la mutilation et la pendaison furent introduits pour les crimes «graves» allant de la consommation d'alcool à l'adultère. L'intérêt bancaire fut aboli, et les taxes de la *sharia* rétablies. Les non-musulmans étaient exclus de toute participation à la vie de l'État, et la démocratie de style occidental fut déclarée contraire à l'Islam — la souveraineté appartenant à Dieu seul. L'éradication des influences occidentales fut totale. Le peuple fut contraint de se conformer aux modèles de vie islamique; dans les services administratifs du temps fut réservé à la prière, et le jeûne du Ramadan dut être observé rigoureusement. Le général Zia ul-Haq s'efforça donc de briser le moule occidental et laïque et d'imposer un statut religieux au Pakistan.

En Iran, la révolution de 1978-1979 constitue la tentative la plus soudaine et la plus réussie pour briser ce moule occidental et laïque. «Ce qui s'est passé en Iran», déclarait en 1980 un musulman, éminent historien, «est le triomphe à la fois le plus inattendu et le plus heureux de l'*ummah* islamique au XXe siècle.» Les inspirateurs en furent les *ulama,* qui depuis le XVIIe siècle s'étaient opposés aux shahs chaque fois qu'ils constituaient une menace pour l'Islam ou qu'ils semblaient inaptes à régner. Ils furent les premiers à protester contre la concession faite à Reuter en 1873 et à soutenir Mossadegh au début des années 1950. Le processus, qui les amena finalement au pouvoir, fut d'abord une réaction contre les atteintes portées par Reza Pahlavi aux institutions et aux valeurs islamiques à partir de 1950, car elles semblaient annoncer la laïcisation définitive de la société iranienne.

Un docteur de la loi, l'ayatollah Khomeini (1902-), apparut comme le plus puissant adversaire du régime, bien qu'il ne fût ni le plus savant, ni le plus élevé dans la hiérarchie des *ulama.* Il enseignait à la madrasa Faiziya de Koum (Qom), centre intellectuel de l'Islam iranien, et acquit une autorité morale considérable car, gardien vigilant de la foi, il était l'incarnation même de l'Islam par sa vie austère et dévote. Il rejetait les positions quiétistes de beaucoup de ses coreligionnaires *ulama* et se prononçait ouvertement contre le régime de Reza Pahlavi. «Tous les propos ineptes qui sont sortis du cerveau de ce soldat illettré», écrivait-il du shah, «sont corrompus, et seule la loi de Dieu restera et résistera aux outrages du temps.» En 1963, il s'en prit directement au fils du soldat: Muhammad Reza Shah avait violé le serment fait en montant sur le trône de protéger l'Islam; il avait soumis l'Iran à des puissances étrangères, en particulier les États-Unis et Israël; il avait accordé aux conseillers américains et à leurs protégés une totale exemption de la loi iranienne. Khomeini appelait l'armée à se mutiner et à renverser la tyrannie, qui était en train «d'œuvrer au total asservissement de l'Iran». Le 5 juin 1963, il y eut un soulèvement général. Les forces militaires répliquèrent en tirant sur la foule et on dénombra au moins 15 000 morts. Khomeini fut envoyé en exil et depuis Najaf, une des villes saintes de l'Irak shiite, il continua ses attaques.

A la même époque vint au-devant de la scène le Dr Ali Shariati (1933-1977), qui avait une si parfaite connaissance des cultures islamique et occidentale qu'il était capable de démontrer d'une manière que beaucoup jugeaient intellectuellement satisfaisante que les principales disciplines de l'enseignement occidental pouvaient être intégrées dans un contexte islamique. Il publia beaucoup et fit des conférences dans des collèges et des universités de diverses villes; son audience était grande auprès des jeunes. Il fut torturé, exilé et mourut mystérieusement en Angleterre. Il avait néanmoins montré aux jeunes Iraniens comment ils pouvaient concilier leur enseignement laïque avec l'Islam.

Quand en 1978 les mécontents se soulevèrent contre le régime du shah, beaucoup étaient prêts, à la fois, à chercher une solution islamique et à se ranger derrière les intellectuels qui pendant des années s'étaient prononcés nettement contre elle. L'autorité de Khomeini était telle que par le simple moyen de messages enregistrés, transmis par téléphone et par l'intermédiaire des *ulama,* il fut en mesure de contrôler les vagues de protestataires qui déferlaient dans les rues et qui bravaient les fusils de l'armée. En décembre, plus de cinq millions de manifestants, d'après diverses estimations, convergèrent sur la grande place de Téhéran — où le shah avait fait élever le monument Shayyad pour célébrer le 2 500e anniversaire de la monarchie iranienne — afin de réclamer l'abolition de la monarchie et l'établissement d'une république islamique. Ce fut une manifestation de la volonté populaire sans équivalent dans l'histoire récente. Le shah fut forcé de s'enfuir. Khomeini retourna en Iran. A la stupéfaction des Occidentaux et aussi des Iraniens laïques, il paraissait capable de diriger de l'intérieur le développement de la révolution aussi efficacement qu'il avait dirigé de l'extérieur la vague de protestation.

Depuis la fin du XVIIe siècle, lorsque Muhammad Baqir Majlisi avait succédé en fait au gouvernement de Shah Sultan Husain, jamais un représentant des *ulama* n'avait détenu un tel pouvoir. Tout en reconnaissant qu'il s'agit là de la manifestation la plus impressionnante du mouvement général de retour en force de l'Islam dans les années 1960 et 1970, il convient aussi d'en distinguer les caractéristiques propres à l'Islam. Il y a la doctrine du shiisme duodécimain selon laquelle, en l'absence du douzième imam seul un *mujtahid* profondément versé dans la *sharia* et menant une vie irréprochable pouvait gouverner. Beaucoup voyaient dans Khomeini un *mujtahid,* et certains se demandaient s'il n'était pas le douzième imam lui-même, au point que le principal rival de l'*ayatollah* en vint à remarquer, non sans aigreur, qu'il n'était pas prévu que le douzième imam revînt en avion à réaction! Il y avait eu le martyre d'Husain (cf. p. 47), dont le souvenir restait vivace dans le cœur des shiites et qui apparaissait comme le symbole même de l'oppression des justes. Le shah fut assimilé à Yazid, dont les forces avaient massacré Husain et sa poignée de partisans à Karbala; les jeunes Iraniens tués dans les rues devinrent des martyrs. Le cycle religieux axé sur le martyre et comportant des périodes de deuil devint également un cycle politique. Le 10 *muharram,* jour où les shiites commémorent la mort d'Husain, plus de cinq millions de croyants déferlèrent dans les rues de Téhéran pour demander la fondation d'une république islamique. Il y avait aussi la position de force tout à fait inhabituelle des *ulama,* dont beaucoup se tenaient à l'écart du pouvoir, bénéficiaient de l'appui populaire et formaient dans tout le pays un réseau sous contrôle de l'État. Cet amalgame de foi et d'organisation était intrinsèquement révolutionnaire.

La course contre la montre menée par le shah pour faire de l'Iran dans les années 1990 la cinquième puissance industrielle du monde acheva de mettre le feu aux poudres. Les marchands des bazars, le pivot de l'entreprise commerciale traditionnelle, se sentirent menacés par le développement rapide du système capitaliste moderne. Les Iraniens en général perçurent comme une offense l'arrivée en masse de 150 000 étrangers chargés de s'occuper des nouvelles industries à haute technologie et menant une vie dorée dans des quartiers à part. La population de Téhéran doubla en 20 ans, comme celle des autres grandes villes, les habitants des campagnes venant grossir les

A gauche Les femmes ont joué un grand rôle dans la révolution iranienne, et beaucoup qui n'étaient plus voilées portèrent le *tchador* moins pour des raisons religieuses qu'en signe de protestation contre le régime du shah. Ce groupe de « Gardiennes de la Révolution » célèbre le Jour des Femmes iraniennes, le 18 mai 1979.

Ci-dessous La révolution iranienne a donné lieu à quelques affiches assez spectaculaires. Ici, on voit l'ayatollah Khomeini, sous les traits de Moïse, triompher du shah, comparé à Pharaon, qui s'accroche aux basques de l'impérialisme américain allié à l'État d'Israël.

rangs de la main-d'œuvre industrielle: rien ne renforça autant la position des *ulama* que cette croissance urbaine accélérée. Une situation révolutionnaire est apparue lorsque l'économie ne put plus être contrôlée. L'exode rural entraîna une grave crise agricole; dans les villes, les services administratifs ne purent faire face à la surpopulation. Et aux 50 p. cent de croissance du PNB des années 1973-1976 succédèrent une inflation rampante, la récession et le chômage.

En faisant la révolution les *ulama* s'allièrent à l'opposition laïque, comme ils l'avaient fait lors de la révolution constitutionnelle de 1905-1911 et dans d'autres mouvements contre la couronne. Mais, alors que ce furent les chefs laïques qui influencèrent finalement la législation de la révolution constitutionnelle, cette fois ce furent les *ulama* qui décidèrent sans partage. Ils imposèrent la marque de l'Islam à l'État et à la vie publique iranienne d'une manière plus radicale que tout ce qui avait été fait en Libye ou au Pakistan. Les influences étrangères furent traquées sans répit: la pornographie et la musique furent interdites, la communauté chrétienne anglicane fut persécutée et le personnel de l'ambassade américaine fut pris en otage. On exigea le respect des valeurs islamiques: les femmes durent se présenter dans les services administratifs la tête voilée, cependant que le contenu du cellier royal fut brisé en public tout comme celui de Sultan Husain l'avait été par

La révolution iranienne de 1978-1979 fut une de celles qui ont suscité les plus grands mouvements de foule de l'histoire. On vit dans les rues de Téhéran des démonstrations sans précédent de la volonté populaire. La révolution tira également parti de la glorification des martyrs de l'oppression et de la période de deuil qui est une des manifestations les plus importantes de l'Islam shiite. Les morts sont pleurés 40 jours durant, les dates essentielles étant le troisième, le septième et le quarantième jour. La révolution réclamant de plus en plus de martyrs, la période de deuil offrit de plus en plus d'occasions d'exprimer l'opposition au régime. Les passions s'exacerbèrent lorsque la commémoration des victimes abattues par l'armée coïncida avec le mois de *muharram*, durant lequel les shiites pleurent les imams martyrs. Le dixième jour de ce mois, où l'on commémore le martyre d'Hussein, est le point culminant de l'année shiite ; et ce fut ce jour de décembre 1978 que cinq millions d'hommes déferlèrent dans les rues de Téhéran et se rassemblèrent autour du monument Shayyad *(ci-contre)*, symbole de la dynastie Pahlevi, pour demander la « fin de la tyrannie » et la fondation d'une république islamique.

Muhammad Baqir Majlisi trois siècles plus tôt. Tout acte devait être conforme aux impératifs islamiques. La *sharia* devint le seul droit légal, et la nouvelle constitution qui fut élaborée entérinait le concept de gouvernement islamique défini par Khomeini :

> « Le gouvernement islamique est un gouvernement de droit divin. La différence entre un gouvernement islamique et un gouvernement constitutionnel — qu'il soit monarchique ou républicain — réside dans le fait que, dans le second système, ce sont les représentants du peuple ou ceux du roi qui légifèrent et font les lois. Alors que la véritable autorité appartient exclusivement à Dieu. Nul autre, quel qu'il puisse être, n'a le droit de légiférer, et personne n'a le droit de gouverner sur une base autre que l'autorité qui a été conférée par Dieu… C'est l'expert en religion, et personne d'autre, qui doit gouverner. »

Les événements que nous venons d'examiner ne sont que les exemples les plus frappants du retour en force de l'Islam à l'époque contemporaine. Il y a des signes de mouvements analogues ailleurs, même s'ils ne sont pas aussi marqués et aussi durables. En Syrie, par exemple, les Frères musulmans se sont montrés de plus en plus actifs contre un gouvernement laïque dominé par les shiites ; en Irak, les shiites, voyant le succès de Khomeini en Iran, ont manifesté contre le régime socialiste baassiste. En Afrique du Nord, les tentatives des gouvernements d'utiliser l'Islam pour accroître leur autorité au-dedans et leur influence à l'étranger n'ont fait que renforcer, comme en Égypte, le rôle de la religion dans la société et en politique. L'émancipation des femmes, qui a connu des fortunes diverses, permet de mesurer le changement ; en Tunisie, qui a été longtemps le plus avancé des États islamiques, on assiste à un certain recul, et dans les villes d'Algérie les femmes reviennent au port du voile. Des milliers de kilomètres à l'est, en Malaisie, on assiste au même phénomène d'hommes et de femmes adoptant des vêtements musulmans, au développement rapide de mouvements missionnaires officiels et privés et à des changements de la politique gouvernementale dans un sens favorable à l'Islam. Encore plus à l'est, dans les pays où les musulmans forment de petites minorités, ce processus apparaît moins comme une remise en honneur de la culture et des institutions islamiques que comme une volonté de séparatisme politique. Ainsi en Thaïlande, les musulmans de la province de Pattani ont demandé une plus grande autonomie au sein de l'État, tandis qu'au sud des Philippines les Maures se sont battus avec acharnement pour obtenir l'autonomie au sein de cet État chrétien, voire l'indépendance.

Ce retour en force ne se rencontre cependant pas partout. En Union soviétique, où les musulmans ont subi pendant plus d'un demi-siècle les pires avanies de la part du pouvoir central soucieux de détruire les racines religieuses de la communauté, la situation doit plutôt être considérée en termes de survie. Officiellement, il existe moins de 300 mosquées, 1 000 *ulama,* deux madrasas et un journal trimestriel pour près de 50 millions de musulmans. Toutefois, d'après des enquêtes soviétiques, on observe une persistance remarquable d'organisations islamiques secrètes. En Azerbaïdjan, par exemple, il y a plus de 1 000 mosquées clandestines et 300 sanctuaires qui sont des lieux de pèlerinage, ainsi que des madrasas non déclarées. Les ordres soufis restent vivaces, en particulier au Caucase, et sont en progrès en Asie centrale. Les sociologues soviétiques reconnaissent que les musulmans ont résisté à l'assimilation par les Russes, tout simplement en évitant les mariages exogamiques ; de plus, leur taux de natalité est tel qu'un citoyen soviétique sur trois sera musulman en l'an 2000. En devenant souterrain, l'Islam a survécu, et il peut même resurgir comme il l'a fait après les conquêtes mongoles.

En Indonésie, l'Islam semble avoir régressé pendant une période où des hommes aux objectifs laïques, souvent de culture indo-javanaise, ont dominé le pays. Pendant la Deuxième Guerre mondiale, l'Islam a fait d'importants progrès ; on mit en place une administration musulmane et les partis politiques islamiques furent puissants et bien placés. L'indépendance amena un premier recul, les musulmans s'étant montrés incapables de faire du nouvel État un État islamique ; ils ne purent pas même appliquer le principe énoncé dans la Charte de Djakarta de 1945, selon lequel tout musulman devait être tenu d'observer la *sharia.* Certains se rebellèrent, sous la conduite de S.M. Kartosuwirjo (1905-1962). Ils soutenaient qu'il ne pouvait y avoir de véritable liberté dans un État laïque et qu'il fallait pour cela que les musulmans orthodoxes gouvernent, en agissant au nom de Dieu et en accord avec la *sharia.* Cette rébellion, connue sous le nom de Dar al-Islam, dura de 1948 à 1962, dévastant de vastes zones à l'ouest de Java ainsi que les régions historiquement actives d'Aceh et du Sulawesi méridional. La plupart des musulmans ont cependant opté pour une démarche pacifique, bien que cela ne leur ait pas plus réussi que la violence. Les partis politiques ne purent accéder au pouvoir lors des premières élections générales de 1955, où ils n'obtinrent que 44 p. cent des voix ; et aux secondes élections de 1971 ils n'en eurent plus que 23,7 p. cent. On leur refusa toute participation au gouvernement et le contrôle de l'administration islamique leur échappa. Ils perdaient manifestement du terrain en Indonésie : les jeunes étaient attirés par la culture occidentale, les chrétiens faisaient de nouveaux convertis, et les sectes mystiques javanaises ne cessaient de se développer. Les graves émeutes de 1968 et 1969 exprimèrent les frustrations des musulmans. La situation s'est légèrement améliorée dans les années 1970. Aux élections de 1977 les partis politiques eurent 29,3 p. cent des voix, et les intellectuels musulmans commencèrent à répondre aux nouveaux espoirs apparus dans tout le monde islamique. La victoire de l'Égypte lors de la guerre d'octobre 1973 fut accueillie avec joie, et un événement aussi lointain que le Festival de l'Islam à Londres en 1976, avec fierté. Les musulmans reprirent confiance en eux, notamment dans leurs relations avec les chrétiens d'Indonésie. Toutefois l'Islam ne semble pas regagner le terrain qu'il avait perdu dans l'État et dans la société : dans les années 1970 les pèlerins se rendant à La Mecque étaient moins nombreux qu'au début du siècle, et ils étaient nettement en baisse par rapport à l'ensemble de la population musulmane.

Le développement d'associations panislamiques

Le retour en force de l'Islam ne s'est pas manifesté seulement par la création d'États-nations, à mesure que les Occidentaux se retiraient. Il s'accompagna d'un réveil de l'esprit panislamique, qui avait décliné depuis que le califat avait été aboli et que la notion

Ci-dessous: La montée en force de l'Islam dans les années 1960 et 1970
La carte montre les États adhérant à la Conférence islamique, l'organisation politique panislamique fondée par le roi Fayçal d'Arabie Séoudite, et les lieux où se tiennent les sommets islamiques et les réunions annuelles des ministres des Affaires étrangères des États islamiques.

En bas: Le pétrole dans le monde islamique
En 1978, les pays islamiques produisaient plus de 45 p. cent du pétrole mondial et contrôlaient plus de 65 p. cent des réserves connues. La possession d'une part aussi considérable de cet élément clef a valu à l'Islam une richesse et une puissance qui ont joué un rôle capital dans son retour en force sur la scène internationale. D'une part, cela a permis à l'Arabie Séoudite de fonder des organisations panislamiques comme la Conférence islamique et la Ligue musulmane mondiale ; d'autre part, les pays musulmans purent ainsi agir sur l'Occident pour imposer leurs points de vue, ainsi qu'ils le firent en mettant l'embargo sur le pétrole et en augmentant son prix au moment de la guerre israélo-arabe d'octobre 1973.

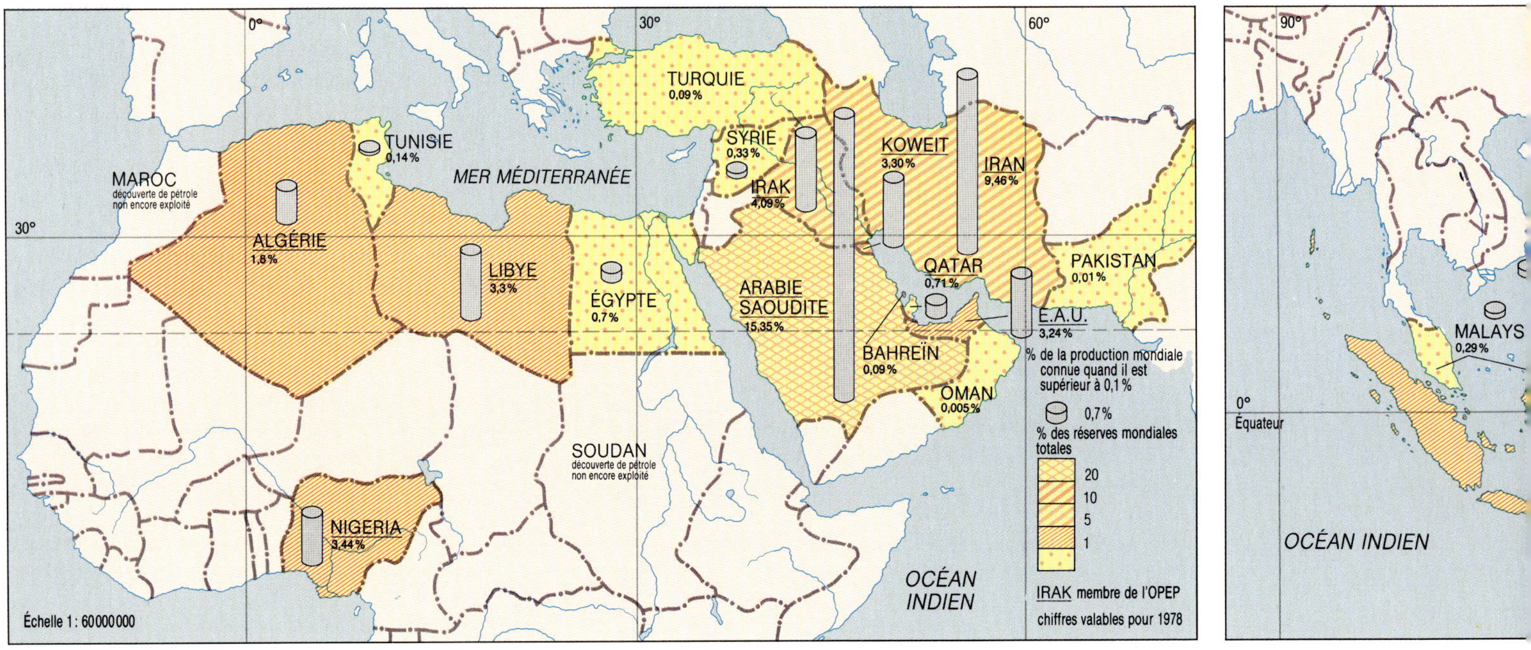

A droite Quelques-uns des principaux participants au second sommet islamique réuni à Lahore en février 1974, en train de prier. De gauche à droite, Saddam Hussein d'Irak, Zulfiqar Ali Bhutto du Pakistan, Muammar Kadhafi de Libye, le roi Fayçal d'Arabie Séoudite et le shaikh du Koweït.

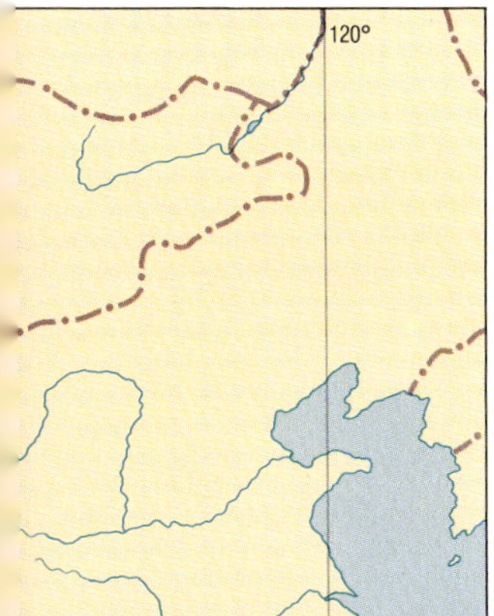

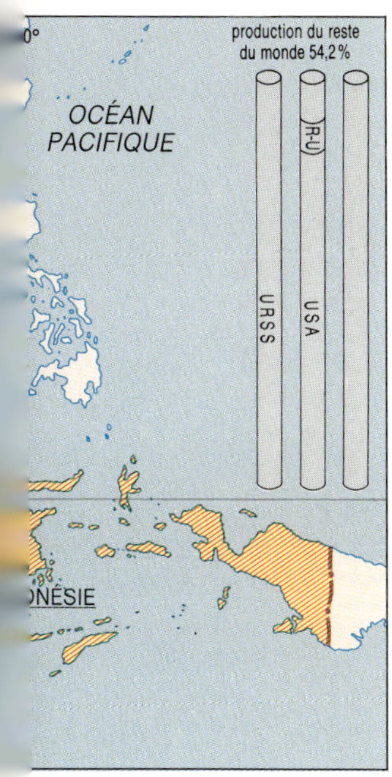

de communauté musulmane avait été oblitérée par le nationalisme laïque. En fait, le regain de confiance dans l'Islam, que nous avons constaté dans de nombreuses sociétés, a trouvé son complément dans les efforts d'organisations internationales pour rassembler les États musulmans et concerter leurs actions.

Deux grands organismes panislamiques furent fondés. La Ligue islamique mondiale *(Rabetat al-alam al-Islami)*, au caractère purement religieux, fut créée en mai 1962 et de nombreuses associations à travers le monde lui sont affiliées; elle a pour but la propagation de la foi et la lutte contre toutes les idéologies opposées à l'Islam. Elle se prononce sur les matières islamiques et apporte son soutien aux causes musulmanes. Elle a son siège à La Mecque, où ses dirigeants se rencontrent tous les ans lors du pèlerinage. Le second grand organisme est la Conférence islamique, créée au lendemain de la première conférence islamique au sommet qui se tint à Rabat en 1969. Lors de la première conférence islamique des ministres des Affaires étrangères qui suivit, il fut décidé d'établir une association politique permanente ayant son secrétariat à Djedda. En 1975 il y avait 43 États membres; le premier secrétaire général était de Malaysia, le second du Sénégal; c'était un organisme véritablement panislamique. Depuis 1970 la conférence des ministres des Affaires étrangères a lieu annuellement. Plusieurs sommets islamiques abordèrent notamment les problèmes de la cause arabe contre Israël, du mouvement musulman de libération dans le sud des Philippines et de la coordination d'un front musulman commun aux Nations Unies. En même temps, la conférence s'employa activement à la création d'un réseau d'institutions panislamiques et créa des fondations destinées à financer des centres culturels, des mouvements de libération et d'importants projets; une agence d'informations, une banque du développement et un office de radiodiffusion furent établis, tous ayant leur siège à Djedda.

Cette vaste entreprise panislamique, dans laquelle la Ligue islamique mondiale et la Conférence islamique jouent un rôle complémentaire, constitue une nouvelle force importante dans les affaires internationales. Elle repose sur les deux piliers de la foi musulmane, convertis à l'occasion en valeurs laïques, et sur le pouvoir temporel. L'un de ces piliers est la croyance en l'importance de la communauté musulmane. Dieu a dit aux musulmans qu'ils étaient la meilleure communauté, ce qui ne saurait être mis en doute. C'est l'appartenance à cette communauté qui donne un sens à leur vie: l'ère musulmane ne date pas de la naissance de Mahomet, ni du début de sa révélation, mais du moment où il a quitté La Mecque pour fonder la communauté. Ce sentiment de fraternité est entretenu par tous les rites de la foi, dont le couronnement est le pèlerinage annuel de La Mecque. Si pour les musulmans pieux la communauté est une réalité vivante, pour ceux qui sont musulmans seulement par la culture, la notion d'une histoire commune et un sentiment de fraternité sont toujours vivaces. Le développement de la Ligue musulmane mondiale autour du pèlerinage est un nouvel exemple de la manière dont ce rite assure la cohésion de la communauté de génération en génération. L'empressement avec lequel les États musulmans ont adhéré à la Conférence islamique, toute diplomatie mise à part, illustre ce constant attachement à la fraternité musulmane. Le pétrole en constitue le second pilier. En 1975, sur 13 membres de l'OPEP il y avait 11 pays islamiques: Algérie, Gabon, Libye, Indonésie, Iran, Irak, Koweït, Nigeria, Qatar, Arabie Séoudite et les Émirats arabes unis, les deux autres étant le Venezuela et l'Équateur. Les revenus du pétrole financèrent les structures de l'organisation panislamique et ses diverses filiales. Ce puissant moyen de persuasion fut utilisé à la fois pour ramener dans le droit chemin les États musulmans récalcitrants et pour faire pression sur l'Occident, comme on l'a vu lors de l'embargo sur le pétrole, dont les prix ont augmenté à la suite du conflit israélo-arabe d'octobre 1973.

Derrière ce panislamisme il y avait Fayçal, roi d'Arabie Séoudite entre 1964 et 1975, chez qui culture et piété allaient de pair avec la lucidité d'un véritable homme d'État. Ayant déjà influencé la politique de son pays longtemps avant de monter sur le trône, il entendait faire respecter l'Islam sur le plan international pour des raisons analogues à celles qui animaient les musulmans partout ailleurs dans le monde: opposition aux idéologies laïques de certains dirigeants musulmans et opposition aux influences étrangères, en particulier celle de l'État d'Israël. La Ligue musulmane mondiale fut établie pour lutter sur le plan religieux contre le radicalisme et le socialisme révolutionnaires de Nasser et de ses partisans au sein du monde arabe. La Conférence islamique fut l'aboutissement des tentatives des années 1960 pour amener les pays musulmans à adopter une politique commune afin de lutter à la fois contre le socialisme révolutionnaire et contre l'État d'Israël. Les plans de Fayçal pour l'unité islamique furent favorisés par le conflit israélo-arabe en 1967 dans lequel deux États révolutionnaires, l'Égypte et la Syrie, furent battus à plate couture et demandèrent de l'aide à l'Arabie Séoudite. Dès lors que la partie orientale de Jérusalem et la mosquée al-Aqsa, mosquée où les musulmans ont tout d'abord prié et troisième lieu saint du monde islamique, étaient aux mains des Israéliens, Fayçal était plus que jamais en mesure de présenter Israël non seulement comme un problème arabe mais aussi islamique. L'incendie d'al-Aqsa en août 1969 entraîna une rapide consolidation du front islamique. Moins d'un mois plus tard, le premier sommet islamique se tint à Rabat. Moins d'un an plus tard, la première conférence des ministres des Affaires étrangères musulmans se réunit à son tour, et une de ses premières décisions fut de déclarer le 21 août, anniversaire de l'incendie d'al-Aqsa, jour de solidarité avec le peuple palestinien. Ainsi Fayçal réunit les États arabes progressistes en un front plus large qui permettrait de rétablir l'équilibre des puissances entre la communauté islamique tout entière, et non plus seulement arabe, et les pays occidentaux. Ce faisant, bien que les rivalités nationales n'aient pas cessé pour autant, il donna aux musulmans du monde entier une unité politique plus grande qu'elle ne l'avait jamais été depuis le califat omeyyade.

Le 21 novembre 1979, quand les musulmans célébrèrent le début du XVe siècle de leur communauté, ils pouvaient regarder autour d'eux avec plus de confiance qu'ils ne l'avaient jamais fait depuis près de deux siècles. Le message du Coran avait été transmis à l'époque moderne comme une réalité vivante, parfois simplement par les *ulama* et les soufis, ailleurs avec le puissant appareil des moyens d'un État moderne, qui continuait aussi d'appliquer la *sharia*. Les musulmans avaient réussi à arracher leur indépendance politique à l'Occident, et voilà qu'à présent leur culture et leur philosophie de la vie reprenaient force et vigueur. C'était déjà chose faite dans leurs différents pays, mais l'influence de l'Islam commençait aussi à s'exercer sur la scène internationale. Cette puissance confortait la vision du monde offerte par le Coran. Les musulmans redevenaient maîtres de leur destin. L'appel lancé par Iqbal voilà plus d'un demi-siècle avait été entendu. Ils avaient supporté «les hordes de l'Europe» ravageant le monde «par le fer et par le feu», ils avaient résisté à «l'attraction de l'Occident», et ils s'éveillaient de leur «profonde léthargie» pour rebâtir le monde. Quant au dernier mot de leur destin, selon la formule des historiens arabes, «Dieu seul sait».

La population musulmane dans le monde par pays
Les chiffres varient, ceux des sources islamiques étant plus élevés que ceux d'autres provenances. La carte est établie à partir de sources occidentales (*The World in Figures*, 1980; *CBS News Almanac*, 1978; J.S. Nielsen, *Muslims in Europe*, 1981); la plupart des chiffres s'appliquent à l'année 1976, et sont généralement des estimations, non des recensements. Le nombre des musulmans de Chine est matière à controverse, les estimations variant de 20 à 80 millions.

0°
40°
80°
120°
URSS
EUROPE
ASIE
YOUGOSLAVIE
BULGARIE
ALBANIE
TURQUIE
Chypre
LIBAN
ISRAËL
SYRIE
IRAK
IRAN
AFGHANISTAN
JORDANIE
KOWEIT
PAKISTAN
QATAR
E.A.U.
ARABIE SAOUDITE
OMAN
INDE
MAROC
TUNISIE
ALGÉRIE
LIBYE
ÉGYPTE
MALI
NIGER
TCHAD
SOUDAN
YÉMEN
YÉMEN DU SUD
DJIBOUTI
HAUTE-VOLTA
NIGERIA
ÉTHIOPIE
CAMEROUN
AFRIQUE
SOMALIE
GHANA
CÔTE-D'IVOIRE
BÉNIN
OUGANDA
TANZANIE
MALAWI
Îles Comores
MOZAMBIQUE
Madagascar
OCÉAN INDIEN
BANGLADESH
MALAYSIA
Bornéo
Sumatra
INDONÉSIE
Java
Célèbes
Nouvelle-Guinée
AUSTRALIE
OCÉAN PACIFIQUE
40°
0° Équateur
40°

L'Islam en Occident

Depuis la Deuxième Guerre mondiale, c'est chez eux, où de nouvelles communautés se sont installées, que les Occidentaux sont confrontés aux musulmans. Ceux-ci font preuve d'une confiance en eux qui ne laisse pas d'inquiéter leurs anciens colonisateurs. Des Noirs américains se sont convertis à l'Islam à mesure qu'ils se référaient à la culture africaine pour affirmer leur identité. Une nouvelle prospérité musulmane s'est instaurée, depuis la flambée des prix du pétrole de 1973. Enfin, de vastes communautés d'immigrants musulmans se sont établies en Grande-Bretagne, en France et en Allemagne de l'Ouest.

Ci-contre Deux signes de l'assurance dont les musulmans font désormais preuve : dans les années 1975 il y eut en Grande-Bretagne le festival du monde islamique et l'inauguration de cette grande mosquée à Regent's Park, Londres.

A droite Les automobilistes européens ont pris conscience de la domination soudaine exercée par les pays arabes sur un secteur de l'économie vers le milieu des années 1970 et de son impact sur les prix du pétrole, comme le montre ce dessin humoristique.

Ci-dessus Malcolm X, le leader musulman noir américain, qui après son pèlerinage à La Mecque cessa d'utiliser l'islam aux fins du racisme noir. « Je me souviens d'une nuit à Muzdalifah », écrit-il dans son autobiographie, « … j'étais couché, éveillé, parmi mes frères musulmans endormis, et j'ai appris que les pèlerins de tous les pays — de quelque couleur, classe et rang qu'ils soient, hauts fonctionnaires ou mendiants — tous ronflaient dans la même langue. »

Ci-contre Cette carte indique, très précisément le pourcentage des musulmans immigrés dans les pays européens et leurs principaux pays d'origine. Dans les Balkans, ils sont implantés depuis longtemps. En Europe occidentale, les nouveaux immigrants se sont vu confier les tâches les plus humbles.

DEUXIÈME PARTIE

ÊTRE MUSULMAN

LA VIE RELIGIEUSE

« Gloire à mon Dieu, le Tout-Puissant ! »

Le Coran

Les circonstances de la révélation du Coran et sa nature en tant que livre ont été décrites dans le premier chapitre. Il ne sera question ici que de la façon dont les musulmans le considèrent et du rôle qu'il joue dans leur vie quotidienne.

Les musulmans voient dans le Coran la parole de Dieu, l'expression directe de la volonté divine. Sa révélation fut un miracle, attesté par l'analphabétisme de Mahomet et son ignorance dans bien des matières qu'il traite, ainsi que par la forme littéraire du saint livre qui n'a pas d'équivalent en poésie ou en prose, ni même dans les versions conservées des propos ordinaires du Prophète. Quand Dieu parlait par la voix de Mahomet, il intervenait dans l'histoire humaine pour la dernière fois. Cette révélation constitue son dernier message avant le Jour du Jugement. Le Coran est donc l'autorité suprême pour toute l'humanité, la seule voie de salut. Il est la mesure de la vérité et le meilleur modèle de conduite. Il est toujours véridique et s'exprime dans la langue la plus pure et la plus belle. «Jamais auparavant, il n'y eut dans le monde une musique comme celle-là», déclarait un musulman indien à un ami missionnaire chrétien. Les non-musulmans doivent lire le Coran pour avoir ne fût-ce qu'une vague idée de sa force d'impact et de son énorme charge religieuse auprès des croyants. Même traduit, sa puissance d'envoûtement reste perceptible, de même que l'impression de transcendance qu'il rend perceptible à tout esprit religieux.

> O vous qui croyez, craignez Dieu ! Que chacun considère ce qu'il a préparé pour demain. Craignez Dieu ! Dieu est parfaitement informé de ce que vous faites. Ne ressemblez pas à ceux qui oublient Dieu ; Dieu fait qu'ils s'oublient eux-mêmes. Ceux-là sont les pervers. Les hôtes du feu et ceux du Paradis ne sont pas égaux. Les hôtes du Paradis sont les heureux.
>
> Si nous avions fait descendre ce Coran sur une montagne, tu aurais vu celle-ci s'humilier et se fendre sous l'effet de la crainte de Dieu. Tels sont les exemples que nous proposons aux hommes. Peut-être réfléchiront-ils !
>
> Il est Dieu ! Il n'y a de Dieu que Lui. Il est celui qui connaît ce qui est caché et ce qui est apparent. Il est celui qui fait miséricorde, le Miséricordieux. Il est Dieu ! Il n'y a de Dieu que Lui. Il est le Roi, le Saint, la Paix, celui qui témoigne de sa propre véridicité, le Vigilant, le Tout-Puissant, le Très-Fort, le Très-Grand. Gloire à Dieu ! Il est très au-delà de la pensée des infidèles. Il est Dieu ! le Créateur, celui qui donne un commencement à toute chose, celui qui façonne. Les noms les plus beaux lui appartiennent. Ce qui est dans les cieux et sur la terre célèbre ses louanges. Il est le Tout-Puissant, le Sage. (LIX, 18-24)

Le Coran accompagne le croyant tout au long de sa vie. Il commencera de l'apprendre dès ses premiers pas. Il l'entendra réciter pendant les prières diurnes, à son mariage et lors de la mort de ses proches. Il y puisera consolation et apaisement dans les moments difficiles. Il pourra même en connaître le texte par cœur et se le réciter jour après jour, cherchant le réconfort spirituel de la présence divine transparaissant dans ce verbe inspiré. Il éprouvera un plaisir sans mélange à écouter un *qari* à la voix bien timbrée psalmodier le message sacré en une lente mélopée, porteuse de beautés nouvelles et de significations inédites.

Le Coran est aussi important pour les musulmans que l'Évangile pour les chrétiens. Il témoigne de l'intérêt de Dieu pour l'humanité. Les termes doivent en être scrupuleusement respectés et copiés avec la plus grande fidélité, afin de former un beau livre dont les pages, la reliure et la couverture sont pour l'artisan l'occasion de louer Dieu à travers son art. Protégé par un étui finement ouvragé, il est mis à la place d'honneur, car il «tient la place la plus haute dans l'Islam», ainsi que le souligne un commentateur du saint livre professant à l'université d'Al-Azhar, fondée il y a mille ans. «Pour les musulmans, le Coran n'est pas seulement un livre de prière, l'instrument de la prophétie, la nourriture de l'esprit, le cantique favori de l'âme. Il est aussi le fondement du droit, le trésor des sciences, le miroir des âges. Il est la consolation pour le présent et l'espoir pour le futur.»

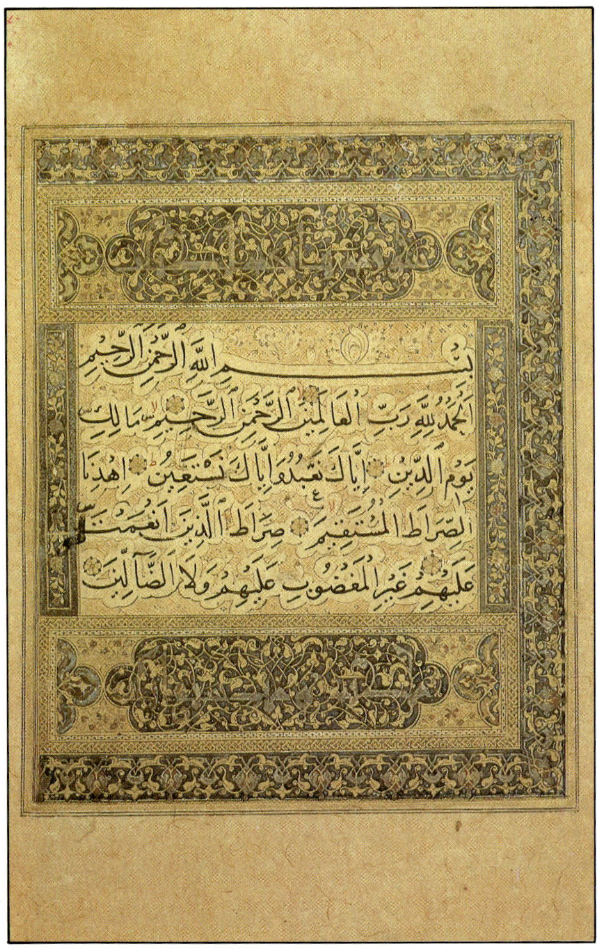

«Au nom de Dieu, celui qui fait miséricorde, le Miséricordieux. Louange à Dieu, seigneur des mondes, le Clément, le Miséricordieux, le Roi du Jour du Jugement. C'est Toi que nous adorons, c'est Toi dont nous implorons le secours. Dirige-nous dans le chemin droit, le chemin de ceux que tu as comblés de bienfaits ; non pas le chemin de ceux qui encourent ta colère, ni celui des égarés.»

Je ne faisais qu'un avec sa voix, malgré le vaste héritage d'incrédulité que j'avais reçu de l'Occident. Quand il parvint à la fin d'un verset, il s'arrêta, et il se produisit alors une explosion de ferveur. Et tandis qu'il chantait, il était comme un homme dans le désert proclamant sa foi. Sa voix monta et s'enfla, changea de ton, devint tragique, prit son essor, plana et redescendit sur nos têtes comme une mouette glissant harmonieusement dans l'air, à peine plus qu'un murmure. Désormais, je ne me mettrai plus en quête de vérités intellectuelles, écrites, de vérités toutes faites, d'amas d'idées hybrides qui ne sont que des idées. Plus jamais je ne parcourrai le monde en quête d'un semblant de justice, de beauté, de progrès ou de systèmes élaborés pour transformer l'homme.

L'essence même du Coran est exprimée dans la sourate d'introduction, la *Fatiha*. *Page ci-contre à gauche,* la *Fatiha* dans un manuscrit du XIIIe ou XIVe siècle, avec sa traduction. *Ci-dessus* Jeunes garçons apprenant le Coran à Oman. La fidélité au texte est essentielle, comme on peut le voir *(à droite)* dans l'*Aventure ambiguë* de Cheikh Hamidou Kane. *En haut à droite* Le Coran possède une incontestable puissance. Nous le voyons sur le visage de ce paysan de Java, nous le percevons dans le roman autobiographique de Driss Chraïbi *Héritiers du passé.* *Ci-contre à droite* Panneau ornemental d'un Coran marocain du XVIe siècle.

« Répète ! Encore ! Encore ! »

Le maître avait modifié la prise de ses ongles, qui perçaient à présent le cartilage à un autre endroit. L'oreille de l'enfant, déjà blanche de cicatrices à peine guéries, saignait de nouveau. Samba Diallo tremblait de tout son corps, et il faisait tout son possible pour réciter le verset correctement et pour retenir les plaintes que la douleur lui arrachait.

« Sois exact en répétant la Parole de ton Seigneur. Il t'a fait l'insigne faveur de faire descendre son verbe jusqu'à toi. Ces mots ont été véritablement prononcés par le Maître du Monde. Et toi, misérable vermisseau que tu es, quand tu as l'honneur de les répéter après lui, tu les profanes par ta négligence. Tu mérites mille fois d'avoir la langue coupée… »

« Oui, maître… Je vous demande pardon… Je ne ferai plus de faute. Écoutez… »

Une fois de plus, tremblant et hoquetant, il répéta la phrase litigieuse. Ses yeux imploraient, sa voix s'évanouissait, son petit corps brûlait de fièvre, son cœur battait à se rompre. Cette phrase — qu'il ne comprenait pas, car il souffrait le martyre — il l'aimait pour son mystère et sa sombre beauté. Ces mots n'étaient pas comme les autres mots. C'était un langage qui réclamait la souffrance, c'était un langage venant de Dieu, c'était un miracle, c'était comme si Dieu lui-même l'avait proféré.

A la mosquée

«La prière est comme un courant d'eau douce qui passe devant la maison de chacun de nous», dit un *hadîth.* «Un musulman s'y plonge cinq fois par jour.» A l'aube, à midi, dans l'après-midi, après le coucher du soleil et dans la soirée, le muezzin appelle les croyants à la prière: «Dieu est le plus grand», psalmodie-t-il en arabe à quatre reprises. «J'atteste qu'il n'y a de Dieu que Dieu», deux fois. «J'atteste que Mahomet est son prophète», deux fois. «Venez prier», deux fois. «Venez au salut», deux fois «Dieu est le plus grand», deux fois. «Il n'y a de Dieu que Dieu.» Dès qu'ils entendent cela, les fidèles doivent se préparer à la prière, soit chez eux, où généralement les femmes prient, soit à la mosquée (mot dérivé de *masjid,* signifiant «lieu de prosternation»), où il est préférable que les hommes aillent prier quand ils le peuvent. Il est toutefois obligatoire qu'ils s'y rendent le vendredi pour la prière de midi afin d'y entendre le sermon prononcé par l'imam.

Ci-dessous Vieillard traversant la cour de la mosquée omeyyade de Damas pour faire ses ablutions avant la prière ; de caractère monumental, c'est la plus ancienne mosquée du monde islamique.

Ci-dessous La prière du soir a déjà commencé à la mosquée de Mahabat Khan, à Peshawar. L'assemblée des fidèles, sous la conduite de l'imam, est prosternée lors de la première *raka,* tandis que des retardataires procèdent encore aux ablutions. Il leur sera possible de terminer leurs prières après que les

autres auront fini les leurs. Puis il est probable qu'ils s'attarderont un peu et bavarderont avant de rentrer chez eux. « A la différence d'une église », observe le leader musulman indien Muhammad Ali Rampuri, « une mosquée n'est pas un lieu de silence, pauvrement éclairé, déserté la plus grande partie de la semaine ; mais… un endroit bien aéré et bien éclairé… fréquenté… par une foule affairée. »

En bas à droite Fidèle procédant aux ablutions rituelles à la fontaine de la mosquée al-Aqsa à Jérusalem. Il doit d'abord se laver les mains et les poignets à trois reprises, puis se rincer la bouche et les narines, se laver le visage et les bras jusqu'aux coudes, chaque ablution étant répétée trois fois. Il se passe ensuite les mains sur la tête, les oreilles et le cou, et se lave les pieds jusqu'aux chevilles par trois fois.

Le musulman doit se rendre à la mosquée sans précipitation, mais il doit s'arranger pour y arriver à l'heure. Là, il ôte ses chaussures et les laisse soit à l'entrée ou bien les pose, les semelles jointes, juste devant lui à l'endroit où il prie. Puis il procède aux ablutions rituelles, qui expriment symboliquement son désir de se purifier intérieurement tout en nettoyant rituellement certaines parties de son corps.

Il rejoint ensuite ses coreligionnaires tournés vers La Mecque, et attend le signal de l'imam pour commencer à prier. Au cours d'un *raka* ou cycle de prière, tout son corps mime les versets qu'il psalmodie: en disant « Gloire à Dieu, le plus grand » il s'incline profondément ; en disant « Gloire à Dieu le Tout Puissant », il se prosterne, appliquant le front et le nez sur le sol pour exprimer sa soumission à Dieu. Il ne doit en aucun cas se départir d'une attitude d'humilité, de dévotion et de concentration. Il parle à Dieu et l'écoute ; s'il n'est pas sincère, sa prière n'a aucune valeur.

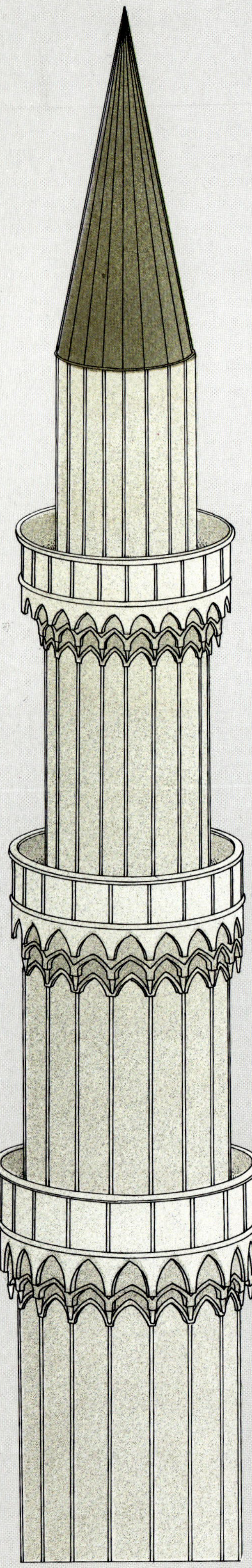

Le plan de la mosquée, lieu du culte public, et ses caractéristiques reflètent exactement sa fonction. Le point de départ en est un mur orienté selon une ligne tracée idéalement depuis La Mecque et la coupant à angle droit. Le croyant sait ainsi dans quelle direction il doit se tourner pour prier, et la niche, ou *mihrab,* aménagée dans le mur l'indique de façon concrète. La tendance à donner à l'édifice une forme carrée plutôt que rectangulaire vient du désir des croyants de prier aussi près que possible du mur du *mihrab:* il n'est pas nécessaire, comme dans une église, d'adapter le saint lieu à un culte processionnel. Le minaret est conçu pour appeler les croyants à la prière, et plus il est élevé, plus la voix du muezzin porte loin. Une citerne ou une fontaine est indispensable pour permettre de procéder aux ablutions rituelles; de même le *minbar,* ou chaire, d'où l'imam prononce le prêche du vendredi. La *dikka,* ou tribune, est conçue pour que les répondants puissent transmettre l'attitude de l'imam et la réponse appropriée à une nombreuse assemblée, bien que l'introduction de haut-parleurs tende à la rendre superflue. Le Coran est posé sur le *kursi,* ou lutrin.

A droite Le *mihrab,* qui indique la direction de La Mecque, est l'élément central de toute mosquée. La niche elle-même n'est pas un lieu consacré, à la différence de l'autel chrétien. Mais elle revêt une importance telle que les musulmans prennent garde, en orientant les lieux d'aisances, les tombes et même les chambres à coucher, de ne pas faire montre de quelque irrespect involontaire. La forme semi-circulaire est dérivée de l'abside chrétienne introduite au début du VIIIe siècle par les maçons coptes. Le *mihrab* est ordinairement l'endroit de la mosquée le plus richement décoré.

Avant d'entrer dans une mosquée, on doit ôter ses chaussures pour ne pas introduire de substances rituellement impures. On les dépose sur une sorte de présentoir *(ci-dessous),* ou à l'entrée sur une aire prévue à cet effet, à moins que le croyant ne les garde avec lui, ainsi qu'on l'a vu précédemment.

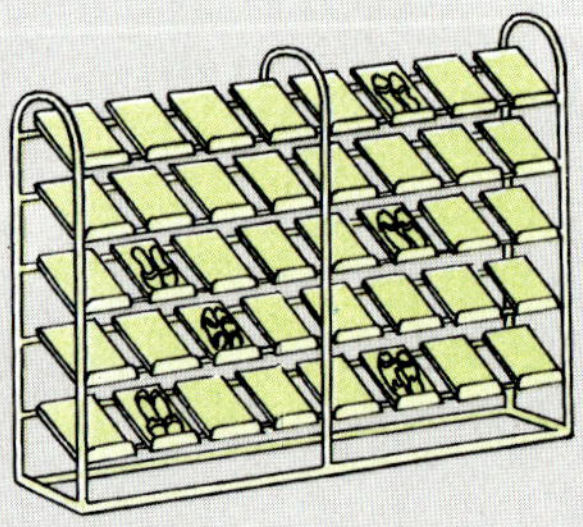

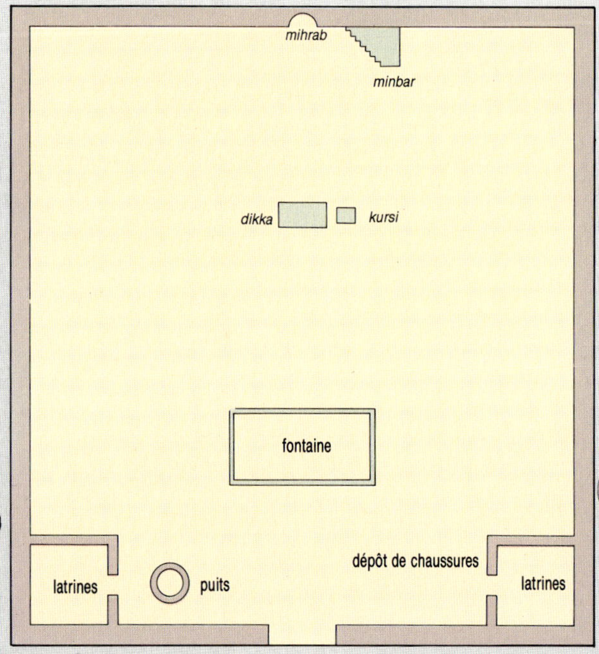

Ci-dessous Dessin d'une fontaine à ablutions, qui doit être alimentée en eau courante. Normalement, les ablutions partielles décrites à la page précédente suffisent avant une prière, mais si un homme est dans un état particulier d'impureté, par exemple après des rapports sexuels, il doit se laver entièrement. L'endroit prévu pour cela est marqué sur le plan *(à gauche).* Si un musulman ne se purifiait pas correctement, sa prière serait sans valeur.

A gauche Il n'est pas indispensable qu'une mosquée ait un minaret, et dans de nombreux cas l'appel à la prière est fait depuis un toit, un mur ou une cour. Dans les villes, en particulier dans les pays anciennement islamisés, les mosquées sont généralement pourvues d'un ou plusieurs minarets. Le plus souvent un seul, mais dans les fondations royales, surtout ottomanes, il y en a parfois davantage. La mosquée du sultan Ahmed à Istanbul en possède six.

Ci-dessous La *dikka,* ou tribune, est située en avant du *mihrab.* Ici, ceux qui assistent l'imam, habituellement les muezzins de la mosquée, répètent les attitudes de l'imam et prononcent les répliques de façon que les diverses étapes de la prière puissent être suivies par une nombreuse assistance.

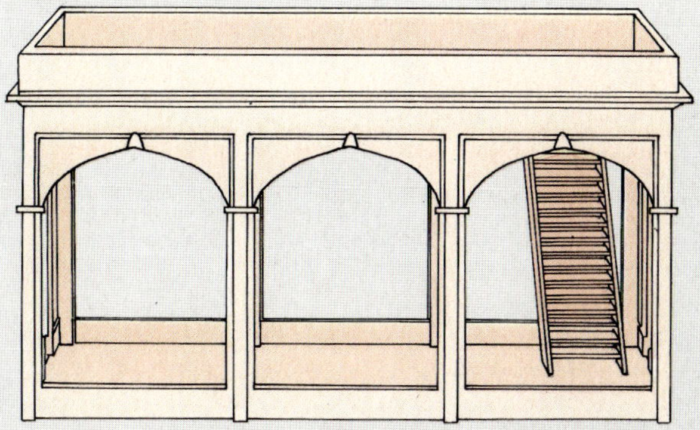

Ci-dessous Le *kursi,* ou lutrin, sur lequel est posé le Coran ; les livres saints des mosquées sont souvent de grandes dimensions. Là, se tient le *qari,* ou récitant. Le *kursi* est situé généralement près de la *dikka.*

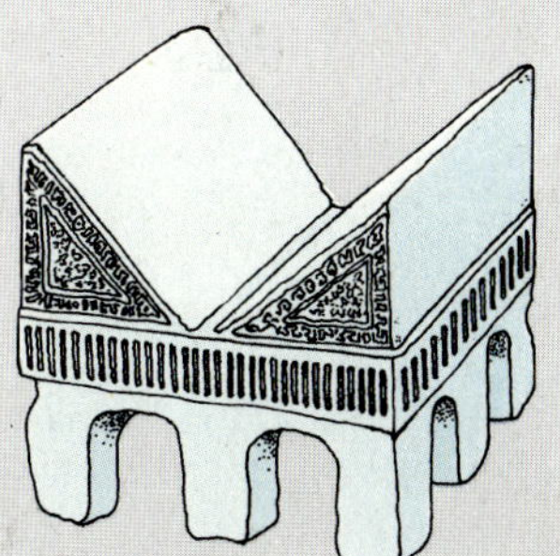

Le *minbar,* ou chaire, situé à droite du *mihrab,* est un élément essentiel de la mosquée où les musulmans se rassemblent tous les vendredis pour la prière de midi. C'est de là que l'imam, qui dirige la prière, prononce son prêche, tout en se tenant sur une marche inférieure, car seul le Prophète prêchait du haut de la chaire. Le premier *minbar* n'avait que trois degrés, et c'est ce modèle qu'on trouve encore en Iran et dans le Sud-Est asiatique. Dans l'empire ottoman et en Afrique du Nord, on rencontre communément des *minbar* richement décorés et dotés d'un escalier monumental.

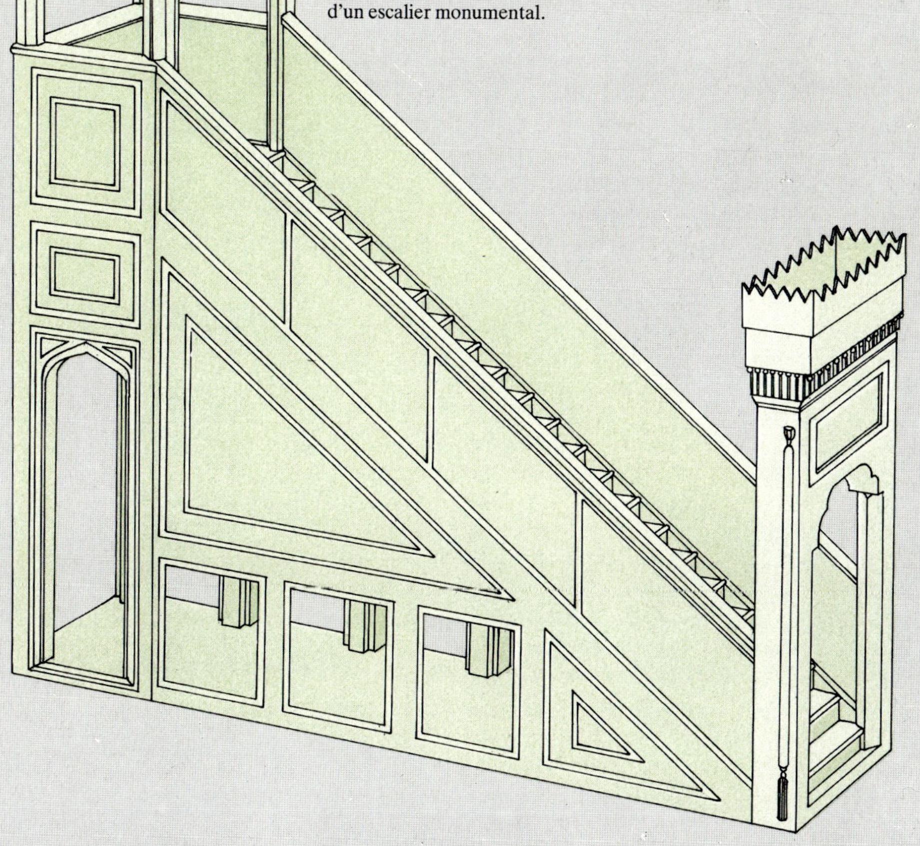

Les tombeaux des saints

Ci-dessous La danse est généralement désapprouvée, mais elle constitue le *dikhr* distinctif d'un des ordres soufis les plus célèbres, celui des *mawlawiya* fondé par Mawlana Jalal al-Din Rumi (mort en 1273), dont le sanctuaire à Konya contient une aire de danse spéciale. La danse rituelle, qui est pratiquée par plusieurs

La piété des musulmans s'exprime autant sur le tombeau des saints qu'à la mosquée. Au centre du mausolée, dans la partie recouverte habituellement par un dôme, se trouve la sépulture d'un saint homme dont l'exemple a aidé à vivre bien des croyants par le passé, et qui est peut-être le fondateur d'une importante confrérie soufie. Auprès de lui sont enterrés ses disciples et ses émules. C'est un lieu privilégié où règne une atmosphère spirituelle intense, où les croyants viennent pour être plus près de ceux qui sont proches de Dieu, où la poussière même est précieuse.

Il peut s'agir d'une modeste construction au bord de la route, comprenant juste un tombeau et une mosquée, ou bien d'un vaste ensemble où l'on trouve en outre une salle d'apparat, une *madrasa,* des cellules, une cuisine, un réfectoire, une bibliothèque et tout ce qu'il faut pour loger des pèlerins. De tels établissements peuvent disposer de dotations, de terres et exercent une influence considérable dans la localité et au-delà, ce qui en a fait depuis des siècles l'objet d'une attention particulière des puissants tels les sanctuaires d'Abd al-Qadir Gilani à Bagdad et de Muin al-Din Chishti à Ajmere. Descendants par le sang ou disciples en avaient la garde parfois ensemble. Dans certains cas, ils s'occupaient seulement de la gestion matérielle, notamment des dons des croyants et des terres dépendant du sanctuaire, et vivaient de cette régence. Ailleurs, la tradition de rayonnement spirituel s'est intensifiée, et les disciples du saint défunt consacrent leur vie à transmettre son approche du divin.

Alors que la vie religieuse à la mosquée est d'une sobre orthodoxie, celle du sanctuaire peut être d'une ferveur extatique. Nombre de musulmans pratiquent ces deux formes complémentaires, et se rendent sur des mausolées proches ou lointains. Leurs comportements reflètent différents niveaux de la spiritualité islamique. Certains prient le saint d'intercéder auprès de Dieu, pour qu'il améliore leur sort ou leur octroie un enfant. Ces pratiques, qui compromettent l'unité divine, sont réprouvées par les croyants orthodoxes, qui préfèrent que sous les auspices tutélaires du saint les fidèles se bornent à s'adresser directement à Dieu. La date la plus importante de l'année est celle de la mort du saint, jour où il s'est uni à Dieu. Les pèlerins viennent de loin, pour de grandes réjouissances dans un climat d'intense fièvre spirituelle, et récitent le Coran selon les règles de la confrérie du saint. Des danses et des chants liturgiques rappellent comment s'est opérée la transmission spirituelle du Prophète au saint.

Ces sanctuaires ont joué un rôle capital dans la conversion à l'Islam, tant chez les populations des steppes pratiquant le chamanisme, que chez les païens d'Afrique et les hindous de l'Asie méridionale et de l'Asie du Sud-Est. Les miracles attribués aux saints provoquent parfois des manifestations spectaculaires, tandis que certains mausolées continuent d'attirer de nouveaux convertis. Aux yeux de beaucoup, le saint local est littéralement le premier dans la voie de la soumission à la toute-puissance de Dieu.

En haut Le disciple d'un saint, en l'occurrence Mawlana Abd al-Ali Bahr al-ulum de Firangi Mahal (mort en 1810-1811), assis dans la salle où il donne des conseils et des secours spirituels. De nombreux croyants le consultent quotidiennement à Lucknow, Inde.

Ci-dessus Des pèlerins se pressent à l'entrée du mausolée de Saiyid Shah Abd al-Razzaq (mort en 1723-1724), à Bansa (à une cinquantaine de kilomètres de Lucknow), le jour de la nouvelle lune, qui est censée être particulièrement propice. Ceux qui viennent chercher la bénédiction de ce saint sont en majorité indiens, ainsi qu'on le voit sur cette photographie ; le sanctuaire est réputé pour le soulagement apporté aux femmes dans l'affliction.

Ci-contre Le mausolée de Muin al-Din Chishti (mort en 1233) à Ajmere, qui introduisit le soufisme en Asie méridionale. La commémoration annuelle de sa mort a été la plus populaire et la plus importante manifestation soufie de la région pendant des siècles.

confréries d'Asie centrale, de Turquie et d'Afrique du Nord, consiste en rotations circulaires dans le sens inverse des aiguilles d'une montre.

Ci-dessous Le tombeau d'al-Rumi, que l'on peut voir depuis l'aire de danse, est recouvert d'un drap ; à ses côtés reposent tous ses héritiers spirituels jusqu'à nos jours. « La *baraka* (bénédiction ou pouvoir spirituel) est si tangible », déclarait un disciple après être entré dans le mausolée, « que le visiteur ne peut manquer de percevoir qu'il vient de pénétrer dans une centrale chargée d'énergie psychique. »

Les âges de la vie

La naissance

Dès que la sage-femme a mis l'enfant au monde, l'appel à la prière est murmuré à son oreille droite et le commencement du texte sacré à son oreille gauche. L'appel à la prière débute par la formule «Dieu est le plus grand», laquelle est reprise à la mosquée par les fidèles, qui ajoutent: «Voilà que tout est prêt pour le service de Dieu.» Ainsi le premier mot qu'entend le nouveau-né est Dieu, et il commence sa vie de musulman par une double exhortation à l'adorer toujours et partout.

Au bout de sept jours, l'enfant reçoit un nom lors d'une cérémonie appelée *aqiqah:* il est introduit — entouré des parents et amis — dans le milieu au sein duquel il va grandir. Le bébé a le crâne entièrement rasé; le poids en or, en argent ou en pièces de monnaie équivalant au poids de ses cheveux est donné aux pauvres; on sacrifie un animal. Le nom sera choisi généralement parmi ceux de la famille du Prophète, d'autres prophètes mentionnés dans le Coran, ou de grands personnages de l'histoire islamique. Si la famille a une dévotion particulière pour un saint donné, le choix du nom peut être laissé à un représentant de la famille du saint.

L'enfance

Deux cérémonies, que le Coran ne mentionne pas, marquent l'enfance. La première est la *basmala.* Dès qu'un enfant est en âge d'apprendre, à quatre ans accomplis, il reçoit sa première leçon au cours d'une fête familiale. On récite la *basmala,* les premiers mots de la révélation du Prophète: «Au nom de Dieu le Miséricordieux, le Compatissant. Lis au nom de ton Seigneur qui t'a créé! Il a créé l'homme d'un caillot de sang. Lis! car ton Seigneur est le Très-Généreux qui a instruit l'homme au moyen du calame, et lui a enseigné ce qu'il ignorait.» (XCVI, 1-5.) On la fait ensuite réciter à l'enfant, dont l'éducation vient ainsi de commencer.

La deuxième cérémonie est la circoncision, qui est généralement pratiquée sur les garçons entre 7 et 12 ans, bien qu'il soit permis de faire cette opération sept jours après la naissance. Dans certaines régions du monde islamique, les filles aussi sont excisées. Cette pratique n'est guère répandue en Inde, Russie, Chine, Iran, Afghanistan, Turquie et Arabie, et là où on y a recours, elle apparaît comme la survivance d'une coutume préislamique.

Le mariage

«Le mariage», est-il dit dans un excellent manuel de morale à l'usage des musulmans rédigé par un hindou, «est une grande bénédiction de Dieu dans ce monde et dans l'autre. L'homme est sauvé du péché, son esprit connaît la paix, et son cœur n'est plus dans l'irrésolution.» «Quand le serviteur de Dieu se marie», disait le Prophète, «il accomplit la moitié de sa religion.» Mahomet accordait une telle importance au mariage et condamnait si fermement le célibat, que même les membres de certaines sectes ascétiques soufies inclinent à se marier plutôt qu'à vivre seuls.

Le premier appel à la prière

Le mariage est un contrat

La préparation à la circoncision

Les funérailles

Le mariage est un contrat et non un sacrement. Néanmoins, les non-musulmans ne doivent pas en conclure qu'il est pris à la légère. L'accent est mis sur l'importance de l'amour mutuel, du respect entre époux et des soins à donner aux enfants. Il est préférable qu'un homme reste fidèle à une seule femme toute sa vie. Il lui est certes permis d'avoir quatre épouses à la fois, mais à condition qu'il les traite sur un pied d'égalité, ce qui signifie rigoureusement parlant qu'il leur fasse les mêmes cadeaux et les honore chacune à son tour. D'autre part, on met également de sérieux obstacles au divorce, lequel consiste pour un homme à dire trois fois: «Je te répudie.» Le Prophète était opposé à la répudiation. Qui plus est, cela peut entraîner un dédommagement financier considérable. Lors du contrat de mariage, on s'accorde sur une dot, qui doit être payée en deux fois: une petite partie avant les noces afin que la future épouse se prépare pour la circonstance, et une somme beaucoup plus élevée en cas de rupture du contrat.

La cérémonie du mariage a lieu à la mosquée, chez le fiancé ou chez sa promise. Habituellement, l'imam de la mosquée locale est présent, mais il suffit qu'il y ait deux musulmans adultes comme témoins de l'engagement entre les deux jeunes époux qui prononcent la formule suivante:

> «Moi, Mohammed, je te prends, toi, Aïsha, fille d'Abdallah, pour légitime épouse devant Dieu et devant l'assistance, conformément aux prescriptions du Coran. Je m'engage à agir de mon mieux pour faire de mon mariage un acte d'obéissance à Dieu, pour en faire une union d'amour, de miséricorde, de paix, de fidélité et d'entraide. Que Dieu soit mon témoin, car Dieu est le meilleur de tous les témoins. Amen.»

La mort

Quand un homme est sur le point de mourir, son entourage l'invite à faire sa profession de foi; de même que Dieu est le premier mot qu'il a entendu, de même il doit être le dernier qu'il prononcera. Le corps du défunt est immédiatement lavé, enveloppé dans un linceul et porté à la mosquée où est dit l'office funèbre. Puis la dépouille est portée rapidement au lieu de sépulture; le Prophète disait qu'il était bien que le juste accède sans tarder à la félicité. Le corps est enterré le visage tourné vers La Mecque. Quand on le descend dans la fosse, les personnes présentes disent: «Nous te confions à la terre au nom de Dieu et de la religion du Prophète.» Quelques intimes jettent une poignée de terre sur la tombe en ajoutant: «De la terre Nous t'avons créé; en elle Nous te ramènerons et d'elle Nous te ferons sortir une fois encore» (Coran, XX, 55).

Les musulmans doivent éviter de trop se lamenter, et chez les sunnites le deuil ne dure que sept jours. La mort n'est pas la fin dernière, et les croyants ne sont séparés que pour peu de temps de ceux qui quittent le monde. Ceux qui sont soumis à Dieu d'un cœur sincère revivront dans l'au-delà.

L'année du croyant

L'année musulmane est basée sur un cycle lunaire de 354 jours, ce qui entraîne un décalage annuel de 10 ou 11 jours par rapport au calendrier solaire des chrétiens. L'année est divisée en douze mois *(ci-contre)* dont le premier est *muharram,* et en continuant de gauche à droite on arrive au dernier, *zul-hijja.* Les noms des mois, dont certains se rapportent aux saisons, appartiennent au calendrier arabe préislamique, où un mois était ajouté tous les trois ans afin que le calendrier lunaire reste en harmonie avec la nature. Le Prophète, dit-on, insista pour que les musulmans adoptent un calendrier uniquement lunaire. Chaque jour commence non pas à minuit mais immédiatement après le coucher du soleil.

Comme les fidèles d'autres religions, les musulmans célèbrent des dates fastes qui servent de support à leurs dévotions. Les deux principales, que les croyants se doivent d'observer car le Prophète leur a enjoint de le faire, sont l'*Id al-Fitr* et l'*Id ad-Adha.* Le jeûne du *ramadan* est lui aussi obligatoire. L'observance d'autres fêtes religieuses mentionnées ci-après est facultative. Trois autres méritent d'être signalées: le dernier vendredi du *ramadan,* où il est bien vu de se rendre à la mosquée afin d'y terminer le mois de jeûne ; le *shab i-Barat,* le 15 *shaaban,* jour où Dieu est censé enregistrer chaque année toutes les actions de l'humanité, qui est célébré en particulier par les musulmans de l'Inde ; et l'*ashura,* le 10 *muharram,* où les musulmans célèbrent la sortie de l'arche de Noé, Moïse sauvant les Hébreux des griffes de Pharaon, et le martyre d'Husain à Karbala. C'est la fête la plus importante du calendrier shiite.

MUHARRAM					
Lundi		7	14	21	28
Mardi	1	8	15	22	29
Mercredi	2	9	16	23	30
Jeudi	3	10	17	24	
Vendredi	4	11	18	25	
Samedi	5	12	19	26	
Dimanche	6	13	20	27	

SAFAR				
Lundi		5	12	19
Mardi		6	13	20
Mercredi		7	14	21
Jeudi	1	8	15	22
Vendredi	2	9	16	23
Samedi	3	10	17	24
Dimanche	4	11	18	25

JUMADA AL-AWWAL					
Lundi		6	13	20	27
Mardi		7	14	21	28
Mercredi	1	8	15	22	29
Jeudi	2	9	16	23	
Vendredi	3	10	17	24	
Samedi	4	11	18	25	
Dimanche	5	12	19	26	

JUMADA AL-AKHIR				
Lundi		5	12	19
Mardi		6	13	20
Mercredi		7	14	21
Jeudi	1	8	15	22
Vendredi	2	9	16	23
Samedi	3	10	17	24
Dimanche	4	11	18	25

RAMADAN					
Lundi	1	8	15	22	29
Mardi	2	9	16	23	30
Mercredi	3	10	17	24	
Jeudi	4	11	18	25	
Vendredi	5	12	19	26	
Samedi	6	13	20	27	
Dimanche	7	14	21	28	

SHAWWAL				
Lundi		6	13	20
Mardi		7	14	21
Mercredi	1	8	15	22
Jeudi	2	9	16	23
Vendredi	3	10	17	24
Samedi	4	11	18	25
Dimanche	5	12	19	26

HIJRA, « émigration », le premier jour de l'année (1er *muharram*), correspond aussi au commencement de l'ère musulmane, en commémoration du jour où Mahomet, en 622, quitta La Mecque pour installer une nouvelle communauté à Médine. Ce fut le point de départ de l'ère de l'*Hégire.* On célèbre habituellement cette date en relatant comment Mahomet, avec une poignée de fidèles, quitta La Mecque pour Médine.

RAMADAN, période de jeûne, est le neuvième mois de l'année musulmane ; les croyants ayant atteint la puberté observent l'obligation religieuse de s'abstenir de nourriture, de boisson, de tabac et de relations sexuelles durant les heures diurnes. Cela peut être fort pénible par les grosses chaleurs. Les musulmans pieux y voient un exercice de discipline spirituelle et le triomphe de l'esprit sur la matière.

LAILAT AL-QADR, la « Nuit du Décret », est célébrée le 27 *ramadan,* qui est le mois au cours duquel Mahomet reçut la première révélation du Coran. « La Nuit du Décret est meilleure que mille mois. Les Anges et l'Esprit descendent durant cette nuit, avec la permission de leur Seigneur, pour régler toute chose. Elle est Paix et Salut jusqu'au lever de l'aurore » (Coran, XCVII, 3-5). Les musulmans passent cette nuit à prier et à lire le Coran.

I AL-AWWAL i		3	10	17	24	RABI AL-AKHIR Lundi	1	8	15	22	29
li		4	11	18	25	Mardi	2	9	16	23	30
redi		5	12	19	26	Mercredi	3	10	17	24	
		6	13	20	27	Jeudi	4	11	18	25	
lredi		7	14	21	28	Vendredi	5	12	19	26	
edi	1	8	15	22	29	Samedi	6	13	20	27	
anche	2	9	16	23	30	Dimanche	7	14	21	28	
AB li		3	10	17	24	SHAABAN Lundi		2	9	16	23
li		4	11	18	25	Mardi		3	10	17	24
redi		5	12	19	26	Mercredi		4	11	18	25
		6	13	20	27	Jeudi		5	12	19	26
lredi		7	14	21	28	Vendredi		6	13	20	27
edi	1	8	15	22	29	Samedi		7	14	21	28
anche	2	9	16	23		Dimanche	1	8	15	22	29
-QAADA li		5	12	19	26	ZUL-HIJJA Lundi		3	10	17	24
li		6	13	20	27	Mardi		4	11	18	25
redi		7	14	21	28	Mercredi		5	12	19	26
	1	8	15	22	29	Jeudi		6	13	20	27
lredi	2	9	16	23	30	Vendredi		7	14	21	28
edi	3	10	17	24		Samedi	1	8	15	22	29
anche	4	11	18	25		Dimanche	2	9	16	23	

MAWLID AL-NABI est le jour de naissance du Prophète, 12 *rabi al-awwal.* On commença de le célébrer au Xe siècle, et son importance est allée croissant sous l'influence du christianisme, qui met l'accent sur l'anniversaire de Jésus. Ce jour-là, les musulmans se rassemblent pour écouter des panégyriques de Mahomet et le récit de sa vie. Pour les soufis, aux yeux de qui celui-ci est l'exemple de «l'homme parfait», cette date est particulièrement importante, et sa commémoration est souvent le terme des festivités qui commencent le 1er *rabi al-awwal.* Le *mawlid* est l'expression la plus haute de la vénération des musulmans pour Mahomet.

LAILAT AL-MIRAJ, la «Nuit de l'Ascension», le 27 *rajab,* commémore ce qui advint à Mahomet dans la dixième année de sa prédication, lorsque l'archange Gabriel le conduisit jusqu'au septième ciel. Là, il s'entretint avec Dieu et retourna sur terre avec des instructions qui incluaient l'institution des cinq prières quotidiennes. Le poster moderne *ci-dessous* relate en détail cet épisode. Mahomet aurait voyagé sur le dos de Boraq, jument ailée à tête humaine, et il serait parti d'al-Aqsa, à Jérusalem, qui est représentée sous une forme stylisée. Ce jour-là, les musulmans écoutent des épisodes de la vie du Prophète.

ID AL-FITR, la moins importante des deux *Id,* est la «rupture du jeûne», qui a lieu le 1er *shawwal.* Mais la joie est si grande après les austérités du *ramadan* que les croyants célèbrent cette date par un redoublement de réjouissances. Le terme arabe *id* signifie «liesse» ou «période d'allégresse», et durant ces deux fêtes il est d'usage de s'envoyer des cartes de vœux comme celle reproduite *(ci-contre à gauche).*

Ce jour-là, les croyants remercient Dieu de les avoir aidés à supporter les rigueurs du *ramadan* et d'avoir veillé aux besoins de chacun. Ils commencent par prendre un bain et par changer de vêtements. Puis ils se rendent à la mosquée pour prier; c'est un moment si attendu et l'affluence est telle que tout le monde ne peut y entrer. *(En bas à gauche,* une aire destinée à recevoir l'assemblée des fidèles dans leurs habits immaculés semble avoir été aménagée à Balikpapan, Bornéo.) Après avoir prié, on échange des cadeaux et on rend visite aux amis et relations. On est également tenu de faire l'aumône aux pauvres. C'est aussi le jour où les croyants doivent méditer sur la signification de l'Islam et effacer leurs différends avec leur famille et leurs amis, afin de pouvoir prendre un nouveau départ sous le signe de la bonne entente et du pardon.

ID AL-ADHA, la «fête du sacrifice», le 10 *zul-hijja,* est la seconde fête obligatoire, dont la célébration peut durer trois jours ou plus. L'origine en remonte au prophète Abraham, qui prouva sa dévotion à Dieu en acceptant de lui offrir en sacrifice l'être qui lui était le plus cher. Le dernier rite du pèlerinage à La Mecque en perpétue le souvenir. Il commence par une prière en commun, comme lors de l'*Id al-Fitr,* puis on sacrifie un mouton, une vache ou un chameau, dont on garde habituellement le tiers de la viande, le reste étant donné aux pauvres.

Le pèlerinage à La Mecque

Ci-dessous Juste avant de débarquer à Djedda, pèlerins revêtus de l'*irham*, qui consiste en une double tunique blanche sans couture. Les femmes n'ont pas à porter un vêtement particulier, mais, contrairement à l'usage, elles doivent être dévoilées. *A droite* La grande mosquée de La Mecque.

«Labbaïka! Labbaïka!» s'écrient les pèlerins dès qu'ils aperçoivent la Kaaba, le sanctuaire situé au centre de la grande mosquée de La Mecque. «Me voici, mon Dieu, me voici, mon Dieu, présent devant toi...» C'est là le moment suprême de la vie du croyant, l'aboutissement de toutes les années passées à peiner dans la voie de Dieu, l'instant où tout bon musulman voit se réaliser son vœu le plus cher. «Je languis après La Mecque et ses cieux brillants», déclare le pieux Rizwan dans le roman de l'Égyptien Najib Mahfuz *Passage Midaq*. «Je rêve du murmure du temps à chaque pas, de marcher dans les rues et de me perdre dans les lieux saints... Je veux me voir à présent, mes frères, déambuler dans les ruelles de La Mecque en récitant des versets du Coran tels qu'ils furent révélés, comme si j'écoutais une leçon dispensée par Dieu Tout-Puissant. Quelle allégresse!»

Tout musulman en bonne santé, non endetté et à même de subvenir à ses dépenses et à l'entretien de sa famille durant son absence doit accomplir le pèlerinage au moins une fois dans sa vie. Les modalités en sont basées sur le Coran (II, 196-200; V, 95-97; XXII, 26-33) et sur l'exemple du Prophète lui-même. On commémore à cette occasion des épisodes de la vie d'Abraham, de son épouse Agar et de son fils Ismaël. Le pèlerin doit être mû par un esprit de totale abnégation. En se présentant ainsi devant Dieu, il sacrifie tout ce qui le distingue dans le monde des hommes: richesse, famille, amis, différence liée à la race, la naissance et le vêtement. Il célèbre ainsi la fraternité de tous les musulmans. Tous sont égaux dans leur habillement et les gestes à accomplir, comme ils le seront devant Dieu au Jour du Jugement. Ce grand rassemblement annuel développe la solidarité entre croyants et infuse un regain d'énergie spirituelle à la communauté musulmane du monde entier.

Le pèlerinage a lieu au mois de *zul-hijja,* le dernier de l'année musulmane. Avant de pénétrer sur le territoire sacré entourant La Mecque, le pèlerin ôte ses vêtements ordinaires et revêt l'*ihram,* double tunique blanche sans couture, qui symbolise son renoncement au monde profane. Il fait sept fois le tour de la Kaaba, accomplit sept fois le trajet de La Mecque à Marwa en souvenir des épreuves d'Agar cherchant de l'eau pour son fils Ismaël, et il boit au puits Zamzam qui se mit à jaillir aux pieds de celui-ci. Le 9 *zul-hijja,* au lever du soleil, il se rend dans la plaine d'Arafat, où de midi au crépuscule il se tient debout devant Dieu dans un acte d'adoration. Après le coucher du soleil, il va à Muzdalifa où il passe la nuit. Le lendemain, il se rend à Mina où il lapide trois stèles pour commémorer la victoire d'Abraham, Agar et Ismaël sur Satan qui voulait les détourner de Dieu. Il sacrifie un animal pour rappeler la soumission d'Abraham à la volonté divine, puis il se rase et ôte l'*irham.* De nouveau, il fait sept fois le tour de la Kaaba et retourne à la vie ordinaire. La prière qu'il prononce lors de la sixième circumambulation exprime l'allégresse et l'esprit de soumission qui l'ont animé durant l'accomplissement des rites de pèlerinage :

> Seigneur Dieu ! Tu as sur moi beaucoup de droits concernant mes obligations envers Toi et envers tes créatures. Seigneur Dieu ! Dispense-moi de mes dettes envers Toi et supporte à ma place mes obligations envers tes créatures. Donne-moi ce qui est licite et préserve-moi de ce qui est illicite, enrichis-moi d'obéissance envers Toi et éloigne-moi de toute désobéissance. Enrichis-moi de ta grâce afin que je puisse n'avoir besoin que de Toi, Toi dont le pardon englobe tout. Seigneur, que ta maison est immense et que Tu es généreux ! Seigneur, Tu es magnanime, plein de bonté et de gloire, et Tu aimes pardonner ; accorde-moi donc le pardon.

A droite Plan montrant la route suivie par les pèlerins les 9 et 10 *zul-hijja,* de La Mecque à la plaine d'Arafat, soit une vingtaine de kilomètres, puis le retour par Muzdalifa et Mina.

Le pèlerinage à La Mecque en 1977
Cette année-là, il y eut 888 270 pèlerins d'Arabie Séoudite, dont la majorité n'étaient pas des ressortissants du pays, et 739 319 venus d'ailleurs. Le nombre de ces derniers a plus que septuplé au cours des trois dernières décennies. De tous les pays ayant d'importantes communautés musulmanes, seules la Russie et la Chine n'ont pas envoyé de pèlerins, bien qu'il y en ait eu quelques-uns précédemment. Il convient de noter le nombre élevé de pèlerins originaires de régimes fortement occidentalisés, comme l'Algérie, l'Irak et la Turquie.

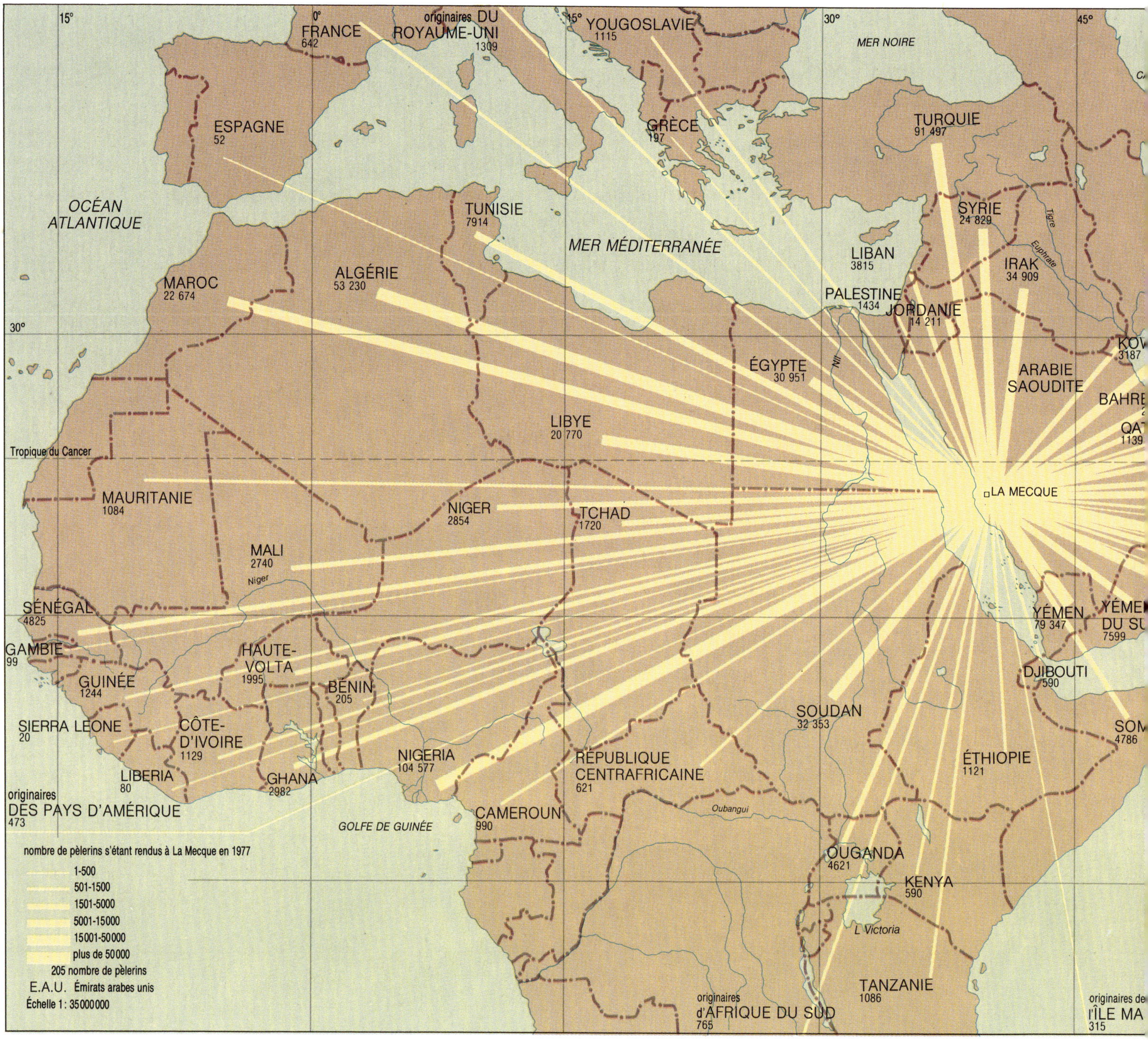

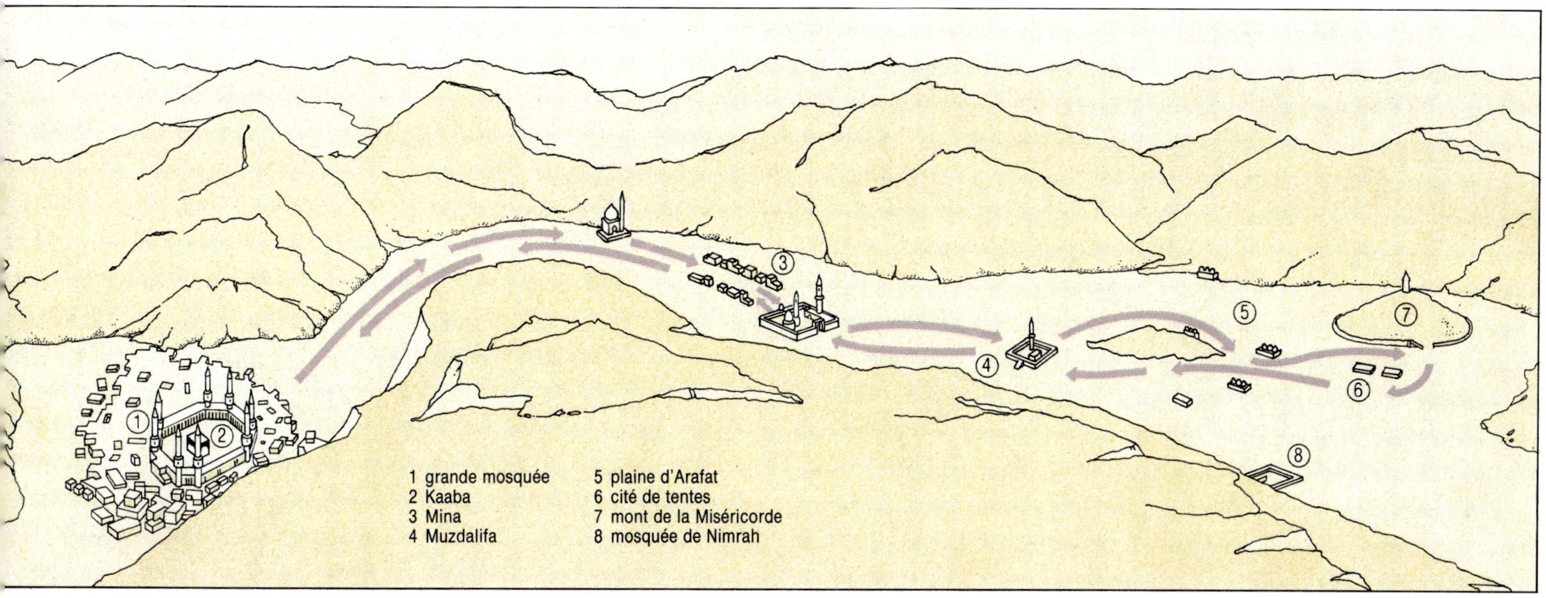
1 grande mosquée
2 Kaaba
3 Mina
4 Muzdalifa
5 plaine d'Arafat
6 cité de tentes
7 mont de la Miséricorde
8 mosquée de Nimrah

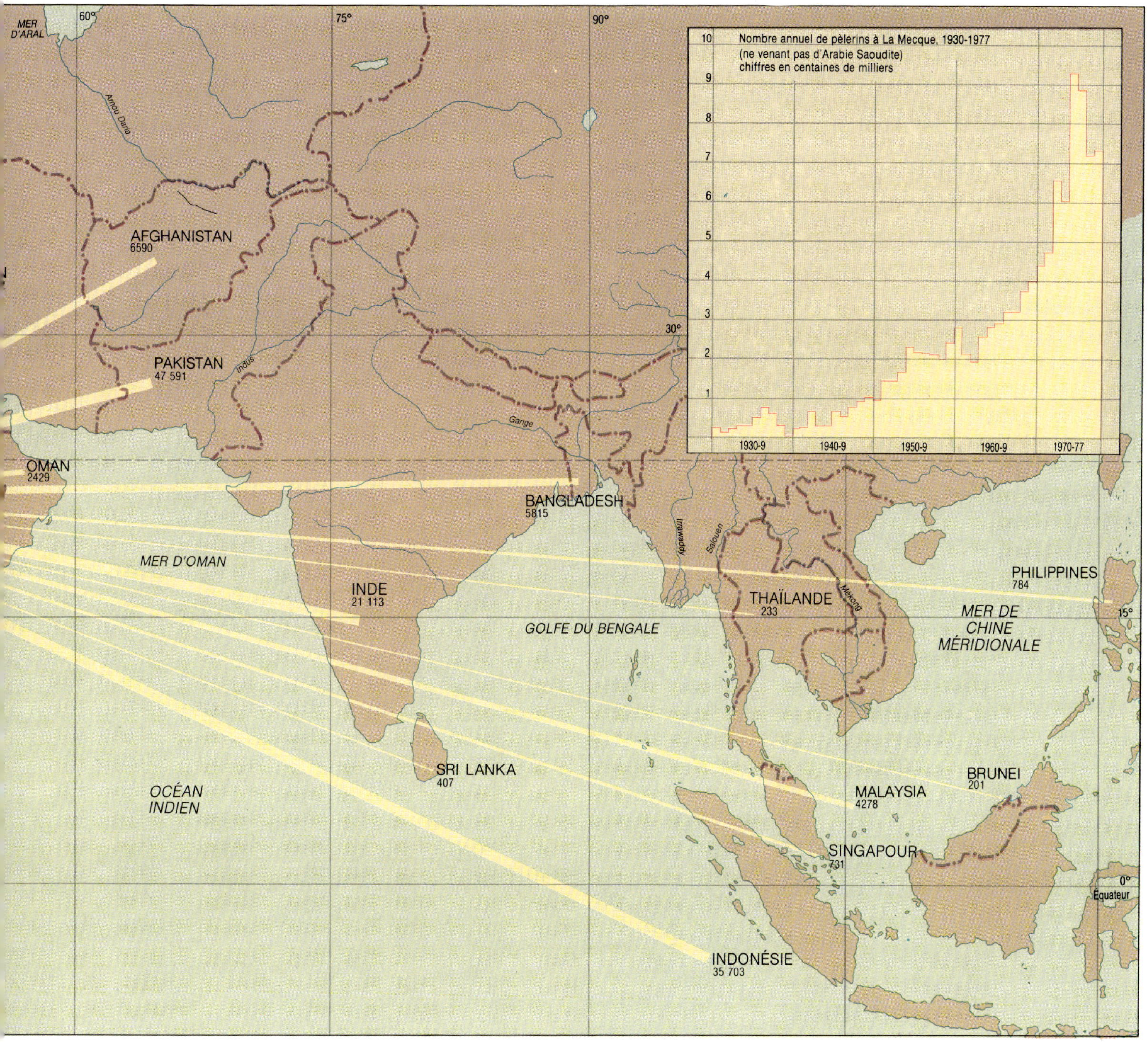
Nombre annuel de pèlerins à La Mecque, 1930-1977
(ne venant pas d'Arabie Saoudite)
chiffres en centaines de milliers
1930-9
1940-9
1950-9
1960-9
1970-77
MER D'ARAL
AFGHANISTAN
6590
PAKISTAN
47 591
OMAN
2429
MER D'OMAN
INDE
21 113
BANGLADESH
5815
GOLFE DU BENGALE
THAÏLANDE
233
PHILIPPINES
784
MER DE CHINE MÉRIDIONALE
SRI LANKA
407
OCÉAN INDIEN
MALAYSIA
4278
BRUNEI
201
SINGAPOUR
731
INDONÉSIE
35 703
Indus
Gange
Irrawaddy
Salouen
Mékong
Équateur

A gauche La foule se pressant dans la plaine d'Arafat le 9 *zul-hijja :* la cité de tentes est dressée par les autorités d'Arabie Séoudite pour protéger du soleil les pèlerins. A l'arrière-plan, vers Muzdalifa et le mont de la Miséricorde (Djabal ar-Rahma), où le Prophète prononça son dernier sermon, et la mosquée de Namira.

Ci-dessous Les pèlerins font sept fois le trajet aller et retour entre La Mecque et Marwa, en souvenir des efforts désespérés d'Agar pour trouver de l'eau.

En bas Les pèlerins effectuent sept circumambulations autour de la Kaaba. Celle-ci, qui a été plusieurs fois reconstruite, passe pour être le premier endroit où l'on a rendu hommage au Dieu unique.

LES ARTS DE L'ISLAM

« Et ils dirent : Glorifiez Dieu !…
et proclamez sa grandeur
en le magnifiant. »
Coran VII, 111

La calligraphie

La calligraphie est le plus achevé des arts islamiques, l'expression la plus caractéristique de l'esprit de l'Islam. «Ton Seigneur... a instruit l'homme par le calame», est-il dit dans la toute première révélation (XCVI, 3-5), «et il lui a enseigné ce qu'il ignorait.» Comme Dieu parlait en arabe et que ses paroles ont été notées en caractères arabes, la langue et l'écriture arabes sont révérées par tous les musulmans qui doivent les pratiquer pour espérer comprendre la parole de Dieu. Pour rendre grâce à Dieu, les musulmans préservent et transmettent ce don précieux avec tout leur art et leur ferveur.

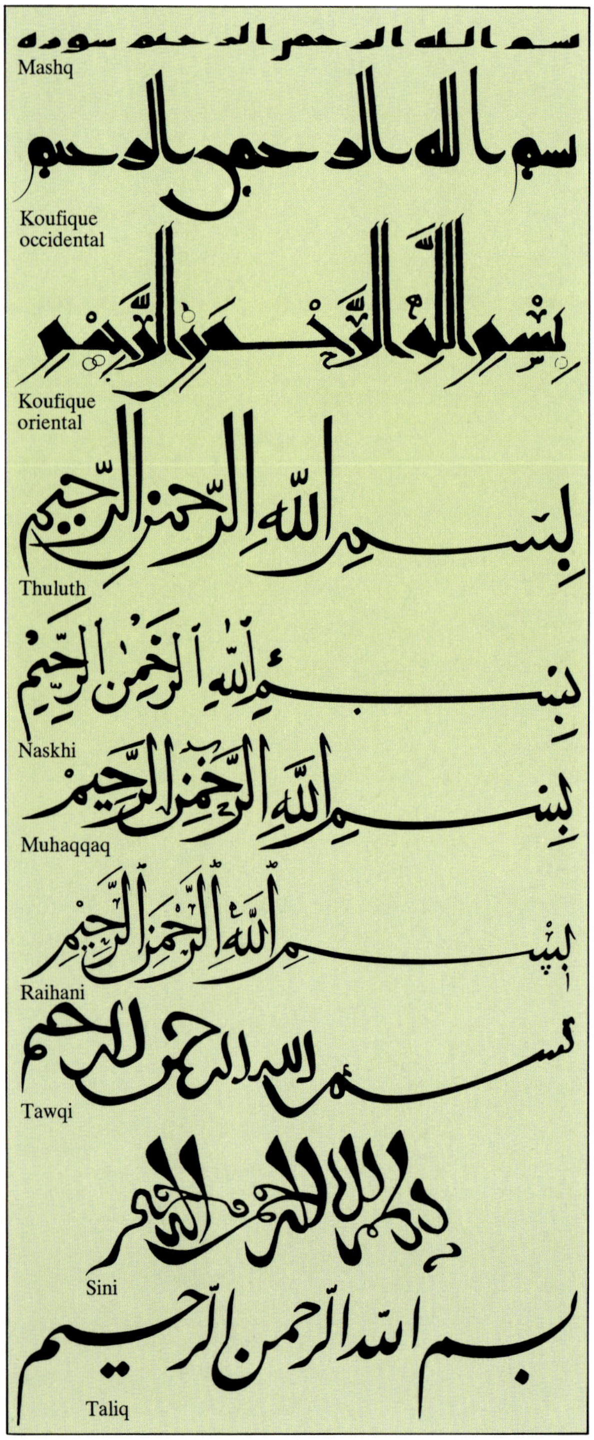

Avant tout acte important, les musulmans disent : *Bism Allah al-Rahman al-Rahim,* « Au nom de Dieu le Miséricordieux, le Compatissant ». La formule est reproduite ici (p. 200) en 10 écritures différentes. L'écriture *sini* est particulière aux musulmans chinois.

A gauche Le mot « Muhammad » en écriture *taliq.* L'élargissement du trait paraît vouloir mettre en évidence la beauté de la forme. « La pureté de l'écriture », dit un *hadîth,* « est la pureté de l'âme. »

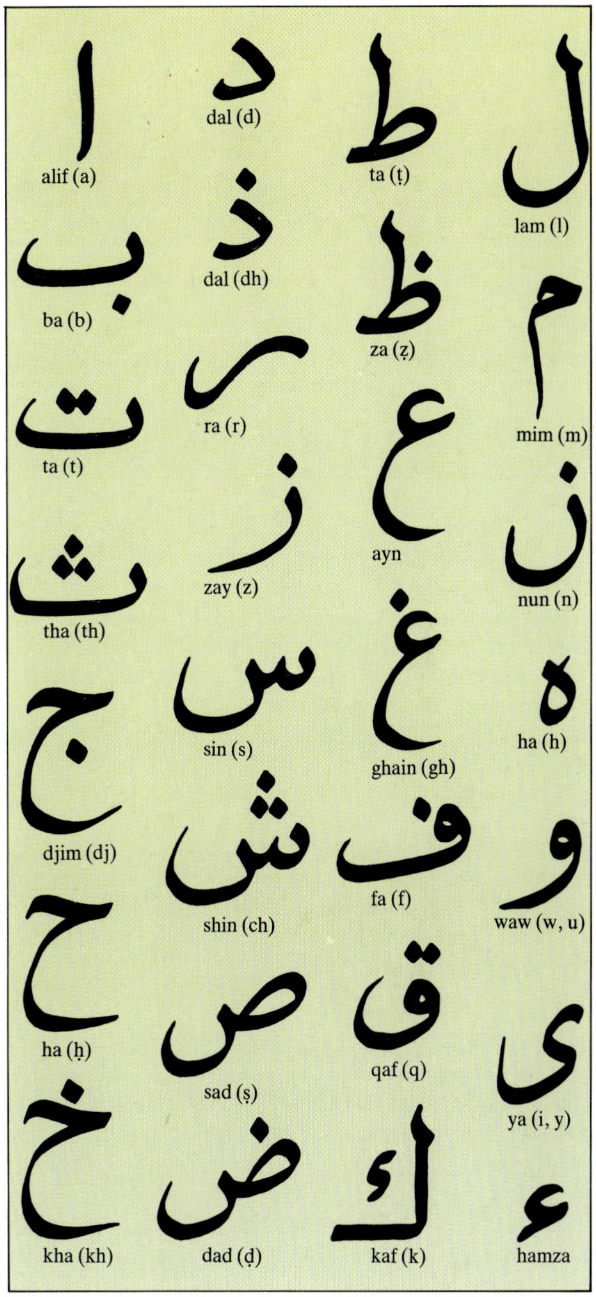

Ci-dessus Les 29 lettres de l'alphabet arabe sous la forme qu'elles revêtent à la fin d'un mot. Chacune est accompagnée de son nom arabe et de sa translittération habituelle entre parenthèses. L'arabe s'écrit de droite à gauche, et la plupart des lettres changent de forme selon leur position dans le mot : initiale, médiane ou finale. Toutes les lettres, à l'exception d'*alif,* sont des consonnes. *Waw* et *ya* sont des semi-voyelles parce qu'elles représentent non seulement les consonnes respectives *w* et *y* mais aussi les voyelles *u* et *i* et les diphtongues *aw* et *ay (dans le présent ouvrage ai*). Les voyelles brèves sont représentées par des signes orthographiques placés au-dessus ou au-dessous des lettres, par exemple بَ *(ba),* بُ *(bu),* بِ *(bi).* Autres signes : *shaddah* ّ , qui est placé au-dessus d'une lettre pour doubler sa valeur consonantique ; *maddah* آ , qui équivaut à *hamza* plus *alif ; sukun* ْ , qui est placé au-dessus d'une lettre pour indiquer que la consonne n'est pas vocalisée ; et *hamza* ء , qui indique un coup de glotte. (D'après Y.H.Safadi, *Islamic Calligraphy*, p. 142.)

«Une belle écriture met la vérité en évidence», aurait dit le Prophète.

L'écriture arabe procède directement de l'écriture nabathéenne, elle-même dérivée de l'alphabet araméen. Vers 650, les premières versions intégrales du Coran furent transcrites sous une forme dite *jazm,* qui trahit une influence nabathéenne. Celle-ci influa sur le développement du koufique, écriture anguleuse aux traits accusés, qui fut pendant des siècles le mode le plus populaire de transcription du Coran. Parallèlement se développèrent les écritures cursives pour les besoins administratifs et privés. Vers le milieu du xe siècle les six écritures classiques de la calligraphie arabe étaient fixées: *thuluth, naskhi, muhaqqaq, raihani, tawqi* et *riqa.* Celles-ci furent utilisées également pour les textes coraniques, car elles offraient de nouvelles possibilités décoratives. Il y avait quatre autres types d'écriture: *tumar, ghubar,* souvent utilisé pour les Corans de format miniature, *taliq,* très en honneur à l'époque safavide, et *nastaliq,* écriture préférée des musulmans de Perse, de Turquie et de l'Inde pendant près de quatre siècles.

La calligraphie a toujours été hautement prisée. Tamerlan et ses successeurs en étaient particulièrement férus, tout comme le furent les Safavides, les Mogols et les Ottomans. En tant qu'élément décoratif, elle est partout présente: sur les pierres tombales, les tissus, les poteries, les armes et les carreaux de céramique, et elle forme de subtils entrelacs au fronton et à l'intérieur des édifices. Les versets du Coran constituent dans les mosquées un thème ornemental aussi important que la figure du Christ dans les églises: comme un don de Dieu aux hommes.

Les calligraphes étaient tenus en haute estime Le sultan ottoman Bajazet II admirait tellement l'œuvre d'Hamd Allah al-Amasi qu'il lui arrivait de tenir son encrier quand celui-ci écrivait. *A gauche* (p. 202), calligraphe assis par terre, un genou relevé pour servir de support au papier ; devant lui, les outils de son art : ciseaux, canif pour tailler les plumes, brosse, plumes de roseau et encrier. L'encre était généralement un mélange de noir de fumée et de vinaigre. (D'après un manuscrit turc du XVIe siècle, *les Merveilles de la Création* d'al-Qazwini.)

Au centre, une page d'*Hilya-i Nabi* (Description du Prophète) finement décorée par Uthman Ibn Ali (1642-98). Le *basmala* de la première ligne est en *thuluth ;* le texte central et celui du bas de page sont en *naskhi ;* autour du cercle les noms des quatre califes sont en *thuluth,* ainsi que le verset du Coran de la ligne au-dessous.

On apportait autant de soin à décorer les lieux de prière, en particulier le *mihrab,* avec des extraits du Coran. *A gauche,* le mihrab de la mosquée Maïdan, à Kachan, décoré d'arabesques et de motifs calligraphiques.

Une grande variété de formes est sortie de l'imagination des calligraphes. *Ci-dessus, en haut,* ce bateau pourrait être appelé la « galère de la foi ». La coque représente les sept articles de foi ; de droite à gauche on lit « je crois en », « Dieu » constitue la poupe, les rames « et », et les rameurs « en son ange », « ses livres », « ses prophètes », « le dernier jour », « la prédestination », « le bien et le mal », « la résurrection après la mort ». La voile est figurée par la profession de foi « Il n'y a de Dieu que Dieu et Mahomet est son prophète ».

Ci-dessus Une représentation particulièrement ingénieuse de la profession de foi.

La céramique

Les musulmans ont utilisé la couleur en architecture comme aucun autre peuple, décorant leurs édifices, tant à l'extérieur qu'à l'intérieur, d'un brillant revêtement de motifs polychromes, avec des carreaux de céramique pour principal support. Cet art atteignit son apogée dans les villes d'Asie centrale et d'Afghanistan sous Tamerlan et ses successeurs. Il y eut ensuite une nouvelle période faste sous les Safavides et dans l'empire ottoman. En Afrique du Nord, une autre tradition brilla d'un aussi vif éclat. Il existe quatre styles principaux de céramique ornementale, calligraphique, géométrique, floral et l'arabesque, sous ses deux aspects : la mosaïque, aux motifs composés de petits fragments polychromes, et les carreaux qui permettent de plus vastes compositions.

Ci-dessous Exemple d'arabesque classique formée de rameaux stylisés savamment entrelacés, ornant le tambour du dôme de la mosquée Lutf Allah à Ispahan. *Ci-contre* Ce riche panneau floral en carreaux de céramique est un parfait exemple du style des potiers d'Iznik. Il décore le « Passage doré » qu'empruntent les visiteurs après avoir franchi la porte du harem ou Topkapi Saray, à Istanbul. *A droite* Lambris de mosaïque en carreaux de faïence dans les tombeaux des Saadiens à Marrakech, Maroc. Ce genre de motifs géométriques est caractéristique du Maghreb.

Les tapis

Le tissage des tapis est l'art traditionnel des nomades, et jouit en terre d'Islam d'une faveur aussi grande que dans les pays non musulmans. Aucun autre artisanat n'exprime aussi parfaitement les possibilités et les besoins de la vie nomade. Les femmes tissent des tapis avec la laine et le poil des troupeaux que les hommes mènent paître. Les teintures sont fournies par des plantes et des insectes. Et les tapis produits par les métiers à tisser sont parfaitement adaptés pour vivre sous la tente et à même le sol.

Dans les communautés sédentaires, les tapis servent aussi à recouvrir des aires consacrées, comme le sol des mausolées et des mosquées. Ils révèlent la richesse et le goût des marchands et des princes, et sont l'objet d'un commerce lucratif vers l'Europe. Les motifs conçus sous la tente et dans les villes sont d'une extraordinaire diversité: on trouve des formes stylisées, des dessins géométriques, des tapis de prière reproduisant le mihrab, et des compositions réalistes représentant des personnages, des animaux et des fleurs.

Il y a cinq grandes zones de production de tapis dans le monde islamique: Perse, Turquie, Asie méridionale, Caucase et Asie centrale. La Perse a conservé une riche tradition à travers les produits de ses tribus, par exemple les Kachkaïs, les Lurs et les Bakhtiaris, tout en se distinguant par la qualité exceptionnelle de ses tapis de chasse et de jardin et les dessous de vase de la période safavide, où les peintres des ateliers royaux jouaient un rôle décisif dans le choix des motifs. Le climat de l'Asie méridionale est beaucoup moins propice à la fabrication des tapis que celui des plateaux arides de Perse et d'Asie centrale, aussi après leur invasion les Mogols n'y trouvèrent aucune tradition bien établie. Akbar, voulant que la gloire des Mogols n'ait rien à envier à celle des Safavides, installa 200 artisans iraniens à Lahore. Comme les peintres, venus d'Iran pour travailler à Fatehpur Sikri, ils assimilèrent rapidement les préférences artistiques locales. Les tapis turcs reflétaient l'idéal austère de la guerre sainte propre à l'État ottoman.

Le tapis de prière représente communément la niche dite *mihrab,* bien qu'au XVIIIe siècle les motifs de fleurs stylisées, notamment des tulipes, se mettent à proliférer, en partie sous l'influence de l'Europe. Les remarquables tapis d'Ushak et de Ghiordès (Gördes) offrent de parfaits exemples de tapis de prière dont la bordure septule figure les sept jardins de l'Éden. Les tapis du Caucase diffèrent de tous les autres par leurs motifs presque uniquement géométriques. Ils sont le produit typique de cette région de hautes montagnes qui abrite de nombreux peuples, langages et traditions. Les tapis de l'Asie centrale — des rives orientales de la Caspienne à Kachgar dans le bassin du Tarim — témoignent souvent d'une influence chinoise. Les styles les plus connus et les plus recherchés sont ceux de Boukhara et de Samarkand.

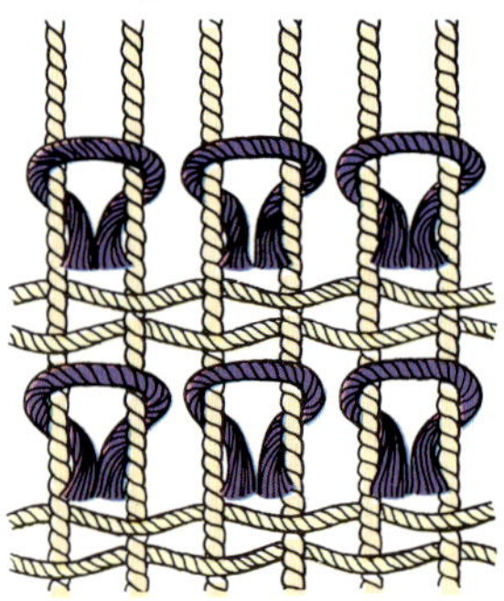
GÖRDES

PERSAN

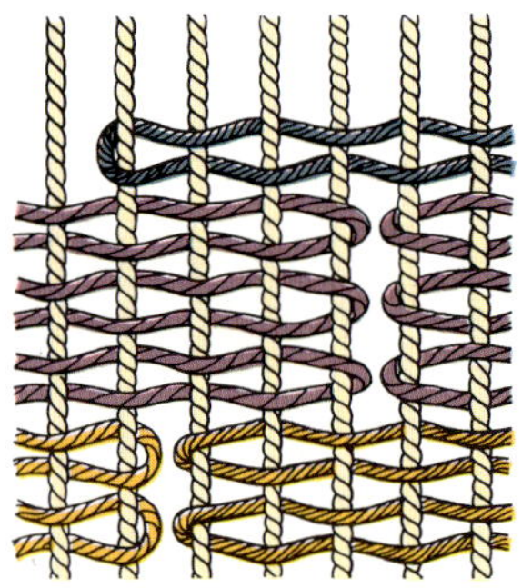
KELIM

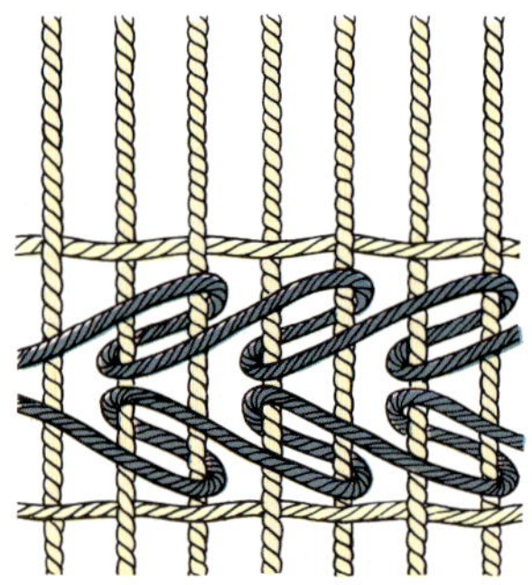
SUMAK

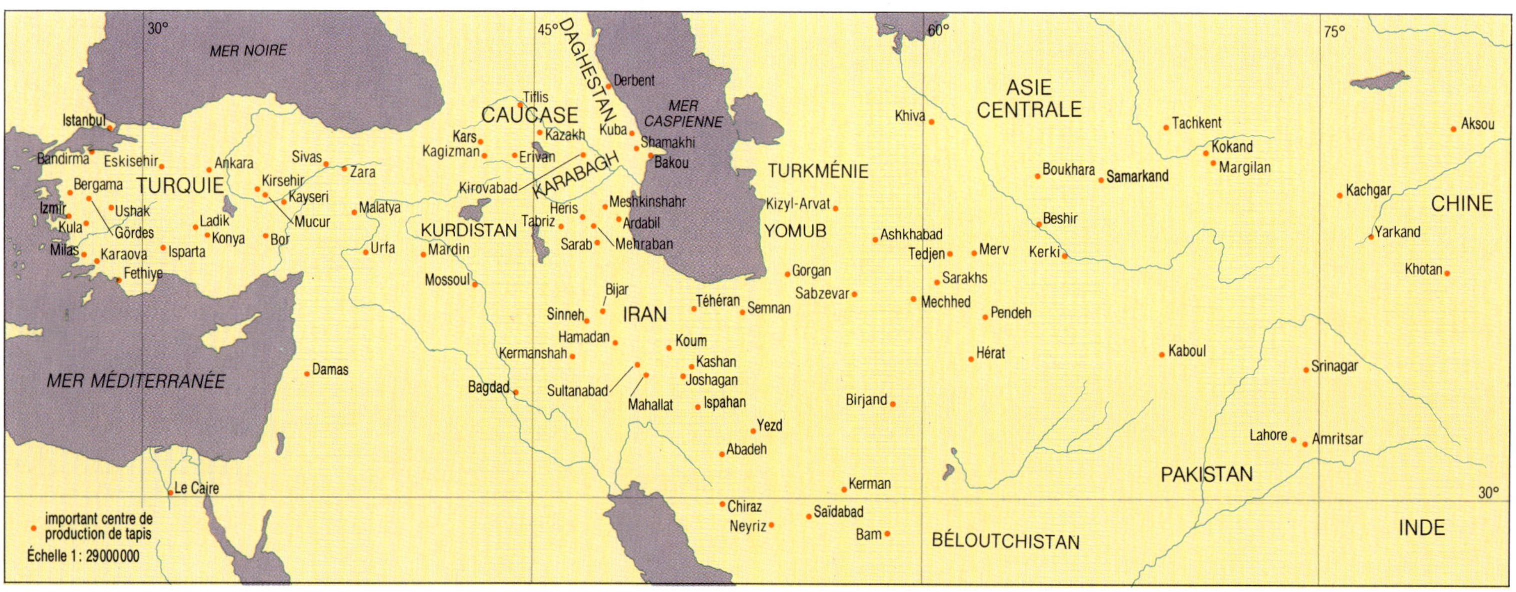

Ci-dessous à droite Le tapis d'Ardabil, qui passe pour le plus beau des grands tapis safavides et pour le plus ancien du monde (10,5 × 5,3 mètres). C'est un exemple classique des tapis de Perse d'un art accompli, dans lequel un extraordinaire sens de la composition et de la couleur va de pair avec une parfaite habileté technique. Il est intéressant de comparer son style décoratif aux miniatures safavides contemporaines et aux grands panneaux de céramique de l'Ispahan de Shah Abbas. Son origine est entourée d'un profond mystère. La version selon laquelle il aurait été fabriqué pour la mausolée des Safavides à Ardabil paraît être une invention du XIXe siècle; il provient peut-être du mausolée d'Imam Riza à Mechhed. En fait, il existe non pas un mais deux tapis d'un dessin similaire, l'un au Victoria and Albert Museum, à Londres, et l'autre qui est partagé entre le Museum of Art de Los Angeles et le John Paul Getty Museum de Malibu, Californie. Les deux tapis portent l'inscription suivante *(ci-contre)*: «En dehors de ton paradis, il n'est point pour moi de refuge en ce monde. Ailleurs qu'ici il n'y a pas de place pour ma tête. Œuvre d'un serviteur de la cour, Maqsud de Kachan, 946.» Maqsud était probablement le maître tisserand.
A droite Le poil de ce tissu est en laine, mais chaîne et trame sont en soie. Le fait qu'il ait de 46 à 50 nœuds par centimètre carré (celui de Californie en a de 59 à 65) rend possible un entrelacs de fines arabesques.
Ci-contre à gauche Les deux principaux nœuds, le *Gördes*, qui est communément employé en Turquie et au Caucase, et le *Senna,* d'un usage courant en Perse et en Asie centrale et méridionale.
Ci-contre Les tapis ne sont pas seulement noués mais tissés. En voici deux types, à trame unie, l'un qui est généralement associé à ce qu'on appelle en Occident le Kelim, et le Sumak.
Ci-dessous La carte montre les cinq grandes aires et les principaux centres de fabrication de tapis du monde islamique.

جز آستان توام در جهان پناهی نیست
سر مرا بجز این در حواله گاهی نیست
عمل بنده درگاه مقصود کاشانی
۹۴۶

En haut à gauche (p. 208) Des enfants sont souvent employés à la fabrication des tapis, car leurs doigts plus fins peuvent faire des nœuds plus petits ; les fillettes sont préférées généralement aux garçons parce qu'elles sont plus consciencieuses. Ici, deux jeunes Turques de la région de Sivas travaillent sur un métier à tisser à deux montants verticaux et deux ensouples horizontales auxquelles les fils de la chaîne sont entrelacés. Le fil de couleur est noué aux fils de chaîne, et quand une rangée est terminée deux fils de laine sont insérés et appliqués étroitement à l'aide d'un peigne d'acier.

En bas à gauche Tapis de prière turc de Gördes (XIXe siècle), en soie. Bon exemple du style classique, avec un *mihrab* flanqué de deux colonnes surmontées de lotus. Dans la niche, une lampe ou une aiguière.

A gauche au centre Deux tapis du Caucase : à gauche tapis kazakh du XIXe siècle (204 × 116 cm) et à droite tapis bidzhov du XIXe siècle (204 × 125 cm).

Ci-contre Tapis du XIXe siècle provenant de Yarkand ou de Khotan, dans le bassin du Tarim, Turkestan chinois (234 × 120 cm). Motif original de rameaux et de grenades. Bordure de svastikas. Le svastika, en usage pendant 5 000 ans de la mer Égée à la Chine, est un des symboles les plus communs figurant sur les tapis islamiques. Dérivé du terme sanscrit *Svasti,* salut, il a une signification bénéfique.

En haut, au centre Sacoche *sumak.* Le bleu, le rouge vif et les couleurs crème sont typiques du Caucase.

Ci-dessus Guruband turkmène, porté par le chameau de tête pour écarter les mauvais esprits.

LA SOCIÉTÉ ET LE MONDE MODERNE

« L'idéal religieux de l'Islam...
est organiquement relié à
l'ordre social qu'il a créé.
Le rejet de l'un
entraînera inévitablement le rejet
de l'autre. »

Muhammad Iqbal,
discours présidentiel à la Ligue musulmane
panindienne, Allahabad, 1930

La vie nomade

Il y a deux principaux types de nomades, ceux qui se déplacent toute l'année, en quête d'eau et de pâturages, dans des régions à l'écologie à peu près semblable, comme les Bédouins éleveurs de chameaux de la péninsule arabique, et ceux qui se déplacent de façon saisonnière entre des régions à écologie complémentaire, allant par exemple, comme les Kachkaïs et les Bakhtiaris d'Iran, des basses plaines en hiver vers des pâturages de montagne en été. Ils dépendent tous de communautés sédentaires : l'image du Bédouin parcourant librement le désert, n'ayant de comptes à rendre qu'à Dieu et à la nature, est due au romantisme occidental. Les mondes pastoral, agricole et commercial font partie d'un même système économique, dans lequel les nomades fournissent le lait, la viande, la laine, les bêtes de somme, en échange de blé, de dattes, de café, de sel, de fusils et de munitions.

La contribution des nomades à l'Islam est considérable. Au VIIe siècle, les Bédouins d'Arabie répandirent le message de Mahomet dans une grande partie du monde civilisé. Pourtant, l'Islam était intrinsèquement hostile au mode de vie nomade : un Dieu unique et une communauté unique remplaçaient les divinités et les communautés tribales. Maints anthropologues soulignent le peu de chose que les nomades savaient de l'islam. Néanmoins, quand leurs énergies eurent été mises au service d'organisations réformistes, comme la Sanusiya en Libye et les Ikhwan en Arabie, ils ont suscité un zèle religieux qui a suffi à empêcher la formation d'un État moderne.

L'antinomie est profonde entre ce dernier et les nomades, qui ne connaissent ni les frontières ni les lois et ne participent à la chose publique qu'à leur façon. Pour les prendre en main, il faut les transformer en paysans ou en ouvriers imposables. Pour la première fois, l'État est en mesure d'arriver à ses fins, car le nomade ne peut pas grand-chose contre une armée bien entraînée.

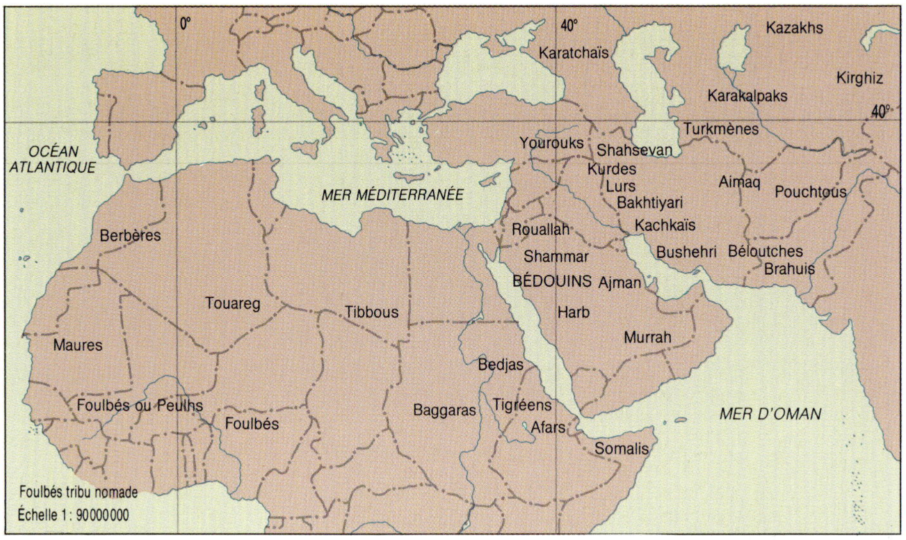

Ci-dessus La carte indique les principales communautés de nomades, éleveurs de moutons, de chèvres et de chameaux, qui vivent dans une vaste étendue de territoire au cœur du monde islamique, allant du Turkestan et du Pakistan à l'est, au Maroc et au Mali à l'ouest.

Ci-contre Bien que de nombreux nomades aient été contraints de devenir paysans, certains ont réussi à trouver un exutoire à leurs instincts vagabonds dans les moyens de transport modernes, comme ce conducteur de camion afghan dans le col de Solang. En Arabie Séoudite, beaucoup de taxis et de camionnettes sont possédés et conduits par des Bédouins sédentarisés.

Ci-dessous Nomades marocains surveillant leurs troupeaux depuis l'intérieur de leur tente à la tombée du jour. La tente est divisée en deux : une partie pour les hommes et une autre pour les femmes, cette dernière étant généralement beaucoup plus vaste. Les visiteurs masculins n'ont accès qu'à la première qui, comme dans les habitations musulmanes, est le lieu des activités sociales masculines.

Ci-dessus Nomades d'Afghanistan récitant leur prière dans une mosquée des plus sommaires, où est toutefois marquée la place du *mihrab*. Dans le désert, il suffit d'esquisser sur le sol le plan de l'édifice.

Ci-contre Les Kachkaïs de la région de Chiraz, dans le sud-ouest de l'Iran, transhument des pâturages d'hiver aux pâturages d'été. Descendants de nomades turcs qui s'établirent en Perse au XVe siècle, ils sont plus de 400 000. Au XXe siècle, ils ont été en conflit armé avec le gouvernement central. Dans les années 1930, Reza Shah tenta par la violence de les soumettre à son autorité. En 1962, le fils de Reza Shah établit un contrôle direct sur les déplacements des tribus et l'utilisation des terres.

En bas au centre Nomades campant au col d'Unaï, en Afghanistan. Noter les tentes noires en poil de chèvre et de chameau caractéristiques des régions désertiques du Moyen-Orient.

Le village

A droite Le village d'Aqra, bâti à flanc de montagne dans le Kurdistan iranien. Dans leur lutte pour l'autonomie, les paysans kurdes se sont battus âprement pour tenir à l'écart l'administration centrale. *Ci-dessous* Ces femmes dépiquent le blé, dans le sud-est de l'Anatolie. Elles ne portent pas de voile, comme dans beaucoup de villages islamiques. *En bas* Le pèlerinage à La Mecque est un des moyens les plus efficaces pour éveiller la conscience islamique en milieu rural. Le mur de cette maison, en haute Égypte, retrace l'histoire du pèlerinage de son propriétaire à La Mecque et à Médine.

La majorité des musulmans n'étaient jadis ni des nomades ni des citadins, mais des villageois. Nous ne sommes guère renseignés sur eux, en partie parce qu'ils ont laissé peu de témoignages, notamment architecturaux, et en partie parce qu'ils ont dû se tenir à l'écart pour survivre. La première qualité d'un paysan était d'accepter les usages établis afin de prouver le bien-fondé de la tradition. Il n'était pas souhaitable d'innover, de se laisser séduire par un modernisme outrancier. De même, l'Islam était adapté aux besoins locaux et reposait essentiellement sur les soufis et les tombeaux des saints. Il s'était développé au fil des siècles en même temps que la communauté villageoise, incorporant certaines coutumes préislamiques, comme le tombeau du saint pouvait occuper un ancien lieu consacré.

Le xxe siècle a apporté de profonds bouleversements dans la vie rurale. L'amélioration des communications et l'intégration dans l'économie nationale ou internationale l'ont mise en contact avec l'Islam plus complexe de la ville. Les paysans ont vu leurs pratiques religieuses condamnées, cependant que l'accent était mis sur une nouvelle façon d'être musulman. En même temps, ils ont dû faire face à l'attention accrue des agents d'un État moderne, soucieux à la fois de les taxer plus lourdement et de les contrôler de plus près. Parallèlement à la tradition, sont apparus un nouvel Islam réformiste et un nouveau sécularisme.

La ville

Les deux centres de la ville musulmane sont traditionnellement la grande mosquée, où les croyants se rassemblent le vendredi pour la prière de midi, et le bazar adjacent, où les échoppes étaient disposées par rapport avec la mosquée : les marchands de livres et de papier étaient les plus près de celle-ci, puis venaient les marchands de tissus, etc., jusqu'à la limite de la ville, où étaient vendus les articles les plus frivoles. Associés au bazar, il y avait les khans ou caravansérails urbains, où descendaient les voyageurs, et les hammams ou bains, reconnaissables à leurs cheminées fumantes et à leurs dômes bas et vitrés, où les croyants pouvaient satisfaire aux nécessités religieuses de la pureté rituelle et de la propreté corporelle. C'était l'univers de l'homme, ouvert à tous, où les cafés facilitaient les relations sociales.

Au bazar aboutissaient les principales rues des différents quartiers, lesquelles se ramifiaient en ruelles, et celles-ci en impasses. A mesure que l'étranger s'éloigne du brouhaha du bazar, il pénètre dans une oasis de calme, rompu parfois par des voix de femme derrière de hauts murs blancs, et il a l'impression d'être épié, car il est en train de violer un espace privé. Une pareille réaction n'a rien que de normal, étant donné que les quartiers sont souvent habités par des communautés homogènes, unies par des liens religieux, ethniques ou professionnels. En fait, ces quartiers ont un caractère distinctif qui permet de les considérer comme des unités autonomes. L'entrée en était naguère « un grand portail que l'on fermait la nuit », écrit un Cairote du XXe siècle. « Au milieu du portail il y avait une petite porte derrière laquelle se tenait un gardien. Ce portail était un vestige du passé, qui protégeait le voisinage des voleurs, des émeutiers et des soldats pillards. »

Depuis une centaine d'années, les anciennes structures ont été ébranlées, d'une manière qui semble symboliser le défi porté par la civilisation occidentale à la société musulmane. De nouvelles villes ont poussé à côté des anciennes, souvent fondées par les puissances coloniales, parfois par des leaders musulmans désireux de donner à leur peuple ce qui fait la force de l'Occident. Elles sont rarement bâties autour d'une mosquée du vendredi, mais plutôt autour du quartier administratif et de ce qui est le symbole d'un État moderne : les banques et les bureaux des sociétés internationales — on a ainsi New Delhi à côté de Shahjahanabad, Téhéran Nord à côté de Téhéran Sud. Il y a là de larges avenues, des cinémas, des immeubles résidentiels de luxe : l'insociabilité occidentale se substitue peu à peu à la chaleur des rapports humains dans les quartiers de jadis.

A droite Le bazar commence près de l'entrée de la mosquée de Koum (Qum), Iran, ce qui illustre l'étroite association de ces deux pôles de la vie urbaine en terre d'Islam.

A gauche Ruelle d'un vieux quartier d'Alger. Parlant de la vie dans de tels quartiers, le lettré égyptien Ahmad Amin écrivait « Loin de nous la tendance européenne qui fait qu'un homme peut vivre près de son voisin pendant des années sans rien savoir de lui... Tous les habitants de notre quartier étaient des voisins qui connaissaient le nom, la vie, les occupations de chacun d'entre eux. Si l'un était malade, ils allaient à son chevet, s'affligeaient ensemble lors des funérailles, prenaient part aux réjouissances, et se prêtaient de l'argent en cas de besoin... »

A droite L'antique cité de Sana, au Yémen, avec ses immeubles à plusieurs étages ; *au centre,* la ville moderne de Madinat Isa dans l'île de Bahreïn.

En bas à droite (p. 217) Ce plan, où l'on voit la juxtaposition du vieux Tunis et de la nouvelle ville coloniale française, montre le rapport existant entre l'ancien milieu urbain musulman et le nouveau, qui s'est développé à ses côtés. Le tracé des rues de la nouvelle cité, disent certains Tunisiens, a la forme d'une croix plantée dans le cœur de la vieille ville.

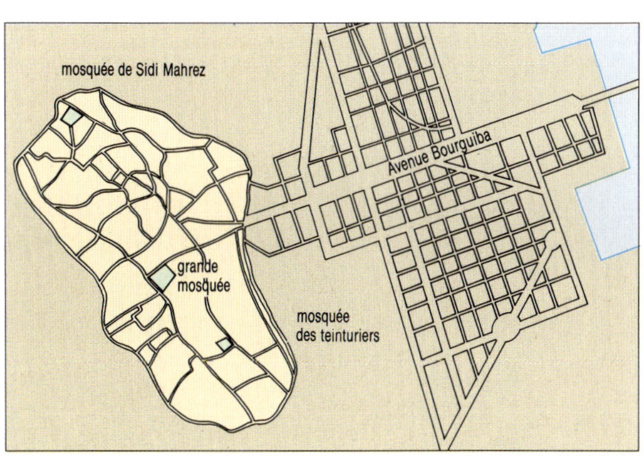
mosquée de Sidi Mahrez
Avenue Bourguiba
grande mosquée
mosquée des teinturiers

La maison

Ci-dessous à gauche L'habitation musulmane n'est pas tournée vers le monde extérieur. Le grand mur aveugle et le portail décoré de cette maison de Fez, au Maroc, montrent à l'évidence le souci d'intimité de la famille qui l'habite.

Ci-dessous Ce patio verdoyant d'une maison cairote de la période mamluke suggère ce qu'il doit y avoir derrière la façade d'aspect rébarbatif. Ce genre de patio, qu'agrémente parfois une fontaine, est typique des vastes demeures urbaines des grands centres commerciaux du Moyen-Orient.

Les habitations musulmanes varient à travers le monde islamique selon l'influence de modèles préislamiques, les économies régionales, les différences de climat, de matériaux et de techniques de construction. Toutefois, les préceptes de l'Islam sur l'isolement des femmes et l'importance fondamentale de la famille ont déterminé une même approche de la fonction dévolue à l'habitation. C'est avant tout un espace privé dans lequel la famille peut travailler et se reposer. Elle est conçue pour ceux qui y vivent et ne livre presque rien d'elle-même à l'extérieur ; au contraire, elle présente au monde un aspect austère et rébarbatif. Dans certains cas, ce sera un grand mur aveugle. S'il est percé de fenêtres au rez-de-chaussée, elles seront petites, grillagées et suffisamment hautes pour qu'un passant ne puisse jeter un coup d'œil indiscret à l'intérieur. Si elles sont situées un peu plus haut, les ouvertures seront plus grandes, garnies de jalousies et souvent en saillie sur la rue. Tout est conçu de façon que personne ne puisse voir ce qui se passe à l'intérieur, et aussi pour que chaque membre de la maisonnée ait son intimité préservée.

La porte d'entrée est vaste, parfois monumentale, parfois décorée de couleurs et de symboles béné-

Ci-dessus Véranda en bois grillagé supportée par une console en pierre, dans le vieux quartier de Djedda, en Arabie Séoudite. Ces structures sont couramment ajoutées aux étages supérieurs des habitations des villes du Moyen-Orient.

fiques, qui tous montrent l'importance du passage d'un espace public à un espace privé. Le seuil franchi, le visiteur est rapidement conduit à la pièce de réception réservée aux hommes, qui est habituellement près de l'entrée afin de réduire les risques de rencontrer les femmes de la maison. C'est là que le maître de céans entend faire valoir sa situation de fortune, par l'abondance et la qualité de la décoration et des objets précieux. Là, les voisins se réunissent pour bavarder et se détendre, et se livrer à leur goût pour la poésie, ou pour discuter sans fin de religion.

La plus grande partie de la maison, comme dans la tente des nomades dont il a été question p. 212, est le domaine des femmes ou *harem,* du mot arabe *haram* signifiant «aire sacrée». Il est interdit aux hommes, sauf au mari et à ceux auxquels la consanguinité rend tout mariage impossible. Il est souvent disposé autour d'une cour dans laquelle les femmes passent le plus clair de leur temps. Depuis une époque récente, la séparation stricte entre les parties privées et publiques de la maison n'est plus guère observée, et hommes et femmes appartenant ou non à une même famille se rencontrent en diverses occasions. De fait, les immeubles modernes ont souvent favorisé ce changement, car il n'y est fait aucune concession architecturale aux préférences de l'Islam.

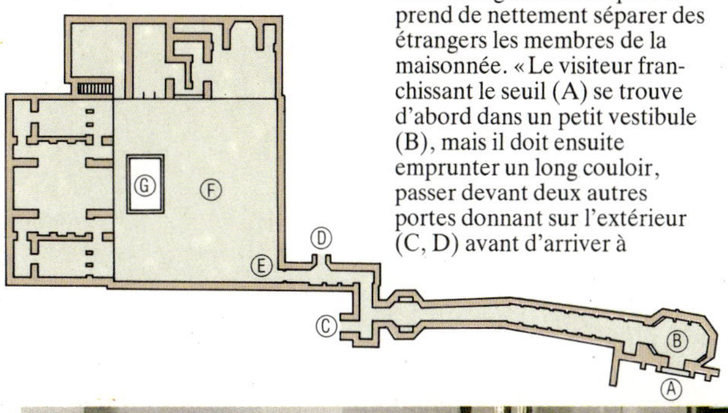

Ce plan d'une maison d'Ispahan témoigne du soin que l'on prend de nettement séparer des étrangers les membres de la maisonnée. «Le visiteur franchissant le seuil (A) se trouve d'abord dans un petit vestibule (B), mais il doit ensuite emprunter un long couloir, passer devant deux autres portes donnant sur l'extérieur (C, D) avant d'arriver à l'entrée (E) donnant accès à la cour intérieure (F), dotée d'un bassin (G)» (d'après Michel). Une fois admis, le visiteur sera conduit au salon de réception des hommes.

Ci-dessous Yéménites mâchant des feuilles de *qat,* plante aux propriétés stimulantes, dans le *mafraj* ou salle des hôtes d'une maison de Sana.

La condition féminine

Peu de sujets préoccupent aussi vivement les observateurs de la société islamique que la condition féminine. Il en est peu également qui suscitent une telle passion chez les musulmans eux-mêmes. Les positions sont nettement tranchées, entre les conservateurs, les réformistes, les phallocrates zélés, les féministes convaincus. Pour les *ulama,* la condition de la femme est devenue la pierre de touche de leur capacité à défendre l'Islam. Aux yeux des dirigeants politiques, ce problème symbolise l'archaïsme de leur peuple face à l'Occident. Chacun a son mot à dire, et l'objectivité est chose rare.

Il est indéniable que le droit religieux musulman semble reconnaître ouvertement la supériorité de l'homme sur la femme. Un croyant peut avoir quatre épouses, mais si une femme prend plusieurs maris elle commet un adultère et est passible de châtiments très sévères dans ce monde et dans l'autre. Un homme peut épouser une infidèle sans exiger sa conversion, mais une femme ne peut se marier qu'avec un musulman. Un homme peut demander unilatéralement le divorce, mais une femme ne peut le faire que difficilement, pour des motifs bien précis et devant un tribunal; la garde des enfants est d'ailleurs toujours confiée au père. De plus, un homme a une part d'héritage double de celle d'une femme, et en justice son témoignage a deux fois plus de valeur. Outre ces marques juridiques d'infériorité, il y a celles qui ne sont pas clairement spécifiées dans le Coran, mais qui découlent de ses préceptes généraux. Ainsi, il n'est dit nulle part dans le livre sacré que les femmes doivent vivre retirées dans le harem ou se voiler de la tête aux pieds lorsqu'elles vont par les rues. A l'appui de la première de ces obligations, on cite cependant le verset suivant (XXXIII, 32-33): «O vous, les femmes du Prophète, vous n'êtes comparables à aucune autre femme... Restez dans vos maisons et ne vous montrez pas dans vos atours comme le faisaient les femmes au temps de l'ancienne ignorance.» Quant à la seconde, on peut la rapprocher de l'injonction faite à tous les croyants de se montrer discrets dans la conduite de leur vie privée: «O Prophète, dis à tes épouses, à tes filles et aux femmes des croyants de se couvrir de leurs voiles; c'est pour elles le meilleur moyen de se faire connaître et de ne pas être offensées» (XXXIII, 59). En conséquence, le harem et le voile, avec toutes les contraintes que cela implique, sont devenus le signe distinctif des femmes chez la plupart des peuples musulmans.

Pour justifier ces mesures, un traditionaliste peut évoquer d'abord le rôle de l'Islam dans la nette amélioration du sort des femmes dans l'Arabie du VIIe siècle, et rétorquer ensuite que l'égalité spirituelle des femmes est affirmée tout au long du Coran:

> Oui, ceux qui sont soumis à Dieu et celles qui
> lui sont soumises, les croyants et les croyantes,
> les hommes pieux et les femmes pieuses,
> les hommes sincères et les femmes sincères,
> les hommes patients et les femmes patientes,
> les hommes et les femmes qui redoutent Dieu,

les hommes et les femmes qui font l'aumône, les hommes et les femmes qui jeûnent, les hommes chastes et les femmes chastes, les hommes et les femmes qui invoquent souvent le nom de Dieu : voilà ceux pour lesquels Dieu a préparé un pardon et une récompense sans limite (XXXIII, 35).

Qui plus est, le mari est responsable de son épouse devant Dieu : « Prenez garde de bien traiter vos épouses », recommande le Prophète dans son sermon d'adieu. « En vérité, elles sont à vous parce que Dieu vous les a confiées, et c'est par le bon vouloir de Dieu qu'il vous est permis de les épouser. » Quant à la position inférieure qui est la leur de par la coutume et la loi, les conservateurs soutiennent qu'il ne s'agit pas là d'une infériorité réelle, mais simplement d'une reconnaissance des rôles différents dévolus aux hommes et aux femmes. Si les femmes vivent recluses, c'est parce qu'elles doivent être protégées dans leurs fonctions d'épouses et de mères. Si leur part d'héritage est la moitié de celle de leurs frères, c'est que la subsistance de la famille est entièrement à la charge du mari et que la femme peut disposer de ses propres ressources à sa guise. L'impossibilité d'observer le commandement de Dieu l'obligeant à traiter pareillement chacune de ses épouses constitue pour le musulman pieux un sérieux obstacle à la polygamie ; et le fait de devoir rendre à sa femme la plus grande partie de sa dot lui donne à réfléchir avant de la répudier.

Le droit islamique et les préférences musulmanes ont écarté les femmes de l'histoire de l'Islam. Bien entendu, elles ont exercé une influence à partir du harem, comme Roxelane, épouse de Soliman le Magnifique, ou Nur Jahan, épouse de Jahangir. Mais très peu accédèrent au pouvoir, et le cas de Shajar al-Durr, qui régna sur l'Égypte mamluke en 1249-1250, est exceptionnel. Les chances offertes aux femmes se sont cependant multipliées à la suite du vaste processus de modernisation qui a commencé sous l'influence de l'Occident. Devant l'exemple européen, les femmes ont été amenées à jouer un plus grand rôle en dehors de chez elles. Les gouvernements musulmans modernes s'y montraient favorables, par souci d'utiliser les cerveaux et l'énergie qu'offrait la population féminine. Les femmes en sont venues à jouer un rôle de plus en plus important dans la transformation de la société.

L'influence grandissante des femmes, notamment de celles qui ont reçu une éducation poussée, n'amène pas nécessairement à un rejet des valeurs islamiques. Depuis quelques années, on assiste à un usage croissant du voile dans tous les pays musulmans, chez les nouvelles venues en milieu urbain qui copient les groupes socio-économiques dominants, mais aussi chez les femmes cultivées qui protestent de voir leur pays s'écarter des principes de l'Islam. Les femmes, qu'elles se réclament ou non de ces derniers, jouent à présent un rôle important dans la vie publique : c'est le plus grand défi apporté au modèle islamique établi voici près de quatorze siècles.

Page précédente « Le Paradis », a dit le Prophète, « se trouve aux pieds de votre mère. »
Ci-contre Femmes afghanes enveloppées dans la *burqa*. « C'est vraiment éprouvant », se plaint une jeune Indienne. « Il serait déjà assez pénible d'aller sans *burqa* par cette chaleur, avec le soleil qui tape toute la journée. Mais imaginez la gêne d'un vêtement supplémentaire ! Je rentre toujours trempée de sueur. » Une de ses compatriotes y trouve quelques avantages : « Vous pouvez croiser des hommes dans la rue sans être reconnue. S'il m'arrive de vouloir aller au cinéma avec mon amie, je n'ai qu'à dire à mon mari que nous allons au bazar (ce qu'il ne met pas en doute) et nous sortons. Nous le croisons parfois sur le chemin du retour, mais lui n'en sait rien ! »
Ci-dessous Femmes attendant au fond de la mosquée Juma à Delhi, pendant que les hommes prient. Il ne leur est pas interdit d'aller prier à la mosquée, mais il est préférable qu'elles le fassent chez elles.
A droite Deux styles de vie : une femme voilée contemplant deux mannequins vêtus à l'occidentale (Qum, Iran).
En bas à droite Les femmes ayant régné sont rares et l'existence d'une dynastie féminine, comme celle des Begum de l'État de Bhopal, en Inde, de 1844 à 1926, est encore plus rare. Ici la Begum Sultan Jahan (qui régna de 1901 à 1926) quitte le ministère des Affaires indiennes à Londres, en octobre 1925.
En bas au centre Ces infirmières de l'hôpital de Kandahar, Afghanistan, constituent un exemple des nouvelles tâches que remplissent les femmes musulmanes.

Ci-contre Les femmes ont souvent joué un rôle actif dans l'éveil des nationalités. Quand les Grecs envahirent la Turquie en mai 1919, Halidé Edilé, le visage découvert, prononça une harangue enflammée devant 50 000 personnes près de la mosquée du Sultan Ahmed à Istanbul.

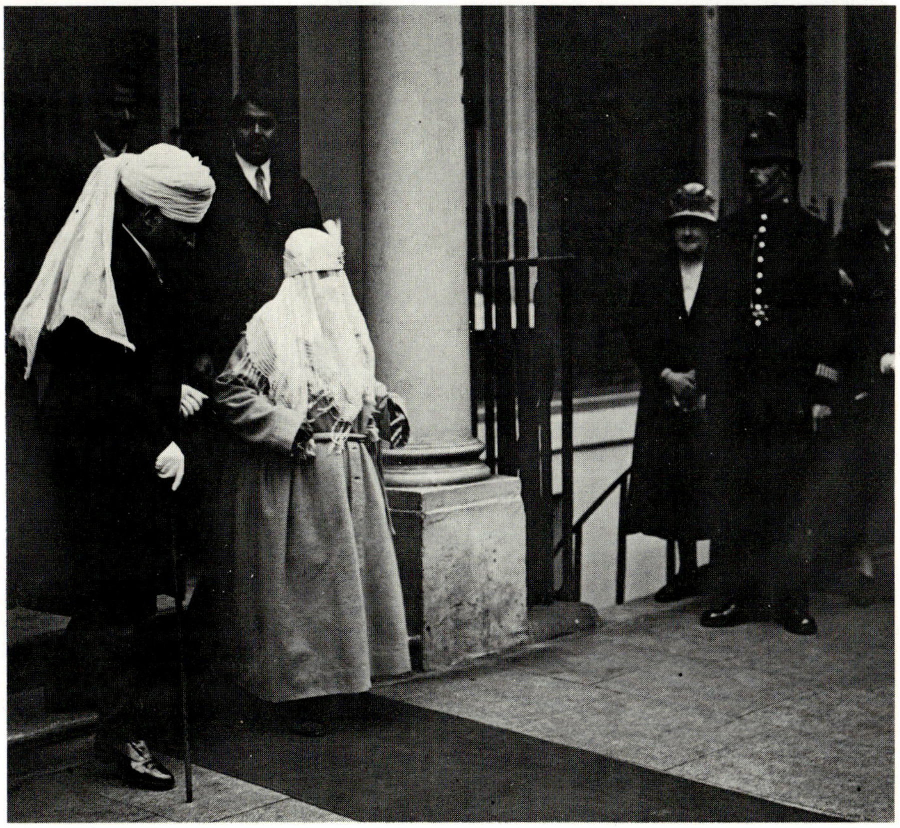

GLOSSAIRE

alim (pluriel *ulama*) Homme instruit, en particulier en droit musulman et dans les sciences religieuses.

ayatollah (Littéralement «signe de Dieu») titre conféré par ses disciples shiites à un **mujtahid** qui s'est distingué par la rigueur de sa foi.

baraka Bénédiction, faveur divine, souvent attribuée aux saints soufis.

basmala Formule par laquelle les musulmans commencent tout acte important: «Au nom de Dieu Clément et Miséricordieux».

bida Innovation sur un point de droit; c'est ce qui se rapproche le plus du concept chrétien d'hérésie.

cadi Voir qadi.

calife (arabe *khalifa,* «vicaire, lieutenant») Successeur de Mahomet à la tête de la communauté musulmane. Le titre implique la continuité religieuse et la souveraineté politique sur tous les peuples musulmans, mais aucune révélation divine directe.

dar el-harb «Le pays de la guerre», c'est-à-dire l'ensemble des territoires en dehors du **dar al-Islam,** «la terre d'Islam». Tout territoire qui ne reconnaît pas l'Islam était sous la menace du **jihad.**

dar al-Islam «La terre d'Islam», c'est-à-dire tous les territoires qui reconnaissent la loi de l'Islam.

devshirmé Système de recrutement et d'entraînement d'esclaves (en particulier chrétiens) pour le service de l'État dans l'empire ottoman. Environ 10% étaient envoyés à l'école du palais pour y être préparés aux plus hautes fonctions gouvernementales. Les autres étaient préposés aux travaux agricoles et recevaient en outre une formation militaire.

dhikr «Formule rituelle, invocation» exercice spirituel pour devenir pleinement conscient de la présence de Dieu en soi-même.

dhimmi Minorité religieuse protégée et tolérée par les Ottomans jusqu'au XVIIe siècle. Rentraient dans cette catégorie les juifs, et parmi les chrétiens les Coptes, les Grecs, les Arméniens et les Syriens, à qui il était permis de s'organiser en communautés distinctes ou **milal** (pluriel de *milla*).

dikka Estrade depuis laquelle le préposé, généralement le muezzin d'une mosquée, répète en les amplifiant les paroles et les gestes de l'imam au bénéfice de l'assemblée des fidèles.

émir Commandant militaire, gouverneur de province.

Fatiha La première sourate du Coran, qui correspond au *Credo* des chrétiens.

fatwa Décision ou opinion sur un point de droit musulman exprimée par un **mufti.**

Fulanis, Foulbés ou Peuls La plus importante société nomade du monde, qui opéra de profondes réformes religieuses en Afrique occidentale. En 1680, ils entreprirent une série de guerres saintes qui aboutit à l'établissement des États islamiques de Fouta-Djalon, Fouta-Toro, Khasso, Kaarta, Masina et Sokoto.

Frères musulmans Mouvement militant mettant tout en œuvre pour faire triompher les valeurs islamiques. Né en Égypte, il s'est répandu dans tout le monde arabe. En 1954, sa tentative d'assassinat contre Nasser échoua. Mais en 1981, une organisation procédant de ce mouvement réussit à abattre Sadate.

ghazi Guerrier menant la guerre sainte; le mot devint par la suite un titre honorifique.

ghulam Membre d'un corps de gardes d'élite ou de serviteurs du palais composé d'esclaves, dans l'empire safavide.

hadîth Parole ou action attribuée au Prophète, ou recueil les rassemblant sous une forme fixée par la tradition. Le corpus des *hadîths* est une des principales sources de la **sharia.**

hajj (hadj) Pèlerinage à La Mecque que tout musulman adulte sain de corps et d'esprit doit accomplir une fois dans sa vie.

hanafisme Une des quatre écoles de droit sunnites, fondée par Abou Hanifa (mort en 767). C'était le système juridique prédominant dans l'empire ottoman, l'Asie centrale et l'Inde.

hanbalisme Une des quatre écoles de droit sunnites, fondée par Ahmad Ibn Hanbal (mort en 855) et connue pour son opposition aux approches spéculatives et rationalistes des trois autres écoles.

Hedjaz Partie nord-ouest de la péninsule Arabique, en bordure de la mer Rouge, qui comprend les villes saintes de La Mecque et de Médine.

Hijra (hégire) Exode du Prophète et de ses disciples de La Mecque à Médine en 622 ap. J.-C.; sert de point de départ à l'ère musulmane.

Idrisiya Confrérie soufie fondée par le Marocain Ahmad Ibn Idris, dont l'influence s'étendit en Afrique au XIXe siècle.

ijaza Licence ou diplôme permettant au titulaire de dispenser l'enseignement contenu dans un ouvrage ou de professer une voie soufie particulière. Ce «certificat» établit la transmission ininterrompue de ce savoir depuis la source originelle.

ijma Consensus de la communauté savante sur un point de droit.

ijtihad Exercice de la raison visant à s'assurer par un effort personnel du bien fondé d'une disposition de la **sharia.** Au Xe siècle, les sunnites considéraient que l'**ijtihad** n'était licite que pour des points sur lesquels les autorités reconnues n'avaient pas encore tranché. Par contre, les shiites permettent le libre usage de l'ijtihad à leurs savants docteurs.

ikhwan Corps d'élite créé par Abd al-Aziz ibn Séoud et composé de «frères» prêts à mourir en combattant pour l'Islam. Établis dans plus de 200 communautés ou *hijrah,* c'est grâce à eux qu'il put étendre son autorité sur l'Arabie Séoudite de 1912 à 1929.

imam Celui qui dirige la prière à la mosquée, ou de façon plus générale la communauté musulmane. Chez les sunnites, tout **alim** de grand renom peut être appelé imam. Chez les shiites, c'est un des 12 successeurs du Prophète, descendants d'Ali et chefs légitimes de la communauté islamique.

iwan Vaste porche voûté ouvert sur un côté; cet important élément de l'architecture préislamique d'Asie centrale fut adopté pour les mosquées et les madrasas de la région.

Iznik, céramique Le plus beau type de céramique ottomane. On distingue trois périodes: 1490-1520, seuls le bleu et le blanc sont utilisés; 1525-1550, le type dit de Damas et de la Corne d'Or introduit de nouvelles nuances de bleu et un vert discret; 1550-1700, le type rhodien utilise de nombreux motifs et sept coloris.

janissaire Soldat ottoman membre d'un corps d'infanterie d'élite, parfaitement entraîné, constitué à l'origine à partir du **devshirmé** et devenu héréditaire par la suite.

jihad «Effort dans la voie de Dieu», d'où guerre «juste» ou sainte. Elle doit être menée contre les infidèles. Ce terme désigne aussi le combat livré par l'individu contre ses bas instincts. La guerre contre des musulmans ou des minorités protégées (**dhimmi**) est interdite.

jizya Taxe prélevée sur les infidèles vivant sur un territoire musulman, abolie par Akbar.

Kaaba Construction cubique au centre du sanctuaire de la grande mosquée de La Mecque, où les musulmans croient qu'Abraham édifia le premier lieu de culte au Dieu unique. C'est le cœur même de l'Islam, autour duquel les fidèles viennent tourner et prier, cette circumambulation étant le moment culminant du **hajj.**

Khalwatiya Ordre soufi basé au Caire, dont l'influence s'est répandue en Afrique au XIXe siècle. *Khalwat* signifie «retraite, méditation».

khan Titre turc désignant à l'origine le chef d'un État; c'est aussi une sorte d'auberge pour marchands ambulants.

khoja Titre donné aux soufis d'Asie centrale qui descendaient du Prophète et qui acquirent le pouvoir politique à partir du XVIe siècle. C'est aussi le nom donné aux partisans de l'Agha Khân.

koufique Écriture utilisée fréquemment pour les premiers Corans et les inscriptions monumentales. Ainsi nommée d'après l'ancien centre culturel de Koufa (Irak), elle se distingue par la forme «statique» et très décorative des caractères.

kursi Lutrin sur lequel est posé le Coran dans les mosquées.

madrasa École où l'on enseigne la théologie, le droit, la grammaire et la littérature arabes, les *hadîths* et où l'on commente le Coran. C'est là que sont formés les *ulama* versés dans les sciences islamiques.

Maghreb (littéralement «Occident») Le terme s'applique de façon générale à l'actuel territoire de la Libye, de la Tunisie, de l'Algérie et du Maroc.

Mahdi («celui qui est guidé») Titre que s'octroya Muhammad Ahmad en 1881, qui prit Khartoum en 1885 et établit un État mahdiste au Soudan.

maidan Esplanade ou place à l'intérieur d'une ville.

malikisme Une des quatre écoles juridiques sunnites, fondée par Malik Ibn Anas (mort en 796). Son influence s'étend à toute l'Afrique musulmane, en particulier au Caire.

mamluk (littéralement «possédé») A l'origine c'était un esclave qui devint par la suite membre d'un corps de cavalerie d'élite qui établit son autorité en Égypte de 1260 à 1517.

mansabdar Fonctionnaire civil ou militaire dans l'empire mogol; il faisait partie d'un corps organisé selon une hiérarchie décimale.

marabout Terme désignant habituellement les soufis marocains; c'est une déformation française de l'arabe, et le mot s'applique à un homme pieux «lié» à Dieu.

Mahrattes Au sens général habitants du Maharashtra, dans l'Inde occidentale. A partir du milieu du XVIIe siècle, les Mahrattes hindouistes se livrèrent à d'incessantes incursions dans l'empire mogol.

masjid Lieu de prière, mosquée.

mawlid Cérémonie pour célébrer la naissance du Prophète, le 12 Rabi al-Awwal.

mihrab Niche dans un lieu de prière indiquant la direction de La Mecque. En elle-même, à la différence de la direction qu'elle indique, elle n'est pas un lieu sacré, mais elle est l'élément central de toute mosquée.

milla (puriel *milal*) Communautés religieuses minoritaires auxquelles les Ottomans permettaient de vivre selon leurs propres lois.

minbar Chaire depuis laquelle l'imam prononce le sermon du vendredi. Il se place sur une des marches de l'estrade; seul le Prophète prêchait du haut de la tribune.

mollah Chef religieux faisant partie des *ulama,* en particulier dans l'Iran shiite.

muezzin Croyant attaché à une mosquée et chargé d'appeler les fidèles à la prière cinq fois par jour.

mufti Savant docteur versé dans la **sharia** et qui émet un avis (**fatwa**) quand on le consulte.

mujtahid Celui qui pratique l'**ijtihad** ou effort de recherche personnel sur la signification et la finalité de la loi.

Naqshabandiya Ordre soufi qui joua un rôle capital dans le mouvement du XVIIIe et du XIXe siècle en matière de réforme et de réveil religieux en Asie.

Padri, (mouvement) Mouvement réformiste apparu à Sumatra au début du XIXe siècle.

pishtaq, Porte monumentale, décorée habituellement de carreaux de céramique polychromes, propre aux madrasas d'Asie centrale.

qadi Juge désigné pour interpréter la **sharia.**

qari Celui qui psalmodie le Coran.

qiyas Raisonnement par analogie, qui constitue un complément de la **sharia.**

raka Division («prosternation») de la prière rituelle.

shafiisme Une des quatre écoles juridiques sunnites, fondée par Imam al-Shafii (mort en 820). Elle prédomine en Asie du Sud-Est, en Égypte, en Syrie et au Hedjaz.

shahada Profession de foi musulmane: «Il n'y a de dieu

que Dieu et Mahomet est le Prophète de Dieu. »

shaikh (cheik) Littéralement « vieillard »; chef de tribu; tout chef religieux; en particulier « maître » soufi indépendant à même de guider ses disciples dans sa propre voie spirituelle.

Shaikh al-Islam Le **mufti** d'Istambul, l'autorité religieuse suprême dans l'empire ottoman.

sharia La loi islamique. Basée sur le Coran et les **hadîths,** elle embrasse sous les aspects de la vie musulmane.

sharif (chérif) Titre signifiant « de haute naissance, noble » qui est donné aux descendants du Prophète.

shiisme Doctrine du groupe ou « parti » de musulmans qui, à l'encontre de l'opinion des croyants orthodoxes (sunnites), tiennent Ali pour le successeur légitime (ou calife) de Mahomet. A l'origine, ils étaient majoritaires en Irak, mais leur implantation en Iran est liée au triomphe des Safavides au XVIe siècle.

silsila Chaîne initiatique assurant la transmission du soufisme.

sipahi Soldat de la cavalerie ottomane qui recevait en paiement des terres ou **timar.**

soufisme Mysticisme islamique. Démarche particulière fondée sur l'attitude intérieure qui préside chez le croyant à l'accomplissement de ses obligations dans le monde, le soufisme contribua pour une bonne part à la diffusion de la foi.

sourate Chapitre du Coran.

sultan Titre appliqué au détenteur du pouvoir temporel, il finit par devenir le terme usuel pour souverain.

sunnisme L'Islam orthodoxe, dont l'enseignement est basé sur le Coran, les *hadîths* et les quatre écoles juridiques : hanbalite, hanafite, malikite et shafiite.

tariqa « Voie » soufie d'approche du divin.

timar Lotissement de terre attribué aux soldats de la cavalerie ottomane au service de l'État.

tchador (tente) Voile noir que portent les femmes en Iran.

Turcomans Population turque ayant dominé une grande partie de l'Anatolie après le déclin des Seldjoukides. Ils vivent aujourd'hui en Irak, en Syrie et dans les territoires à l'est de la Caspienne.

ulama Voir **alim.**

Ummah L'ensemble de la communauté islamique.

vilayat *(vilayet)* Territoire administratif, district ou province.

vizir Forme francisée de *wazir,* haut fonctionnaire à qui un souverain déléguait l'administration de l'État; dans l'empire ottoman, il était à la tête du « conseil des ministres ».

wahhabite Partisan de Muhammad Abd al-Wahhab, qui au milieu du XVIIIe siècle fit campagne en Arabie pour susciter un réveil religieux. Les wahhabites exercèrent le pouvoir au Nedjed durant une grande partie du XIXe siècle, et ils jouèrent un rôle important dans la fondation de l'État d'Arabie Séoudite.

wayang Théâtre d'ombres javanais, basé sur les cycles du théâtre hindou traditionnel, mais comprenant un cycle *(wayang golek)* relatif à Amir Hamza, oncle du Prophète.

zakat Aumône légale.

zawiya Loge soufie, dite aussi *ribat* en arabe, *kanqah* en persan et *tekke* en turc.

TABLE DES ILLUSTRATIONS

BIBLIOGRAPHIE

La liste d'ouvrages ci-dessous ne prétend pas être exhaustive. Il s'agit de simples points de départ pour une étude plus approfondie. Chaque fois que cela fut possible nous avons mis l'accent sur les histoires, les collections de documents ou d'œuvres littéraires traduites, car elles constituent le plus souvent la meilleure voie d'accès à un autre monde. Tous les ouvrages publiés en éditions de poche sont signalés par un *.

Les ouvrages de base servant de référence sont l'*Encyclopédie de l'Islam* (4 vol., Maisonneuve Larose, Paris 1960-1963), et *The Shorter Encyclopaedia of Islam* (H.A.R.Gibb et J.H.Kramers; Leyde 1953), qui offre un choix, en particulier dans la bibliographie, d'articles tirés de The *Encyclopaedia of Islam*, 1ère éd. (Leyde 1913-38). Celle-ci est largement dépassée, mais on peut encore s'y reporter pour certains domaines non traités dans la seconde édition actuellement en cours (J. H. Kramers et coll.) (Leyde 1954). Les diverses éditions de l'*Encyclopaedia* constituent des ouvrages de référence fondamentaux pour tout ce qui touche à l'Islam ou à la civilisation islamique, en particulier pour la période prémoderne. Toutes les entrées comportent des bibliographies substantielles. On trouvera de nouvelles données bibliographiques dans J. D. Pearson, *Index Islamicus 1906-55*, qui publie périodiquement des suppléments, Jean Sauvaget, *Introduction to the History of the Muslim East* (Berkeley, Calif., 1965) et *P. M. Holt, A. K. S. Lambton et B. Lewis (dir.), *The Cambridge History of Islam* (2 vol.; Cambridge 1970).

*Marshall G. S. Hodgson, *The Venture of Islam: Conscience and History in a World Civilization* (3 vol., Chicago, Ill. 1974), de ton modéré et plus faible pour la partie moderne que pour la période antérieure, reste un ouvrage remarquable, qui offre le développement le plus satisfaisant sur l'histoire de l'Islam dans son ensemble. Ceux qui désirent en savoir davantage sur les travaux récents et l'opinion actuelle sur un plan général peuvent consulter: *The Middle East Journal* (1946-), publié par le Middle East Institute, Washington, D.C., et *The Muslim World* (1911-), publié par la Hartford Seminary Foundation, Hartford, Conn., destiné à l'origine aux missionnaires chrétiens. *The Islamic Quaterly* (1954-), publié par l'Islamic Cultural Centre, Londres, est édité par des missionnaires musulmans. Ceux qui sont intéressés par les derniers travaux de l'érudition classique peuvent consulter pour commencer les revues et articles dans: *Revue des études islamiques* (Paris 1927-), *Bulletin of the School of Oriental and African Studies* (Londres 1917-) et *Studia Islamica* (Paris 1953).

L'Occident face à l'Islam

Dans ce domaine la voie a été frayée par Norman Daniel dans *Islam and the West: the Making of an Image* (Édimbourg 1960) et *Islam, Europe and Empire* (Édimbourg 1966). Richard W. Southern's, *Western Views of Islam in the Middle Ages* (Cambridge, Mass. 1962) présente un aperçu brillant de ce qu'annonce le titre. Il y a aussi une récente et précieuse mise au point de Maxime Rodinson, «The Western Image and Western Studies of Islam» dans*Joseph Schacht and C. E. Bosworth (dir.), *The Legacy of Islam* (Oxford 1974), pp. 9-62. Le sujet a cependant été parfaitement maîtrisé dans un livre récent au style vigoureux et passionné: *Edward W. Said, *Orientalism* (Londres 1978), où il est dit que, pratiquement jusqu'à ce jour, les études des Occidentaux sur l'Islam nous en disent plus sur l'Occident que sur l'Islam. La plupart des spécialistes, tout en reconnaissant que Said marque un point, trouvent ses conclusions excessives. Une autre approche de ce problème passe par l'intermédiaire de l'art, et en l'occurrence Philippe Julian, *The Orientalists* (Oxford 1977), révèle par une iconographie somptueuse la découverte de l'Orient par les peintres du XIXe siècle.

Première partie: Naissance et histoire de l'Islam

Les neuf premiers siècles de 622 à 1500

Il existe plusieurs brefs et remarquables ouvrages sur l'Islam en général: *H. A. R. Gibb, *Islam* (nouveau titre de la 2e éd., Oxford 1975); *Fazlur Rahman, *Islam* (2e éd., Chicago, Ill., 1979); *A. Guillaume, *Islam* (2e éd.; Harmondsworth 1976); *Kenneth Cragg, *The House of Islam* (2e éd., Encino, Calif., 1975). Ils sont tous bons, mais le premier et le plus ancien, publié d'abord en 1949, reste le meilleur. Cependant, *House of Islam* de Kenneth Cragg est destiné à accompagner l'excellente anthologie qu'il a composée avec Marston Speight, *Islam from Within* (Wadsworth, Calif. 1980); ces deux ouvrages donnent une idée exacte de ce que pensent et ressentent les musulmans pieux.

Les livres suivants présentent des exposés généraux utiles sur une partie ou sur l'ensemble des neuf premiers siècles de l'histoire de l'Islam: Bernard Lewis, *The Arabs in History* (4e éd., Londres 1966); *F. Gabrielli (trad. Cl. Carme), *Mahomet et les conquêtes arabes* (Paris 1967); *John J. Saunders, *A History of Medieval Islam* (Londres 1965); G. von Grunebaum (trad. K. Watson), *Classical Islam: History 600-1259* (Londres 1970). Mais la meilleure étude d'ensemble due à un seul auteur reste les deux premiers volumes de *Marshall G. S. Hodgson, *Venture of Islam.* Plusieurs biographies récentes consacrées à Mahomet doivent être signalées: William M. Watt, *Muhammad at Mecca* (Oxford 1953) et *Muhammad at Medina* (Oxford 1956), qui mettent en évidence les implications sociales et politiques de l'œuvre du Prophète, ainsi que le livre de l'orientaliste marxiste français Maxime Rodinson, *Mahomet* (Paris 1961). Les anthologies et les traductions d'œuvres littéraires abondent; d'excellente tenue et traitant de la politique, de la guerre, de la religion, et de la société et même de l'humour musulman dans un chapitre délicieux, est le livre de Bernard Lewis, *Le monde de l'Islam* (Bordas, Paris 1970). Mais la lecture de deux chefs-d'œuvre est particulièrement recommandée: *Voyages*, d'Ibn Battuta (traduit en français par Stéphane Yerasimas, 3 vol., La Découverte, Paris 1982), et les *Prolégomènes* ou introduction à l'histoire du monde d'Ibn Khaldoun, *Discours sur l'histoire universelle* (Al-Mugaddima) (3 vol., Sindbad, Paris 1978). Deux excellents aperçus illustrés de cette période ont été publiés récemment: Michael Rogers, *The Spread of Islam* (Oxford 1976), un survol illustré de l'histoire islamique jusqu'en 1500 utilisant les témoignages architecturaux et archéologiques pour illustrer différents thèmes, et Bernard Lewis (dir.), *The World of Islam: Faith, People, Culture* (Londres et New York 1976), ouvrage auquel ont contribué d'éminents spécialistes.

Les lignes de force de la civilisation islamique: il existe de nombreuses traductions du Coran en français: nous citerons parmi les meilleures celles de D. Masson (Paris 1967), M. Hamidullah (Paris 1959) et R. Blachère (Paris 1957). L'étude classique sur la formation des *hadîths* est celle d'Ignaz Goldziher, *Muhammedanische Studien* vol. 2 (Halle 1890; éditée et traduite par L. Bercher) et du même auteur, traduites par Bousquet, *Œuvres islamologiques choisies.* Une anthologie populaire de *hadîths* tirés des six principaux recueils a été traduite en anglais et se trouve facilement: Al-Haj Maulana Fazlul Harim (trad.), *Al-Hadis: an English Translation and Commentary of Mishkat-ul-Masabih* (4 vol., Lahore 1938). Sur le droit musulman, *Noel J. Coulson, *A History of Islamic Law* (Édimbourg 1964) offre une brève et excellente introduction à la *sharia* et à ses modernes développements. Les ouvrages suivants sont également dignes de remarque: Joseph Schacht, *The Origins of Muhammadan Jurisprudence* (Oxford 1950; rééd. 1979) et *Introduction au droit musulman* (Maisonneuve Larose, Paris 1983). Sur le soufisme on lira les brèves introduction de *.A. Nicholson, *The Mystics of Islam* (London 1914; rééd. Londres 1963), et Arthur J. Arberry, *Sufism, an Account of the Mystics of Islam* (Londres 1950). Mais l'ouvrage récent d'Annemarie Schimmel, *The Mystical Dimensions of Islam* (Chapel Hill, N. C., 1975) est aussi brillant que substantiel. Les ouvrages de base sur les premiers développements du soufisme sont ceux de Louis Massignon, *La Passion d'al-Hosayn-ibn-Mansour al-Hallaj, martyr mistique de l'Islam exécuté à Bgdad le 26 mars 922* (2 vol., Paris 1922) et *Essai sur les origines du lexique technique de la mystique musulmane* (Paris 1922; 2e éd. Paris 1954). Il existe heureusement une biographie plus accessible d'al-Ghazali: *William M. Watt, *Muslim Intellectual: a Study of al-Ghazali* (Édimbourg 1963). L'étude la plus récente sur la pensée de Rumi est celle d'Annemarie Schimmel, *The Triumphal Sun* (Boulder, Colo., 1978). On trouve facilement les œuvres de Rumi en traduction: * R. A. Nicholson (éd. et trad.) *The Mathnawi of Jalaluddin Rumi* (Londres 1926); *R. A. Nicholson, *Selected Poems from the Divani Shamsi Tabriz* (Cambridge 1898); pour celui qui s'initie à l'Islam il y a, en prose et d'une lecture très facile, d'*A. J. Arberry (éd. et trad.), *Discourses of Rumi* (Londres 1961). A. E. Affifi, *The Mystical Philosophy of Muhyid Din-ibnul al-Arabi* (Cambridge 1939) tente de faire rentrer les écrits d'Ibn Arabi dans un système ordonné. Lire également Henry Corbin, *L'imagination créatrice dans le soufisme d'Ibn'Arabi* (Paris 1977); *En Islam iranien, aspects spirituels et philosophiques* (Paris 1973). Un résumé de l'œuvre capitale d'Ibn'Arabi (Paris 1958). Un résumé de l'œuvre capitale d'Ibn'Arabi a été traduit récemment en anglais par Ralph W. J. Austin, *The Bezels of Wisdom* (Londres 1980).

Les processus de transmission: dans ce domaine, la recherche érudite est encore dans l'enfance; par exemple, A. L. Tibawi, *Islamic Education: its Traditions and Modernization into the Arab National Systems* (Londres 1972). «The Ulama of Medieval Damascus and the International World of Islamic Scholarship» par Joan E. Gilbert (thèse pour le doctorat en philosophie, non publiée, Université de Californie, Berkeley 1977) fait revivre devant nous le monde des *ulama* et des lettrés de Damas au Moyen Age. L'exposé le plus percurant sur la vénération dont ceux qui enseignaient étaient l'objet se trouve dans un document arabe passionnant du XIIIe siècle: Burham al-Din, al-Zarnuji (trad. G. E. von Grunebaum), *Ta'lim al-Muta'allim atta'allum(Instruction de l'étudiant; Méthode d'éducation)* (New York 1947; Oxford 1948). D'autres travaux éclairent le processus de transmission, bien qu'ils soient basés sur des témoignages tardifs: Francis Robinson, «The Veneration of Teachers in Islam by the Pupils: its Modern Significance», *History Today* (Londres, mars 1980), et Francis Robinson, «The Ulama of Firangi Mahal and their Adab» dans B. Metcalf (dir.), *Moral Conduct and Authority: the Place of Adab in South Asian Islam* (Berkeley, Calif., à paraître). *J. S. Trimingham a fait œuvre de pionnier en matière de développement du soufisme institutionnel en tant que phénomène universel dans *The Sufi Orders in Islam* (Oxford 1971), et de nouveaux éléments peuvent être recueillis chez Annemarie Schimmel, *The Mystical Dimensions of Islam.* Pour une histoire d'un des principaux ordres voir John K. Birge, *The Bektashi Order of Dervishes* (Londres 1937). Richard M. Eaton, *Sufis of Bijapur 1300-1700: Social Role of Sufis in Medieval India* (Princeton, N. J., 1978) est une étude passionnante et sortant des sentiers battus sur le rôle joué par les soufis dans cette région de l'Inde pendant plus de quatre siècles.

Les grands empires islamiques au XVIe et au XVIIe siècles

Les Safavides: Un seul livre sert d'excellente introduction à de plus amples lectures sur l'Iran safavide, R. M. Savory, *Iran under the Safavids* (Cambridge 1980). Il met en évidence l'évolution des rapports entre le shiisme et l'État safavide. Il existe plusieurs bons ouvrages sur divers aspects de la peinture safavide: L. Binyon, J. V. S. Wilkinson et B. Gray, *Persian Miniature Painting* (Londres 1931); B. Gray, *Persian painting* (Londres 1930; S. C. Welch, *A King's Book of Kings* (Londres et New York 1972) et son **Royal Persian Manuscripts* (Londres 1976). Arthur Upham Hope, *A Survey of Persian Art* (6 vol., Oxford 1938-58) est un ouvrage magistral qui situe l'art safavide dans le contexte du développement de l'art iranien dans son ensemble. Anthony Welch, *Shah Abbas and the Arts of Isfahan* (New York 1973), met l'accent sur le remarquable épanouissement artistique sous ce grand prince; Wilfrid Blunt et Wim Swann, *Isfahan: Pearl of Persia* (Londres 1966) ont écrit une pittoresque évocation de la ville d'Ispahan.

Les Mogols: Il n'existe pas de bonne histoire générale récente de l'empire mogol, et cette carence fera accueillir avec faveur le volumineux ouvrage de Gordon Johnson, Christopher Bayly et John Richards, *The New Cambridge History of India* (Cambridge, à paraître). Le mieux est de lire pour commencer les chapitres appropriés dans *The Cambridge History of Islam*, vol. II, M. Mujeeb, *The Indian Muslims,* est un ouvrage utile, et I. Habib, *The Agrarian System of Mughal India, 1556-1707* (Bombay 1963) est une importante étude révisionniste. On dispose heureusement de plusieurs magnifiques ouvrages de cette époque en traduction, à commencer par celui de Baber (trad. A. S. Beveridge), *The Babur-Namah in English* (2 vol.; Londres 1922), l'autobiographie capitale et extrêmement intelligente du fondateur de la dynastie mogole; Abul Fazl (trad. H. Beveridge), *The Akbarnama* (3 vol.; Calcutta 10907, 1912, 1939) et la description de l'État et de la société par le même auteur (trad. H. Blockmann et H. S. Jarrett) *The Ain-i-Akbari* (2 vol.; Calcutta 1872 et 1874) offre une évocation détaillée par un conseiller et un ami d'Akbar; Jahangir (trad. A. Rogers, éd. H. Beveridge), *Tuzuk-i-Jahangir or Memoirs of Jahangir* (2 vol.; Londres 1909 et 1914) nous permet de voir la vie mogole et la nature indienne par les yeux de ce grand empereur amateur d'art. Citons aussi deux bons livres illustrés de lecture facile: Bamber Gascoigne, *The Great Moghuls* (Londres 1971) et Gavin Hambly, *Cities of Mughal India: Delhi, Agra and Fatehpur Sikri* (Londres 1968).

Les Ottomans: il existe deux ouvrages généraux récents sur l'histoire ottomane: Halil Inalcik, *The Ottoman Empire: The Classical Age 1300-1600* (Londres 1973), et N. Itzkowitz, *Ottoman Empire and Islamic Tradition* (New York 1972). Pour les institutions ottomanes voir H. A. R. Gibb et H. Bowen, *Islamic Society and the West*, vol. I, Ire et IIe parties (Oxford 1950 et 1957), Bernard Lewis, *Istanbul and the Civilization of the Ottoman Empire* (Norman, Okla., 1963) et pour un récit haut en couleur et de première main sur la cour de Soliman le Magnifique et son empire, voir Ogier Ghiselin de Busbecq, *Lettres turques*. Elias J. W. Gibb, *A History of Ottoman Poetry* (6 vol., Londres 1900-09) offre un aperçu de toute la vie culturelle ottomane. Un roman remarquable d'*Ivo Andrić lauréat du prix Nobel de littérature, évoque la domination ottomane dans les Balkans pendant plus de quatre siècles: *Il est un pont sur la Drina* (l'Age d'homme, Lausanne 1982).

Michael Levey présente une pénétrante étude sur l'art ottoman en général dans *The World of Ottoman Art* (Londres 1975), sujet que O. Aslanapa traite plus en détail dans *Turkish Art and Architecture* (Londres 1971). *A History of Ottoman Architecture* (Londres 1971) de Geoffrey Goodwin est remarquable. Arthur Stratton a écrit une biographie du plus grand architecte ottoman, qui est une figure de tout premier plan, *Sinan* (Londres 1972). Titus Burckhardt met particulièrement en valeur l'œuvre de Sinan dans un chapitre inspiré de son *Art de l'Islam: Langage et signification.*

Les autres pays islamiques de 1500 au XVIIIe siècle

Nous en arrivons au problème de l'islamisation qui est magistralement traité dans ces deux ouvrages: *C. Geertz, *Islam Observed: Religious Development in Morocco and Indonesia* (New Haven, Conn., 1968), œuvre d'un anthropologue du fait culturel justement réputé pour avoir fait litière des vieux stéréotypes académiques sur l'Islam, et Nehemia Levtzion (éd.), *Conversion to Islam* (Londres 1979), où se trouvent rassemblées des études sur l'islamisation de diverses régions du monde islamique, et qui constitue une bonne introduction à l'étude comparative du sujet.

Asie du Sud-Est: La meilleure introduction à cette période est H. de Graaf, «South-East Asian Islam in the Eighteen Century» in *The Cambridge History of Islam*, vol. II. Malheureusement la plupart des autres travaux sont des articles dispersés dans des revues (voir les excellentes bibliographies dans *Conversion to Islam* de Nehemia Levtzion); à noter en particulier les articles de S. M. al-Attas, G. W. J. Drewes et A. H. Johns. Deux livres importants de S. M. al-Attas traitent des aspects du soufisme à Aceh, *The Mysticism of Hamza al-Fansuri* (Kuala Lumpur 1970) et *Raniri and the Wujudiyah* (Kuala Lumpur 1966). D. Lombard, *Le sultanat d'Atjeh au temps d'Iskandar 1607-1636* (Paris 1967) étudie le sultanat d'Aceh à son apogée.

Afrique: L'étude de l'Islam en Afrique, en particulier en Afrique occidentale a connu un extraordinaire développement au cours des vingt dernières années, et il existe une quantité considérable de travaux remarquables, mais seulement sous forme d'articles et de thèses. Les études de base les plus utiles sont des synthèses de l'érudition moderne que l'on trouvera dans *The Cambridge History of Islam,* vol. II; J. F. A. Ajayi et M. Crowder, *A History of West Africa*, vol. I (Londres 1971); R. Oliver (éd.) *The Cambridge History of Africa*, vol. III, v.1050-v.1600 (Cambridge 1977) et R. Gray (dir.) *The Cambridge History of Africa,* vol. IV, v.1600-v.1870 (Cambridge 1975). E. N. Saad, *Social History of Timbuktu: The Role of Muslim Scholars and Notables* (thèse de doctorat en philosophie non publiée, Northwestern University, Ill., 1979) est un important ouvrage de la recherche moderne. *Thomas Hodgkin (éd.), *Nigerian Perspectives: an Historical Anthology* (2e éd., Londres 1975) constitue un intéressant recueil de documents. L'art musulman en Afrique a été très peu étudié. *R. A. Bravmann, *Islam and Tribal Art in West Africa* (Londres 1974), offre une bonne introduction; pour l'architecture on doit consulter le bref aperçu de George Michell (éd.), *Architecture of the Islamic World: its history and Social Meaning* (Londres 1978). Traitant du Maroc, *Jamil M. Abun-Nasr a donné une brillante introduction dans *A History of the Maghreb* (2e éd., Cambridge 1975). *Anthony Hutt a tracé une esquisse bien enlevée de l'architecture marocaine dans le contexte de celle de l'Afrique du Nord en général dans *North Africa: Islamic Architecture* (Londres 1977); pour plus de détails on peut lire ensuite Derek Hill et L. Golvin, *Islamic Architecture in North Africa* (Londres 1976).

Asie centrale et Chine: la plupart des travaux sur l'Islam en Asie centrale sont en russe. B. Spuler, «Central Asia from the Sixteenth Century to the Russian Conquests», *The Cambridge History of Islam*, vol. I, et G. Hambly (dir.), *Central Asia* (Londres 1978) constituent les introductions les plus accessibles. On trouvera une étude sur l'architecture islamique dans cette région après 1500 dans M. Hrbas et Knobloch (trad. R. Finlayson-Samsour), *The Art of Central Asia* (Londres 1965), K. Gink et K. Gombos, *The Pearls of Uzbekistan* (Budapest 1976). Les musulmans de Chine sont encore plus ignorés que ceux d'Asie centrale, et pour cette période il n'existe qu'un ouvrage: *R. Israeli, *Muslims in China: a Study of Cultural Confrontation* (Londres 1980).

Le déclin, la réforme et le réveil de l'Islam au XVIIIe et au XIXe siècle

Le déclin de la puissance islamique: il est habituellement annoncé et en partie expliqué dans les ouvrages ayant trait aux grands empires à leur apogée. A ceux sur l'Iran on peut ajouter deux livres de Laurence Lickhart, *Nadir Shah* (Londres 1938) et *The Fall of the Safavi Dynasty and the Afghan Occupation of Persia* (Cambridge 1958); le déclin de l'empire mogol attend encore son historien, bien que «Symposium: Decline of the Mughal Empire», *Journal of Asian Studies*, février 1976, constitue un bon début; aux ouvrages sur l'empire ottoman on peut ajouter le court essai de Bernard Lewis, «Ottoman Observers of Ottoman Decline», dans Bernard Lewis, *Islam in History: Ideas, Men and Events in the Middle East* (Londres 1973).

Réforme et réveil: il n'existe pas d'ouvrage d'ensemble sur ce processus. *Fazlur Rahman offre une brève introduction dans le chapitre XII de son *Islam* (Londres 1966). Citons quelques articles intéressants: J. Joll, «Muhammad Hayya al-Sindi and Muhammad Ibn Abd al-Wahhab: an Analysis of an Intellectuel Group in Eighteenth-Century Medina», *Bulletin of the School of Oriental and African Studies*, première partie, 1975, qui étudie la principale école de *hadîths* à Médine et ceux à qui elle dispensait son enseignement; Hamid Algar, «The Naqshbandi Order: a Preliminary Survey of its History and Significance», *Studia Islamica*, vol. 44, et A. Hourani, «Shaikh Khalid and the Naqsh bandiya Order» dans Samuel M. Stern, A. Hourani et V. Brown, *Islamic Philosophy and the Classical Tradition* (Columbia, S.C., 1973), qui illustrent l'un et l'autre les relations internationales des *naqshbandiya* et leur importance pour le réveil religieux; et B. G. Martin, «A Short History of the Khalwati Order of Dervishes» dans *N. R. Keddie, *Scholars, Saints and Sufis: Muslim Religious Institutions in the Middle East since 1500* (Los Angeles, Calif., 1972). L'histoire de la naissance du premier empire séoudite-wahhabite est retracée succinctement par G. Rentz, «Wahhabism and Saudi Arabia» dans D. Hopwood, *The Arabian Peninsula* (Londres 1972). W. R. Roff, «South-East Asian Islam in the Nineteenth Century», *The Cambridge History of Islam*, vol. II, décrit les trois mouvements de la guerre sainte; Peter Carey, *Babab Dipanagara* (Kuala Lumpur 1981) offre en anglais la première étude détaillée de chacune de ces phases. Pour une brève discussion des mouvements de réveil religieux en Inde voir Peter Hardy, *The Muslims of British India* (Cambridge 1972); Mohiuddin Ahmad, *Saiyid Ahmad Shahid* (Lucknow 1975), est consacré uniquement au dirigeant du mouvement moudjahidin. Pour l'agitation au Caucase voir A. Bennigsen, «Un mouvement populaire au Caucase au XVIIIe siècle» dans *Cahiers du monde russe et soviétique*, deuxième partie, 1964, et l'étude romanesque de Lesley Blanch sur Iman Shamil, *The Sabres of Paradise* (Londres 1960; nouv. éd. 1978). Pour une vue de la situation du côté russe voir l'étude de Tolstoï sur le représentant de Shamil: «Hadji Murad» dans Léon Tolstoï, *La mort d'Ivan Ilytch et autres histoires* (Stock, Paris 1983). Chantal Quelquejay fait la lumière sur le mouvement de Baba al-Din à Kazan dans «Le Vaisisme à Kazan» dans *Die Welt des Islams* (N.S.) parties I et II, 1959 et sur *Les Mouvements nationaux chez les musulmans de Russie* (2 vol. Mouton de Gruyter, Paris 1960-1964). Pour le mouvement en Chine voir R. Israeli, *Muslims in China,* et les études suivantes, qui sont fort anciennes: Marshall Broomhall, *Islam and China: a Neglected Problem* (Londres 1910); H. d'Ollone, *Mission d'Ollone: recherches sur les musulmans chinois* (Paris 1911); E. Rocher, *La province chinoise du Yunnan* (2 vol., Paris 1879 et 1880). Pour le mouvement en Afrique, outre les chapitres dans les histoires générales conseillées et relatives aux «autres pays islamiques», il y a une intéressante série d'études dans Bradford G. Martin, *Muslim Brotherhoods in Nineteenth-Century Africa* (Cambridge 1976); Martin met l'accent sur les rapports entre ces mouvements. Il existe aussi trois excellentes monographies: P. M. Holt, *The Mahdist State in the Sudan 1881-1898: a Study of its Origins, Development and Overthrow* (2e éd., Oxford 1970); E. E. Evans-Pritchard, *The Sanusi of Cyrenaica* (Oxford 1949); M. Hiskett, *The Sword of Truth: The Life and Times of the Shehu Usuman dan Fodio* (New York 1973).

L'essor de l'Europe et la réaction de l'Islam jusqu'au milieu du XXe siècle

*M. G. S. Hodgson, «The Islamic Heritage in the Modern World», livre six de son *Venture of Islam*, vol. III, nous offre pour cette période une introduction pleine d'idées originales. *Bernard Lewis, *The Emergence of Modern Turkey* (2e éd., Londres 1968) reste la meilleure étude sur le passage de l'empire ottoman à la Turquie moderne. Pour la période d'Ataturk, elle est complétée par une biographie populaire, Lordk Kinross, *Attaturk: the Rebierth of a Nation* (Londres 1964). P. J. Vatikiotis, The History of Egypt (2e éd., Londres 1980) a fait pour l'Égypte ce que Lewis a fait pour la Turquie. Voir aussi R. P. Mitchell, *The Society of the Muslim Brothers* (Londres 1969). Deux autobiographies offrent des aperçus passionnants sur la société égyptienne et les affres de la modernisation: Ahmad Amin (trad. I. J. Boullata), *My Life* (Leyde 1978), et les trois volumes de l'autobiographie de Taha Hussein qui, aveugle, devint en Égypte le ministre de l'éducation, *An Egyptian Childood* (trad. E. H. Paxton, Londres 1981), *The Stream of Days, a Student at the Azhar* (trad. H. Wayment; 2e éd., Londres 1948), et *A passage to France* (trad. K. Cragg; Leyde 1976). *A. H. Hourani, dans *Arabic Thought in the Liberal Age 1798-1939* (Londres 1962) a écrit un ouvrage faisant autorité sur le développement de la pensée nationaliste arabe, et pour la période postérieure on consultera *Sylvia G. Haim, *Arab Nationalism; an Anthology* (Berkeley, Calif., 1962). Sur la formation de l'Arabie Séoudite voir H. St. J. Philby, *Saudi Arabia* (Londres 1955): J. S. Habib, *Ibn Saud's Warriors of Islam: the Ikhwan of Nadj and their Role in the Creation of the Saudi Kingdom, 1910-1930* (Leyde 1978) est une excellente étude sur l'organisation religieuse militante qui aida Abd al-Aziz Ibn Saoud à accéder au pouvoir. Robert Lacey, *The Kingdom* (Londres 1981) offre un tableau d'ensemble de lecture aisée. Il existe de bonnes études générales sur l'histoire récente de l'Iran. Citons A. K. S. Lambton, «Persia: the Brekdown of Society», et R. M. Savory, «Modern Persia», dans *The Cambridge History of Islam,* vol. II; par ailleurs N. R. Keddie, le grand spécialiste de l'Iran moderne, a récemment publié *Roots of Revolution: an Intepretative History of Modern Iran* (New Haven, Conn., 1981). Toutefois il ne faut pas oublier l'ouvrage classique sur la première révolution iranienne: Edward G. Browne, *The Persian Revolution of 1905-1909* (Cambridge 1910). Les études sur l'Islam en Asie centrale à l'époque moderne sont dominées par des ouvrages français fondamentaux: A. Bennigsen et C. L. Quelquejay, *Les mouvements nationaux chez les musulmans de Russie I: le sultangalievisme au Tatarstan* (Paris 1960), *La Presse et le mouvement national chez les musulmans de Russie avant 1920* (Paris 1964); et H. Carrère d'Encausse, *Réforme et révolution chez les musulmans de l'empire russe, Bukhara, 1867-1924* (Fondation nationale Sciences Po, Paris 1966 et 1981). Pour l'Asie méridionale, *P. Hardy, *The Muslims of British India* (Cambridge 1972) fait autorité en tant qu'histoire générale des XIXe et XXe siècles, ainsi que Aziz Ahmad, *Islamic Modernism in India and Pakistan 1857-1964* (Londres 1967) pour l'évolution de la pensée islamique. Pour les différents aspects des réactions musulmanes à la domination britannique voir C. W. Troll, *Sayyid Ahmad Khan: a Reinterpretation of Muslim Theology* (New Delhi 1978): D. Lelyveld, *Aligarh's First Generation: Muslim Solidarity in British India* (Princeton, N. J., 1978), F. Robinson, *Separatism Among Indian Muslims: the Politics of the United Provinces' Muslims* 1860-1923 (Cambridge 1974). On a une idée de ce que peut signifier l'expérience de la modernisation pour un grand poète et courtisan mogol dans R. Russell et Kurshidul Islam (trad et pré.), *Ghalib: 1797-1869,* vol. I, *Life and Letters* (Londres 1969). La meilleure introduction à la pensée d'Iqbal est Muhammad Iqbal, *The Reconstruction of Religious Thought in Islam* (Oxford 1934; rééd. Lahore 1962). Ses poèmes ont été traduits en anglais par Nicholson et Arberry. Jusqu'ici il n'existe pas d'analyse faisant autorité sur les développements de la Ligue musulmane panindienne; le processus de partition est décrit du point de vue britannique par H. V. Hodson, *The Great Divide: Britain, India, Pakistan* (Londres 1969). Les meilleures introductions à l'Islam dans le Sud-Est asiatique au XIXe et au XXe siècle restent: W. R. Roff, «South-East Asian Islam in the Nineteenth Century», et H. J. Benda, «South-East Asian Islam in the Twentieth Century» dans *The Cambridge History of Islam*, vol. II. D. Noer, *The Modernist Muslim Movement in Indonesia 1900-42* (Singapour 1973) étudie les progrès du mouvement. *M. Ricklefs, *A History of Modern Indonesia* (Londres 1981), est la plus récente étude générale, écrite par un historien consciencieux. Il existe relativement peu d'ouvrages sur l'Islam en Afrique au sud du Sahara: sous la domination coloniale, c'étaient les chrétiens et les païens qui l'emportaient. Voir J. S. Trimingham, *The Influence of Islam upon Africa* (Londres 1968); deux aperçus sur des sociétés particulières, *P. M. Holt, *A Modern History of the Sudan* (3e éd., Londres 1967), et I. M. Lewis, *The Modern History of Somaliland from Nation to State* (Londres 1965); voir aussi Donal Cruise O'Brien, *The Mourids of Senegal: The Political and Economic Organization of an Islamic Brotherhood* (Oxford 1971), qui montre comment un ordre soufi a pu jouer un rôle capital dans la modernisation économique. Pour l'Afrique du Nord, voir également J. M. Abun-Nasr, *A History of the Maghrib.* Les historiens ont à peine commencé d'étudier en détail les réactions des soufis et des *ulama* devant l'essor de la domination européenne et de l'État moderne. Quelques ouvrages peuvent servir de guides: *N. R. Keddie, Scholars, *Saints and Sufis,* et *An Islamic Response to Imperialism: Political and Religious Writings of Sayyid Jamal ad-Din «al-Afghani»* (Berkeley, Calif., 1968), *S. Akhavi, *Religion and Politics in Contemporary Iran: Clergy-State Relations in the Pahlavi Period* (Albany, N. Y., 1980), D. Green, *The Tunisian Ulama* (Leyde s.d.). Pour de brèves introductions à la position de l'Islam et de la *sharia* dans l'État moderne voir: Erwin I. J. Rosenthal, *Islam in the Modern National State* (Cambridge 1965), et *N. J. Coulson, *A History of Islamic Law,* et les cours de H. A. R. Gibb publiés dans *Modern Trends in Islam* (Chicago, Ill., 1947), restent intéressants.

Le retour en force de l'Islam dans la deuxième moitié du xxe siècle

Outre les livres mentionnés ci-dessus, W. C. Smith, *Islam in Modern History* (Princeton, N. J., 1957), examine la conception du progrès des élites en grande partie laïques qui accédèrent au pouvoir à la fin de la domination coloniale. Les discours et écrits des principaux dirigeants offrent également un grand intérêt: Muhammad Ali Jinnah, *Speeches, 3 June 1947 — 14 August 1948* (Karachi 1948); Jamal Abd al-Nasir, *The Philosophy of the Revolution* (Le Caire 1954); Muhammad Riza Shah Pahllavi, *Mission for my Country* (Londres 1961). Sur le retour en force de l'Islam en tant que phénomène général, on trouvera des essais de qualité inégale consacrés à différents États musulmans dans Md. Ayoob (dir.), *The Politics of Islamic Reassertion* (Londres 1981). A. S. Cudsis et A. E. Hillal Dessouki (dir.), *Islam and Power* (Londres 1981) contient un excellent essai de P. J. Vatikiotis sur ce problème général. Pour de rapides aperçus sur les récents événements dans les États arabes, voir Peter Mansfield, The *Arabs* (éd. rev., Harmondsworth 1978). Les progrès de l'Islam dans la Turquie moderne sont étudiés par Annemarie Schimmel, «Turkish Islam», dans A. J. Arberry (dir.), *Religion in the Middle East* (Cambridge 1969), J. M. Landau, *Radical Politics in Modern Turkey* (Leyde 1974). Le contexte et le processus de la révolution en Iran sont bien analysés par Keddie, *Roots of Revolution,* M. J. Fisher, *Iran: from Religious Dispute to Revolution* (Cambridge, Mass., 1980) et les cours de Hamid Algar (dir. K. Siddiqui), *The Islamic Revolution in Iran* (Londres 1980). L'évolution fondamentale survenue chez les musulmans de l'Union soviétique est étudiée par H. Carrère d'Encausse, *L'Empire éclaté: la révolte des nations en URSS* (Flammarion, Paris 1978). On trouvera des détails sur le développement de l'organisation panislamique depuis 1962 dans W. A. Beling (dir.), *King Faisal and the Modernisation of Saudi Arabia* (Londres 1979).

Deuxième partie: Être musulman

La vie religieuse

La meilleure façon de comprendre la vie islamique, la joie qu'elle peut apporter ainsi que les tensions constantes entre les désirs humains et une attitude toute de sagesse, est de lire des romans et des biographies. L'anthologie de Cragg et Speight, *Islam from Within* est révélatrice, ainsi que le remarquable ensemble de prières musulmanes recueillies à travers le monde, *Muslim Devotions: a Study of Prayer-Manuals in Common Use* (Londres 1961), et Martin Lings, *A Sufi Saint of the Twentieth Century* (2e éd., Londres 1971). Les anthropologues ont largement contribué à faire connaître les activités et les fonctions des ordres soufis, par exemple Ernest Gellner, *Saints of the Atlas* (Chicago, Ill. et Londres 1969), et Michael Gilsenan, *Saint and Sufi in Modern Egypt* (Oxford 1973). V. Crapanzano, *The Hamadsha: a Study in Moroccan Ethnopsychiatry* (Berkeley, Calif., 1973),, étudie les cultes de possession qui sont très souvent associés aux mausolées soufis. Les festivités et les rites musulmans sont expliqués simplement par Riadh el-Droubie et Edward Hulmes, *Islam* (Londres 1980); G. E. von Grunebaum, *Muhammadan Festivals* (Londres 1976), les étudie plus en détail. Le pèlerinage, qui est le point culminant de la vie religieuse, a particulièrement mobilisé l'attention. C. Snouck Hurgronje, le grand universitaire hollandais qui a visité La Mecque sous un déguisement au début des années 1880, a écrit une étude classique (trad. angl. J. H. Monahan) *Mekka in the Latter Part of the 19th Century* (Leyde et Londres 1931). Il n'est pas rare qu'un pèlerin ait rédigé son journal, ce qui a l'avantage d'offrir de précieux aperçus sur son expérience: H. H. Nawab Sultan Jahan Begum (trad. Mrs. Willoughby-Osborne), *The Story of a Pilgrimage to Hijaz* (Calcutta 1909); *H. T. Norris (trad. et dir.) *The Pilgrimage of Ahmad... an Account of a 19th Century Pilgrimage from Mauritania to Mecca* (Warminster 1977). *Malcolm X, avec le concours d'Alex Haley, *l'Autobiographie de Malcolm X* (Paris 1968) raconte comment cette expérience a modifié ses opinions sur le racisme. Des ouvrages modernes bien illustrés peuvent proposer des images suggestives sur le spectacle du pèlerinage et sur le climat de spiritualité qu'il engendre; voir Emel Esin, *Mecca the Blessed, Madinah the Radiant* (Londres 1963) et *E. Guellouz et A. Frikha, *Mecca: the Muslim Pilgrimage* (Londres 1977). Le pèlerinage est, depuis plus de 14 siècles, le plus grand rassemblement international annuel du monde, et on a commencé de l'étudier sérieusement de ce point de vue; voir D. E. Long, *The Hajj Today: a Survey of the Contemporary Makkah Pilgrimage* (Albany, N. Y., 1979), et Umar al-Naqar, *The Pilgrimage Tradition in West Africa* (Khartoum 1972). Citons enfin l'autobiographie d'un Juif allemand qui, en tant que correspondant de presse en Arabie dans les années 1920, s'est peu à peu pénétré de la vision islamique des choses; il a écrit l'émouvante auto-analyse d'un Européen intelligent et sensible qui s'était fait une conscience musulmane: Muhammad Asad, *Le Chemin de La Mecque* (Fayard, Paris 1976).

Les arts de l'Islam

L'art de l'Islam de Titus Burckhardt constitue une introduction sensible au rapport entre l'Islam et les arts islamiques. L'aperçu le plus complet sur la calligraphie est de Y. H. Safadi, *Islamic Calligraphy* (Londres 1978) qui restitue l'angle de vision soufi propre à cet éminent savant. On lira en outre Annemarie Schimmel, *Islamic Calligraphy* (Leyde 1970). Pour la calligraphie marocaine, qui n'est pas très connue, et pour de nombreuses et très belles illustrations, voir A. Khatibi et M. Sijelmassi (trad. angl. J. Hughes), *The Spendour of Islamic Calligraphy* (New York 1977). Voir aussi H. Massoudy, *Calligraphie arabe vivante* (Flammarion, Paris 1981). Peu d'ouvrages ont été consacrés à la céramique seule. David Talbot Rice, *Islamic Art* (Londres 1965) donne une introduction très simple dans le contexte de l'art islamique en général. Il y a aussi Arthur Lane, *Later Islamic Pottery* (Londres 1957) et J. Soustielle, *La Céramique islamique* (Office du Livre, Paris 1985). On trouvera certaines réalisations de l'art iranien dans Arthur U. Pope, *Survey of Persian Art,* et Tahsin Oz, *Turkish Ceramics* (Ankara 1957). Par contre les livres sur le tapis sont légion. R. H. Turkhan offre un bref aperçu tiré de sa longue expérience commerciale, *Islamic Rugs* (Londres 1968). Quelques bons ouvrages de caractère général: Jurt Erdmann (trad. angl. C. G. Ellis), *Oriental Carpets, an Account of their History* (Londres 1961), et R. de Calatchi *Les Tapis d'Orient* (Belfond, Paris 1985). Sur les tapis tribaux, Jenny Housego, *Tribal Rugs: an Introduction to the Weaving of the Tribes of Iran* (Londres 1978) est excellent.

La société et le monde moderne

Les études sur les tribus nomades sont nombreuses. Parmi les livres importants et récents citons: Fredrik Barth, *Nomads of South Persia: the Basseri Tribe of the Khamseh Confederacy* (Oslo 1961, New York 1965), Daniel G. Bates, *Nomads and Farmers: a Study of the Yoruk of Southeastern Turkey* (Ann Arbor, Mich., 1973), T. Asad, *The Kababish Arabs: Power, Authority and Consent in a Nomadic Tribe* (Londres 1970), *D. P. Cole, *Nomads of the Nomads: the Al Murrah Bedouin of the Empty Quarter* (Chicago, Ill., 1975) et C. Nelson (dir.), *The Desert and the Sown: Nomads in Wider Society* (Berkeley, Calif., 1973). Isaaq Diqs, *A Bedouin Boyhood* (Oxford 1969), donne un récit de première main sur la jeunesse d'un Bédouin de Jordanie. John S. Habid, *Ibn Saud's Warriors* (Leyde 1978) et E. E. Evans-Pritchard, *The Sanusi of Cyrenaica* (Oxford 1949) illustre le rôle que les nomades pourraient jouer dans l'établissement d'États modernes. M. E. Meeker, *Literature and Violence in North Arabia* (Cambridge 1979) est un livre récent et important sur le nomadisme pastoral et les États. Joe E. Pierce, *Life in a Turkish Village* (New York 1964) traite du monde rural dans ce récit sans détours des années de jeunesse passées dans un village; Hamed M. Ammar, *Growing up in a Egyptian Village: Silwa, Province of Aswan* (Londres 1954), est un classique. La vie dans un village est évoquée de façon pittorsque dans Z. S. Eglar, *A Punjabi Village in Pakistan* (New York 1960), et *Robert A. Fernea, *Shaykh and Effendi: Changing Patterns of Authority among the El Shabana of Southern Iraq* (Cambridge, Mass., 1970). La littérature peut aussi nous initier à la vie rurale; voir les romans de Yashar Kemal, par exemple *Mèmed le faucon* (Gallimard, Paris 1976), et *V. M. Basheer (trad. angl. R. E. Asher et A. C. Chandersekaran), *Me Grandad 'ad an Elephant!* (Édimbourg 1980). Sur la ville musulmane, voir l'important essai de G. E. von Grunebaum, «The Structure of the Muslin Town», dans son *Islam: Essays in the Nature and Growth of a Culturel Tradition* (Chicago, Ill., et Londres 1955) Trois importants recueils d'essais ont paru à une époque récente: A. H. Hourani et S. M. Stern (dir.), *The Islamic City* (Oxford 1970), I. M. Lapidus (dir.) *Middle Eastern Studies* (Berkeley, Calif., 1969), et L. Carl Brown (dir.), *From Madina to Metropolis* (Princeton, N. J., 1973). J. L. Abu-Lughus, *Cairo: 1001 Years of the City Victorious* (Princeton, N. J., 1971), et F. I. Khuri, *From Village to Suburb: Order and Change in Greater Beirut* (Chicago, Ill., 1975), sont deux nouvelles études importantes. Ici encore, les romans peuvent nous en apprendre beaucoup sur la vie dans les villes: Najib Mahfuz (trad. angl. T. Le Gassick), *Midaq Alley* (Londres 1975) se passe au Caire, et Ahmed Ali, *Twilight in Delhi* (2e éd., Bombay 1966) dans la vieille cité mogole. A. H. Sharar (trad. angl. E. S. Harcourt et F. Hussain), *Lucknow: the Last Phase of an Oriental Culture* (Londres 1975) est une merveilleuse évocation de la culture urbaine persianisée de cette ville du nord de l'Inde. Quant aux habitations, Guy T. Petherbridge, «Vernacular Architecture: the House anf Society» dans George Mitchell (dir.), *Architecture of the Islamique World: its History and Social Meaning* (Londres 1978), est une bonne introduction avec une bibliographie pratique. Voir aussi James S. Kirkman (dir.), *City of Sanaa: Exhibition Catalogue* (Londres 1976). On trouvera un aperçu sur la condition traditionnelle des femmes en Islam dans Reuben Levy, *The Social Structure of Islam* (Cambridge 1957). Charis Waddy, *Women in Muslim History* (Londres 1980) offre une étude rapide sur le pouvoir et l'épanouissement des femmes musulmanes. C. Nelson, «Public and Private Politics: Women in the Middle Eastern World», *American Etnologist,* août 1974, restitue le problème des femmes du point de vue de l'ethnologue. E. W. Fernea et B. Q. Bezirgan (dir.), *Middle Eastern Muslim Women Speak* (Austin, Texas, 1977) et C. Beck et N. Keddie (dir.), *Women in the Muslim World* (Cambridge, Mass. 1978), constituent deux excellentes études récentes. La condition des femmes en Islam considérée du point de vue traditionnel est discutée dans B. Aisha Lemu et Fatima Heeren, *Women in Islam* (Londres 1976). L'argument selon lequel les us et coutumes dans les familles musulmanes sont radicalement opposés à l'égalité des femmes est mis en avant sur un ton passionné par Fatima Mernissi, *Sexe, idéologie, Islam* (Tierce, Paris 1983). Deux livres révèlent ce que le sort des femmes musulmanes peut avoir d'horrible: L. P. Sanderson, *Against the Mutilation of Women* (Londres 1981), qui traite de la circoncision féminine, et Ian Young, *The Private Life of Islam* (Londres 1974), qui se passe dans un hôpital et dont la lecture est vivement déconseillée aux personnes sensibles. Il est instructif de lire les ouvrages autobiographiques des femmes qui se sont élevées contre le système: H. H. Nawab Sultan Jahan Begum, *An Account of my Life* (vol. I trad. angl. C. H. Payne, Londres 1910; vol. II trad. angl. A. S. Khan, Bombay 1922); Halide Edib, *Memoirs* (Londres 1926); Begum Ikramullah, From Purdah to Parliament (Londres 1963). Les œuvres littéraires sont également un apport précieux. Le livre d'Assia Djeber, romancière algérienne de grand talent, *Femmes d'Alger dans leur appartement* (Éditions des Femmes, Paris 1980) est une bonne introduction au sujet. Il faut lire l'excellent roman d'Attia Hsain, la première femme diplômée appartenant à une famille de propriétaires terriens *(taluqdari)* du nord de l'Inde, *Sunlight on a Broken Column* (Londres 1961), qui dépeint le bouleversement provoqué par le changement du système de valeur chez une femme cultivée dans le contexte du mouvement indépendantiste indien.

INDEX GÉOGRAPHIQUE

INDEX GÉNÉRAL

Les chiffres en italique renvoient aux illustrations ou à leurs légendes. Pour les noms commençant par l'article arabe «al», il n'est pas tenu compte de celui-ci dans l'ordre alphabétique — ainsi «al-Afghan» vient avant «Afghanistan». Les noms commençant par «Ibn» (par exemple «Ibn Khaldun») ont été classés à la lettre I.